法学教育研究

Legal Education Research

2018 第二十一卷 王瀚 主编

法律出版社
LAW PRESS·CHINA

法学教育研究　（第21卷）

理论探讨

大数据时代的法学教育及其变革　冯　果 / 3

网络时代法治人才培养的革新向度　李栗燕 / 14

湖南近代法学教育发展研究　夏新华　陈　兵 / 29

东法西渐：当代中国法学学术著作的世界传播
——以国家社科基金“中华学术外译项目”法学类作品为中心　陈　玺　景倩倩 / 49

“一带一路”法治人才需求与我国法治教育的冲突与调适对策　杨　军 / 73

论“双一流”建设背景下的法学中外合作办学　贺　鉴　王玉全 / 86

新时代法学院校发展来华留学教育的探索和实践
——以中国人民大学法学院为例　洪　荞 / 100

基于赛义德理论视角的巴基斯坦留学生在我国高校就读经历研究　田　美　John Lowe / 115

教学研究

转识成智：本科法学知识教学和实践教学的困境与突破　许　健 / 131

论经济法教学中经济法思维的培养　范水兰 / 144

裁判中心主义的国际私法教学体系探析　周亚光 / 153

突破与创新:基于《香港基本法》MOOC的教学实践
邹平学　刘海林 / 170
法律实务课“双师多域协同”教学模式探究　宋志军 / 184
法律硕士研究生案例沙龙培养模式研究　楚道文 / 201

民办高校教师调查笔谈

民办高校教师工作能力分析　周海涛　梁晶晶 / 215
民办高校教师教学策略分析　刘永林　李　彤 / 226
民办高校教师合作意识分析　张墨涵 / 237

比较研究

法学教育的模式移植与反思　雷秋玉 / 251
走入历史的日本法科大学院全国统一适应性考试　戴一飞 / 271
英国法学教育改革:一种历史与比较的视角　袁利平　武星棋 / 293
美国法学院排名争议及其启示　谢　晓 / 307

管理经纬

高校退学制度的历史演进及价值嬗变　杨向卫　仵桂荣 / 333
论高校拔尖创新人才培养的制度建设　王洪才　赵祥辉　肖小聪 / 349
我国高等教育评估的哲学反思　刘晓喆 / 360
论专业学位研究生教育与职业资格证书制度衔接的必要性
郜　岭　陆晓洁　郭月娟　潘武玲 / 370
新修订的《民办教育促进法》视角下的陕西民办高校分类管理研究
李维民　银冰冰 / 380

法务反哺

法官视角下的法学实训教育反思
——以西安中院法科生实训为例　李　娟 / 391
试论最高人民法院法律实习生制度　李　勇 / 405

《法学教育研究》稿约

Contents

· Exploration of Theories ·

Legal Education and Its Reform in the Era of Big Data ········ *Feng Guo* 3
On the Innovation of the Training Model of Law Talent in the Internet Age ········ *Li Liyan* 14
Research on the development of modern legal education in Hunan Province ········ *Xia Xinhua Chen Bing* 29
Disseminating Chinese Laws to the West: The Worldwide Disseminations of Contemporary Chinese Legal Research Works ········ *Chen Xi Jing Qianqian* 49
On the Solutions to the Conflicts and Coordination of "the Belt and Road" Talent Cultivation and the Status quo of Domestic Legal Education ········ *Yang Jun* 73
On the Cooperation of Sino-Foreign Law Schools Programs under the Background of the Construction of "Double First-Class" Universities in China ········ *He Jian Wang Yuquan* 86
Legal Education for Foreign Students in China ········ *Hong Qiao* 100
Educational Experiences of Pakistani Students at a Chinese University: From the Perspectives of Said ········ *Tian Mei John Lowe* 115

· Teaching research ·

Transforming Knowledge into Wisdom: Dilemma and Breakthrough of Undergraduate Knowledge Teaching and Practical Teaching of Law Majors ········ *Xu Jian* 131

On the Cultivation of Economic Law Thinking in Economic Law Teaching …… *Fan Shuilan* 144

An Analysis on the Adjudication-based Approach in Private International Law Teaching System …… *Zhou Yaguang* 153

Breakthrough and Innovation: A MOOC Teaching Practice of The Basic Law of the Hong Kong SAR of the People's Republic of China …… *Zou Pingxue Liu Hailin* 170

On the Dual Teacher More Fields Coordination Pedagogy of Legal Practical Course …… *Song Zhijun* 184

A study on the Law Master's Training Mode Based on Case Salon …… *Chu Daowen* 201

Analysis of Teachers' Work Ability in Non-State Higher Education Institutions …… *Zhou Haitao Liang Jingjing* 215

An Analysis on Teaching Strategies of Teachers in Private Higher Education Institutions …… *Liu Yonglin Li Tong* 226

The Analysis of Private College Teachers' Cooperative Consciousness …… *Zhang Mohan* 237

· Comparative Study ·

Transplantation of Legal Education Pattern and Introspection …… *Lei Qiuyu* 251

On the Suspension of Japanese Law School Admission Test …… *Dai Yifei* 271

Legal Education Reform in Britain: A Historical and Comparative Perspective …… *Yuan Liping Wu Xingqi* 293

Dispute on the Ranking of American Law Schools and Its Inspiration …… *Xie Xiao* 307

· Management Framing ·

The Historical Evolution and Value Transmutation of the Drop-out System in Higher Education Institutions …… *Yang Xiangwei Wu Guirong* 333

On the System Construction of Top-notch Innovative Talent ' s Cultivation in Colleges and Universities ……………… *Wang Hongcai Zhao Xianghui Xiao Xiaocong* 349
A Philosophical Reflection on the Evaluation for Higher Education in China ………………………………………………… *Liu Xiaozhe* 360
The Need for Analysis of Cohesion between the Graduate Education of Professional Degree and Vocational Qualification ……………… *Gao Ling Lu Xiaojie Guo Yuejuan Pan Wuling* 370
On the Categorized Management towards Private Colleges and Universities in Shaanxi Province from the Perspective of the Revised Non-State Education Promotion Law ……………………………………………… *Li Weimin Yin Bingbing* 380

· Legal Practice ·

The Insufficiency and Optimization of the Legal Practical Training from the Perspective of a Judge ………………………… *Li Juan* 391
On the Legal Internship of the Supreme People ' s Court …… *Li Yong* 405

· Notice to Contributors ·

理论探讨

大数据时代的法学教育及其变革

冯 果*

摘　要：大数据时代的“大数据”已不仅仅是一种技术指代（如当前风行的人工智能、区块链、物联网等），其更是一种思维方式的代称，是人类发展与社会关系因应调整的一次全面审视。大数据正日益深刻地影响着各行各业的发展，法学教育亦不能例外。当前传统的法学教育难以满足大数据时代的社会需求，需要教学内容、教学手段、教学评价及课堂组织等多方位的变革。

关键词：大数据　法学教育　教育变革

技术更迭的速度向来出乎人类意料。20 世纪 100 年发生的种种技术变革已远超在此之前历史可测维度上“嵌刻”的变化之和。在 21 世纪第一个 10 年“信息社会”“互联网社会”刚被人们打上时代标签后不久，“大数据时代”（the age of big data）就马不停蹄地奔涌而至，将人们裹挟入又一轮变革的浪潮之中。不同于以往信息浪潮中技术推动呈现出局部、被动和渐进之势，现今的大数据时代显现出技术

---

* 冯果，武汉大学法学院教授，博士生导师。研究方向：商法、经济法，法学教育。

深度融合、全面推进和迅速延拓的特点。大数据时代的"大数据"已不仅仅是一种技术指代(如当前风行的人工智能、区块链、物联网等),其更是一种思维方式的代称,是人类发展与社会关系因应调整的一次全面审视。大数据正日益深刻地影响着各行各业的发展,法学教育亦不能例外。甚至,有专家大胆断言未来几年内"网络法学教育将会替代传统的实体法学院教育"。[①] 传统的法学教育近年来一直备受苛责,无论是教学方式还是培养内容,都难以达致培养契合当下社会需求的人才的目标,如何借助大数据发展的契机来主动适应现代教育需求成为我们不得不思考的问题。

一、大数据时代背景下的人才需求变化

教育的根本使命在于人才的培养。而人才最基本的评判标准是其能否适应社会发展的需求、是否具备融入社会的能力。法学教育素有"精英教育"之称,法学院培养的学生作为"法律共同体"的成员,更有一种高度因应社会发展需求、参与制定社会规则的天然使命。大数据时代"社会生态"的剧烈变革对法学人才需求的变化有着深刻影响,尤其在人才的知识谱系、学习方法、创新思维及实践技能4个方面期待正面回馈。

(一)完备的知识谱系

知识谱系,亦即知识架构,是个体掌握的不同知识的内在组合分布。大数据最基本的特征就是5Vs,即海量的数据规模(volume)、动态的数据体系(velocity)、多样的数据类型(variety)、易变的数据结构(variability)和精确的数据分析(veracity),[②]大数据背景下各种知识交织融汇,更新速度更是呈指数级增长。在知识高度聚合流动的当下,社会发展亟须人才

① [美]米歇尔·皮斯托、周亚玲:《法学院与技术——我们现在何处并将驶向何方》,载《法学教育研究》2016年第2期。

② See Hilbert · Martin,"Big Data for Development:A Review of Promises and Challenges Science",34(1) *Development Policy Review*(2014),pp. 135 - 174.

具备完备的知识谱系。一方面,在知识架构的纵向时间维度上,人才应对本领域的新事物新知识有所了解。与以往社会不同,之前习得的知识或可终生受用、百用不疲。现在知识更新周期缩短,各种新事物层出不穷,既有的经验知识在化解新问题上往往力有不逮,需要人才对新事物有必要的认知。另一方面,在知识架构的横向延展维度上,人才应具有更广阔的知识涉猎。目前我国改革正进入攻坚区和深水区,经济社会发展中的矛盾更为突出,大数据时代的到来更是加速了问题的暴露,各种因素的叠加使得问题颇为复杂,仅依赖单一专业的知识难以有效切入问题,而掌握必要的其他关联学科知识(如法学外的经济学、社会学、管理学等)能为问题的化解提供全新视域,"复合型人才"更受社会青睐。

(二)高效的学习方法

大数据背景下,计算机和互联网的应用普及使信息获取更为便捷,信息封锁区隔的问题逐渐式微,传统的知识垄断鲜有"存活空间"。但大数据的本质是技术应用,技术是天然的"双刃剑",伴随着信息集取便利而来的还有巨量信息的过载、杂乱和无效,这就对法学人才提出了新的能力要求,即如何在浩瀚的"信息海洋"中用有限的时间高效率地收集、识别、处理目的信息,此能力不同于人才"知识谱系"的认知累积,其是更进一步意义上的具体"方法论"上的要求。这种方法论至少包括三层要义:"恰当择取"+"高效达成"+"新工具驾驭"。"恰当择取"是在面对复杂问题时,个体具备足够的识别和规划能力,能寻求最优方案来化解困境,而不是仅仅满足于初步信息获取或浅层信息处理(毕竟这些工作已完全可藉由计算机或机器人完成,其几分钟的工作量可抵自然人数月工作量③)。"高效达成"意味着在大数据时代,效率的价值更为凸显,在具备恰当方案的基础上法学人才可高效达致目标;而"新工具驾驭"则要求新时代的法学人才不能仅具有自身主观学习方法,更要有通过辅助工具达成目标的能力。大数据时代可实现"人机"高度互动交融,藉由新工具(如 icourt 流行的"可视化方案")可更好地实现认知社会、融入社会、助力社会发展的

③ 参见张宸宸:《机器人:法律行业的终结者还是开路者?》,载《读书》2016 年第 10 期。

目的。

(三)创新的思维模式

创新是社会进步的源动力,大数据的产生和发展本身就是创新的结果,创新思维在大数据时代更为重要,无论是知识习得还是学习方法,都需要创新思维的引领。值得反思的是,法学专业素以严谨著称,从法学基础理论到法律规范,无不要求高度的逻辑性,因而,法学人才也不自觉地给社会造成了一种灵活不足、因循守旧、缺乏创新的固见,这种固见其实过于片面,法学人才不仅可以具有创新思维,而且在大数据时代中更能发挥创新引领的作用。这种创新思维并不局限于单纯的技术创新,实际上,无论新式交易规程设计,抑或独特的论证过程等举凡有突出的不同寻常的想法,均可被视为创新思维。大数据时代各种知识的内在阻隔被疏导打通,社会发展面临着全新的机遇,具有创新思维的法学人因其对社会高度的自适性才将备受欢迎。

(四)娴熟的实践技能

社会对人才的需求不是空洞的"纸面文字符号清单",是否具备解决实际问题的能力才是关键的考量。实践技能如同桥梁,将知识、方法、创新思维和社会需求有效对接。在当今社会快速演进的大数据时代,实践技能的作用更为凸显,如果没有充足的实践技能,即使有再多的知识储备和丰富的方法论也对解决问题产生更大的作用。实践性是法学的学问品格,经验理性是法学的实践性格。法学是"社会科学",其以"实践"为基本面向。无论从事科研还是实务工作,唯有具备扎实的实践技能方能有效解决现实问题。当前,学生实践技能存在"短板"也是目前国内法学界公认的教育问题。2012年启动的《卓越法律人才教育培养计划》④中亦提及"学生实践能力总体不强,应强化实务技能培养,培养'应用型人才'",就是对此问题的现实分析与政策回应。如何有效因应大数据时代的人才

---

④ 该计划于2012年启动,围绕提升人才培养质量的核心任务,针对法学高等教育面临的问题与挑战,将目标定位在:以提升法律人才的培养质量为核心,以提高法律人才的实践能力为重点,加大应用型、复合型法律人才的培养力度,培养、造就一批适应社会主义法治国家建设需要的卓越法律职业人才。

需求变化,培养适合社会需求的具有实践技能的人才是当前法学教育有待解决的关键问题。

二、传统教学内容及教学手段已难以有效适应社会对人才的需求变化

大数据时代的法学人才教育应以培养“完备的知识谱系”、“有效的学习方法”、“创新的模式”以及“娴熟的实践技能”为目标导向。但囿于目前的法学教育在教学手段和教学内容上存在显著问题,传统的法学教育模式已难以有效适应社会对人才的需求变化。

(一)教学内容陈旧局限

传统教育模式围绕着“教材、教师、课堂”展开,其中教材又是传统教学模式的内容核心来源,教材的重要性在法学教育中毋庸置疑。然而,现实中教材内容却有诸多局限性:首先,教学内容观点陈旧、知识老化、教条空洞、新颖不够,纵使近些年出现了诸多国家规划教材和特色教材,也远远滞后于社会变化,无法反映最新社会动向;其次,教学内容过于局限,存在学科固化的问题,缺少跨学科复合性内容,知识面过于狭窄,缺少延拓,无法给学生关联领域的专业知识;最后,教学内容过于偏重探讨法学学科的学理问题、流派之争和历史沿革,欠缺实践导向的内容,大多内容局限于从理论到理论、用概念去解释概念的自说自话,无法为因应实践的职业教育提供学习环境。虽然法学界已认识到教学存在“理论与实践脱节”的问题,力图通过增加案例内容来丰富实践知识,但鉴于教材篇幅有限以及案例择选的标准不一,实践性内容教学沦为理论内容的附庸。陈旧、局限、欠缺实践导向的教学内容导致学生仅识记理解所学教材的单一内容,无法为人才培养提供知识谱系延拓和实践能力提升的内容“土壤”。

(二)教学方法单一粗劣

传统的法学教学方式仍局限于课堂讲授,以单向灌输教育为主,是一种粗放式教学,少有互动式、讨论式、体验式方法的采用。当前法学教学

仍未能实现实质意义上的信息化、数字化,大多数教学技术仍局限于PPT、QQ群、微信群、邮箱、多媒体课件以及不甚普及的远程教育系统,对技术的适用进展已远落后于时代步伐,即便是近年来风行的MOOC(massive open online course,大型开放式网络课程)曾一度备受瞩目,但其适用仍然寥寥,且其本质是一种为普通的线上教学工具,难以实现真正的教学反馈。⑤ 传统的课堂教育都如此,更莫谈实践教学课程了,实践教学主要由法律诊所、模拟课程以及校外实习组成,这些课程形式胜于实质,例如法律诊所和模拟课程中学生仍要依赖教师,教师也多不自觉地回到课堂教学思维当中,仅通过几则案例和粗劣的PPT应用无法真正培养学生的实践能力,其象征意义高于实践意义,而被寄予厚望的校外实习更是频被吐槽,教学方式被简化为"走过场",实习学生被当作廉价劳动力使用,接受的多是临时性的工作,如整理、装订卷宗。诸如此类的单一粗劣的教学方法无法生动地教授知识、传习技能,学生的实践能力难以得到有效提升。

(三)教学评价体系畸形

教学评价机制是对教育效果检验的过程,是提高教学质量的有力手段,其作用不仅在于对既往知识的检验,更在于通过评估督促未来的学习,以实现教育预定的目标。教育目标是评价机制明确的前提,但审视我国当前的教育目标,存在偏重理论化、缺乏实践导向的问题,在其影响下大多数法学院校对传统课程还停留在单纯依靠考试进行评估的阶段。这种方式以结果为导向,重在甄别证明,只利于实现认知评估,即对学生的学习和掌握的知识进行检测,无法对学习"过程"进行"行为评估"(测评学生在课程学习前后的变化)、"态度评估"(测评学生在课程前后的不同态度)和"实作评估"(测评学生执行"专为评估而要求学生执行的任务"),难以实现教学评估的多维度、多向反馈。⑥ 这种单一的成绩评估方

⑤ 参见朱兵强:《MOOC时代的法学教育:困境及应对》,载《当代教育理论与实践》2016年第11期。

⑥ 参见[美]罗伊·斯塔基等:《完善法学教育:发展方向与实现途径》,许身健等译,知识产权出版社2010年版,第224~227页。

式导致学生唯成绩是大,考前突击学习、死记硬背成为成绩优良的“保障”,抑制了创新思维和批判性思维的培养。实践教学方面的问题则更为严重,学生成绩大多由教师的主观意见评定分数,如此模糊的评价随意性较大,无法反映学生具体能力的提升变化。这种评价体系的畸形无法显示教学的实质问题所在,不利于对学生的行为进行“诊断”和改进。

(四)教学组织生硬僵化

教学组织自17世纪夸美纽斯确立班级授课制以来,教学活动的基本机构即被定型,至今法学教育依旧是如此,并未有显著变化。正如有尼葛洛庞帝(Negroponte)在《数字化生存》(Being Digital)中所言,假若19世纪中叶的外科医生穿越时光隧道来到现代,由于现代科技对外科医学的改变之大,对他而言全然陌生,而同时代的教师穿越到现代,他会发现除课程内容有所变动外,现代科技对教学组织、教学方式并无根本改变,他可立即着手教学,依旧可适应。医生则未必,毕竟医学变化日新月异,法学教学方式却少有变化。⑦ 这种班级制的教学模式映射了工业化时代标准化、规模化的人才生产需求,以“课堂”为中心的教学模式,成功解决了大规模知识型、技能型人才的培养。然而,这种教学组织模式生硬地采用统一的教学内容、教学任务、教学进度,很少顾及不同学生的差异,难以反映学习者的个性化需求。课堂宣教式教学以教师为中心,剥夺了学生的主体地位,在知识传授上也预定了知识体系,导致被动填鸭式教育,不利于塑造学生的独立性、发散性、批判性及创造性思维。

三、大数据对法学教育的全面革新

传统法学教学方法和内容难以因应社会对人才需求的变化趋势,大数据时代的到来为我们法学教育改革提供了新的契机。不仅计算机等信息技术更为成熟普及,为大规模深度融合数据体系提供了条件,而且教育

---

⑦ 参见[美]尼葛洛庞帝:《数字化生存》,胡泳译,海南出版社1997年版,第257页。

对象也多为 90 后“数据原住民”(born digital),具有良好的信息技术适用基础。基于当前时代背景下人才培养需求的变化,充分利用大数据技术对法学教育进行以下四方面革新。

(一)教学内容的全景式选择

教学内容陈旧、单一的问题可通过充分利用大数据技术的高容量、动态性、共享性特质予以改进,这种海量数据支持云平台资源的“全景式选择”,可为教学开展提供丰富的教学资源,直接便利地选择阐释学习主题的基础性知识、背景式知识,有利于突破过于传统的囿于学科领域的教学内容选择方式,使教学内容突破教科书等来源限制。而且这种内容选择不同于信息时代对互联网技术的初级使用,其不再是简单的内容搜索汇集,而是数据信息粒度的精准提炼,以契合学生个性数据内容的准确匹配为前提,实现教学内容的精确与丰富。同时,大数据下云技术可有效降低信息搜索技术成本和经济成本,改变原来 IT 基础架构,将负载均衡、虚拟化、网络储存、分布式计算等综合容纳后能提供更多、更及时的服务。⑧ 在大数据技术的整体连接下,教学网络资源子程序可高度融合,即可剔除过于陈旧的知识和过于凌乱的知识碎片,又能定期根据数据资源的自适性属性动态更新知识,实现教学内容“传统基础”与“现代新颖”的有机结合。如此,可有效满足人才培养对知识谱系“宽度”和“新度”的需求。

(二)教学方法的多样化采用

教学方式的转变与受教学生密切相关,直接影响学生的思维变化。传统单一的讲授教学方式鲜有技术运用,即便使用也局限于缺乏交互的、反馈的简单工具。在大数据浪潮下,为了保证学生习得知识、获得方法,应多层次、多路径地采用新教学方式,包括但不限于:(1)同步远程学习模式——传统课堂讲授的升级版,师生参与在时间上同步、空间上不同步,这与当下火热的“全民直播平台”极为相似。可实现即时通讯和双向互动交流。(2)非同步远程学习模式,涉及参与者时间和空间的分离,教师录制讲座内容,学生可在任何时间、任何地点、不限次数地随时学习。(3)翻

⑧ 参见程红梅:《云教学模式在法学教学中的应用》,载《河南科技学院学报》2016 年第 8 期。

转课堂，也称混合式学习，主要指在线辅导和面授指导的结合。学生先通过教学视频资料主动在网络上学习，后在课堂上与老师进行深入的探讨交流。这些方式的创新使用可使教学不再局限于课堂，从而延展了法学教学的时空场域。而且，相关资料均可在云平台获得，学生对传统课堂依赖降低，学生先自主探索、合作学习，后集中反馈交流，教师由灌输者变为指引者，学生由被动接收向主动学习转变，有利于学生方法择取能力的提升，增强其发散思维和创新意识。[⑨] 此外，在实践教学中，更可充分利用大数据技术开展场景模拟课程，构建虚拟仿真的法律实训平台，进行体验式学习（如英国的 Ardlloch），如此沉浸式情境教学方法更能有效地培养学生的实践能力。

（三）教学评价的精细化管理

单一粗劣的传统教学评价机制严重影响学生的实践能力、学习方法以及创新思维的培育。而大数据技术基于云的学习平台、学习终端的广泛应用，可收集学生的过程性数据（如学习行为、学习表现、学习习惯），通过采集分析系统的数据挖掘、比照、整理及分析，实现教学由一次性、间断性的评价向过程性、伴随性评价转变。进而从有助于教学评价走出粗糙的经验主义泥淖，迈入精细的数据主义。依靠大数据应用进行的归纳与整理使教学评价的反馈更为精准，不再是传统意义上经验的粗糙估计，亦有利于在学习分析（learning analytics）过程中发现教学、学习规律，可为实现教学优化提供准确的依据和参考方向。因此，评价体系的重点转向和精细化分析将在学生掌握知识的基础上，促进其全方面提升个人能力。[⑩]

（四）教学组织的个性化延拓

英国大数据研究先驱舍恩伯格认为，“大数据能够收集对过去而言，既不现实也不可能集聚起来的反馈数据，我们可以迎合学生个体需

---

⑨ 参见黄忠：《论法律 e 化教育对传统法学教育的优化》，载《现代教育科学》2016 年第 7 期；[美]米歇尔·皮斯托：《法学院与技术——我们现在何处并将驶向何方》，载《法学教育研究》2016 年第 2 期。

⑩ See Alan Rubel, Kyle Jones, “Data Analytics in Higher Education: Key Concerns and Open Questions”, 11(25) *univ. of st. thomas journal of law & public policy* (2017), pp. 26 – 44.

求……通过概率预测优化学生的学习内容、学习时间和学习方式。⑪ 通过大数据技术的应用改变了与教学有关的知识获得方式,扩大了教学活动所处的时空环境,师生可以随时随地利用信息终端联结大数据平台,突破了传统教室对教学信息的封装及对教学环境的限定。每位学生发展的依据从依赖于老师的有限理性判断转变为对自身学习过程的数据分析,个性化教学将成为可能。具言之,利用大数据技术将实现法学教育的"私人定制",通过数据处理对师生教学行为的精细化描摹,使合适的人能得到合适内容,引导学生自主选用教学资源、自主调控学习行为、自主选择学习方式。⑫ 学生可基于自己的认知方式进而选取教学内容的表达方式、依据自己的偏好选择教学内容的呈现顺序、遵循自己的学习习惯灵活调控教学时机和氛围,逐步实现由教师主导的统一步调式教学过程转化为在教师指导下、学生自主安排的、多线程的异步化学习。在班级概念弱化的信息化环境下,学生能在技术辅助下全面分析自己的学习行为、从中归纳总结、接受反馈并开发最大学习潜力,从而有利于激发学生学习新知识的热情,提升学生的自主学习能力。

四、对大数据应用盛赞背后的教育本意不应被冲淡

大数据确实开启了一次重大的时代转型,其对各行各业革新的力度确实空前,甚至现在网络上有观点鼓吹其是"万能技术",将来在教育行业中会取代传统教师。对于这种热议尤其需要我们冷静思考。其实,我们愈对大数据充分利用,反而更凸显出教师的重要作用。不可否认,传统教育中原本横亘于师生间的显性知识鸿沟,在互联网技术的推动下不断消失;但是法学隐性知识传承中所需要的经验体悟却无法完全通过技术手

---

⑪ 参见[英]维克托·迈尔·舍恩伯格、肯尼思·库克耶:《与大数据同行:学习和教育的未来》,赵中建译,华东师范大学出版社2014年版,第104页。

⑫ 参见王天平:《大数据诱发教学深度变革的实现方式》,载《中国教育学刊》2017年第9期。

段予以获取。互联网以显性知识为主,部分隐形知识一旦脱离了它所依附的知识主体而以视频录音形式呈现时,它们就已经获得了外化的载体,与主体产生了距离。即便是在线视频可随时交流,也因面对的是图像——完全虚拟化的交往场景,囿于意义表达的时空距离基本缺失,教育本应具有的社会情境限制也被冲淡。

在利用大数据技术改革法学教育时,尚有两点需要注意:首先,教师作为桥梁纽带,应提升数据素养,明确如何获取、分析和使用数据来支持教与学。其次,大数据的使用使学生活动透明性大大增加,要注意对其数据隐私的规范使用,避免以个性化服务为目的的海量数据采集分析过程中出现隐私泄露的问题。

Legal Education and Its Reform in the Era of Big Data

Feng Guo

Abstract:In the era of"Big data", the word,"big data"does not only mean a kind of technical reference, such as the current popular technology terms, artificial intelligence, block chain, networking and so on. It is also a way of thinking and a comprehensive review of the relationship between human development and social relations. Big data has been deeply influencing the development of all walks of life. Among the various fields, legal education is no exception. At present, traditional legal education is barely to fully meet the social needs in the era of big data. Therefore, it is necessary to reform teaching content, teaching methods, teaching evaluation and classroom organization and so on.

Key Words:Big data, legal education, reform of legal education

网络时代法治人才培养的革新向度*

李栗燕**

摘　要：新时代全面依法治国、网络强国战略要求传统法学教育进行相应的革新。在提升全民法治素养的要旨下，网络法治人才培养需要具备全面基础性；建设网络强国、构建网络综合治理体系需要大批复合专业性人才。围绕这两个革新向度，全民法治教育需实现由浅层依附性向全面基础性的转变，而专业人才培养应由单一专业性拓展向复合专业性。

关键词：法治人才培养　网络强国　新时代

随着互联网、大数据、人工智能和实体经济的深度融合，互联网技术将实现向各个产业的渗透，国家大力推进互联网及其相关技术创新，推进互联网技术在整个社会领域的深度应用，将为我国社会发展开辟新的时代——网络时代。“依法治网”作为“全面依法治国”的题中应有之义，将网络纳入法治框架

---

* 本研究为李栗燕主持的中国博士后科学基金特别资助项目（2018T110524）、中国博士后科学基金面上项目（2017M611860）研究成果，受中央高校基本科研业务费专项资金（No. NK2018008）、江苏高校“青蓝工程”中青年学术带头人项目资助。

** 李栗燕，南京师范大学博士后，南京航空航天大学教授、博士生导师。研究方向：法学理论。

势在必行，实施网络强国战略，维护网络安全，构建网络综合治理体系，重点是人才培养机制的创新，造就符合新时代要求的法治人才。

一、新时代对法治人才的新解读

习总书记在中国政法大学考察时指出“建设法治国家、法治政府、法治社会，实现科学立法、严格执法、公正司法、全民守法，都离不开一支高素质的法治工作队伍。法治人才培养上不去，法治领域不能人才辈出，全面依法治国就不可能做好”。[①]

(一)新时代法治人才的提出

全面依法治国背景下，法治人才是较传统法律人才更符合新时代发展旋律的人才种类。法律人才是“经过专门训练的职业化的专门人士，他们的语言、知识、思维、技能以及伦理都与普通人不同，总之，他们是具备了一定专业素养的人”。[②] 而法治人才是一个历史性的概念，它根据法治建设的目标、进程的调整而调整。就法治人才的定义而言，有学者进行过内涵解说，认为“法治人才是党的十八届四中全会提出的新概念，指具有丰富的法治知识，娴熟的法治技能，符合特定的法律道德标准，从事立法、执法、司法、法律服务等工作的专门人才”。[③] 而基于新时代进一步提升全民法治素养的要求，本文认为法治人才可以是一个广义的概念，除了从事立法、执法、司法和法律服务的专门法律人才之外，每一位中国法治进程的参与者与建设者，都可以是这种程度和意义上的“法治人才”。一方面，从中共十一届三中全会确立的社会主义法制建设“有法可依、有法必依，执法必严，违法必究”的十六字方针到全面依法治国新时代的“科学立法、严格执法、公正司法、全民守法”，立法、守法与司法、执法并驾齐驱，体

① 《立德树人德法兼修抓好法治人才培养　励志勤学刻苦磨炼促进青年成长进步》，载《人民日报》2017年5月4日，第1版。

② 孙笑侠：《法律家的技能与伦理》，载《法学研究》2001年第4期。

③ 刘风景：《法治人才的定位与培养》，载《南开学报》(哲学社会科学版)2017年第5期。

现了对社会各方参与法治的途径、方式、要求的拓展;另一方面,在坚持党对一切工作的领导、坚持全面依法治国的新时代要求下,仅仅培养传统的法律人才已经不足以解决我国在全面推进依法治国的进程中所面临的加强党对依法治国的领导、建设法治政府、推进司法公正、把改革和发展都纳入法治框架下的一系列问题,对"法治人才"的广义理解,对培养符合新时代要求的国家治理人才,具有积极的促进意义。

(二)网络时代对法治人才的新呼唤

随着互联网技术在全社会的深度应用,我们迎来了网络时代。习近平新时代的国家社会建设与毛泽东、邓小平时代的显著不同之一是网络社会的存在。互联网下的社会经济、文化等方面的发展模式不同于传统社会,该领域的法治也呈现出一系列不同于传统社会法治的特征。

在立法上,针对网络空间治理法律规则的制定在传统立法的基础上必须要有超越性、新颖性,需要将网络技术渗透其中。网络立法要尊重网络技术的发展规律,要吸纳网络防控技术标准,增强立法的可操作性和针对性。网络立法逐渐显现出全新的发展模式,需要培养具有互联网知识背景的法治人才对互联网领域中出现的新的法律现象进行归纳和架构。在执法上,互联网立法工作逐步完善的同时,执法越来越成为网络法治建设链条的关键一环。政府工作部门中需要大量精通法律和互联网技术的工作人员,才能更好地担起政府在互联网治理中作为参与者、建设者和改革者的历史重任。在司法上,随着互联网与实体经济的深度融合,多方利益交织的复杂网络法律纠纷日益增多,司法机关仅仅精通法律,没有一定的技术素养,很难从事技术含量较高案件的司法活动。在守法上,全民守法,不仅是在现实社会中尊法学法守法用法,在网络社会也必须在法律允许的范围内活动,用法律捍卫自身权利。基于此,网络法治人才的培养是实现互联网法治的基础建构。

二、网络时代对中国法治人才的培养提出了新要求

新时代是在站起来、富起来的基础上直面问题、解决问题的伟大斗争

中开创的,从站起来、富起来到强起来是个连贯的统一体,而在强起来的新时期,奉法者强、网络强国、人才强国,三者有机结合,方能成强。在强调“三强”的时代背景下,除了“互联网+”,我们还要具有“法治+”的理念,这是我国法治发展的新样态,是法治思维、法治方式进一步实践的新要求,让法治在各个领域发挥作用。而实现这“两+”的重要途径与支撑,就是人才战略、人才培养的跟进。网络时代对法治人才的需求,无论从量来说,还是质来说,都呈现出较之过去的独特之处,需要中国法治人才的培养进行新时代转向。

在不同国家,法学教育有不同的目标定位,④具体到本文所谈的“法治人才”培养中的教育定位,我们认为法学教育应是通识教育和专业教育的结合,基于培养的对象、层面和职业性的不同,笔者尝试将网络时代法治人才培养的革新向度概括为以下两个方面:一是全面基础性;二是复合专业性。

(一)提升全民法治素养昭示法治人才培养的全面基础性

十九大报告中明确提出“提高全民族法治素养”,“法治素养”成为关乎我们法治建设未来、民族未来的一个关键词。建设法治国家、法治政府、法治社会是一个宏大复杂的工程,它不仅需要人人守法,并且需要人人用法、人人捍法,方为法治。为了“打造共建共享的社会治理格局”需“加强社会治理制度建设,完善党委领导、政府负责、社会协同、公众参与、法制保障的社会治理体制,提高社会治理社会化、法治化、智能化、专业化水平”。⑤ 创新网络综合治理,涉及各方面各环节,只有紧密配合、有效互动,才能形成合力。

---

④ 法学教育目标的设定,大致有三种基本模式,一是素质教育模式,如日本,学生在大学进行法学理论的学习,进入司法行业需通过司法考试,考试合格以后到司法研修院接受司法理论和实务训练,因此,大学阶段是一种通识教育。二是职业教育模式,如美国,法学教育在法学院进行,法学院的学生必须具有其他专业的大学教育背景,其法学教育的目标是培养律师,因此更加侧重于技能的培养,注重案例分析,强调理论的深度。三是两者结合,如法国、德国,法学教育采取两者的结合,先经过大学法律系的学习,再进行法学实务进修,基本特点是,大学法学教育是通识教育与专业教育的结合。

⑤ 习近平:《决胜全面建成小康社会夺取新时代中国特色社会主义伟大胜利》,载《人民日报》,2017年10月28日,第01版。

网络空间治理不能光靠政府,要打造网络空间治理人人有责的命运共同体。根据中国互联网信息中心(CNNIC)发布的第40次《中国互联网发展概况统计报告》显示,截至2017年6月,我国网民的规模达到7.51亿人,占全球网民总数的1/5;互联网普及率为54.3%,超出全球平均水平4.6个百分点。[⑥] 毋庸置疑,我国网民规模、网络普及程度都在与日俱增,网络已经成为广大公民行使参与权、知情权、表达权和监督权的重要平台,成为党和国家了解民意,凝聚民智,密切联系群众的重要载体,成为推动中国特色社会主义民主政治进步和法治建设的重要力量。

在全面依法治国背景下,网民数量如此庞大,在这个维度上将法治教育定位于通识教育,提高法治人才培养的全面性和基础性,符合我国现阶段的国情。受传统文化的影响,人们对法治的了解并不深入,得益于近几年较大力度的法治宣传,人们拥有了一些"法"的知识,但远称不上"法治"知识,[⑦]法治素养尚处于浅层的阶段。将法治教育定位为通识教育,旨在培养人们的法治意识。此外,全面依法治国的社会基础是广大人民对法治的信任。建立起法治信任感,人们才会发自内心地拥护法治,法治教育所传递的法治知识在此过程中起着奠定基础的作用。构建网络综合治理体系,需要网络用户、网络服务提供者学习法治知识,培养法治意识,践行法治方式。网民、网络服务提供者是一个数量庞大的群体,加强法治人才培养的全面性、基础性,不断提升全民法治素养,是今后法治人才培养的重要方面。

(二)网络强国战略要旨法治人才培养的复合专业性

作为经济发展、科技创新和社会治理转型的重点,互联网已经成为谋求国际竞争新优势的战略高地。互联网对全面依法治国提出了新的挑战和机遇,产业创新的空间空前活跃,新技术新业务层出不穷,对电商监管、互联网金融监管、网络安全和个人信息保护都引发了一系列的深刻思考

---

⑥ CNNIC,《中国互联网发展概况统计报告》,载人民网:http://media.people.com.cn/n1/2017/0807/c14677-29454705.html/,最后访问日期:2017年10月29日。

⑦ 法治知识包含法治的价值、精神、原则,国家现行的法治模式、法律制度,为何选择现行法治模式、法治精神在现行法律制度中的体现,法治运行现状及未来走向、公民在法治建设中的责任等。

和对法治工作的密切关注,要充分发挥法律的推动、规范、引领和保障作用为建设网络强国保驾护航。

立法者、司法人员、政府执法人员以及律师等法律服务人员必须在拥有扎实而丰富的法律理论基础之上,还要了解互联网、互联网与传统行业结合产生的新样态的规律并掌握相关知识。立法人员不懂新问题,就无法对这一领域中呈现出来的法律现象做归纳和制度架构;政府部门不懂新问题,则无法在网络空间法治化进程和推动网络强国的建设中做到严格执法;律师等法律服务工作者不懂新问题,则无法全面及时地展开法律服务工作。要让互联网在法治的轨道上健康运行,就必须拥有复合性的法治专门工作队伍。互联网新时代,具备“法律+互联网”的复合性的知识体系、思维体系才是法治专门工作队伍今后的发展方向;换言之,既具有专业性又具有复合性的高端法治人才在未来肯定是大受欢迎且必不可少的。

三、传统人才培养对网络时代法治人才培养新诉求的力有不及

随着全面依法治国的推进和网络时代的到来,当今社会对法治人才的要求日趋严格和多元,传统的法治人才培养方式逐渐暴露出一些弊端和不足。

(一)全面基础性法治人才培养的乏力

目前我国高校普遍将法治教育课程与思想品德教育课程合二为一,即《思想道德修养与法律基础》,并由马克思主义学院负责这一门课,有其明显弊端。首先,马克思主义学院的教师跨专业讲授法治知识,囿于其自身学科背景的限制,缺乏专业的法学教学和实践经验,并不能对法治进行深入探讨,影响法治教育成效。其次,本科生思想道德与法律基础课程在内容上涵盖了政治学、心理学、伦理学和法律等众多学科的知识,整个课程在一个学期以内,要实现各个学科之间的协调已经成为制约课程发展的“瓶颈”。同一个课程多学科共享而导致的杂乱和不精专,在课堂上难

以让学生接受比较深度的思维训练。在一学期有限的学分课时内,该门课程要完成所有教学内容实有勉强。实际上,授课教师在2/3以上的课时都是讲授思想道德修养,留给法律基础的课时非常少,是一种以灌输少量法律知识为主的教育方式。这种蜻蜓点水型、突击应试型的教育模式,没有将对大学生法律能力和法治精神的培养考虑在内,根本无法完成法治教育的目的。

在网络时代,大学生的学习资源和学习方式多元,一方面,实体课程的弱化同样会带来网络教育的缺位,并没有专业的法律师资来考虑大范围、全方位的高校法治教育;另一方面,若实体教育中没有培养起学生的法治意识和对法的感受力,他们反而更容易受到网上不良信息的侵扰而形成错误的思想方式和行为习惯,离"法治"越来越远。

(二)复合专业性⑧法治人才培养的不足

新时期"建设网络强国""推动互联网、大数据、人工智能和实体经济深度融合"以及"善于运用互联网技术和信息化手段开展工作"⑨等相关论述对法治专门工作队伍也提出了新要求,但在目前的法治人才培养中,尚不具备培养专业复合性人才的优势。

1.立法人才培养的缺失影响"良法"之立

立法人才是法治队伍的重要组成部分,但长期以来,法学和法学教育鲜有涉及如何正确立法的方法。"良法是善治的前提,而法学将形成良法关键的立法技术置于学科视野之外,只在既定的法律制度的基础之上,把解决法律诉争的方法作为其唯一的研究对象,只针对事实认定、法律发

⑧ 本文中的"复合专业性",主要指在法律专业的人才培养中从两个维度的复合:一是加强法治队伍建设中的各种专门人才培养的复合,全面适应"科学立法、严格执法、公正司法、全民守法"的要求,各支法治人才队伍建设齐头并进,不可偏废;二是加强培养中传统法律知识与政治性、技术性要求的复合,前者指需以中国法治话语培养具有政治理性、正确国家观的法治人才,即本文第四部分开篇"需要着重强调的"内容,后者指网络时代需要加强网络法、信息法等新技术领域的知识和技能的培养,使法律人才具备网络安全观和网络法治水平。

⑨ 习近平:《决胜全面建成小康社会夺取新时代中国特色社会主义伟大胜利》,载《人民日报》2017年10月28日,第01版。

现、法律推理、法律论证和法律解释等。”[⑩]当前的法学教育的核心在于培养学生对现有的部门法具备全面的知识，以及进行法律解释与适用的能力，旨在培养法官、检察官和律师等，对立法学知识和技能的传授以及立法人才的培养较为缺乏。

新时代立法工作队伍建设的重要性在党的十九大报告中予以强调，这意味着立法队伍建设与执法和司法队伍建设同等重要。虽然目前我国已经出台一系列互联网法律法规，但是互联网法律体系的构建是一个需要长期攻坚且技术含量较高的工程。一方面，目前尚有大量已经存在的问题未被纳入法律的规制之下；另一方面，互联网下的经济社会发展样态丰富、复杂多变，未来一定还会出现众多新问题需要法律来解决。《立法法》修改之后，立法主体急剧扩围，立法人才短缺的弊端被凸显放大。由于地方缺乏立法人才和经验，立法事务外包成为普遍现象，部门化倾向、争权诿责现象更为突出。

2. 复合性人才的短缺影响“善治”之效

自20世纪90年代，法学专业经历了一轮热潮，竞争非常激烈。众多高校纷纷开设法学院或者法律系，目前已有620多所高校开办了法学专业。[⑪] 但尴尬的是，自2010年开始，麦可思研究院发布的《中国大学生就业报告》中连续6年法学专业上榜为红牌专业。高校未能及时把握社会现实并将法学和其他相关学科进行交叉研究，与时俱进的科研创新水平较低，传统法学教育的弊端在新时代被无限放大。

推进网络强国建设和互联网法治需要既掌握法治理论又有互联网技术和信息化手段做支撑的复合型的法治人才。互联网技术的迅速发展，现实和网络生活中涉及的实务问题不仅仅是涉及法学知识，会更多地涉及互联网信息技术本身或者其他相关的专业知识。网络空间法治化是网络时代全面依法治国推进下的“新生儿”，是一片充满挑战的新领地，有着不同于传统法律的主体内容：电子商务、电子政务、个人信息保护法、网络

---

⑩ 刘风景：《法治人才的定位与培养》，载《南开学报》（哲学社会科学版）2017年第5期。

⑪ 参见李栗燕：《以共享理念推进数字化时代的法学教育共享机制》，载《法学教育研究》2017年第1期。

犯罪的刑法规制、电子证据制度等。这些内容都由互联网的实践而催生,需要法律加以规范和引导,更需要法治人才来实践。在网络时代中,法律服务逐步产品化、模块化、流程化,但是互联网相关的法律问题比现实问题更加复杂和难解决。这就需要法治专门工作队伍拥有理清事实、正确适用法律法规和利用互联网技术来解决问题的能力。而目前我国的法治专门工作队伍几乎都是由单一的法学背景的人组成,欠缺对互联网的深刻认识和对互联网技术的掌握,更不用提对网络法学这一新兴学科的认识了。司法机关、政府部门以及法律工作者都没有有关互联网法治化的相关知识基础,难以在互联网法治化的过程中作出更好的应对,互联网治理工作的顺利推进也因此而受影响。

各级领导干部是党依法执政、政府依法行政的中坚力量,他们的法治思维、运用法治方式解决问题的能力,直接影响着依法执政理念的落实、依法行政的效果,关系到整个国家的法治建设的成败。我国尚处于全面法治建设的初期阶段,我国各级领导干部的法治观念和法治意识在不断提高,但是不可否认的是各级干部的法治观念和法治思维能力还不足以适应我国社会发展的需要。各级党政机关中法治人才欠缺,已有的工作队伍人员法律知识储备不足、法治观念淡薄,官本位和“人治”的理念依旧存在。各级领导干部法治思维的欠缺加上对互联网新技术的不熟悉,甚至抵触,使网络综合治理鲜有成效。

四、网络时代法治人才培养的完善路径

法治人才的培养首先要依靠大学发力,要充分利用学科齐全、人才密集的优点,对复杂的网络时代法治实践问题进行深入分析,为建设网络综合治理体系提供理论支撑。[12]

---

[12] 习近平在中国政法大学考察时提出“充分利用学科齐全、人才密集的优势……为完善中国特色社会主义法治体系、建设社会主义法治国家提供理论支撑”。这是一个宏观要求,为建设网络综合治理体系提供理论支撑正是这一要求的具体体现。

需要强调的是，无论是全民普及性的法治教育，还是专业法律人才的培养，都必须坚持以中国特色社会主义法学理论来培养法治人才，重视构建自己的法治理论体系，应将法治人才的培养扎根在中国土壤之上，将中国特色社会主义法治理论的核心思想贯穿法治教育，推动依法治国学术理论的中国化，同时要通融马克思主义、中华法系、西方法治文明等资源。[13] 网络时代的法治人才一定要具备坚定的政治观和高度的国家观，自觉、敏锐地防止我国全面依法治国的进程受到不良因素的侵扰。

（一）全民法治教育：由浅层依附性向全面基础性的转变

首先，高校公共课教学体系中应强化法律基础的教育及后续延伸。"思想政治理论课很容易教，因为它专业性不强，理论界域模糊，理论深度要求不高，所以作为一名思想政治理论课老师并不需要具备丰富的知识，也无需具备很强的能力，只要具备一定的课堂教学技巧就可以了。"[14]可见欠缺专业性，成为制约着这门课程培养法治素养的核心问题。在新时代，法治已被提到了一个前所未有的新高度，将法律基础单独开设为一门大学教育的公共基础课实有必要。在实践中，也有不少思政课教育者基于本身法律知识背景的短缺和学生的兴趣需求，呼吁在大学生公共课体系内，单独开设法律基础课，主要吸收法学专业出身的师资来教授，而这门法律基础课程，应以中国特色社会主义法律理论为要旨，可以《中国特色社会主义法律基础》之类的课程及教材名称命名。

在公共课教学体系开设法律基础的前提下，可再对学生选修法律课程的学分做出一定的要求。这种模式可以保证学生有充分的自主选择权外，还可以有机会接触到专业的法学教育。在教学方法上，也需有所改进，将法学基础理论和法律原则寓于教学活动之中，并注重培养理论和实践能力的并重。不再仅限于法律条文的介绍解释，而更应该向学生讲解相关法律立法的背景以及对现实应用中的热点和难点问题的分析和

---

⑬ 参见贾宇：《把握中国化、需求导向、职业化方向 发展中国特色法学》，载《法学教育研究》2017 年第 1 期。

⑭ 李培超：《正确认识和把握"思想道德修养与法律基础"课教学的一些难点问题》，载《思想理论教育导刊》2009 年第 5 期。

阐释。

其次,高校要创造条件服务于地方各级领导法治思维的培养,建立各类长效法治学习机制。各级领导干部在做好本职工作的基础上,要接受法治教育,培养法治思维方式,起到模范作用。高校可以与地方政府和各级党委合作,开办各级各类的法治学习班、进修班,分批次集中地对各级领导干部进行培训,并可提供学位教育等多种深造模式,为推进法治政府、法治社会的建立提供智力服务。各级领导干部法治思维能力的提升,重点关注法治知识储备和法治素养的提高,要注重针对性和实用性。

(二)专业人才培养:由单一专业性向复合专业性的拓展

单一法学的知识获取相对容易,但难以掌握利用现代信息技术手段在法治领域分析问题、解决问题的思维和方法。在教育培养中将法学理论和信息科学理论相结合,可以打破学科划分带来的思想羁绊,向法学学生传递交叉学科的思维方式和研究方法,培养出具有应用信息技术去解决互联网发展过程中出现的各种错综复杂问题的研究者和实务法律工作者。

1.着力补齐立法人才欠缺的短板

在中国知网以“立法人才”为关键词搜索出的论文只有寥寥十几篇,这突显了法学界对立法人才研究之冷。“立法是为国家定规矩。为社会定方圆的神圣工作,立法人员必须具备很高的思想政治素质,具备遵循规律、发扬民主、加强协调、凝聚共识的能力。”⑮法律的起草是一门专业性、技术性很强的工作,新时代背景下构建互联网法治体系,更加需要专门的立法人才才能胜任,因此必须加大投入,补齐立法人才欠缺这一短板。高素质的立法人才必须由系统科学的立法学科体系来支撑,当前立法学学科建设不完善的弊端已见端倪,⑯需加强立法学科建设,开发与立法制度、理论、技术、语言相关的课程作为必修课。在课程考核上,加大对立法知识的考核力度。在实践教学基地的选择上,与地方有立法权的政府和人

---

⑮ 习近平:《加快建设社会主义法治国家》,载《求是》2015年第1期。

⑯ 立法学教材虽然有不同版本,但是除了周旺生先生著的《立法学》中有专门谈及“法案起草人”之外,其他的都没有谈及立法人才以及相关内容。

大机关合作,让学生有机会了解甚至参与实际的立法过程,学习立法技术和方法,从而提高自身起草法案的能力。在掌握立法知识的基础上将相关网络特性融入立法技术的学习过程中,深入研究已有网络法律现象和预测未来可能出现的问题。

2. 在差异化的法律人才培养中建立复合性人才培养的目标

面对以往复合人才培养的"主辅修/双学位模式"培养时间短、学业任务较重及"第二学位模式"培养期限拖长,但性价比不高的弊端,[17]"本硕贯穿"的培养模式不失为网络法治人才培养的一条佳径。"本硕贯穿"模式存在两种不同的培养形式,第一种以本科生自愿报名及学院遴选的方式组成网络法本科班。接受完四年本科教育之后,同等条件下优先推免、考取网络法方向的硕士研究生。第二种形式为鼓励具有计算机科学等多元的教育背景的学生报考网络法治相关领域学科[18]的硕士研究生和博士研究生。硕士研究生培养目标是能够独立地从事网络法学专业研究和实务工作的复合型高级专门人才,需要具备扎实的法学理论功底和较完善系统的网络法专业知识,对我国网络空间法治的现状和法制体系有深入的了解,熟悉国内外网络法治运行的法律制度和实际问题,具备较强的独立运用网络法研究和分析、解决问题的能力。博士研究生培养目标是要具备敏锐的学术洞察力和实践分析能力,具有追踪国际和国内网络法前沿问题的能力,全面、系统掌握网络法的基本理论,能够独立进行网络法的教学和研究,具备参与国内和国际互联网法领域事务的能力,能够就互

---

⑰ 参见单平基:《构建"双4+3"复合型工程法律人才培养模式》,载《法学教育研究》2017年第2期。

⑱ 我国高等院校几乎都开设有法学院和法律专业,但是设置网络法学相关学科的高等学校目前来说还比较少。2015年,中国政法大学自主设置法学二级学科"网络法学",将网络安全、网络电子商务,以及网络空间中的国际法规则最为主要的研究方向,着力解决现实社会发展过程中突出的、疑难的网络法律问题,解决国家战略安全、民族利益和较大社会影响力的网络法学理论以及实务问题。2017年,南京航空航天大学也自主设立"网络法学"二级学科,进行硕士研究生培养。北京大学在"知识产权法学"博士研究生培养中设有"传媒法和知识产权"方向,旨在学习和研究以互联网为主要形式的新媒体对知识产权法的挑战和影响。中国人民大学、华东政法大学、北京理工大学、北京航空航天大学、上海交通大学、西安交通大学、南京航空航天大学等都设立了网络法的相关研究机构,并将其融合到多个传统法学二级学科的研究生培养工作当中。

联网法领域相关问题的解决提出制度设计和法律方案。

根据法学界的基本认识,网络法学研究的内容主要包括:通信自由与信息自由、知识产权、个人数据与隐私保护、网络空间犯罪与刑法、网络商务的法律规则、信息的法律保护、程序与法律冲突。[19] 基于此,第一层次培养学生掌握法学和信息技术的基础知识和基本技能:复合型法律人才应掌握网络侵权、网络犯罪、网络诉讼、电子证据等知识;通过对计算机取证、信息安全管理、网络技术应用等课程的学习,掌握法治实践中的信息网络技术。第二层次将法学知识与信息技术进行有效交叉融合:诉讼领域掌握电子数据取证、电子数据质证等;非诉领域注重知识产权、电子商务(证据保全、取证)、电子政务[网络数据(舆情)检索与分析]技能的习得,并且要加强网络数据分析的基本课程,学会对数据进行挖掘分析,培养学生使用信息技术解决新型纠纷的能力。

这种培养模式要求凝聚法学、信息技术等多个学科的师资力量。这就要求教师队伍不能仅局限于任何单一专业,必须通晓这两个学科的知识和技能。人才培养的关键还是在于师资队伍的专业水平和教学、科研能力。此种模式下,更加注重跨学科创新团队的建设,共同承担跨学科建设和教学的任务。

复合性人才培养的最终目的是回应社会的需求,所以应当配套相应的实务型培养机制——高校—实务部门联合培养机制。“在交叉、团队与实务三位一体的复合型法律人才培养模式理念下”,[20]强法学教育部门和法治实践部门之间的交流合作,用活用好校内外两种资源,目标在于将位于法治人才培养尾端的实践部门的需求贯穿于法治人才培养的全过程,促使“法治人才消费者”转化为“法治人才生产者”,共同组建优秀师资队伍,加强理论与实践的互动,促进司法实践的理论提升,丰富法学理论研究,促进法学教育与法治实践的有机衔接。法治实践部门作为法治人才培养的“检验者”和“受益者”,要改变其在法治人才培养中,长期处于责

---

[19] 参见董炳和:《网络时代呼唤网络法学》,载《江海学刊》2000年第4期。

[20] 转引自黄喆:《工程法律人才培养若干问题之探讨——基于东南大学工程法学教育之实践》,载《法学教育研究》2017年第1期。

任主体地位模糊、意识缺乏的情形,真正落实协同培养。

五、结语

全面推进依法治国是一项长期而重大的任务,网络时代发展飞速,新问题、新难题层出不穷,这些对法治人才的培养既是一次转变传统人才培养模式的机会又是一项严峻的挑战。要求我们在深入分析和把握法治理念和规律基础上,有针对性地培养高素质的专业复合性法治人才,才不辜负时代和国家的使命。网络社会飞速运转,而人才培养是漫长的,十年树木百年树人,网络法治人才的培养过程一定是艰辛而曲折的,需要我们的韧性与决心。我们要勇于承担其新时代法治人才培养的重任,以人才兴国、人才强国,实现网络强国战略,为实现中华民族的伟大复兴而贡献力量。

On the Innovation of the Training Model of Law Talent in the Internet Age

Li Liyan

Abstract: The new era of comprehensively governing the country according to law and the national Cyberpower strategy of building network and strengthening network technology require that domestic traditional legal education be reformed timely and appropriately. In order to promote the rule of law for all citizens, the cultivation of cyber rule of law talent needs to be comprehensive and basic; to build a network of strong countries and build a comprehensive network management system requires a large number of composite professional talents. Around these two innovation orientations, the rule-of-law legal education for the entire citizens needs to be transformed from shallow affiliation to comprehensive underlying infrastructure, and the development of professional legal talent should be expanded from a single major-orientation to a compound major-orientation.

Key Words: cultivation of rule-of-law talent, Cyberpower, new eca

湖南近代法学教育发展研究*

夏新华　陈　兵**

摘　要：湖南近代法学教育肇始于清末变法时期，时务学堂、课吏馆、仕学馆、法政学堂等的创办，促进了湖南法学教育之产生。民初延续了清末法学教育之发展，在各方面不断完善的基础上，湖南公私法学教育呈现发达兴盛之态。省治以后，湖南法学教育进一步发展延续，主要表现为公立湖南大学法科之发展。湖南近代法学教育的整个发展历程具有鲜明特征，其对当今法学教育发展具有一定启示。

关键词：清末　民国　湖南　法学教育　法政学校

对湖南近代法学教育的研究，目前仅有周正云①与程波②的两篇文章。其中，周文从官吏学堂法学教育，组织出国学习法学，以及创办法政学堂三个方面

---

* 基金项目：本文系夏新华教授主持的"湖南省学位与研究生教育教学改革课题(17JG02)"的阶段性成果。

** 夏新华，湖南师范大学二级教授，博士生导师。研究方向：法学教育、中外法史与非洲法；陈兵，湖南师范大学法学院硕士研究生。研究方向：法学教育与法律文化。

① 参见周正云：《论清末湖南的法学教育》，载《时代法学》2004 年第 2 期。

② 参见程波：《湖南法政教育的早期展开及湖南法政先驱者事略考》，载《法治湖南与区域治理研究》2011 年第 2 期。

论述了清末湖南法学教育的产生发展,对作为本土的湖南近代法学教育之研究具有拓荒意义。而程文则侧重对湖南法学教育的教学科目以及部分法学教员进行考据,对深入认识湖南近代法学教育具有重要意义。但是,周文仅论述了处于初始阶段的清末湖南法学教育,却未对处于发展、成熟阶段的民国湖南法学教育进行研究;而程文的研究集中在清末民初湖南公立法学教育的研究上,而对湖南省治时期乃至民国后期法学教育的研究却未深入涉及,且其对作为湖南法学教育重要组成部分的私立法学教育亦未重点论及,实属遗憾。为填补空白,我们意欲对清末、民初与省治以后的湖南法学教育进行系统梳理,廓清湖南近代法学教育的发展沿革,以期再现湖南近代法学教育发展的整体面貌。

一、肇始:清末时期湖南法学教育之产生

湖南近代法学教育肇始于时务学堂和课吏馆。从清末变法开始,湖南便开始出现了近代意义的法学教育,并日益呈现出多样化的发展形式。如以官吏为学习主体的课吏馆、仕学馆实施的法学培训教育、以学生为学习主体的学堂教育以及派遣人员出国留学法律。湖南近代法学教育的产生具有特定的历史背景,戊戌变法被镇压后,慈禧鉴于国内外形势,不得不发布实行新政的诏令,特别是《辛丑条约》之签订,与外国交往日益频繁与深入,亟须法政人才。新政、外交对国家乃至地方的法学教育发出了急迫要求,故湖南近代法学教育应此产生。清末湖南法学教育之产生主要表现在如下方面。

首先,创办湖南实务学堂。就全国而言,从 19 世纪 60 年代便相继建立新式学堂,而湖南则在陈宝箴主持新政的推动下,于 1897 年由熊希龄、谭嗣同等倡议设立时务学堂。时务学堂在梁启超的主事下,奉行“中西并用”的原则,其课程安排包括“内外公法”,而阅读书目包括“涉猎”与“专精”两类。具体而言,“外公法”包括公法、约章与交涉,“内公法”包括宪法、民律与刑律,“涉猎”书目有唐律说义、刑法志、各国交涉公法论、法国

律例、英律全书等,“专精”书目有万国公法、公法总论、公法会通等。[③] 可见法学书目在其中占据了重要地位,由于受当时之国情所限,湖南法学教育仍寓于“交涉公法”之范畴,但毕竟产生了萌芽。

其次,设立湖南课吏馆。湖南当局根据梁启超“开民智,开绅智,开官智”的建议,于1898年在长沙设课吏馆作为培训官员之机构,“聘请品学兼优、才识专著者二三人”担任馆长以及教官,通过采取自习与馆长答问的学习方式,使湖南各级官员“研习吏治、刑名诸书”。课吏馆在黄遵宪的主持下,制定《湖南课吏馆章程》,其中规定课吏馆课程分为学校、刑名与交涉等6门。其中,学校“研究造士育才之法”;刑名“研究律例、清讼狱、处罪犯之法”。实际上,这6门均以法律为本,其职能在于使官吏学习法政等“临民治事”知识,使他们依法“设学校”、“管刑名”与“行交涉”等治理事项,这是提高官员队伍法律素质的重要措施。直到1906年创办湖南法政学堂后,课吏馆的职责方最终停止。

再次,开办湖南仕学馆。1903年,湖南当局为有效地整顿吏治,湘省司道奏称:“求治之本,课吏为先……查仕学为吏治根本,关系甚重……则仕学馆之设,在湖南刻不容缓。”[④]1904年,本着“舍工艺而趋重政法”“以法政为先,以专门为重”的原则,结合湖南省情,正式开办仕学馆。从仕学馆的入馆试题便以看出,其颇具现实针对性,且侧重对法律的考察。如“西律发源罗马,其宽严轻重视中律异同若何?”“然有谓户婚、田产诸案可参用西律听断,命盗之案不可参用西律听断者,其说是否有当?”[⑤]仕学馆课程设置包括政治、法律、交涉等5门,政治主讲民商法、行政法等;法律主讲刑法、刑诉法、民诉法、法制史、罗马法、英法德日4国法;交涉主讲公法、约章等法。[⑥] 1906年下半年,仕学馆附设法政速成科,讲习中外法律,学制一年半。[⑦] 速成科讲习科目具体包括法律、掌故以及交涉等,实质都属法学科目。仕学馆对法学教育的重视,体现了“以政法为先”的原则,提升

③ 参见《湖南时务学堂学约》,载《时务报》1908年12月1日。
④ 详情参见《湖南官报》1903年703号。
⑤ 参见《湖南官报》1904年10月19日。
⑥ 参见《东方杂志》1904年第8期。
⑦ 参见周正云、周炜:《湖南近现代法律制度》,湖南人民出版社2012年版,第147页。

了法学教育的地位。直到1908年,改为湖南法政学堂官校,开设法政别科、讲习科与自修科才代替仕学馆的职责。

复次,创办湖南法政学堂。1906年2月,湖南巡抚庞鸿书以“专为本省士绅选就完全法政通才”为宗旨,在长沙又一贡院内创办湖南公立法政学堂。委涂懋儒、胡子靖[⑧]为正副监督,陶思曾掌教育,瞿宗铎掌庶务,聘张人镜、朱得森、曹履贞、杨树谷、谭传恺、任绍选、俞峻等人为讲席。先后招收讲习科、别科各二班。[⑨] 湖南公立法政学堂相继取代课吏馆与仕学馆教育培训官吏之职能,湖南的专门法学教育由此开端。1907年湖南公立法政学堂改称为湖南法政学堂绅校,1908年仕学馆与附设速成科改为湖南法政学堂官校。[⑩] 两校乃清末湖南法学教育之主力。官、绅法政学堂均参照《京师法政学堂章程》成立,招收讲习科与别科。到1910年,两校合并成湖南官立法政学堂。次年,招收法律、政治生二班及补修班,银行研究科、政治正科、法律正科各一班,自此开始正式招生法律正科。后辛亥革命爆发,因革命驻军影响被迫短暂停办。此时,湖南公立法律专门学校在长沙正式创办。另外,为了培养专业司法人才,1910年9月,湖南省开办第一届司法研究所,招收学生一百名,学生选自法政学堂及旧式的谳局,攻读期限为一年半。值得一提的是,当时有“地方议会”之称的咨议局亦重视法学教育之发展。1909年,湖南咨议局就提出了《推广法政学堂以培植审判人材议决案》。[⑪] 对法政人才培养的重要性与必要性以及培养方法进行了阐述,无疑反映出清末湖南当局对法学教育的重视。

最后,派遣人员出国研习法政。为了有效弥补国内教育对培养法政人才之不足,湖南当局多次派人出国学习法政。1906年9月2日,张之洞电饬时任湖南巡抚庞鸿书,指出:“凡新选、新补州县官,除年事已高曾任

---

⑧ 据我们查证,此处《湖南教育史》书载的胡子靖疑为有误,应当为胡子清,其系湖南湘乡人,日本早稻田大学法科毕业,系我国最早引进《财政学》的学者,编译有《殖民政策》与《财政学》,其中《殖民政策》系东京“法政粹编”第十六种,于1905年由池田九段印刷厂出版。

⑨ 参见冯象钦、刘欣森:《湖南教育史》(第2卷),岳麓书社2003年版,第243页。

⑩ 参见周正云:《论清末湖南的法学教育》,载《时代法学》2004年第2期。

⑪ 关于该议决案之内容,参见《预备立宪公会报》1909年第22期。

实缺者外,均令自费出洋考察或游学,方得赴任。”[12]1902年,湖南派12人考察日本教育法。1903年,湖南派24人去日研习法律等各科,其中就有陈天华与宋教仁在日学习法政。1904年,湖南派候补知县、县丞、举人等20人到日研习法政。1906年,湖南从县官、幕友与士绅中选取共99人留日,其中研习法政74人,分别是官类10人,幕类20人,绅类44人,留日学习法政占据了70%以上的比重。派遣人员出国学习法政培育了法学方面的人才,促进了近代法学知识与法学思想在湖南传播。

总之,无论是创办时务学堂、课吏馆、仕学馆,以及在国内开办、推广法政学堂,还是派人出国学习法政知识,均促进了湖南近代法学教育的产生与发展,历史具有连续性,清末上述努力为民初湖南法学教育继续发展繁荣提供了根底。

二、兴盛:民国初期湖南法学教育之发达

民国之初,以法治国,将中国建设成为民主共和的法治国家是资产阶级革命人士与社会贤明人士的强烈要求。故此,民国初年普遍形成了以法治国的国家意识与社会舆论,学习法律知识因此变得非常迫切,国家与社会的迫切需要推动了法学教育沿着清末惯性继续向前发展。就湖南而言,从民国初年到湖南省治时期,法学教育继续发展主要表现在以下方面。

第一,制定与完善相关教育法规规范法学教育的发展。1912年,教育部颁行《普通教育暂行办法通令》与《暂行课程标准》。规定改“学堂”为“学校”,改“堂长”“监督”为“校长”,以规范办学称呼。另外,学校设置分为公立与私立两类,公立根据经费来源不同又可分为省立、厅立、县立等,而由私人或私组织负担经费的则为私立。公私法政院校的创设、变动与废除均需获得教育总长批准。湖南在上述两个文件指导下制定《民国

---

⑫ 参见湖南省教育科学院编:《湖南教育大事记》,岳麓书社2002年版,第100页。

元年湖南教育分别筹办大要》《湖南暂定学制大纲》,作为指导全省教育的基本纲领。其中对属于专门教育的法政学校进行了规定,法政学校接收毕业于普通中学的学生入学,学制四年。并明确将法政官绅两校合并为第一法政学校,改景贤法政学堂为第二法政学校,接收学生入学,并开设别科,学制三年。并提倡和鼓励私人办学,规定如有阻挠办学者,予以罚金;认真办学者,予以名誉上的奖励。⑬ 尤其是在当时没有国家标准的参照下,1912年由湖南省学务司公布的《湖南暂定学制大纲》作用不可低估,其影响甚至持续到了1922年新学制的颁布。湖南相关教育法规的制定与完善,对湖南法学教育规范发展作用重大。

第二,明确了法学教育宗旨与具体课程安排。1912年10月颁布《大学令》规定大学"以教授高等学术,养成硕学闳材,应国家需要为宗旨"。⑭ 而《专门学校令》规定专门学校"以教授高等学术,养成专门人才为宗旨"。⑮ 湖南学务司制定的《湖南法政学校暂行章程》,明确法政学校以"培养法政专门人才"为宗旨。规定分别设立法律、政治与经济专科,学制四年,暂设法律、政治与经济别科,学制三年。对专科与别科学生数量亦进行了规定,即必须在60人以上。其中,专科又分为必要科与非必要科。宪法、法理学、民法、行政法、刑法、法院编制法、商法、监狱学、破产法、民诉法、刑诉法、英文、法文等为法律专科的必要科。而法学通论、中国法制史、西洋法制史、罗马法、平时与战时国际法、国际私法、伦理学、财政学、监狱实习、民事诉讼与刑事诉讼实习等为非必要科。而政治学、宪法、行政法、平时国际法、外交政策等17科为政治专科的必要科,国家学原理、法学通论、刑法要论、民法要论、商法要论、战时国际法、国际私法等20科为政治专科的非必要科。经济原论、行政法、商法等11科为经济专科的必要科,宪法、法学通论、民法、平时和战时国际法、国际私法等24科为经济专科的非必要科。以上涉及的法规若本国未制定,则参照外国法律教

---

⑬ 参见湖南省教育科学院编:《湖南教育大事记》,岳麓书社2002年版,第110页。

⑭ 舒新城:《中国近代史资料》,人民教育出版社1985年版,第647页。

⑮ 璩鑫圭主编:《中国近代教育史资料汇编·学制演变》,上海教育出版社1991年版,第662页。

授,本国制定后得照本国法律教授。此外,还对专科的入学资格、退学情形、考试等级、学费征收等进行了具体规定,别科参照专科进行。由此可见,首先,法学从附属于政治学科中独立出来,明确了自身定位;其次,法学课程普遍分布于各学科,不仅占据了法科几乎全部,而且在政治科与经济科中占有相当比重;最后,法学课程的名称基本定型,与今天相差不大,说明法学教学内容已渐成系统。教育宗旨的设定与具体课程的安排,规范了法学教学活动,对湖南近代法学教育的规范发展具有促进作用。

第三,法学教育办学形式多元与办学规模扩大。民初湖南法学教育的办学主体主要有官方与私人,而非仅由官方垄断。法政学校包括上述提到的公立第一、第二法政学校。1913 年,两校合并成为湖南公立法政专门学校。此外,还有经司法研究所改建的湖南公立法律学校,⑯则于 1914 年 12 月并入湖南公立法政专门学校。除公立法政学校外,湖南还有众多私立法政学校,它们在整个法政学校乃至专门学校中占据了重要比重,如有私立第一、第二(后改为达材)、群治、湖湘、会通、爱国、经国、新民、竞治等私立专门学校,其中群治、达材、会通、爱国法政学校为湖南私立法政学校之代表。除省城长沙外,有些市州如宝庆、⑰永州、⑱祁阳等也建立了法政学校。但有些虽呈报却并未获批,如桂阳州。⑲ 亦有开办未呈请报批的,如常德的湖南私立湖西法政学校就是办学近两年才开始呈报,被责令

---

⑯ 该校初期,因招收学生程度不高,便要求入本科者必须先入预科一年。后来随着中学教育的推广,专招收中学毕业及有同等学力者入本科学习。在该校先后担任校长的有吴汇宗、徐光谟、张笃光、任绍选、李希贤等人。参见俞峻:《回忆湖南公立法政专门学校》,载湖南省教育史志编纂委员会:《湖南近现代名校史料》,湖南教育出版社 2012 年版,第 329 页。

⑰ 参见《教育公报》1915 年第 2 卷第 2 期。

⑱ 永州当时是在永州公立地方自治研究所之内附设法律专门学校,且针对自治研究所毕业生有志研究法律者。参见《湖南教育公报》1913 年第 3 期。

⑲ 当时批文为:"查法政学校乃中等以上之专门学校,其入学资格必须中等毕业或与之有同等学力者方为合格,查阅简章多与部章不合,所请立案之处碍难照准。"参见《湖南教育公报》1913 年第 3 期。

改为讲习所。[20] 值得一提的是,1913年,在女权运动领袖的支持下,于湖南省城创办了长沙女子法政学校,以上均反映了民初湖南法学教育的多元化与规模化。

第四,泛滥的法学教育经过整顿后逐步走上发展正轨。民国成立后,教务最形发达者,唯私立专门学校,尤以私立法政学校为甚。[21] 当时黄炎培评论道:"求为介绍入学校,入何校?则法政学校也;报章募集生徒之广告,则十七八法政学校也;行政机关呈请立案之公文,则十七八法政学校也。"[22]据统计,民国初期全国存在的法政学校总共64所,而湖南共有6所,占全国近10%的比例,这6所学校分别为湖南公立法政专门学校、湖南群治法政专门学校、湖南达材法政专门学校、湖南爱国法政专门学校、湖南会通法政学校、湖湘法政专门学校,可见规模之大。但实际上,由于各种因素的影响,[23],从清末发展到民初的湖南法学教育达到繁盛并步入泛滥之境,尤其是别科。招收别科本为权宜之策,但因别科入学不拘资格,各处法政专门学校纷纷添设,入学新生,动辄数百,考其内容,大率有专门之名,无专门之实。[24] 创办者视为营业之市场,就学者藉作猎官之途径,弊端百出。以下举1915年湖南部分法政学校学生人数概况便知泛滥之大,[25]如表1所示。

---

[20] 公私立专门学校之设立、变更、废止均须呈报教育总长,得其认可,该校开办之先并未遵照办理,将近两年始行详报,该校设在常德既非繁盛商埠,校中教员多系别科毕业,教员资格不符,学生资格亦多未合,使其改为讲习所。参见《教育公报》1915年第2卷第1期和第10期。

[21] 参见周正云、周炜:《湖南近现代法律制度》,湖南人民出版社2012年版,第476页。

[22] 黄炎培:《教育前途危险之现象》,载《东方杂志》1913年第9卷第12号。

[23] 其一,清末民初政治发展与变革需要大量法政人才,这是根本原因;其二,科举被废,新式教育勃兴,以及政府对法政专门教育的鼓励和推动;其三,中国特定的社会政治文化环境和基本国情也是重要原因。参见姚琦:《论清末民初的法政学堂》,载《华东师范大学学报》(教育科学版)2006年第3期。

[24] 参见汤能松等:《探索的轨迹:中国法学教育发展史略》,法律出版社1995年版,第230页。

[25] 参见《教育行政纪要:丙编》,载朱有瓛编:《中国近代学制史料:第三辑》(上),华东师范大学出版社1989年版,第647~653页。

表1　1915年湖南部分法政学校概况　单位:人

校名	学生数		毕业生数		处理年月	备注
	本科	别科	本科	别科		
湖南公立法政专门学校	270		139	1169	1915年认可	
湖南群治法政专门学校	135		66	245	1914年备案	
湖南达材法政专门学校	153		42	694	1914年备案	
湖南会通法政专门学校				452	1915年核准	停办
湖南爱国法政专门学校			34	100	1915年核准	停办
湖湘法政专门学校				128	1915年核准	停办

由表1可见,本科与别科毕业生人数之悬殊,有的甚至达10余倍之多,而私立会通和私立湖湘法政专门学校更是仅有别科而无本科。可见,法学教育繁荣背后隐藏着严重危机,办学求钱,入学求官,导致湖南法学教育发生畸变异化,教学质量的下降,甚至引发时人“开学收学费,毕业送文凭”的指责言论。但应当指出的是,此乃当时中国之普遍国情,并非湖南一省独有。孙晓楼便指出:“今则法律学校已遍设于各省,法政学校之在中国,也可以说是不在少数,不过我们看到许多法律学校的毕业生,好的不能说没有,但不学无术的实在也不少。”[26]当时报纸客观地指出:“民国成立以来,各省甫经军事财政奇绌,教育事业因此骤难扩张,独至公私立法政学校如林而起,较军兴以前增加何止倍蓰,其间认真办事确有成效

[26] 孙晓楼:《法律教育》,中国政法大学出版社1998年版,第6页。

者固亦不鲜,而办理荒谬视同投机之营业者亦指不胜数。"[27]如 1914 年教育部调查后指出:"湖南教员既多缺席,管理尤欠精神;吉林公立法政学校校风不良,教员学生诸多旷课;福建则滥收学生,程度诸未适合,管理教授,亦多懈弛;私立学校情况更糟,有的无本科和预科,仅设别科,全系营业性质。"[28]可见当时湖南以及其他各省法学教育之混乱。

故此,教育部欲着手整顿,1913 年通令各省:"私立法政专门学校,非属繁盛商埠、经费充裕、办理合法、不滋流弊者,应酌情饬令停办,或改为法政讲习所。"[29]从 1914 年 7 月 11 日公布结果可以看出,教育部对于湖南公私法政学校的备案十分慎重。首先,饬令湖南公立法律专门学校合并到湖南公立法政专门学校,同年 12 月正式合并,湖南公立法政专门学校成为当时教育部承认的共 22 所公立法政学校之一。到 1915 年该校设有法律、政治、经济、政治经济 4 科,本科学生有 150 余人,别科生 160 余人,毕业的本科生 17 人,别科生 1072 人。[30] 但教育部进一步饬令 1915 年 7 月 31 日前停止招收别科生,遂使别科不复存在。其次,教育部同意私立第二与群治法政专门学校的备案。1914 年群治学校开设政治科,学生有 142 人,毕业别科生共 154 人,私立第二改称达材法政专门学校,设立法律科,有本科生 142 人,毕业别科生 361 人。[31] 再次,教育部同意爱国、会同、湖湘三所学校办学到原来学生毕业为止。[32] 但三校经过整顿后,1917 年 4 月 14 日获得教育部的认可继续办学。最后,由于"经费竭蹶、管理废弛、编制不合部章、设备未能完具,学生程度不足、教员讲授无方",教育部不同意私立第一、经国、新民等学校的备案;并饬令私立竞治立即停止办学。

---

[27] 参见《奉天公报》1914 年 5 月 5 日,第 763 号。

[28] 李贵连:《二十世纪的中国法学》,北京大学出版社 1998 年版,第 52 页。

[29] 熊明安:《中华民国教育史》,重庆出版社 1997 年版,第 358 页。

[30] 参见周正云、周炜:《湖南近现代法律制度》,湖南人民出版社 2012 年版,第 477 页。但与上述表格数据有差,作者并未标明此数据之来源出处,难以考证其准确性,故应以上述表格原始数据为准。

[31] 参见周正云、周炜:《湖南近现代法律制度》,湖南人民出版社 2012 年版,第 478 页。

[32] 私立学校办得不好或违反法令的,主管教育行政机关得勒令停办。湖南爱国、会通、湖湘法政专门学校就因为培养学生质量低劣而被核准停办,但经整顿后被认可继续办学。

通过严格整顿，“其间减数最大者，则法政学校也”。[33] 经历了“锐进锐退”，整顿后的湖南法学教育依旧为各专门教育之首。可见，民初湖南虽屡遭战争致使社会动荡秩序不存，但经整顿后的法学教育仍不断发展。

第五，逐渐形成一支强大的湖南法学教育师资队伍。与清末法政学堂相比，民国时期湖南的法政学校之教员大部分是留日学生，这相当程度是清末湖南派人东渡日本留学法律之成果。很多人东渡日本研习法律，因而中国的法律学校不久就被从日本学成归来的中国人所把持。[34] 虽无法与京师法律学堂重金礼聘的日籍学者，诸如松冈义正等相比，但聘请的却也是湖南乃至全国教育界有名望者。如湖南公立法政学校教员有杨钧、黄右昌、俞峻、杨树穀、谭传恺、任绍选、廖铭缙等人，为湖南法学教育提供了优良师资。代表性人物如下表所示。

姓名	备　注
杨钧	王闿运弟子，杨度之弟，早年留学日本，著有《草堂之灵》等
黄右昌	著名法学家，日本法政大学毕业，省议会议长，后就职北大法律系主任，著作颇丰，代表作有《罗马法与现代》（2008 年北大出版社有丁玫的注释本出版）、《民法诠解》等著作
俞峻	日本法政大学毕业，著名律师，长沙律师公会会长，谭延闿主湘政时被任命为司法次长，曾担任湖南各法政院校刑法教授，并兼任长沙、湘潭等地检察官、检察长等职，湖南大学首任法律系主任，著有《刑法总论》等书
杨树穀	留学日本法政大学，杨树达伯兄弟，著有《地方制度》《各国地方自治制度》《行政法》等著作
谭传恺	日本法政大学毕业，著有中国最早警察学专著《警察学》，以及《平时国际公法》等著作
任绍选	湖南公立法政专门学校校长，湖南达材法政专门学校校长，著有《经济原论》、编有《民法（债权）》等

[33] 黄炎培：《读中华民国最近教育统计》，载《新教育》1919 年第 1 期。

[34] 参见王健：《西法东渐：外国人与中国法的近代变革》，中国政法大学出版社 2001 年版，第 492 页。

续表

姓名	备　　注
曹履贞	留学日本法政大学,著有《行政法》、编有《国际私法》等
廖铭缙	留学日本,湖南实业学堂校长

即便是私立法政学校的师资亦是如此,除了自身之师资外,还得益与公立法政学校共享了部分资源。试举私立湖南群治法政学校为例,㉟以下是其部分法学教员的情况,如下表所示。

姓名	职务	备注
粟戡时	法学通论、比较宪法教授	日本早稻田大学毕业,民初任湖南参议员、外交司长,群治大学校长;著有《湖南反正追记》等书
曹孟其	法制史教授	日本警察学校毕业,与谭延闿深交,著有《孟其文录》《孟父春秋》等三十余册
何维道	民法教授	日本法政大学法科毕业,著名律师,被称为长沙四大律师之一,曾任湖南高等审判厅庭长;任弼时被捕后,担任辩护律师将任营救出狱;与谭传恺合著中国最早的警察学专著《警察学》,另著有《平时国际公法》等书
丁思诚	刑事诉讼法教授	国立北京法政学校毕业,著有《破产法》等著作
伍薏农	国际公法、国际政治概况教授	英国伦敦大学毕业,曾任伦敦东方学院教授,外交部顾问,湖南省地方自治筹备委员会委员等职
俞峻	刑法总则教授	见表2
葛光宇	国际私法教授	湖南公立法政毕业,曾任湖南高等法院庭长
韩景苏	政治哲学、比较宪法教授	日本法政大学法科毕业,曾任湖南各公立、私立法政学校教授

第六,法学教育教学成果突出。1915年9月,教育部以"各专门院校

㉟　湖南省档案馆馆藏:《湖南省群治法政专门学校,政治经济本科第四班毕业同学录》,全宗号:68,目录号:1,案卷号:2,封面日期:民国二十二年七月。

创办有年,各项成绩不详加比较,无以收观摩之益”,便计划在北京召开学校成绩展览会,“审核专门以上学校之成绩,并策励其进步”。此项审核之成绩具体包括:“学校行政各项表册章程、教员讲义、学生优良之试卷以及教员学生对于学科上有辩论或发明之撰述等。”[36]1916 年,全国所有专门以上学校近 70 所于北京召开展览会。展览会共设立优等、一、二、三、四等奖,此外,有三门主科满 90 分的获特别奖。湖南在此次展览会上获得的结果是:湖南公立法政专门学校与私立达材法政专门学校分别斩获二等奖,而私立群治法政专门学校则荣获三等奖。湖南公立法政专门学校与北京大学、朝阳大学[37]等 4 所学校获得特别奖。可见,民初湖南法学教育发展之辉煌,实力之强盛。

三、延续:省治以后湖南法学教育之发展

1920 年 6 月,湖南“驱张运动”胜利,谭延闿主政湖南,湖南拉开“省治”的帷幕。同年 11 月,赵恒惕发动政变成功上台,12 月筹办起草相关法律。1922 年 1 月,在地方自治潮流下颁行《湖南省宪法》及相关法律,由此湖南历史正式进入“湘人治湘”的省治时期。直到 1926 年 8 月,唐生智取消省议会,使达 6 年之久的省治方告结束,此乃湖南近代史之重要拐点,亦是湖南法学教育发展的重要时期。由于其与民国后期湖南法学教育之发展联系极为紧密,故此一并论述。

首先,是公立湖南大学法科的曲折发展。随着全国各省大学的陆续创立,湖南学界也力主建设本省的新大学。1921 年 4 月,湖南学界在主张“地方自治”的同时,主张教育独立,吁请赵恒惕在“省宪”中增加创建湖南大学的条文。同时,省学生联合会向省政府提出《规定建设湖南大学之

---

[36] 参见《教育公报》1915 年第 10 期。

[37] 当时中国的法学教育格局有“南东吴,北朝阳”之称,朝阳大学与东吴大学代表民国法学教育的最高成就。湖南公立法政专门学校能与朝阳大学并列获奖,充分展现了民初湖南法学教育之实力。

建议案》，为了实现教育独立，省政府答应在“宪法”中列入设立湖南大学的条文。[38] 后来出台的《湖南省宪法》第79条明确规定“湖南须设立大学一所”，[39]故将创办大学的任务提升到法制层面，使其有了“宪法”保障。根据《湖南省宪法》，专门设置教育司掌管全省教育事务，李剑龙为司长，教育行政得以初步独立。后在李剑龙司长的主持下，着手创建湖南大学的筹备工作。1923年，省教育司拟定湖南公立法政专门学校、湖南公立工业专门学校和湖南省立甲种商业专门学校合并为湖南大学。[40] 1924年1月9日，李剑龙司长召集以上三校校长与陈夙荒、曹籽谷等人士讨论三校联合成立湖南大学问题，议决成立董事会进行筹办。21日，湖南大学临时董事会成立。1925年4月2日，根据湖南省议会通过的《湖南大学筹备办法》，[41]拟设文、农、工、商、法5科。但根据《湖南大学组织暂行条例》，1926年1月30日，上述三校重组为湖南大学，正式设立理、工、法、商4科。至此，湖南公立法政专门学校就此消亡，但其转换为湖南大学之法科继续发挥作用，故湖南大学法科师资大部分为原来湖南公立法政专门学校的原班人马。可以说，经过合并后的湖南大学法科继承了自清末以来的几乎所有湖南法学的教育资源。经过合并后的湖南大学，由俞峻担任首位法科主任。而当时的法科教师数量超过了理工商等其他三科，人数共20人，以留日背景为多，他们多为湖南大学成立之前的湖南各公私法政学校之教员。如俞峻、黄右昌、任绍选、何维道、谭传恺、马续常、杨树穀、宁楚惮、丁思诚、陈世琪等人。但到次年4月，湖南当局决议取缔湖大，令其改成为湖南工科大学，仅保留理工两科，将法商二科吸纳到中山大学。1928年，湖南当局又决定重新恢复湖大办学，但仅开办文、理、工共三科10系，法科并未包括在内。一直到1941年，湖大才正式重建法律系，[42]由民法学家李祖荫任系主任。直到4年之后的1945年，将法律系改

---

[38] 参见湖南省教育科学院编：《湖南教育大事记》，岳麓书社2002年版，第145页。

[39] 参见《湖南省宪法》，载《东方杂志》1922年第22期。

[40] 参见丁致聘：《中国近七十年来教育记事》，国立编译馆1935年版，第118页。

[41] 参见《省议会议定湖南大学筹备办法》，载《湖南教育杂志》1925年第4卷第4期。

[42] 此时，法律系是作为湖大文法学院的一个系存在的，参见《校闻：文学院改为文法学院并增设法律系》，载《湖南大学期刊》1941年。

为法学院。

在民国后期乃至新中国院系调整之前，湖大法学院声名鹊起，同东吴大学等重点法学院系并立，尤其是理论研究在全国享有盛名。应当说，1945 年后的国民政府时期仍是湖南法学教育发展时期，当然亦是湖南大学法学教育发展的兴盛时期。湖南大学作为湖南首所公立性的综合大学，其创办在湖南法学教育史上是开风气的大事。当然，这首要源于众多法学大家的云集，如法理学有李达；[43]民法有黄右昌、李祖荫、[44]戴修瓒[45]等教授；刑法有俞峻、王觐教授；[46]国际法有周鲠生、丘日庆[47]等教授。另外，亦得益于课程体系的成熟。就课程方面，1938 年根据教育部制定之教学计划，湖南大学与全国趋于统一。各个院系分必修与选修课程，大学采用学年学分制，必须修满 142 学分方能毕业；另外亦规定了其他 24 科选修课程。[48] 此后，虽经修改但并无太大变化。

其次，是其他私立法政学校的发展。如 1922 年 10 月 17 日，由王昌国女士等发起的湖南女子法政讲习所在长沙成立。该讲习所课程包括经济大意、法制大意、自治要义、妇女问题 4 种；会员资格为师范或中学毕业或有同等学力现在社会服务者；年龄为 20 岁至 50 岁为合格。[49] 1923 年 12 月 16 日，私办公助的湖南女子法政专门学校在长沙成立。罗杰、粟戡时等于 1912 年在长沙创办湖南群治法政专门学校，经教育部和司法部认

---

[43] 李达，中共一大代表，马克思主义法学的开拓者、奠基人和创始人之一，代表作有《法理学大纲》《社会学大纲》等。

[44] 李祖荫，湖南祁阳人，留学日本明治大学，著名民法学家，在全国法学界具有崇高声望，历任燕京大学、北京大学教授，1938 年任湖南大学教授，1946 年任法学院院长时聘邀马克思主义法学家、中共创始人之一的李达任法学院教授，新中国成立后参与《宪法》《婚姻法》的起草与修改工作，代表作有《民法概要》《比较民法总则编》《法律方法论》等。

[45] 戴修瓒，留学日本中央大学，曾任北大法律系主任，最高法院首席检察官等职，著有《民法债编总论》《刑事诉讼法释义》《票据法》等。

[46] 王觐，湖南浏阳人，留学日本明治大学，历任清华、北大等校教授，著有《法学通则》《法学通论》《中国刑法论》等。

[47] 丘日庆，广东梅州人，美国印第安纳大学法学博士，著名国际法学家，著有《华侨保护文集》等。

[48] 详情参见薛铨曾：《我国大学法学课程之演进》，载《中华法学杂志》1944 年第 8 期。

[49] 参见《学生杂志》1923 年第 1 期。

可,于1922年改为群治大学。1926年改称湖南群治法政学校为湘校专门部。[50] 1930年群治停办。值得一提的是从北平迁来湖南的私立民国大学,该校设法学、文理和农学三院,包含法律、政治等学系。[51] 由于国家局势恶化,该校先从北平迁往开封,到1937年,迁往长沙,于长沙南门筹备开学,后陆续前往湖南各地,1938年迁往溆浦,1941年迁往宁乡,1944年迁往安化,1945年再迁宁乡,直到1949年并入湖南大学。自1937年迁入长沙始,该校的法学教育亦是湖南法学教育的组成部分。

总之,虽经上述变化,但整体而论,省治时期与民国后期湖南法学教育的规模已无清末民初之庞大。从全国来看湖南的法学教育,1926年,全国共有公私法政专门院校25所,国立有两所,公立有16所,私立有7所,而湖南共存3所,占全国数量的20%,其中公立有湖南公立法政学校,私立有湖南群治法政学校和湖南达材法政学校。这与民国初期全国共64所,湖南6所法政学校的局面相比较,全国数量减少了一半多,而湖南亦减少近一半。当然法学教育逐步缩减之原因是多方面的,比如入学标准提高到中学及以上便排除了众多生源;还有因学生培养质量低满足不了国家需要亦使得一些法政学校被取消,如私立会同、爱国、湖湘法政专门学校便属此类;以及1914年,湖南取消所有的初级审判厅与部分地方审判厅,使得学生认为学习法政是"猎官之途"的看法逐渐发生改变,亦导致湖南法学教育的热度降低。尤其是1929年《专科学校组织法》与1931年《专科学校规程》规定,专科学校"以教授应用科学养成技术人才"为宗旨,明确将法科剔除专科之列,法学教育正式提高到大学阶段。此后,法政专门院校没有存在之余地,清末大学法科与专门法科并存之现象不复存在。同时,1929年颁布《司法院特许私立法政学校设立规程》,强化对法学教育的控制。其第一条规定:"一、设有法学院之大学,二、独立学院,

---

[50] 1926年,时任湖南群治法政专门学校校长的罗杰赴上海建立群治大学,将湖南群治的部门资源迁往上海,而留在湖南的部分则被称为湘校专门部,1934年湘校专门部改为群治农商专科学校,到1938年群治农商专科学校停办。参见湖南省教育科学院编:《湖南教育大事记》,岳麓书社2002年版,第113页。

[51] 详情参见《学校概况:私立民国大学》,载《全国专门以上学校投考指南》1927年第5期。

三、法律或政治专科学校，凡以上私立学校非经司法院特许不得设立。”[52] 1930年颁布《修正司法院特许私立法政学校设立规程》，对上述第一条进行了修改。规定：“一、大学内之法学院，二、独立法学院，三、设有法律或政治科之独立学院，凡以上私立学校须经司法院之特许。”[53]当然，法学教育由专门院校提升到大学，确实对减少法学教育资源浪费，提升法科学生培养质量以及完善近代法学教育体系具有促进作用。但同时法学教育日益受到政府的严格监管，使其逐步异化成为“官学”，特别是以“三民主义”党国教育为法学教育的指导，使法学教育畸变为服膺于国民党专制统治的工具与附庸，背离了近代法学教育之理念。

四、余论：湖南近代法学教育发展之启示

尽管如此，纵观湖南近代法学教育的整个发展历程，我们仍可发现其具有诸多独特鲜明的发展特征。第一，湖南近代法学教育的发展具有较强的连续性。湖南近代法学教育发端于清末时创办的时务学堂、课吏馆与仕学馆，它们对法律知识的传授与培训标志着湖南近代法学教育开始萌芽，而清末出国学习法律，以及国内法政学堂之创建则促进了湖南近代法学教育之发展。民国初年，在承袭清末法学教育的基础上进一步发展繁盛直至“泛滥成灾”。经过整顿之后，湖南法学院校逐渐精简，法学教育进一步规范化，而后组建的湖南大学法科则继承了清末以来几乎全部的湖南法学教育资源，是故，湖南近代法学教育的整个发展过程无不体现着连续性。第二，湖南近代法学教育的发展得益于一批献身法学教育的教师群体。湖南近代的法学教师众多，湖南法学教育的先驱者，不仅有各法政学校之创办人，如公立的有胡子清、任绍选、吴汇宗、徐光模等人，私立的有罗杰、郑芳、粟戡时等人，亦包括各任课教师，如黄右昌、俞峻、何维道、李达等人。当然以上仅列举部分人员，实际远不只这些。第三，私立

---

[52] 参见《湖南教育》1929年第14期。

[53] 参见《湖南教育》1930年第19期。

法学教育乃湖南近代法学教育之重要组成部分。在湖南近代法学教育中,除公立法政学校外,私立法政学校亦占据了重要比重,由于各社会名流积极参与办学,使湖南的私立法学教育获得长足发展,代表性的有私立群治、达材、会同、爱国等学校。时论湖南"私校之盛,殆为国中所仅见"。时人甚至过火地说:"撇开私立学校,可以说我省毫无教育之可言。"[54]整体而论从清末对法学教育的日益重视,使湖南近代法学教育的规模异常庞大,当然某种程度上导致培养学生质量的下降,但亦培育了众多的优良法律职业人才,法学教育具有相当的实效性。尤其是民初,法学教育持续向前发展,公立与私立法学教育齐头并进,共同创造了湖南近代法学教育的辉煌。

湖南近代法学教育虽曾经取得过辉煌,但亦有许多深刻的教训,值得为当代法学教育所借鉴。第一,法学教育必须坚持独立发展。综观整个湖南近代法学教育的发展历程,法学教育始终未能取得独立发展的地位,一直依附于政治需要,无论是时务学堂、课吏馆与仕学馆,还是自办法政学堂与派人出国学习法政,以及民国初期大办法政学校,其目的无非是培养"法政专门人才""政治佐理人才",以满足政治改良与变革的现实需要,均未能跳出"服务政治"之窠臼,始终是达成政治目的的现实工具,故而缺乏对法学基础理论的研究,导致"近代法学幼稚"之严重后果。不可否认,法学教育无法脱离国家的政治需要,但法学教育因其自身之特性,不能只是政治的简单注脚。近代史已经表明,法学不独立发展,为政治背书,导致的只能是近代军阀政权以法律来压制人民,并将其作为政治合法性的粉饰物。第二,法学教育应当避免功利主义。近代是整个社会的转型时期,许多方面都经历着深刻变革,但中国受两千多年的封建统治与一千多年的科举影响,"读书做官""学优则仕"之观念却根深蒂固。此种功利主义思想一直萦绕于法学学子心中,使得源自西方的法学教育在近代时常受到科举观念的侵蚀进而发生变异。受官本位思想浸淫颇深的法学学子将学习法学作为"镀金之资"与"猎官之途",成为人们进入官场仕途

---

[54] 宋斐夫主编:《湖南通史:现代卷》,湖南出版社1994年版,第80页。

与获取“干禄之终南捷径”，尤其是某些私立法政院校将法学教育视为“营业之市场”，此种异化的法学教育理念更是助长了法学教育领域中的功利主义气焰，直接导致了湖南近代法学教育发展的“失范”。第三，法学教育必须具有正确发展模式。清末时期，时务学堂、课吏馆、仕学馆、法政学堂与派人出国学习法学，确实培养了一批法政精英人才，但民初时期，众多法政院校在三湘遍地开花，无论是公立还是私立性质的法政院校骤然兴起，各院校在办学中重量不重质，在师资良莠不齐、教学设施严重缺乏的情况下，一再突破法学教育的办学底线，使民初湖南法学教育泛滥成灾，这不仅导致法学毕业生质量下降，更浪费了本已十分紧张的教育资源。直到对这一乱象进行整顿后，湖南的法学教育进一步规范发展，正是这种正确的发展模式才使得后来的湖南大学法科取得了很好的办学成效，并奠定了在当时全国法学教育界的地位。

最后须强调的是，自清末到民国，短短几十年，各路军阀在湖南的土地上混战，导致了动荡不安之局势，在这充满变数的三湘大地上，法学教育非但未曾枯萎夭折，反而发展繁盛并取得了相当成绩。但后期由于国民政府监管强化，使法学教育更趋“官学”方向发展，严重不利于私立法学教育之发展。尤其是取消专门学校对法学之办学资格，湖南的私立法学教育也因此萎缩直至消失。我们认为法学教育并非政治之婢女或附庸，应当保持其自身之独立性与多样性，避免办学中的功利主义理念，树立正确的法学教育办学模式方能有效发展。若将法学教育视为政治工具，片面地强调功利主义，不坚持正确的办学模式，不仅会损害法学教育与法学的发展，更可能导致国家的悲剧，近代的“法学幼稚论”与专制政府借法律来压制民众不就是证明？无怪乎孙晓楼说：“法律教育之得失，有关国家之盛衰。”历史不仅是“博物馆”，更是“图书馆”，湖南近代法学教育发展历程中蕴含着许多经验与教训，在当今创设“双一流”的规划中，如何促进法学教育之兴盛，这其中很多方面值得当代法学教育界深思。

Research on the development of modern legal education in Hunan Province

Xia Xinhua　Chen Bing

Abstract: Modern legal education in Hunan firstly originated from the political reform period in the late Qing Dynasty. Many schools were founded in Hunan at that time, such as Shi Wu school, Governmental Official Training School, Law and Politics School, promotes the Hunan law education. In the early days of the Republic of China, the trend and model of the development of legal education in the late Qing Dynasty was inherited, and continuously improved in all aspects. In that period, the public and private legal education in Hunan was developed and flourished. After the further development of Hunan province government, legal education continued, mainly for the development of Public Law Department of Hunan University. The development of modern legal education in Hunan has distinct characteristics: there are strong continuity in the development stage, and a group of local teachers devote themselves to law education. In short, the entire history of the development of legal education in Hunan shows distinct characteristics. It has certain enlightening significance for the development of today's legal education.

Key Words: late Qing Dynasty, Republic of China, Hunan, legal Education, law School

东法西渐：当代中国法学学术著作的世界传播

——以国家社科基金“中华学术外译项目”法学类作品为中心

陈　玺　景倩倩*

摘　要：在构建中国特色社会主义法律体系背景之下，推介优秀法学研究成果走向世界，为全球治理贡献中国智慧，提供中国方案，大力推进“一带一路”建设，已经成为当代社会发展的重大命题。回溯百年法制建设心路历程，“东法西渐”的文化输入模式应当成为“西法东渐”历史旧迹的时代回应。文化的交流与共鸣是各个国家之间深层次了解的过程，国家社科基金“中华学术外译项目”将我国哲学社会科学研究的优秀成果翻译成不同国家的语言向世界传播，为我国优秀学术成果提供了走向全世界的媒介，为国外学界发现中国、了解中国、认知中国提供了重要平台。

关键词：中华学术外译项目　法学　东法西渐

---

* 陈玺，历史学博士，中国社会科学院法学研究所法学博士后，西北政法大学刑事法学院教授。研究方向：法律史；景倩倩，西北政法大学2016级法律史专业硕士研究生。研究方向：法律史。

党的十九大报告描绘了当代中国法制建设的宏伟蓝图,也为新时期法学研究与法学教育指明了方向:“全面依法治国是中国特色社会主义的本质要求和重要保障。必须把党的领导贯彻落实到依法治国全过程和各方面,坚定不移走中国特色社会主义法治道路,完善以宪法为核心的中国特色社会主义法律体系,建设中国特色社会主义法治体系,建设社会主义法治国家,发展中国特色社会主义法治理论。”其中,发展中国特色社会主义法治理论,必须立足于中国法学研究、法学教育、法律实践,为依法治国伟大方略的顺利推行提供理论指导,为实现中国特色社会主义道路自信、理论自信、制度自信、文化自信贡献力量。

一、法学类“中华学术外译项目”的历史使命

2017年5月4日,习近平总书记在中国政法大学考察时,对中国当代法学教育和法学研究作出重要指示:“没有正确的法治理论引领,就不可能有正确的法治实践。高校作为法治人才培养的第一阵地,要充分利用学科齐全、人才密集的优势,加强法治及其相关领域基础性问题的研究,对复杂现实进行深入分析、作出科学总结,提炼规律性认识,为完善中国特色社会主义法治体系、建设社会主义法治国家提供理论支撑。”上述重要论断为中国当代法学教育和法学研究指明了方向。

自清末改法修律,中国进入“西法东渐”式的法制近代化时期。清末、民国法制以明治维新以后的日本法律制度为媒介,全面吸纳大陆法系法律文明,初步构筑了以“六法”体系为代表的中国近代法律格局。新中国成立以后,中国法制建设在相当长的历史时期受到苏联法制的深刻影响。改革开放以来,在学习与借鉴外国法制成就方面,呈现出兼容并蓄,为我所用的基本面貌。改革开放40年以来,我国已经建成中国特色社会主义法律体系,在法学教育、法学研究、法律实践、法治文化等各个领域取得了举世瞩目的骄人成就。

与此同时,我国当代法律文明与世界法律文明的交流与沟通亟须提

上议事日程。中国法制曾在相当漫长的历史阶段领跑世界法治文明,蜚声世界的“中华法系”广泛影响东亚世界,中国作为法律文明的输出国家,为人类社会的文明与进步作出了卓越贡献。在构建中国特色社会主义法律体系背景之下,推介优秀法学研究成果走向世界,为全球治理贡献中国智慧,提供中国方案,大力推进“一带一路”建设,已经成为当代社会发展的重大命题。回溯百年法制建设心路历程,“东法西渐”的文化输入模式应当成为“西法东渐”历史旧迹的时代回应。“中国渴望走向世界,世界也渴望了解中国,在中外相互了解的过程中,翻译扮演了重要的角色。”①在上述时代背景之下,为各类优秀法学研究成果提供资金支持、翻译服务、出版发行的学术平台应运而生,其中,国家社科基金“中华学术外译项目”以其无可比拟的项目层次、资助力度和国际影响,在诸多学术外译路径中显得格外引人注目。

国家社科基金是中国在科学研究领域支持基础研究的主要渠道,面向全国,重点资助具有良好研究条件、研究实力的高等院校和科研机构中的研究人员。2010 年开始设立的“中华学术外译项目”是国家社科基金项目类别之一,主要立足于学术层面,资助我国哲学社会科学研究的优秀成果以外文形式在国外权威出版机构出版,进入国外主流发行传播渠道,以增进国外对当代中国以及中国传统文化的了解,推动中外学术交流与对话,提高中国哲学社会科学的国际影响力,对中国优秀学术成果“走出去”具有重要的推动作用。② 从 2010 年到 2017 年,国家社科基金“中华学术外译项目”已经成功资助了 8 年(13 批)优秀成果。资助项目涵盖马克思主义·科学社会主义、党史·党建、哲学、理论经济、应用经济、统计学、政治学、法学、社会学、人口学、民族学、国际问题研究、中国历史、世界历史、考古学、宗教学、中国文学、外国文学、语言学、新闻学与传播学、图书馆·情报与文献学、管理学、体育学等多个方面,重点关注成果的学术性

---

① 段丹洁、张春海:《推进从“阐释中国”到“中国阐释”的转变:中国学术外译是一项大工程》,载《中国社会科学报》2016 年 11 月 16 日,第 002 版。

② 参见肖国忠:《动哲学社会科学“走出去”——全国社科规划办负责人谈国家社科基金中华学术外译项目》,载《光明日报》2011 年 8 月 23 日,第 015 版。

和人文价值,重点资助研究总结新中国成立以来特别是改革开放 30 多年中国发展经验的优秀成果,研究中国经济、政治、文化、法律、社会等各个领域并有助于国外了解中国发展变化、了解中国社会科学研究前沿的优秀成果,研究中国传统文化、哲学、历史、文学、艺术、宗教、民俗等具有文化积累和传播价值并有助于国外了解中国文化和民族精神的优秀成果。③ 对中国当代优秀学术成果的推介、流通和传播,发挥了无可限量的重要作用,也为世界了解中国提供了媒介与路径。

二、法学类"中华学术外译项目"定量分析

(一)数量分布

历年国家社科基金"中华学术外译项目"之中,均有法学课题成功入选。其中,作为"中华学术外译元年"的 2010 年,共有 13 项外译资助项目,其中法学项目 2 项。2011 年先后有两批课题资助立项,合计 40 项,其中法学 5 项;2012 年两批课题合计立项 73 项,其中法学 3 项;2013 年两批合计 67 项,其中法学 6 项;2014 年两批合计立项 86 项,其中法学 5 项;2015 年"中华学术外译项目"立项总数首次突破 100 大关,合计立项 113 项,其中法学 7 项;2016 年合计立项达到 130 项,其中法学 8 项;2017 年是迄今为止"中华学术外译项目"立项总数最多的一年,合计立项 165 项,其中法学项目首次达到两位数,立项 13 项。在 2010 年到 2017 年的 8 年期间,"中华学术外译项目"合计立项 687 项,其中法学类外译项目合计 49 项。

从图 1 可知,2010 ~ 2017 年度,"中华学术外译项目"总数呈现不断增长趋势。2012 年是"中华学术外译项目"开始的第三年,其项目总数已经达到 73 项,是 2010 年项目总数的 5.6 倍。2017 年是"中华学术外译项目"的第 8 年,也是项目总数最高的一年,达到 165 项,是 2010 年项目总数的 12.7 倍。但是,2010 ~ 2013 年度,"中华学术外译项目"立项总数存

③ 参见贺耀敏:《中华学术外译项目:传播中国文化的重要平台》,载《光明日报》2011 年 5 月 11 日,第 013 版。

在一定波动。其中,2011 年度和 2012 年度立项总数分别比上一年度上涨 207% 和 82.5%。从 2013 年开始,项目总数开始呈现平稳增长的数据分布状态。与“中华学术外译项目”项目总数相比,法学类外译项目立项增速较为缓慢。2010 年法学类外译项目有 2 项,2011 年达到 5 项,2012 年又跌至 3 项,2013 年回升至 6 项,2014 年又下挫至 5 项,这 5 年间法学类项目立项数量一直摇摆不定,直至 2014 年才开始呈现稳步上升状态。2017 年是法学类外译项目数量最多的一年,共计 13 项,为 2010 年度法学类立项总数的 6.5 倍,其增长速度相对于“中华学术外译项目”总数量仍相对缓慢,且入选作品原作者绝大多数均为该研究领域的顶级专家,深刻反映出法学学科作品入选外译项目的竞争异常激烈。法学类“中华学术外译项目”历年立项数目分布和比例见图 1 和图 2。

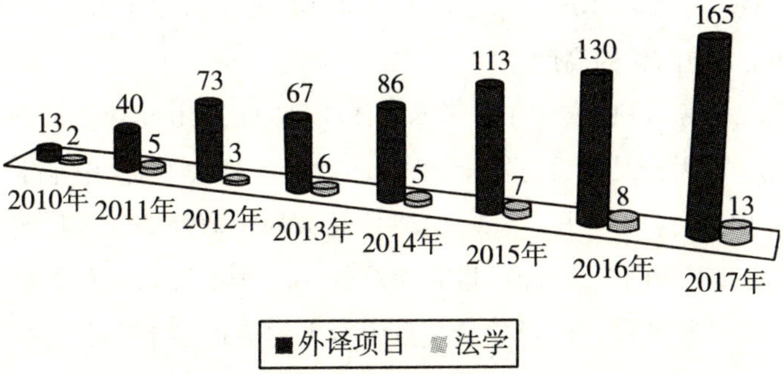

图 1　法党类“中华学术外译项目”历年立项数目分布

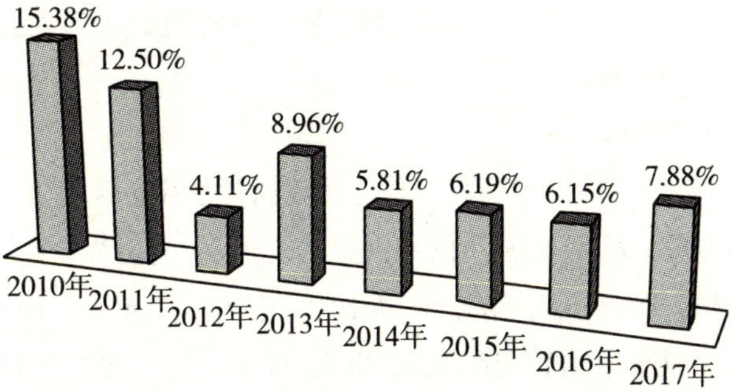

图 2　法学类“中华学术外译项目”历年立项数目比例

综合分析图1、图2可知,法学类“中华学术外译项目”历年立项数目占“中华学术外译项目”总数比值并没有随着外译项目数量的增长而同比增长。2010年“中华学术外译项目”共计立项13项,其中法学仅有2项,法学类项目占到总项目的15.38%,2011年共计立项40项,法学类5项,占到12.5%,2012年“中华学术外译项目”总数目创造小高峰达到73项,但法学类项目只有3项,只占到4.11%。2012年之后,法学类“中华学术外译项目”立项数目占“中华学术外译项目”总数比值再未突破过10%。虽在2013年有所回升,也只占到8.96%,并于2014年跌至5.81%。2017年法学类“中华学术外译项目”虽首次突破两位数达到13项,但只占到“中华学术外译项目”总数比值的7.88%,连8%都未超过。自“中华学术外译项目”2010年创立以来,法学类项目占总数目比例只有前两年超过10%,其他年份都在10%以下,虽自2014年以后大致呈上升趋势,但依然无法攀升至前两年的高度。

综上,国家社科基金“中华学术外译项目”自2010年建立的前4年处于探索阶段,无论是项目总数量、法学的数量还是法学类“中华学术外译项目”立项数目占“中华学术外译项目”总数的比值都处于不稳定的徘徊状态。经过不断调整,外译项目立项总数及法学项目立项总数均开始缓步上升,法学类项目在外译项目总数中所占比值也趋于稳定,“中华学术外译项目”的评审、立项、外译、发行和推介等机制逐步成熟。与此同时,“中华学术外译项目”法学类选题相对较少,学界仍有相当空间来提高法学类“中华学术外译项目”的立项总数,同时也对当前法学教育与研究工作提供了机遇和挑战。

(二)语种分析

“中华学术外译项目”主要工作是将我国哲学社会科学研究的优秀成果翻译成不同外文,并在国外权威出版机构出版,向世界介绍中国最新、最权威的学术研究成果。据统计,从2010年到2017年8年间“中华学术外译项目”所涉外语语种包括英文、俄文、日文、韩文、德文、西班牙文、法文、阿拉伯文、哈萨克文、土耳其文、乌兹别克文、僧伽罗文、基里尔蒙古文、保加利亚文以及越南文15种。法学类“中华学术外译项目”涉及语种包括英文、日文、韩文、法文、俄文、德文这6种。2010年两个法学类项目和2011年5个法学类项目均翻译为英文。2012年共3个法学类项目，其中有2项被翻译为英文，1项为日文。2013年法学类项目共6项，其中5项翻译为英文，1项翻译为韩文。2014年共5项法学类项目，3项翻译为英文，1项翻译为日文，还有1项翻译为法文。2015年有7项法学类项目，其中有5项翻译为英文，日文和韩文各1项。2016年共8项法学项目，其中有6项翻译为英文，另外2项翻译为俄文。2017年法学类外译项目共13项，其翻译的语种种类也最为丰富，有8项翻译为英文，2项翻译为日文，韩文、法文、德文各有1项。法学类"中华学术外译项目"历年外译语种信息见表1。

表1　法学类"中华学术外译项目"历年外译语种信息　　单位：项

年份＼法学	英文	俄文	日文	韩文	法文	德文	总计
2010	2	0	0	0	0	0	2
2011	5	0	0	0	0	0	5
2012	2	0	1	0	0	0	3
2013	5	0	0	1	0	0	6
2014	3	0	1	0	1	0	5
2015	5	0	1	1	0	0	7
2016	6	2	0	0	0	0	8
2017	8	0	2	1	1	1	13
总计	36	2	5	3	2	1	49

由表1可知，2010年、2011年两年度，法学类"中华学术外译项目"均翻译为英文一种语言在国外出版发行。从2012年开始，外译语种逐渐丰富多样，日文等语种开始出现，打破了英语一统天下的局面，到2017年"中华学术外译项目"所涉语种已包括英文、俄文、日文、韩文、法文、德文6种之多。2012年法学类"中华学术外译项目"除了被翻译为英语，还首次被翻译为日文。中国政法大学赵旭东教授著《中国公司法》(2012年立项)是首部被翻译为日文的法学类著作，中国人民大学韩大元教授著《中

国宪法学说史研究》(2013年立项)是首部被翻译为韩文的法学类著作。清华大学冯术杰副教授著《WTO知识产权协议在中国的实施》(2014年立项)则是首部被翻译为法文的法学类著作。2016年有两部法学类著作被翻译为俄文,这是法学类"中华学术外译项目"著作首次被翻译为俄文,这两部著作的作者都是中国人民大学的教授,分别是孙国华教授的《中国特色社会主义民主法治研究》和高铭暄教授的《中华人民共和国刑法的孕育诞生和发展完善》,高铭暄教授的这部作品在2017年又被译为德文,这是法学类"中华学术外译项目"首次出现的德文外译成果。2017年对法学类"中华学术外译项目"是一个很特殊的年份,立项作品有13部,被翻译为英文、日文、韩文、法文、德文5种语言,不仅数量达到历史最高,而且语言分布类型也创历史佳绩。可见以国家社会科学基金"中华学术外译项目"为平台的法学类优秀成果已经不仅限于以英文方式对外交流,而是以更多种类的语言形式,走向世界各地。法学类"中华学术外译项目"外译语种比例见图3。

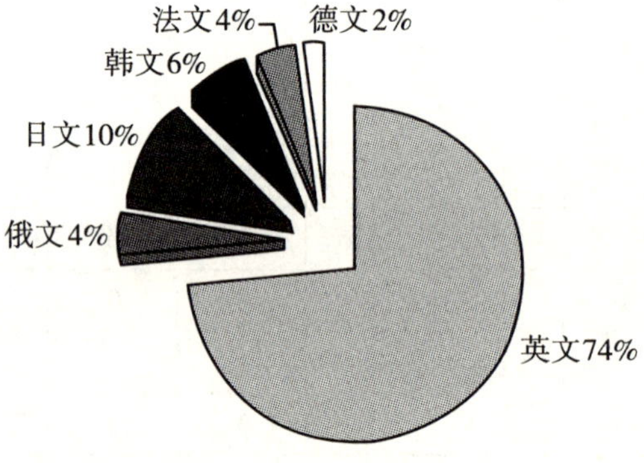

图3 法学类"中华学术外译项目"外译语种比例

通过图3可以看出法学类"中华学术外译项目"外译语种的两种趋势:第一,英语作为世界上最流行的工作语言,其国际地位无法撼动,英语也由此成为法学类"中华学术外译项目"中绝大多数成果的语言形式。在法学类"中华学术外译项目"被翻译过的6种语言中,英语所占比例高达74%,接近于所有项目的3/4,而俄文、日文、韩文、法文、德文5种语言的总数合计仅占26%,约为英文作品的1/3。由此可见,英文作为国际通用的语言,其不仅在国际政治、经济等领域中被广泛使用,而且在传播法学类优秀文化成果过程中也起到不可替代的作用。而法学类学术成果被翻译为英文面向英国、美国等英美法系国家出版,是中国特色社会主义法律体系与英美法系法学文化交互传播的重要路径;第二,法学类“中华学术外译项目”不仅被翻译为英文,而是以一种多语言的形式对世界传播。法学类“中华学术外译项目”除被译为英文之外,还被译为日文、韩文、法文、俄文和德文,虽然相比较于英文这5种语言占比较小,但其数量的增长速度势如破竹,不容忽视。在这5种小语种中,日文所占的比例是最大的,有10%,韩文占到6%,法文和俄文分别占到4%,德文占比最少,仅有2%。受地缘关系与学缘关系影响,法学类“中华学术外译项目”被翻译为日文、俄文、韩文对外交流,是中华法律文化在东亚各国近邻传播的体现。而日文占比10%,仅次于英语,是法学思潮回流的体现,今日中国,早已不再是经由“西法东渐”路径,吸纳大陆法系法律文明的启蒙时代,中华固有法律文明的伟大复兴以及当代法治中国的深刻实践,逐步开创了“东法西渐”的法律文化输出模式,并在法学外译传播实施过程中被体现得淋漓尽致。相对而言,被翻译为法文和德文的法学优秀成果数量虽相对不足,却促进了中国与大陆法系国家的学术交流与文化合作,“中华学术外译项目”在一定意义上扮演着向全球展示中国立场、中国方案、中华声音的重要角色。

(三)学科分析

自2010年国家社科基金“中华学术外译项目”设立至2017年,8年期间法学类外译项目共有49项,涵盖法学理论、法律史、宪法学与行政法学、刑法学、民商法学、诉讼法学、经济法学(含劳动社会保障法学)、国际法学(含国际公法、国际私法、国际经济法)8个学科种类。[④] 表2“法学类

---

④ 我国对法学有两种比较流行的分类方法,第一种是从法律体系角度分为三个层次7个部门,即法律、行政法规、地方性法规三个层次和在宪法统领下的宪法及宪法相关民法商法、行政法、经济法、社会法、刑法、诉讼与非诉讼程序法7个部门。第二种按照学科目录分为学科门类、一级学科和二级学科三级,在法学门类下设法学、政治学、社会学、民族学、马克思主义理论5个一级学科,法学下又设法学理论、法律史、宪法学与行政法学、刑法学、民商法学、诉讼法学、经济法学(含劳动社会保障法学)、环境与资源保护法学、国际法学(含国际公法、国际私法、国际经济法)、军事法学10个二级学科。此处采用第二种学科目录分类方式。

'中华学术外译项目'论著总目"是采集2010~2017年国家社科基金"中华学术外译项目"立项名单的相关数据汇总编制。

表2　法学类"中华学术外译项目"论著总目

2010年法学类"中华学术外译项目"				
序号	申请成果名称	著者	申请人/工作单位	资助文版
1	中国法学前沿(季刊)	朱文奇、何家弘、王晨光等	高等教育出版社	英文
2	中国走向法治30年	蔡定剑、王晨光	社会科学文献出版社	英文
2011年法学类"中华学术外译项目"				
序号	项目名称	作者	申请人/工作单位	资助文版
1	中国法治		社会科学文献出版社	英文
2	中国冲突法		肖永平(武汉大学)	英文
3	中国反垄断法		社会科学文献出版社	英文
4	送法下乡——中国基层司法制度研究		外语教学与研究出版社	英文
5	中国法律的传统与近代转型		张立新(中国政法大学)	英文
2012年法学类"中华学术外译项目"				
序号	项目名称	作者	申请人/工作单位	资助文版
1	中国特色社会主义人权保障制度研究		孙平华(中国政法大学)	英文
2	软法亦法:公共治理呼唤软法之治		罗豪才(北京大学)	英文
3	中国公司法	赵旭东	陈景善(中国政法大学)	日文

续表

2013 年法学类"中华学术外译项目"				
序号	项目名称	作者	申请人/工作单位	资助文版
1	新中国人权保障发展 60 年		中国社会科学出版社	英文
2	中国宪法学说史研究		中国人民大学出版社	韩文
3	公正和平:中国乡土社会的权威多元与纠纷解决		外语教学与研究出版社	英文
4	当代中国法学研究		中国社会科学出版社	英文
5	中国法学向何处去		林曦(复旦大学)	英文
6	中国的呐喊:陈安论国际经济法		陈安(厦门大学)	英文
2014 年法学类"中华学术外译项目"				
序号	项目名称	作者	申请人/工作单位	资助文版
1	法治社会的基本人权——发展权法律制度研究		吕卫清(华中师范大学)	日文
2	侵权责任法立法研究		王灏(中国法学杂志社)	英文
3	WTO 知识产权协议在中国的实施		冯术杰(清华大学)	法文
4	中央与特别行政区关系——一种法治结构的解析		外语教学与研究出版社有限责任公司	英文
5	历史性共同标准的达成——张彭春与世界人权宣言		孙平华(中国政法大学)	英文

续表

2015年法学类“中华学术外译项目”				
序号	项目名称(中文)	原著作者或主编	申请人/工作单位	资助文版
1	中国特色社会主义民主法治研究	孙国华	中国人民大学出版社	英文
2	中国法律制度	李林	中国社会科学出版社	英文
3	法治秩序的建构	季卫东	商务印书馆	英文
4	民法基本原则解释:诚信原则的历史、实务、法理研究	徐国栋	徐国栋(厦门大学)	日文
5	无形财产权基本问题研究	吴汉东	董新义(中央财经大学)	韩文
6	合同法	王利明	中国人民大学出版社	英文
7	短缺证据与模糊事实——证据学精要	何家弘	法律出版社	英文
2016年法学类“中华学术外译项目”				
序号	项目名称(中文)	原著作者或主编	申请人/工作单位	资助文版
1	中国特色社会主义民主法治研究	孙国华	中国人民大学出版社	俄文
2	物权法研究	王利明	中国人民大学出版社	英文
3	中国宪法学说史研究	韩大元	中国人民大学出版社	英文
4	中华人民共和国刑法的孕育诞生和发展完善	高铭暄	庞冬梅(黑龙江大学)	俄文

续表

序号	项目名称(中文)	原著作者或主编	申请人/工作单位	资助文版
5	中国财产法：原理、政策与实践	申卫星	申卫星(清华大学)	英文
6	中国非法证据排除制度：原理·案例·适用	戴长林、罗国良	法律出版社	英文
7	代议制度比较研究	周叶中	马萧(武汉大学)	英文
8	中国古代契约思想史	刘云生	刘云生(西南政法大学)	英文
2017年法学类“中华学术外译项目”				
序号	项目名称(中文)	原著作者/主编	申请人/工作单位	资助文版
1	中国人民大学中国法律发展报告2015年：中国法治评估指标	朱景文	中国人民大学出版社有限公司	英文
2	侵权责任法研究	王利明	中国人民大学出版社有限公司	英文
3	犯罪论的基本问题	张明楷	法律出版社	英文
4	国际法的中国理论	何志鹏、孙璐	法律出版社	英文
5	中国法治百年经纬	郭道晖等	金河禄(延边大学)	韩文
6	分配危机与经济法规制	张守文	北京大学出版社	英文
7	通往法治的道路：社会的多元与权威体系	季卫东	林曦(复旦大学)	英文

续表

序号	项目名称(中文)	原著作者或主编	申请人/工作单位	资助文版
8	以电力产业为考察对象的中日两国产业政策与竞争政策研究	李慧敏	李慧敏(中国科学院科技战略咨询研究院)	日文
9	中华人民共和国刑法的孕育诞生和发展完善	高铭暄	赵冠男(湖南师范大学)	德文
10	唐代刑事诉讼惯例研究	陈玺	中国科技出版传媒股份有限公司	英文
11	刑法的知识转型(学术史)	陈兴良	王昭武(苏州大学)	日文
12	中国法律制度	李林、莫纪宏	中国社会科学出版社	法文
13	中华法制文明史(古代卷)	张晋藩	张立新(中国政法大学)	英文

从表 2 可知,在 2010 ~ 2017 年共 49 项法学类"中华学术外译项目"中,涉及法学理论的论著合计 14 项,为法学二级学科之冠。宪法学与行政法学的相关论著合计 10 项,居于第二位;有关民商法学的论著合计 8 项,排在第三位;而关于法律史、刑法学和经济法学的论著各有 4 项,并列第四名;涉及国际法学和诉讼法学的论著分别有 3 项和 2 项,居于第七名和第八名的位置。

通过分析图 4 相关数据可知,法学类"中华学术外译项目"涉及的法学学科种类丰富,包括法理学、宪法与行政法学、民商法学、法律史、刑法学、经济法学、国际法学、诉讼法学 8 个学科。法学理论作为我国法学体系中处于基础理论地位的理论学科,整个法律现象的共同发展规律和共同性问题都是其研究的对象,涉及范围十分广泛,在法学类"中华学术外译项目"中占比为 29% ,学术影响力非常大,如孙国华先生的《中国特色社

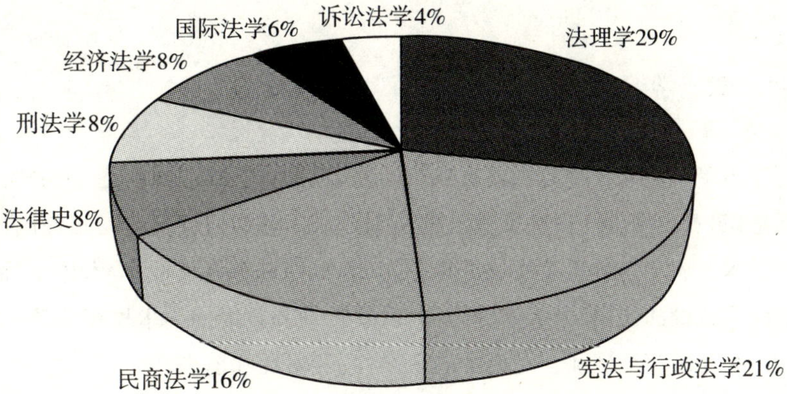

图4　法学类"中华学术外译项目"学科分布比例

会主义民主法治研究》、李林先生的《中国法律制度》都曾被翻译为两种不同的语言对外出版。除了法学理论类著作,宪法学与行政法学类著作实力不容小觑,占到21%的比例,宪法是我国的根本大法,研究宪法学的优秀学术成果也是展现中国特色社会主义法律体系特点的作品,具有代表性的韩大元教授的《中国宪法学说史研究》在2013年、2016年分别被翻译为韩文和英文向国外出版,展现出具有中国特色的宪政观。法学理论、宪法学与行政法学这两个法学学科的著作数量占到法学类"中华学术外译项目"总数量的半壁江山。民商法学类论著一直是大陆法系学术研究重镇,是能够充分体现中国国情特色的法学作品,占到法学类"中华学术外译项目"的16%,居于第三名的位置。法律史、刑法学和经济法学均占到法学类总数量的8%,其中刑法学著作是2016年第一次才出现在"中华学术外译项目"中,当时只有高铭暄教授的《中华人民共和国刑法的孕育诞生和发展完善》一部,而2017年已达三部之多,占到当年法学类总数的23%。国际法学和诉讼法学是法学类"中华学术外译项目"中占比较小的两个学科,只有6%和4%,却极大丰富了法学类"中华学术外译项目"的学科种类,对于全面展示我国当代法学优秀研究成果,发挥着不可替代的重要作用。

三、法学类"中华学术外译项目"内容分析

2018年申报国家社科基金项目的要求是要体现鲜明的问题导向和创新意识,着力推出体现国家水准的研究成果。基础研究要密切跟踪国内外学术发展和学科建设的前沿和动态,着力推进学科体系、学术体系、话语体系建设和创新,力求具有原创性、开拓性和较高的学术思想价值;应用研究要围绕经济社会发展中的全局性、战略性和前瞻性的重大理论与实践问题,力求具有现实性、针对性和较强的决策参考价值。发挥国家社科基金示范引导作用,加快构建中国特色哲学社会科学,为党和国家工作大局服务,为繁荣发展哲学社会科学服务。据此可知,申报中华学术以外项目要求异常严格,必须是大家之作,且能代表该领域较高学术水准。以下按照法学二级学科分类标准,选择若干代表性著作进行介绍。

(一)法学理论

1. 蔡定剑、王晨光:《中国走向法治30年》(社会科学文献出版社2008年版,2010年外译项目)

《中国走向法治30年》(英文版名称为China's Journey Toward the Rule of Law:Legal Reform)是"中华学术外译项目"开局之年入选的两部法学类著作之一。在纪念中国法治改革30周年的同时,考察中国为实现最为宏大的现代化目标之一——建立法治社会所进行的改革进程。由法学领域的优秀学者围绕着中国法治改革30周年的主题,从30年来中国法治发展的热点、焦点问题和新兴领域等角度出发,深刻剖析了具有中国特色的法治制度的构建过程,展现了中国走向法治的整个进程,是一部介绍新时期中国法治实践发展和理论创新的权威参考文献。

2. 孙国华:《中国特色社会主义民主法治研究》(中国人民大学出版社2015年版,2015年、2016年外译项目)

《中国特色社会主义民主法治研究》对中国特色社会主义民主法治理论内容做出系统梳理,并揭示了中国特色社会主义民主法治理论对推动

中国特色社会主义理论建设的重要价值和意义。本书从中国特色社会主义民主法治理论的思想渊源出发，介绍了中国特色社会主义民主法治理论的形成及发展过程，并揭示了其基本要求和核心立场。然后结合中国特色社会主义"五位一体"总布局，揭示了中国特色社会主义民主法治与经济建设、政治建设、文化建设、社会建设、生态文明建设之间的关系。最后整理了民主法治与人权事业、"一国两制"、执政党领导之间的内在联系。本书不仅结合马克思主义法学理论思想，更是从中国的社会实际出发，对中国特色社会主义民主法治进行全面系统的研究，对了解中国民主法治具有重要的指导意义。

（二）宪法学与行政法学

1. 韩大元：《中国宪法学说史研究》（中国人民大学出版社2012年版，2013年、2016年外译项目）

《中国宪法学说史研究》通过寻找不同时期宪法学说之间的联系，揭示出宪法学传入中国并在中国立足、发展与演变的过程，对中国宪法研究的发展具有重要意义。本书分上、下两册，先对中国宪法学说史的基本概念、脉络、内容和特点等进行系统解释，然后介绍了法、美、日、英、德、苏联等国的宪法学对中国宪法学说产生重要影响的大背景，接着对中国宪法学的发展历程进行梳理，最后对中国宪法中的人权、基本权利、制宪权、公民、基本义务、宪政、民主、共和等概念进行解释，并揭示其发展演变的过程。在西方宪法学说占据主导优势的大环境下，本书旨在通过对中国宪法学说史进行梳理和体系化来研究中国宪法文化的价值。

2. 周叶中：《代议制度比较研究》（商务印书馆2014年版，2016年外译项目）

《代议制度比较研究》旨在通过对代议制的比较研究宣示民主对宪法的重要性。本书先对代议制度的基本理论和历史发展进行介绍，随后揭示代议制度与人民主权、选举制度、国家机构、政党制度以及利益集团之间的关系，明确了代议制存在的社会条件和对政治、民主、国家的影响。最后通过三比较（资本主义议会制进行比较、社会主义人民代表制进行比较、资本主义议会制和社会主义人民代表制进行比较），对代议制进行实际运行比较分析。本书通过对代议制基本理论、制度构建以及实际运行比较的研究,为完善人民代表大会制、推动宪政建设提供了理论依据。

(三)民商法学

1. 徐国栋:《民法基本原则解释:诚信原则的历史、实务、法理研究》(北京大学出版社2013年版,2015年外译项目)

《民法基本原则解释:诚信原则的历史、实务、法理研究》是一部研究民法基本原则一般理论和诚信原则的经典著作。本书主要从民法基本原则和诚信原则两方面进行研究,首先对民法基本原则进行概述,之后以诚信原则为例,对诚信原则的罗马起源、在大陆法系的历史发展、在英美法系中的发展以及在我国实务中的应用等几方面进行详细的介绍和论述,展现出诚信原则在不同法系、不同发展阶段中作用。最后引出民法基本原则在克服法系局限性中的功能研究以及在法的结构——功能模式中的作用。这是一部以诚信原则为例进行民法基本原则解释的集大成之作。

2. 王利明:《侵权责任法研究》(中国人民大学出版社2011年版,2017年外译项目)

《侵权责任法研究》是一部以我国《侵权责任法》为依据,密切结合有关侵权法的前沿理论和司法实践经验,并借鉴国外侵权立法先进经验与最新理论成果,对我国侵权责任法从立法精神到具体规定进行系统深入解读的民法学著作。本书共有上、下两部,从侵权责任法概述、归责原则、免责事由、数人侵权、侵权责任承担方式及适用等几个方面,系统论述了侵权责任法的基本原则以及具体制度和规则。同时,作者还对侵权责任法的发展趋势,因果关系理论、过错理论、侵权责任形态等理论问题进行了深入的研究,展现出一部具有中国特色的《侵权责任法》。

(四)法律史

1. 张晋藩:《中国法律的传统与近代转型》(法律出版社2009年版,2011年外译项目)

《中国法律的传统与近代转型》是一部剖析中国法律优秀传统并阐述近代中国法律转型的著作。全书共有两大部分,第一部分从多个角度对中国法律的悠久传统进行研究,让读者对中华法系以及中国古代法律有一定的了解和认知。第二部分结合理论与实际对中国近代法律转型进行剖析，从西方文化输入、传统法观念转变到法律近代化转型的具体实践，将转型过程展现在读者面前。本书将法律文化与历史人物故事结合在一起，在探讨法律传统特征的同时，体现了强烈的历史真实感，具有可读性。

2. 陈玺：《唐代刑事诉讼惯例研究》（科学出版社 2017 年版，2017 年外译项目）

《唐代刑事诉讼惯例研究》系同名国家社科基金项目研究成果，以唐代诉讼惯例为主导，以诉讼制度为依托，同时还涉及司法思想和诉讼观念问题，对唐代诉讼法律文明的整体架构进行研究。本书内容通过对诉讼主体、告诉、审判、执行等领域的专题研究，基本查明了唐代刑事诉讼惯例生成、运行与发展的基本情况，勾勒出中国传统诉讼法律文明中制度、惯例、观念三位一体、协调互动的运作格局，展示了我国传统诉讼法治文化演进、发达之概观与规律。本书入选了 2016 年度国家哲学社会科学成果文库。

（五）刑法学

1. 高铭暄：《中华人民共和国刑法的孕育诞生和发展完善》（北京大学出版社 2012 年版，2016 年、2017 年外译项目）

《中华人民共和国刑法的孕育诞生和发展完善》是一部介绍中华人民共和国刑法发展历程及基本内容的经典之作。以 1979 年刑法和 1997 年刑法为分界线分为上、下两卷，上卷“中华人民共和国刑法的孕育和诞生”归纳分析了从新中国成立到 1979 年刑法诞生的 30 年艰辛历程。下卷“中华人民共和国刑法的发展和完善”以 1979 年刑法颁布后到 1997 年刑法典诞生期间的单行刑法、立法稿本，1997 年刑法，以及 1997 年刑法典修订之后的单行刑法、刑法修正案、立法解释为内容，对刑法典中的条文内容进行详细介绍。作者文笔严谨，不仅对刑法条文进行了详细疏解，还向读者介绍了立法过程中遇到的问题和困难，让读者对刑法典的诞生和发展有了更深层次的了解。

2. 张明楷：《犯罪论的基本问题》（法律出版社 2017 年版，2017 年外译项目）

《犯罪论的基本问题》是张明楷教授的自选集，是展现中国刑法学研究现状及发展的代表性作品。全书各篇各为文章,思想上紧扣两阶层犯罪体系和在遵守罪刑法定原则的前提下对构成要件进行实质解释的学术思想,内容上统筹兼顾犯罪论的各个方面,包括犯罪论体系的支柱、构成要件与量刑规则、不作为犯的先前行为、因果关系与结果归属、行为功利主义违法观、偶然防卫的基本性质、危险接受的基本法理、罪过形式的确定标准、具体方法错误的处理、期待可能性的法理、中止犯的法律性质、共同犯罪的认定方法、法条竞合与想象竞合共 13 篇。本书不但是中国刑法学研究现状及发展的标志性作品,还是中国刑法学研究水准和高度的体现。

(六)经济法学

1. 张守文:《分配危机与经济法规制》(北京大学出版社 2015 年版,2017 年外译项目)

《分配危机与经济法规制》是一本从分配危机入手来谈经济法规制问题的著作。全文基本围绕分配问题,可分为对分配的介绍、分配危机、基于分配的经济法问题三大部分,重点是最后一部分,是对分配危机产生的各种风险和问题通过政策、法律等诸多手段加以解决的过程。作者针对分配制度的协调统一、统一差异、分配权益的保障等问题,探讨了如何运用经济法规制社会问题,提高经济法治水平。本文将小小的分配问题纳入经济法领域加以分析研究,对解决经济法问题有着重要的理论指导意义。

2. 吴汉东:《无形财产权基本问题研究》(中国人民大学出版社 2013 年版,2015 年外译项目)

《无形财产权基本问题研究》提出一个针对知识产权领域的具有创新性的观点,作者认为主要包括著作权、专利权和商标权三大权利的旧的知识产权分类方式已经不能概括最近出现的各类新型权利,知识产权领域应当建立一个更大的理论制度体系,即“无形财产权”。全书分上下两编,上编总论主要对无形财产权的各方理论进行充分的介绍。下编分论按照体系划分,将目前已经出现的各类新型权利囊括在无形财产权中,除了我们已知的三大权利外,还包括集成电路布图设计权、地理标志权、域名权、信用权等我们不太熟知的权利。“无形财产权”的提出刷新了知识产权的界定范围，用一种新的理论对之前未合理保护的权利加以保护。

（七）国际法学

何志鹏、孙璐：《国际法的中国理论》（法律出版社 2017 年版，2017 年外译项目）

《国际法的中国理论》对中国政府及中国学界有关国际法的理论进行梳理与整合，提出和论述了许多具有创新性的国际法理论观点。全书以“国际法中国理论”为引子，先强调国际法中国理论的必要性，然后描述了中国国际法理论的形成过程、思想奠基和发展过程，并对中国观念和中国国际法理论中的发展观进行解释，最后提出国际法中国理论的成就与展望。作者认为，“崛起大国在它发展的路上总会感到既有的国际体制和机制不符合其发展需求”，在国际法发展的过程中必须要坚持国际发展观。

（八）诉讼法学

戴长林、罗国良、刘静坤：《中国非法证据排除制度：原理·案例·适用》（法律出版社 2016 年版，2016 年外译项目）

《中国非法证据排除制度：原理·案例·适用》是一本关于中国非法证据排除制度最新成果的最全面系统的论著。其作者是中国非法证据排除制度改革的亲历者和具体制度设计的参与者，所以文章内容非常生动且具有针对性。作者首先梳理了中国非法证据排除的沿革和现状，并对非法证据排除进行定位，其次对非法证据排除的类型、认定标准、排除方式、程序，以及非法证据排除规则与审判程序改革进行介绍，最后选取了从全国各地法院精心挑选出来的 20 个典型案例，具有针对性地对非法证据排除规则在适用过程中遇到的常见问题进行解释。本书不仅是一本阐述非法证据排除制度的书，更是将改革历程中面临的问题和挑战展现在读者面前，体现出改革历程的艰辛。

四、结语

传播力决定影响力，话语权决定主动权，中国法律要走向世界舞台，拥有坚实的话语权,就必须将具有民族特色的法文化展现给世界,“中华学术外译项目”为中国法律文化走向世界提供了一个坚实的平台,目前已经有一大批法学类优秀学术作品通过该项目译介到海外,并取得了良好的对外交流成果。为“发现中国、了解中国、认知中国”搭建了平台。⑤ 如2015年国家社科基金“中华学术外译项目”资助的厦门大学陈安教授所撰英文专著《中国的呐喊:陈安论国际经济法》(The Voice from China: An Chen on International Economic Law),由享有国际学术盛誉的德国施普林格出版社(Springer-Verlag)向全球推出,在国际经济法学界引起广泛关注,为中国法学界向世界发声搭建了国际传播平台。专著出版之后,对国内外国际经济法学界都造成轰动影响,国内外学界、实务界纷纷撰文评论与回应,形成弘扬中华学术正气和中华正义之声的共鸣,这是对当代中国法文化以及法学家研究成果和研究水平的高度肯定。

文化的交流与共鸣是各个国家之间深层次了解的过程,国家社科基金“中华学术外译项目”将我国哲学社会科学研究的优秀成果翻译成不同国家的语言向世界传播,为我国优秀学术成果提供了走向全世界的媒介,为国外学界发现中国、了解中国、认知中国提供了重要平台。本文以国家社科基金“中华学术外译项目”法学类作品为例,揭示了法学类“中华学术外译项目”的历史使命,并对法学类“中华学术外译项目”进行定量分析和内容分析,彰显出在“东法西渐”过程中“中华学术外译项目”对法学类优秀学术成果向世界传播所发挥的重要作用。

---

⑤ 参见曲一琳:《中国声音 世界回响——国家社科基金中华学术外译项目设立五年发展纪实》,载《光明日报》2015年7月17日,第001版。

Disseminating Chinese Laws to the West: The Worldwide Disseminations of Contemporary Chinese Legal Research Works —Taking the Legal Research Works in the National Social Science Fund, "Chinese Academic Works Translation Project" as the Example

Chen Xi　Jing Qianqian

Abstract: Under the background of constructing a socialist legal system with Chinese characteristics, the introduction of the achievements of outstanding works of legal studies to the world, the contribution of Chinese wisdom for global governance, the provision of a Chinese plan, and the vigorous promotion of the construction of the "Belt and Road Initiative" have become the crucial topics in contemporary social development. Looking back on the history of building a legal system with Chinese characteristics for the past 100 years, the old model of "disseminating the Western laws to the Orient" has gradually been transformed to the new model of "disseminating Chinese laws to the West". The cultural exchanges and resonance is the process of the deeper mutual understanding among the countries. The National Social Science Fund, "Chinese Academic Works Translation Project" aims at translating the excellent and outstanding academic works in social sciences into different languages and disseminating them to the world. It has been endeavoring to provide a medium for domestic outstanding academic works to be known by other research colleagues around the world and at the same time, it also provides an important platform for the international academic circle to know and understand Chinese academic situations and achievements.

Key Words: Chinese Academic Works Translation Project, science of law, disseminating Chinese laws to the West

“一带一路”法治人才需求与我国法治教育的冲突与调适对策*

杨　军**

摘　要:“一带一路”倡议提出后,我国与“一带一路”沿线国家的常态化交往更加频繁、深入。随着“一带一路”倡议的推进,迫切要求法治人才培养与我国法治教育相适应。“一带一路”沿线各国情况不同,语言、宗教影响、发展程度等方面都有较大差异,在主权平等的国际社会,沿线国家立法权彼此独立,社会制度不同,这些都会导致法律之间的冲突。但在公平的环境中交往、交流、合作一定是各国及各国民众的初衷。作为“一带一路”倡议提出国,理应在各方面走在前面,尤其为愿在此倡议基础上合作的国家提供公平的法治环境。因此,我们要适应“一带一路”法治人才国际化、多元化、高端化需求,破解“一带一路”法治人才需求与我国法治教育存在的冲突,不断强化我国法治人才实务锻炼,为法治人才提

* 基金项目:国家民委民族研究一般项目“广西民族区域自治60年历史经验研究”(2017-GMB-007);广西哲学社会科学规划研究课题“习近平总书记中华民族复兴思想与中华民族共同体建设研究”(17FMZ023)。

** 杨军,西北政法大学研究生院2017级博士研究生,广西师范学院副研究员。研究方向:民族学、法律。

供发展空间,优化法治人才教育队伍建设,促进各国法治人才交流,通过调适使我国更多的法治人才适应“一带一路”倡议需求。

关键词:“一带一路” 法治人才 冲突 调适

“一带一路”倡议的提出给“一带一路”沿线各国提供了新的发展机会,“合作共赢、同创未来”将成为这个时代的主旋律,就目前来看,“一带一路”倡仪由点及面,逐步形成从中国、中亚到西亚及欧洲的区域大合作,成绩斐然。运用法治方式和法治思维推进“一带一路”建设是实施“一带一路”倡仪的重要方法。① “一带一路”倡议的提出经常被部分国家拿来“做文章”,视合作共赢为“中国威胁论”,破坏来之不易的合作机会。而我国在提出“一带一路”倡议后,牵头创办了亚洲投资银行,设立了丝绸之路发展基金会,并组织召开了第一届“一带一路”高峰论坛。这些都向国际社会展示了我国意图推动全球治理体系改革、助力各国共同发展的良好形象,进一步提升了我国的国际影响力,在国际社会中塑造了良好形象。十九大报告中强调,“一带一路”倡议将是中国未来很长一段时间内的工作重点,既要坚持引进先进文化,又要注重输出优秀的中国文化,在与“一带一路”沿线各国的各项合作中坚持共同商议、共同建设、共享资源与发展成果,始终坚持在合作中开拓创新、在创新中寻求共赢。人才是实现“一带一路”倡议,为我国在国际对话与发展中赢得先机的基础,在各国交流合作中,法律是解决争端的前提条件。所以,法治人才在这一时代背景下显得更为关键。正是因为“一带一路”沿线各国在法律制度、法律精神以及法治化建设上都各不相同,必须有足够的法治尖端人才资源,需要通过教育培养更多兼具法律知识、外语能力与较高道德水准的复合型人才。

---

① 参见王刚:《“一带一路”建设中的法律问题及法治机制构建》,载《法学杂志》2017年第2期。

一、“一带一路”法治人才需求与我国法治教育之间的冲突

（一）现行法学教育模式与“一带一路”法治人才需求之间的冲突

近年来，随着对外商贸合作的日益推进，为适应“一带一路”倡议的发展需求，我国各大高校也逐渐重视与加强对法治人才的培养，法治人才在数量和质量上都有了很大程度上的提高。高校法学专业教育中也将“国际法”纳入核心教育课程内容，当前我国有20多所科研机构和高校具有授予国际法博士学位的资格，从这个层面上看，我国为法治人才的培养创造了良好的条件。但就实际情况而言，大部分法学专业的毕业生在离校之后都会选择就职于国内律师事务所，涉及的工作内容多为国内法律事务，而专注于国际法业务研究的毕业生少之又少，国际性法律研究或实务上的人才匮乏成为“一带一路”倡议推进过程中法务工作层面上较为薄弱的部分。究其原因，主要在于当前高校设置的国际法专业课程倾向于国际经贸相关法律，培养方向也集中在国际经贸上，国际法专业的毕业生考虑到未来的发展方向，多会选择就职于律师事务所。而外语、外交学等专业中也存在佼佼者，但因为缺乏法律实务上的专业知识，很难胜任国际法研究与实务工作，国际法专业人才就职方向转变的问题依然突出。比如，中国和越南两国交毗邻，贸易量增加后纠纷也随之增加，而解决纠纷则需要既懂中越两国法律，又熟悉两国语言的法律人才，但从目前看此类人才较少。[2] 当前我国关于国际法专业的就职平台较窄，就业形势严峻与上升机会不多的矛盾性，使更多学生选择国际法以外的法律工作，或是从事与法律无关的工作。当前我国为国际法专业毕业生提供的对口岗位是极其有限的，且所得待遇福利也与就职者的努力、工作强度、工作压力等不相对称，这也直接导致从事国际法工作的人才稀少，难以为“一带一路”的持续有序推进注入源源不断的人才动力。

---

② 参见彭振：《“一带一路”背景下高级法律人才培养模式研究——以西南民族地区高校为视角》，载《法制与经济》2017年第5期。

此外,我们还要注意到,精通国际法知识与应用人才的匮乏,与我国高校对国际法人才培养的方法与法治教育队伍整体水平是紧密相关的。在法学领域中,大部分人都认为国际法的作用在于作为国际争端处理的依据,不属于法律范畴,因而没有认真对待国际法。很多高校在讲授国际法课程时,也不会详细讲解国际法与国际问题背景等之间的关系,加之在实际教学过程中,由于国际法的应用情况较为特殊,教师很难通过实践教学的方式来强化学生对国际法的理解,甚至无法将国际法知识与实践相结合,学生因此也不会太过于重视国际法这门课程,更不会将国际法研究纳入职业规划当中。

(二)法治实务能力强的法治人才需求与法治教育尖端人才培养少之间的冲突

从改革开放开始,我国法学界、实务界就从未停止过对国际法的关注。改革开放后,我国政府在面对国际司法时不再局限于意识形态矛盾,而更关心实际事务中国际法的作用,我国法律精英也得以在国际司法舞台上大展拳脚,倪征燠、史久镛、王铁崖、端木正等中国顶级法律人或成为了国际法官、或任职于法律专家组,证明了中国法律人完全有能力在国际司法中占据一席之地。同时,相对于改革开放前抵制、反对或不予理睬的消极姿态,我国政府在改革开放后也逐渐开始运用国际法来争取自身正当权益,给我国国际法法治人才提供了充分的锻炼机会。2014 年,我国建立了“国际法咨询委员会”,由国内国际法专家负责处置我国在国际上遇到的争议,进一步强化了我国运用国际法维护自身权益的能力。

(三)法治人才德与法兼修之间的冲突

德法兼修强调培育德行和教授专业知识要同步进行,法治人才要始终做法律的践行者,也是人民群众利益的维护者,但部分司法人员存在失德现象,以权谋私,冤判错判,势必会引起民愤、抹黑形象、失去信任,造成不公正。在电影《人民的名义》中,作为政法大学老师高育良和学生祁同伟,在专业水平上一点不比侯亮平和陈海差,不过在德修方面,身为老师和学长的高育良和祁同伟却逊色不少,道德底线完全丧失,触犯国家法律,最终沦为知法犯法的反面典型。这部影视告诫我们:无论是法学知名教授还是法学院高才生,若缺乏德法兼修,就可能出现丧德违法的行为。"一带一路"倡仪下,司法人员在与其他国家司法交往中,如果不注重德法兼修,势必会导致国与国之间的失信,甚至会影响到外交关系。

(四)国内外法治精英人才需求与我国对国外法律精英开放不够之间的冲突

如何在"一带一路"倡议背景下培育法治人才,近年来在学界讨论颇多,成果数量也很多,但这些成果能够直接运用在国际法律实务上的却寥寥无几。根本原因在于,我国法学专业大学生普遍倾向于短期获益更多的职业规划,对于耗时长、收益不确定的国际法岗位热情不高。我国法学界不妨放开胸怀,培育一些愿意在中国就业,也愿意成为中国法律界力量的留学生,形成"一带一路"沿线国家各层次法律人才相互交流的良好格局。即便是从个人条件来看,来华留学的法学学生数量并不少,同时也有意愿在毕业后立足中国法学市场。这些留学生不仅具有熟知本国文化的优势,同时也期望能够在中国推进"一带一路"倡议过程中找到个人发展机会,因此既有意愿学习国际法,也能够为"一带一路"提供优质的法律服务。

(五)区域法治人才差异需求与同质化培养的冲突

"丝绸之路经济带"和"海上丝绸之路经济带"涉及东亚、西亚、南亚、中亚、独联体、中东欧等65个国家和地区,服务每个国家和地区的法治人才需要适应当地法治环境的需求,掌握不同国家的法律,方可更好地司法。而高校是培养人才的重要基地,作为开设有法学专业的综合类大学和专门的政法院校,要根据其所处的区位优势,有针对性地开设相关专业课程,以适应"一带一路"倡仪对法治人才的需求。但就目前高校培养人才的模式而言,除个别高校开设有相关专业外,同质化培养现象严重,没有针对特殊区域要求培养特色的法治人才,这样,很难适应"一带一路"对法治人才的需求。

二、"一带一路"法治人才需求与我国法治教育的调适对策

(一)优化现行法学教育模式,适应"一带一路"法治人才需求

鉴于"一带一路"倡议推进过程中的国际交往将带来大量国际法律服务需求,所以"一带一路"倡议背景下的法治人才培育,也可以通过交流合作完成。通过加强和沿线国家的法学教育合作,构建一个合作共赢、人才共培的国际法治人才培育体制,一方面符合我国推进"一带一路"倡议下国际法律服务需求,另一方面也是各国深化合作交往的重要举措。我国政府积极推动全面开放新格局的建构完成,加强与"一带一路"倡议下沿线国家的深度交流与合作,在沿线国家当中牢固树立命运共同体意识。基于法学教育层面上的互利共赢模式,就是要形成命运共同体、互惠互利的方式,就是共同培养能够为"一带一路"倡议推进贡献力量的国际性法治人才。在具体合作上,可以采用联合办学、增加法学界交流的方式来深化法律教育合作。当然,要在近期内筹建一所中国与"一带一路"沿线国家合作的国际高校难度很高,但通过中外高校之间,尤其是与优秀国际法学院之间的在线课程合作(如慕课等),完全可以实现联合办学的教育目标。

加快法律专业教学改革,适应"一带一路"人才培养需求。我国高校在法学专业课程的设置上要进一步优化,创新人才培养方法与培育理念,改革教学内容和教学重点,加强对专业性强、实务应变能力高的法治人才的培养。同时也要结合"一带一路"倡议的内容和实际需要,重新建立与调整法学课程结构,提高法治人才培养的针对性与实用性。

教学理念改革是提高法学教育质量的基础。学习与参考其他国家在法学教学上的先进思想,分析我国的法学教育现状,以及法学专业学生的学习情况与学习特点,此外还要收集汇总关于法学教育、国际法治理论中的先进理念,在其中寻求教学理念改革的着眼点,充实法学课程的教学内容,拓宽法学教育的范畴,运用国际化教学理念来开展教学工作,使法学

专业学生形成更开阔的法治思维，掌握更多、更全面的法学知识。

对教学方法进行改革优化能够使教学活动取得事半功倍的效果。通过对以往在法治人才培养上获得的工作经验与工作成效进行分析参考，从中把握教学方法改革的方向，还可以邀请国内外法学领域的专家学者前来开展讲座教学，学习其他国家、地区在法治人才培养上的教学模式，还可以使学生掌握更多关于涉外、境外的法律知识；课堂教学过程中要注重将法学内容和“一带一路”沿线国家经典涉外案例结合起来进行分析，加深学生对国际法运用的了解，使法学院学生能够在不同的教学方式中提高专业知识水平，形成国际法律思维，在实际应用中也能自如地将国际法律思维运用到实践问题的解决中去。

此外，教学材料的编写也是法学专业课程改革的重要内容。基于现有的国际法教材，梳理出其他国家在国际法教材中的精华内容，结合我国国情与“一带一路”倡议的内容进行改编，编写出既符合“一带一路”倡议的国际法教材，也能满足法治人才学习、发展需求的教学材料。

（二）锻炼提升实务能力，提升我国在“一带一路”沿线国家的话语权

法律实务能力是法治人才的必备能力，尤其在国际舞台上，要正视各国差异，确保交流合作顺利，就必须在掌握各国法律的基础上，不断地强化实务能力，以提高纠纷处理效果。高校培养法治人才要以“一带一路”为契机，给法治人才更多的跨国实习机会。“一带一路”倡议背景下，法治人才的共同培育，不仅可以通过各国法学院与高校的教育合作完成，还可以通过以实务为导向的跨国实习来实现。由于“一带一路”沿线各国的法律在条文上、司法机制上与法律文化上都不尽相同，因此要培育具备“一带一路”法律服务能力的法治人才，不仅要培育其国内法律实务能力，更应使其对各国的法律文化、司法机构以及法律条文有清晰的认知。所以，我国应该促进以实务为导向的跨国实习机制建设。在不违反中国法律法规、具有可行性的基础上，甚至可以尝试和海外律师事务所合建跨国实训单位，通过留学、交流的方式来感受“一带一路”沿线各国的法律特点，领会当地人文风貌、积累跨国法务工作实践经验。

在实践过程中，可以借鉴中国政法大学联合培养（3+1+1）等合作项目,该项目主要是与英国诺丁汉特伦特大学“3+1+1”项目(法学院、商学院)以及美国凯斯西储大学合作“3+1”项目。在培养过程中,与合作院校间互认学分,学生在完成中国政法大学学习后,英语成绩达到一定要求,可以利用大四赴合作院校学习,毕业时可获得两个学校的学位。③ 在“一带一路”倡仪下,还要鼓励学生在国外学习期间与国际知名法律机构合作,注重实践,积极实习,让法学生在“+1”期间能够获取与国内同等甚至更为优质的实习经历,甚至能够帮助他们优化职业生涯规划。

(三)立德树人、德法兼修,提升法治人才道德素养

我国优秀传统文化始终倡导重义轻利、先义后利、取利有道,重视道义与责任,突出“义”的价值。④ 2017年5月3日,习近平同志在考察中国政法大学的过程中,专门就法治人才道德素养问题强调认为,全面推进依法治国作为一项历史性工作,需要以中国特色法治理论为指导,坚持立德树人、德法兼修的教育原则,展现出中国法律人的优秀道德素养。中华民族从古至今都有“礼仪之邦”的美誉,“一带一路”倡议的推进也为我国向全世界展现中华优秀道德文化提供了了更多机会与平台。而作为在多边事务中实践频繁的法治人才,更应该将中国人的优秀道德传统、民族气节与民族情感展现在国际法律的舞台上;通过法治人才的优秀道德素养,来展现我国整体的道德素养,在体现中国形象的同时,也能够让“一带一路”沿线国家在与我国交往时更为友好,在一定程度上消解误解带来的国际法务风险。

法治人才的培养既要注重专业知识水平的提升,也要加强开展传统道德教育,提高法治人才的道德素养。强化法治人才的责任意识和共享观念,以维护本国利益与沿线国家利益为法治工作落实的前提,“一带一路”倡仪推进过程中,我国和沿线国家都是受益的主体,要做到利益共享,成果共享,创建互利共赢的发展格局;“立德”是“三不朽”之首,为君子的

③ 参见黄进:《实施“一带一路”战略 培养一流法治人才》,载《中国大学教学》2016年第8期。

④ 参见杨军:《我国传统官箴文化中的义利观及其现代价值》,载《中国领导科学》2018年第2期。

修身之本,品德高尚之人待人和善,宽以待人。在国际争端的处理上,要视乎具体情况来拟定解决之策,学会换位思考,尽量以科学的方式把问题解决好,这样既能避免争端产生,导致不必要的损失,也能在全世界范围内树立好的大国形象。法治人才要注重诚信,做到言行统一,言出必行。诚信是促进个人与他人和谐的保证,是国与国之间实现长期交往的重要基础,诚信缺失必定会陷入孤立的局面。公平正义是维护法律权威的重要保障,法治人才作为法律的践行者,更要发挥好法律在惩凶安民上的重要作用,将法律中所具有的公平正义精神外化出来,心怀公平正义,外践于行动当中,我国法治人才要时刻秉持公平正义的思想理念,为促进国际争端得到公平有效的解决而努力,也在实践过程中使自身的道德素养得到不断提升。

(四)引进国内外法律精英,强化法治人才的交流与合作

引进国内外优质教育资源,在教育合作中提升法治人才培养水平。“一带一路”倡议沿线国家众多,既有大量的东盟国家,也有中亚、西亚乃至非洲国家。因此,作为提供“一带一路”法律服务的法治人才,需要充分了解不同国家及地区的法律史、法律制度以及法律文化,但这些都是国内学界从来没有重视过的课题。因此,“一带一路”倡议下的法治人才培育工作,需要对外国法、比较法比较了解,可以把握好“一带一路”沿线各国立法、司法机构的特点,甚至能够对各国人文风情都具有一定了解,在这种了解的基础上对各国法律制度的发展作出一个大致判断,在实务工作中具有一定的前瞻能力。

法治人才的交流合作,是提升我国法治人才培养质量的重要途径。在人才交流与合作的过程中,国内的法治人才将对各国法律条文与司法情况有更准确的把握,国际法务处置能力也随之提高。同时,在生活方面,国内高校应为法学留学生做好住宿上的安排;在未来就业上,政府应落实完善外国留学生在华就业等相关政策,这是基于当前外国留学生毕业即回国,留学签证将在毕业后拒签的问题提出来的。我国应该按照“一带一路”倡议背景下法治人才培育与国际法务的需求,适当放宽对法学在华留学生的就业限制,规定只要在毕业后从事国际法务工作,同时也有单位接收的毕业生,就可以在华续签18个月以内的留学签证留下实习,在此期间如果能够转为正式员工,就可以将留学签证改签为工作签证,为中国在"一带一路"倡议背景下的法律服务提供重要支撑。

要培育"一带一路"倡议背景下的优质法律人才,需要一批高质量的国际法教育人才。虽然近年来国内高校在国际法教育人才的培育上取得了显著成果,然而国际法教育毕竟是国际性、实务性都比较强的专业,尤其是"一带一路"倡议背景下的法律服务需求特殊,因此要组建高质量的国际法教育队伍,就必须有海外留学归来的高素质国际法人才。国内高校在下一阶段应该加强人才引进力度,可以尝试邀请国内外优秀法律机构的工作人员兼职任教,甚至尝试与海外律所、高校合作,定向培育一批具有国际实务经验的博士、博士后,迅速提高我国国际法教研水平。当然,单纯凭借海归是不足以组建高质量国际法教育队伍的,高校需要意识到目前我国已经培养了一批具有国际法务实践经验的律所精英,他们在我国加入WTO后的10余年中得到了大量的国际法务锻炼机会,经验丰富、基础扎实,是难得的人才资源。如果能够将现有的教育队伍与海外学成的高级人才、律所精英整合为一支队伍,那么就能够解决国际法教育人才稀缺的问题,帮助我国在更短的时间内培育更多具备"一带一路"法务能力的法治人才。

(五)因地制宜,培养与区域稳定、发展相适应的高级法律人才

"一带一路"沿线国家情况不同,需要根据不同国家的情况针对性培养与其相适应的高级法治人才。比如,针对北方人士,有专家提出"草原丝绸之路",⑤南方有专家提出"山地丝绸之路"⑥等,这些地方所面向的国家是不同的,法治环境差异很大,所需要的法治人才肯定不同。为适应"一带一路"倡仪需求,高校必须调整人才培养目标和理念。在法治人才培养中不应追求大而全,应结合自身办学实际与特色,各学校要根据区位

⑤ 参见杜晓勤:《"草原丝绸之路"兴盛的历史过程考述》,载《西南民族大学学报》(人文社会科学版)2017年第12期。

⑥ 参见玉时阶:《山地丝绸之路:古代中国广西通向东南亚的经贸之路》,载《深圳大学学报》(人文社会科学版)2016年第5期。

优势,多类型、多层次地满足"一带一路"战略对法治人才的需求。[⑦] 另外,作为涉外高级法律人才,不但应该是理论上的精英,更应该是行动上的巨人,还应该是能够迅速应对不同领域法务需求的多面手。只有这样,法治人才才能够在工作之初就对案件情况有一个准确的理解,避免因对特定领域法律的不熟悉而将时间浪费在资料查询、背景调查上。

近年来,国内法学院校普遍以扩招的形式来加大对法治人才的培养力度,但这些高校在扩招之后,大多没有在学科建设、师资队伍建设、培养方式上走出特色道路,既浪费了高校的区位优势,也无法根据地区法律服务需求来培育具有鲜明特色的法治人才。因此,在各大高校法学院下一阶段的学科建设、人才培养过程中,更需要注重培育特点鲜明、具有核心竞争力的高级法治人才,避免同质化培养,毕业生人数"爆破式"递增,但与实际需求不符,且无特色。[⑧] 有些学校在特色法治人才培育上已经取得一定成绩,比如,"西北政法大学服务西北地区稳定发展与国家安全高级法律人才培养项目"就是典范,是全国第一个服务国家特殊需求法学博士人才培养项目,针对西北区情,从国家安全的角度创设高级法律人才培养模式,创造性地培养在相关领域开展工作的应用型高级法律人才。

三、结语

在"一带一路"倡议提出后,我国法律建设的国际化趋势与国际法相关领域研究都逐渐加快。特别是在组织机构合法性、商业协议规范性、环境保护以及知识产权等领域,法律发展都存在彼此借鉴、渗透的情况。加上我国在提出"一带一路"倡议后与其他国家的交往必将日渐频繁,需要大量法治人才在与各国合作中提供服务,因此要努力打造"一带一路"倡

⑦ 参见付子堂:《"一带一路"战略中法治人才培养模式分类探究》,载《法学教育研究》2017 年第 1 期。

⑧ 参见谭宇生:《"一带一路"背景下地方本科院校能源法律人才的培养》,载《南方论刊》2016 年第 11 期。

议下的育人共同体。加强法学与经济、国际关系、国际政治、区域研究、外国语言以及历史、宗教等学科的交叉融合，才能够培育出以法律为基础、服务各国发展的优质法治人才，也才能够使我国的正当权益不会在推进“一带一路”倡议的过程中遭受侵害。鉴于我国目前的法治人才队伍储备与“一带一路”倡议背景下的法治人才需求存在较大落差，因此培育出一大批属于中国自己的法治人才，就成为非常迫切的任务。只有培育出中国特色的国际法治人才，他们既要知识面广、对各领域都有所了解，也能够处理多领域国际法务实践工作，才能够在“一带一路”倡议推进过程中，准确表达中国立场、为中方争取正当利益。

On the Solutions to the Conflicts and Coordination of "the Belt and Road" Talent Cultivation and the Status quo of Domestic Legal Education

Yang Jun

Abstract: After "the Belt and Road" Initiative was proposed, our country makes more frequent and normal contacts with countries along the route of "the Belt and Road" Initiative. With the advancement of the Belt and Road Initiative, it is imperative that the cultivation of the professional legal talent must be compatible with the status quo of the rule of law in China. Different countries along the route of "the Belt and Road" have different conditions, such as languages, religious influences, and development levels. In the international community with sovereign equality, the legislative power of the countries along the "the Belt and Road" is independent of each other and the social system is different. All these will lead to conflicts between laws. However, in a fair environment, exchanges and cooperation must be the original intention of people in various countries and countries. As a country proposing “the Belt and Road” Initiative, we should make every effort to become the lead in all aspects, especially to provide a fair legal environment for countries that are willing to cooperate on this initiative. Therefore, we must adapt to the“Belt and Road”rule and put forward internationalization, diversification and high-end needs the legal talent. In this way, we can meet the“Belt and Road”rule of law talent demand and settle the existing conflicts of China's legal education. At the same time, we should continue to strengthen the practice of China's rule of law talents and provide for the development of the excellent legal talent. In addition, we should optimize the construction of the education team for the rule of law, promote the exchange of the rule of law talents in various countries, and adapt more qualified professional talent in the country to meet the advancing requirements of “the Belt and Road” Initiative.

Key Words:“the Belt and Road”, legal talent, conflict, adjustment

论“双一流”建设背景下的法学中外合作办学*

贺　鉴　王玉全**

摘　要:“双一流”建设的提出为法学中外合作办学的发展提供了加快与国际接轨、促进法学中外合作办学人才交流、培养拔尖创新人才的新机遇,也带来了国际与国内协调发展、评估和动态调整、非一流学科法学中外合作办学的新挑战。“双一流”建设背景下,推动法学中外合作办学,以达到中外法学教育交流合作的目标,应当特别注意以下几方面:培育一流法学中外合作办学专业育人体系;提升法学中外合作办学教育质量和水平;契合高校“双一流”建设计划。

关键词:“双一流”建设　法学　中外合作办学

党的十八大以来,以习近平同志为核心的党中央聚焦于高等教育发展,提出了一系列关于教育发

---

* 基金项目:2016 年度山东省本科高校教学改革研究项目(鲁教高函〔2017〕10 号);中国海洋大学本科教育教学研究重点项目(2016ZD04)。

** 贺鉴,中国海洋大学法政学院教授,博士生导师。研究方向:比较法学和比较政治学;王玉全,中国海洋大学法政学院在读博士。研究方向:宪法学与行政法学。

展的理论：教育强则国家强，高等教育发展水平是一个国家发展水平和发展潜力的重要标志；实现中华民族伟大复兴，教育的地位和作用不可忽视。在此基础上部署实施了“双一流”建设。党的十九大报告明确提出“加快一流大学和一流学科建设，实现高等教育内涵式发展”。近年来，高等学校纷纷设立国际化的教育机构或者组织，开展中外合作办学。[①] 然而机遇和挑战并存，关于中外合作办学的定位、现实与展望、理念与实践、人才培养模式构建、内部质量保障体系等问题已成为研究热点。[②] 但与法学中外合作办学、“双一流”建设相关的论著却不多。[③] 在“双一流”建设背景下，法学中外合作办学应当如何发展，值得进一步研究。

一、“双一流”建设与法学中外合作办学的新发展

（一）双一流建设的提出

改革开放特别是进入21世纪以来，中国教育在高校教育数量和体系方面取得了长足的进步，但教育内涵和教育质量仍有待提升。习近平主席提出，“教育对外开放，关键是提高质量，而不是盲目扩大规模”，办好中国的世界一流大学，“要认真吸收世界上先进的办学治学经验，更要遵循

---

① 参见付宁花、梁秀文：《北京农业职业学院的国际合作办学实践及思考》，载《北京农业职业学院学报》2012年第2期。

② 通过在中国知网上检索文献发现，与此相关的内容甚多。如莫玉婉的《中外合作办学的定位、现实与展望——对“中外合作办学与高水平大学建设”的思考》，葛晓蕊的《中外合作办学项目内部质量保障体系构建研究——浙江财经大学中加会计合作项目的实践及启示》，伍宸、宋永华、赵倩的《“高水平中外合作办学”的理念与实践》等。

③ 通过笔者在中国知网上检索，发现只有寥寥数篇，大多写作于2017年9月21日之前，例如，阮劭在2017年6月发表于《海南热带海洋学院学报》的《关于中外合作办学对推进“双一流”建设的思考》、李璐在2017年8月发表于《河南教育（高教）》的《“双一流”战略下一流本科中外合作办学人才培养路径探析》。在此之后，几乎没有与此相关的文章。关于法学中外合作办学的文章，在网上以“法学中外合作办学”为主题，搜索到的论文只有一篇王宏巍、包玉华发表于《亚太教育》的《中外合作办学项目中法学教学模式的整合与创新》。

教育规律,扎根中国大地办大学”。[④] 围绕着高水平大学建设和人才培养质量提升,国家公布了世界一流大学和一流学科建设名单,分成了2020年、2030年和21世纪中叶三个节点,并具体规定了相应的建设内容。双一流建设提出的总体目标“推动一批高水平大学和学科进入世界一流行列或前列”“加快高等教育治理体系和治理能力现代化”“提高高等学校人才培养、科学研究、社会服务和文化传承创新水平”,这三个目标都和法学中外合作办学具有密切的关联,对指导法学中外合作办学又好又快发展提供了道路和理论的支撑。随着经济全球化的发展,高等教育也迈入了国际化发展、与国际接轨的步伐。国际化水平指标成为院校高等教育发展、“双一流”建设成效的一个重要评价体系。法学中外合作办学项目正是教育国际化的具体表现。

(二)法学中外合作办学的新发展

通过查阅中华人民共和国教育部中外合作办学监管工作信息平台,在教育部审批和复核的机构及项目名单输入“法学”专业或课程,发现拥有法学中外合作办学的学校主要有12所高校(见表1)。[⑤] 其中属于世界一流大学建设高校名单的只有中国海洋大学与清华大学,属于世界一流学科建设高校名单的有中国政法大学、南京师范大学、东北林业大学。“双一流”建设主要是一流院校和一流学科的建设,聚焦于法学学科而言,“双一流”建设法学学科的主要是北京大学、中国人民大学、清华大学、武汉大学、中国政法大学和中南财经政法大学。近期,这6大高校共同发起组建法学一流学科建设共同体倡议。[⑥] 其中既是世界一流大学又是一流学科的建设的高校是北京大学、中国人民大学、清华大学、武汉大学,而只是一流学科建设高校的是中国政法大学和中南财经政法大学。这其中就显现出了一定的差距。综合来看,既是一流大学又是法学一流学科,同时

---

④ 龚思怡、吕康娟:《中外合作办学机构核心能力建设:一个高校样本》,载《国家教育行政学院学报》2017年第2期。

⑤ 参见http://www.crs.jsj.edu.cn/index.php/default/approval/orglists,最后访问日期:2017年12月28日。

⑥ 参见http://dy.163.com/v2/article/detail/D6OGCQ980514DC71.html,最后访问日期:2017年12月28日。

又有法学中外合作办学项目的只有清华大学；属于一流大学但不是法学一流学科，并有法学中外合作办学项目的有中国海洋大学；不属于一流大学但属于法学一流学科，并有法学中外合作办学项目的高校只有中国政法大学；不属于一流大学但属于一流学科，并有法学中外合作办学项目的高校只有南京师范大学、东北林业大学；既不是一流大学又不是一流学科，但有法学中外合作办学项目的是华东政法大学、西南政法大学、烟台大学、黑龙江大学、哈尔滨理工大学、大庆师范学院。这就将“双一流”建设与不同高校的法学中外合作办学相结合起来。由于“双一流”建设对高校重视程度和投入资金的不同，法学中外合作办学未来的发展前景也会不尽相同。国家资金投入的多少和学校重视程度的强弱直接决定了各高校法学中外合作办学的发展方向。

表1　教育部审批和复核的法学中外合作办学机构及项目名单

地区	项目/机构	名称(含内地与港澳台)
北京	合作办学机构	中国政法大学中欧法学院
	合作办学项目	1. 中国政法大学与美国明尼苏达大学合作法学硕士学位项目 2. 清华大学与美国天普大学合作举办法学硕士学位教育项目
上海	合作办学机构	无
	合作办学项目	1. 华东政法大学与新加坡国立大学合作法学硕士学位项目 2. 华东政法大学与香港城市大学合作法学专业本科教育项目
重庆	合作办学机构	无
	合作办学项目	西南政法大学与英国考文垂大学合作法学专业本科教育项目
江苏	合作办学机构	南京信息工程大学雷丁学院
	合作办学项目	南京师范大学与美国马里兰大学合作刑事司法学硕士项目

续表

地区	项目/机构	名称(含内地与港澳台)
山东	合作办学机构	无
	合作办学项目	1. 烟台大学与美国西俄勒冈大学合作举办法学(区域犯罪信息分析)专业本科教育项目 2. 中国海洋大学与美国亚利桑那大学合作举办法学专业本科教育项目
黑龙江	合作办学机构	无
	合作办学项目	1. 黑龙江大学与英国利兹大学合作举办法学专业本科项目 2. 哈尔滨理工大学与俄罗斯新西伯利亚国立技术大学合作举办法学专业本科教育项目 3. 东北林业大学与俄罗斯符拉迪沃斯托克国立经济与服务大学经济服务大学合作举办法学专业本科教育项目 4. 大庆师范学院与俄罗斯布拉戈维申斯克国立师范大学合作举办法学专业本科教育项目

二、“双一流”建设给法学中外合作办学带来的机遇和挑战

(一)“双一流”建设带给法学中外合作办学的新机遇

1. 有利于深化法学中外合作办学改革,加快与国际接轨

英国学者阿什比提出“大学是遗传与环境的产物,任何大学机构的发展离不开时代背景留下的深刻烙印”。⑦ “双一流”建设的目标是进入世界一流大学和一流学科前列或行列,其突出地位在于国际化。而法学中外合作办学本身就是与国外一流学校或者一流学科合作,就此方面而言,两者可以产生互补的效果。“双一流”建设的一大管理举措是“统筹建设

⑦ [英]阿什比:《科技发达时代的大学教育》,滕大春、滕大生译,人民教育出版社 1983 年版,第 7 页。

深化综合改革”，在管理的过程中，一个重要的考量因素便是外国教师的引入和中外双方教师的教学合作程度。在“双一流”建设的背景下，首先，在教育教学活动中，可以进一步将优质的海外教学资源引入到我国高校的教材和教学内容中；其次，在教学手段上，可以更好地将网络平台与实地教学相结合加以利用，建立网上课件、案例、试题等资源的互通互享，为法学中外合作办学提供更好的合作与发展空间；最后，在课程评价方面，可以实现评价指标的多元化，破除只唯期末考试的弊端，使师生更加注重平时学习的交流互动。而且，法学中外合作办学也是与国际进行接触交流的一个过程，在这个过程中，两者的频繁互动，思想碰撞，教育理念的分享，也在一定程度上迈向了国际化，扩大了中国高校或者是中国法学学科在国际上的影响力。

2. 有利于促进法学中外合作办学人才交流，建设一流师资队伍

第一，“双一流”建设提倡为人才的发展提供比较宽松的政策制度环境和学术人文环境，在思想认识、体制机制和服务意识方面更加到位，更加着眼于提高人才配置效益。这就给中外合作办学提供了更加广阔的发展合作空间，也为中外双方不同师生之间的交流构建了一个更为顺畅的渠道。同时，考核指标的不同设定，也会让从事法学中外合作办学的学者少了一些急功近利的科研压力，使学者更多地专注于法学中外合作办学的不同发展方面，做出精品的法学中外合作办学项目。第二，“双一流”建设从高层次人才工作、优秀创新团队建设、青年教师培养、人事制度改革等方面，提出一系列科学务实的举措，这些举措也能促进法学中外合作办学的师资队伍建设。利用“双一流”建设的机会，“引进来”法学中外合作办学教学理念较为丰富的专家学者，“走出去”一批本校培养的法学中外合作办学学者，有利于实现两者的互动交流和补充，更新提升本土学者法学中外合作办学的教学内容、教学方法、教学模式和观念，为建设法学中外合作办学的一流师资队伍提供源源不断的动力支撑。例如，中国政法大学的欧洲国际法学硕士项目教授主要来自中欧法学院的欧洲合伙院校。考虑到欧洲法律传统的多元化，中国以及欧洲教授目前普遍的外语能力情况，英语是课程的主要教学语言。除教授讲授课程外，助理教授还

讲授研讨课,进行小组辅导。这就将国内与欧洲国家的师资力量进行了整合,提高了中方的外语教学能力和水平。⑧

3. 有利于引进法学中外合作办学先进教育理念,培养拔尖创新人才

"双一流"建设的提出,可以以法学中外合作办学为切入点,以点带面地全面开展教育理念的更新工作。在内容上,引进国际先进的教育理念和资源,有针对性地引进特定学科的教育资源,优化课程体系,在教师、教材、教学方法和手段上由中外双方确保项目的可持续发展,做到互通有无。加强法律诊所式教育,提升法科学子发现问题和解决问题的实践能力,将法学知识与实践接轨。"双一流"建设强调学生对知识的感性理解与理性理解并存,在实践活动中进行展开教学,加强与社会的互动,这对于法学中外合作办学中学生的全方位发展有很大助益。"双一流"建设通过开展创新创新教育,培养学生创新意识和创造能力,这也能为法学中外合作办学拔尖创新人才培养提供明确的方向指引。例如,中国海洋大学法学中外合作办学项目制定了"4+0"的中外合作办学模式,实际操作中可以是"2+2"或者"3+1"。学生在第三年或者第四年,经选拔可以赴美完成部分学业。通过课程互认,双方约定学生按要求修满学分后,可同时获得中国海洋大学法学本科学士学位和美国亚利桑那大学文学学士学位(法学方向)。

(二)"双一流"建设带给法学中外合作办学的新挑战

第一,"双一流"建设对法学中外合作办学国际与国内协调发展的挑战。"双一流"建设强调高等教育的国际化,与国际接轨。而在与国际接轨的过程中,如何处理好与本土学校之间的关系便是一个值得研究的问题。体现在法学中外合作办学过程中,如何既做到兼顾学校自身"双一流"的建设特色,又做到国际高水平大学相融合便是一大难题和挑战。目前,法学中外合作办学大多由二级学院与国外高水平大学进行合作,合作的深度和广度有待进一步扩展。二级学院依然只过分地关注学历教育,没有实现学科与专业的一体化引入。在人才培养计划方面,还是过度强

---

⑧ 参见中国政法大学中欧法学院欧洲—国际法学硕士项目,载 http://www.cesl.edu.cn/yjsxm/oz_gjfxssxm.htm,最后访问日期:2017年12月28日。

调本校的教育培养理念,没有实现本土教育的国际化。在教学质量保障建设方面,各个高校也良莠不齐。例如,中国政法大学中欧法学院在办院伊始,就遭受到了资金分配、招生、培养方案等方面的困境。⑨ 在"双一流"大学建设的背景下,法学中外合作办学如何实现自我的调整,与一流大学、一流学科相适应,将决定了各大高校中外合作办学的发展前景。

第二,"双一流"建设评估和动态调整对法学中外合作办学的挑战。在对"双一流"高校进行评估的过程中,法学中外合作办学面临的一大挑战便是对其自身的评价指标体系为何,由谁进行评估,在多元评价体系中的比重如何等方面进行考量。这与法学中外合作办学的发展方向和思路、具体合作办学细节的设定息息相关。同时,如果法学中外合作办学更加强调高校"双一流"的办学背景,或者在法学中外合作办学合同的条款中约定高校或者学科纳入"双一流"建设的条件,动态调整"双一流"的建设名单让某一学校或者学科在下一轮中没有进入到"双一流"建设的序列,中方高校和外方高校如何开展下一步合作,对学生的培养和认可度会不会下滑,这都需要进一步的思考。

第三,"双一流"建设对非一流学科法学中外合作办学的挑战。"双一流"建设按"一流大学"和"一流学科"两类遴选确定建设高校,并且国家投入资金予以保障建设。确定属于一流大学建设高校序列的高校可以以一流学科为基础,在学校内的任一学院和专业开展中外合作办学,实现资金的合理配置,对于法学中外合作办学的影响较小,同样对于一流学科建设高校的一流学科法学中外合作办学也影响不大。但对于一流学科建设高校的非一流专业的法学中外合作办学,例如,南京师范大学、东北林业大学的中外合作办学项目,或者既不属于一流大学又不属于一流学科的法学中外合作办学项目,例如,华东政法大学、西南政法大学、烟台大学、黑龙江大学、哈尔滨理工大学、大庆师范学院。下一步学校的重视程度、资金的投入、学科发展的方向、质量培养的体系、师资和设施的建设、学生生源的选择都将会产生潜移默化的影响,也会带来一定的挑战。相

⑨ 参见 https://weibo.com/fangliufang? refer_flag = 1001030101_&is_all = 1,最后访问日期:2017 年 12 月 28 日。

对而言,南京师范大学、东北林业大学会稍好一些,因为毕竟有一流学科的资金投入,会在一定程度上减轻中外合作办学的压力。华东政法大学和西南政法大学作为老牌的传统法学名校,虽然没有进入到“双一流”的建设队伍中,但从法学专业学习和未来就业发展方向来看,仍有很强的吸引力。真正值得思考的是烟台大学、黑龙江大学、哈尔滨理工大学、大庆师范学院的法学中外合作办学项目,未来的发展仍需要结合本校法学中外合作办学特色,细致规划。

三、“双一流”建设背景下法学中外合作办学应特别重视的几个方面

(一)培育一流法学中外合作办学专业育人体系

第一,树立一流育人理念。将立德树人、德法兼修作为教学工作的宗旨,适应新时代和国际化的发展需要,在培养基础扎实、知识面宽、能力强、人文素质高、富有创新精神的法学人才的基础上,充分发挥中外合作办学的资源优势,强调法学与人文相邻学科、自然学科相结合的特点,着力培养既通晓国内、国际法律规则,又具备熟练英语沟通能力的涉外高端法律人才,并且为学生今后从事涉外领域法律工作打下知识及能力基础。

第二,制定一流培养方案。在制定培养方案时,考虑意识形态的差异及学生就业需求,在选择引进外方课程的标准时要考虑三个方面的因素:体现英美法精髓的课程、涉及国际贸易法律制度的课程,以及比较先进的以社会法为内容的课程。科学融合中外两种法律制度,在涵盖两种法律制度基本知识的基础上,考虑到学生参加司法考试及就业的需求,中国法律的核心课程予以保留。按照教育部的要求和学生培养方案实施过程中存在的问题,适时修订培养方案。

第三,完善一流课程教学体系。英语教学质量将直接关系到中外合作办学项目的成败。该项目的英语教学区别于传统的大学英语教学模式,可采取小班、多学时的教学模式,改革期末考试在成绩构成中所占比

重较大的问题，成绩构成分散在教学环节中的各项任务中。另外，在英语教学中涵盖法学案例及词汇的分析与讲解，为后两年学生进行英语的专业课学习奠定扎实基础。除了正常的英语教学安排之外，还应联合外教以及留学生每周开展英语角及电影之夜活动。还可将课程开设的讨论课变成统一的一门研讨及讲座课程，学生可以根据兴趣自主选择参与研讨和讲座的内容，使课程既有国际水平，又具有学校自身的特色。

第四，建设一流开放协同育人体系。根据学生英语学习的实际情况，通过与外方合作院校沟通，在寒假及暑假期间应积极组织集中的英语培训。除此之外，利用寒假与外方合作院校组织冬令营活动，学生通过参与国外大学的课堂教学，与国外老师及学生进行交流，全面了解国外的教学模式，体验外国文化与生活，极大地开拓学生的视野，丰富教学方式。

（二）提升法学中外合作办学教育质量和水平

其一，致力一流院校合作关系。首先，要明确合作“以我为主”“为我所用”的原则，多样化、分层次的引进国外高等教育资源进行合作，实现法学中外合作的双赢。其次，要细化合作细节。中外双方高校应进行深度合作，通过人才培养和科学研究方面的国际衔接，提高专业教师的专业素质，有效吸引优秀生源到学院就读。积极寻求引进外籍教师，充实师资力量，大力引进外籍全职教师，进行全英文授课。另外，注重不同学科的交叉融合，提升学科厚度，为学生全面发展，拓展视野提供有力条件。在合作的过程中，通过每年召开管理委员会会议及双方教师及学生的互访，对具体合作项目的内容进行深入沟通，以便提升中外双方的互信度。

其二，夯实一流质量保障体系。教育质量的高低是中外合作办学能否成功的关键性因素。如厦门大学中外合作办学研究中心主任林金辉教授说：“质量是中外合作办学规模发展的底线保证。把质量稳住，并有所创新、有所提高，中外合作办学规模才能稳步增长，效益才能不断提高；质量是中外合作办学效益的原发资源，质量的高低决定了中外合作办学效益的发挥程度。”[⑩]为此，一方面，应明确法学中外合作办学质量目标和评

---

⑩ 林金辉：《中外合作办学的规模、质量、效益及其相互关系》，载《教育研究》2016年第7期。

价体系。目标应当具体、明确、可评价。中外双方可以共同成立法学中外合作办学管理委员会,依托学院教学工作委员会,开展该专业的教学评价工作。建立自评与外评相结合的制度,从教师、学生和专家设置课程教学质量评估指标体系,赋予不同的权重,设定优、良、合格、不合理四个量化等级。在自评制度中,定期以问卷、座谈等方式对教学各环节开展评估;在外评制度中,对项目的不同方面进行评估,并根据专家意见进行相应调整,以中国海洋大学为例(见表2)。同时研究教育部对法学中外合作办学评估的内容和程序,为迎接后续评估制定管理规定,完善教学环节,切实保证项目的教学质量。另一方面,应注重教育质量的监督与改进。教育主管部门和学校应事前对外方合作机构的资质和水平进行严格审查,在外方教师的聘请与管理上,建立严格的外教选聘与审核制度,建立外籍教师信息管理制度等,对颁发的学历学位证书进行认证监督。对教学质量评价过程中出现的问题,学院的管理委员会和学校的学术委员会应对其督促并加以改进,由相关的负责人专门做出整改报告和答辩说明,以备随时查验。

表2　中国海洋大学教学评价形式

	教学评价形式
专业自评	1. 学院教学工作委员会每学期初对该专业所开设课程的教学大纲、教学日历等进行评估,根据评估结果组织任课教师进行相应修改。2. 任课教师在学期末提交课程自我评价。3. 学院定期召开项目学生座谈会,听取学生的意见和建议,每学期末组织学生对已开设科目进行评估。4. 按照《中国海洋大学全日制本科课程考试管理办法》的相关要求,任课教师在学期末提交考试试卷及试卷分析,切实保障项目课程期末考试试卷质量
专家外评	每年召开中外合作办学管理委员会会议,邀请国内外专家对项目进行评估,对项目的课程设置、培养方案、教材建设等方面进行评估,并根据专家意见进行相应调整,保证项目的办学质量

(三)契合高校“双一流”建设计划

首先,法学中外合作办学应与“双一流”建设目标相契合。法学中外合作办学的课程体系设置、学生培养模式、教学质量监控等内容应与“双一流”建设的建设一流师资队伍、培养拔尖创新人才、提升科学研究水平、传承创新优秀文化、着力推进成果转化等任务相匹配。其次,法学中外合作办学应与“双一流”建设时间表相契合。例如,清华大学以2020年、2030年、2050年为时间节点,划分出“三步走”的阶段性目标。中国海洋大学一流大学学科群(海洋发展)制定了属于自己的“双一流”发展建设目标:近期目标(2020年)、中期目标(2030年)、远期目标(21世纪中叶)。为此,以中国海洋大学法学中外合作办学为例,法学中外合作办学也可以制定“双一流”发展计划,从“三步走”方面设定自己的目标。例如,近期目标(2020年)为培养具有国际视野的海洋事务领导型法学中外合作办学人才,带动法学中外合作办学达到国内领先水平;中期目标(2030年)为培养具有世界影响的海洋事务领导型人才,争取法学中外合作办学达到国内领先、世界先进水平;远期目标(21世纪中叶)为建成世界一流的海洋事务领导型人才培养高地,法学中外合作办学进入国内一流行列,冲击世界一流水平。具体到每一个目标的实现,应当制订好规划,设定好完成内容和细节,以便与高校“双一流”的建设相适应。最后,法学中外合作办学应与一流学科发展相契合。法学中外合作办学在开展的过程中,应当适当地聚焦于一流学科,以一流学科的发展为倾向,更好地服务于一流学科的进步。以中国海洋大学为例,中国海洋大学设定的一流大学学科建设群为海洋发展学科,因此,法学(中外合作办学)应当更多地紧扣“海洋”和“服务国家需求”两大特色。第一,打造国际和海洋特色的国际化人才培养示范区:一是在与美国亚利桑那大学合作法学(国际法方向)本科项目基础上,进一步拓展到法律硕士联合培养;二是拓展与极地领域国家科教机构双边和多边合作,通过学校“国际极地和海洋门户”,开发和建设极地区域课程和复合型专业人才培养方案,打造满足我国参与全球海洋治理人才缺口的培养机制。第二,建设国际化课程群,推进国际专业认证,大力推动学生的国际流动:一是在现有基础上,建设以法学国际硕士项目为基础的中国法项目,吸收优秀外国留学生学习中国法、传播中国法律和文化;二是建设“现代海洋法(中外合作办学)”国际课程体系,探索国际化联合培养本、硕、博多层次人才培养模式,探索具有海洋特色的国际化人才培养的区域规范和标准。第三,大力引进海外教学资源:发挥中外合作办学、国际科研合作等项目的引领作用,与华盛顿大学、达尔豪斯大学、卡普顿大学等国际知名涉海大学开展深度合作,在积极引入国外师资力量的同时,积极引入国外的教学资源,包括共享数据库、在线课程等,提升学科所依托学院的国际化水平。第四,鼓励教师获取国际组织及国外刊物兼职身份:一是鼓励学科教师在国外高校及研究机构获取学术兼职身份,特别是争取成为国际学术刊物的编委;二是支持教师作为专家代表参与国家各类国际会议代表团,鼓励教师在各类合法的涉海国际组织中任职特别是管理层职务,大力推广中国理论和中国模式。

综合而言,进入到一流大学和一流学科建设高校的法学中外合作办学,应当既培育一流法学中外合作办学专业育人体系、提升法学中外合作办学的教育质量和水平,又应当契合高校的"双一流"计划,深化国际开放式交流,促进法学中外合作办学项目改革发展,为学校"双一流"建设增砖添瓦。没有进入到"双一流"建设高校的法学中外合作办学项目,更应当提高自觉性、主动性和创造性,结合学校特色,深抓育人体系和教育质量水平,加大资金投入,为自身发展创造优越的制度环境,方能做到永不掉队。

On the Cooperation of Sino-Foreign Law Schools Programs under the Background of the Construction of "Double First-Class" Universities in China

He Jian　Wang Yuquan

Abstract: The proposal of our country's "Double First-Class" University Construction Program has made it possible for domestic law schools to carry out Sino-Foreign cooperation in running law schools' programs. China has had more new opportunities for international exchanges on running law schools, promoting the exchange of Sino-Foreign cooperative education personnel in law majors, and fostering top-notch innovative talent. But, at the same time, it has also brought new challenges to coordinated development of both domestic and abroad parts, assessment and dynamic adjustments at home and abroad, and the running of non-first-class law schools' Sino-Foreign cooperative programs. Under the background of "Double First-Class" construction policy in our country, domestic law schools should promote Sino-Foreign cooperation in legal education and to achieve the goal of exchange and cooperation in law education between China and other countries. Also, special attention should be paid to the following aspects: the cultivation of the first-rate legal education systems for Chinese-foreign cooperation in running schools, the improvement of the quality of Chinese-foreign cooperative education in law, the coordination of different levels with the "Double First-Class" construction plan for domestic law schools.

Key Words: "Double First-Class" Construction, legal education, Sino-Foreign Cooperation of law schools

新时代法学院校发展来华留学教育的探索和实践

——以中国人民大学法学院为例*

洪　荞**

摘　要：近年来，推进高等教育国际化、发展来华留学教育已成为重要的国家战略。中国人民大学法学院积极探索与实践，在来华留学生的法学教育方面积累了一些有益经验。面对新时代国际国内环境变化带来的机遇与挑战，国内法学院校需要进一步探索，将来华留学生法学教育的发展与高校建设目标有机结合，推动高校课程体系建设、人才培养改革和国际性提升的和谐发展。

关键词：留学教育　趋同化　课程体系

近年来，国家陆续出台一系列推动教育对外开

---

* 本文系中国人民大学教育管理项目（项目编号 2016030110）的结项成果。

** 洪荞，中国人民大学法学院助理研究员。研究方向：外国法律史。

放的重要文件，①进一步推进高等教育国际化、发展来华留学教育已成为重要的国家战略。按照教育部公布的有关数据，②近年留学教育发展迅速，来华留学生的规模和结构变化明显：③中国已成为亚洲最大留学目的国，来华留学吸引力与国家综合实力的匹配度进一步提升；来华攻读学历课程的留学生比重逐年增加，学历生和研究生占比实现双增长。不仅如此，留学生修读专业的分布也有显著变化，汉语作为第一大留学专业，修读人数从2006年的第1位下降至2016年的第5位。④ 学习教育、理科、工科、农学、经济、西医、文学、法学、管理等专业学生数量大幅增加。

---

① 2010年，教育部印发《留学中国计划》，明确提出要在2020年使我国成为亚洲最大留学目的地国家，建立与我国国际地位、教育规模和水平相适应的来华留学工作与服务体系。2015年3月，国家发展改革委、外交部、商务部联合发布《推动共建丝绸之路经济带和21世纪海上丝绸之路的愿景与行动》，中国政府倡议，全方位推进务实合作，打造政治互信、经济融合、文化包容的利益共同体、命运共同体和责任共同体。2015年国务院《统筹推进世界一流大学和一流学科建设总体方案》，提出要营造良好的国际化教学科研环境，增强对外籍优秀教师和高水平留学生的吸引力。2016年中共中央办公厅和国务院印发《关于做好新时期教育对外开放工作的若干意见》，提出要大力提升教育对外开放治理水平，要通过加大留学工作行动计划实施力度，加快培养国别和区域研究人才、来华杰出人才等5类人才。2017年党的十九大报告指出，中国特色社会主义已进入新时代。要以"一带一路"建设为重点，坚持引进来和走出去并重，推动形成全面开放新格局。

② http://www.moe.edu.cn/jyb_xwfb/xw_fbh/moe_2069/xwfbh_2017n/xwfb_170301/170301_sjtj/201703/t20170301_297677.html，最后访问日期：2017年10月12日。

③ 近10年，来华留学生规模持续增长，生源国别增多。2006年全年共有162,695名各类来华留学人员在我国519所高等学校和其他教学、科研机构学习。到2016年，已增长到共有442,773名外国留学人员在我国的829所高等学校和其他教学科研机构中学习。留学生源地从2006年的184个国家和地区增长到2016年的205个。2016年的前10位生源国依次为韩国、美国、泰国、巴基斯坦、印度、俄罗斯、印度尼西亚、哈萨克斯坦、日本和越南，其中"一带一路"沿线64国在华留学生数量增长明显，2016年已达到207,746人，占到当年来华留学生总数的47%。来华留学生结构上的变化也很明显，学历生比重持续增加。学历生，主要指来华攻读本科、硕士或博士学位的留学生。非学历生可分为高级进修生和普通进修生。2006年学历生54,859名，占来华留学生总数的33.72%，其中硕博研究生8643名，占总人数的5.3%。2016年接受学历教育的外国留学生总计209,966人，占来华生总数的47.42%，硕博研究生人数达6.4万人，占总人数的14.4%。从2006年到2016年，学历生占当年留学生总数的百分比增长近15个百分点。

④ 2006年学习汉语类的留学生达到98,701名，占当年留学生总数的60.1%；到2016年，来华学习汉语的人数降低到总人数的38.2%。

与汉语这种传统优势留学学科以及自然科学和管理科学等相比,法学留学教育的发展有其独特性。法律与一国的政治思想、经济形态、主流话语体系、社会意识形态等的联系更为紧密,有较强的国别特性,而且按照国家有关法律,外国人在中国从事法律服务有严格的限制性规定。与这些客观情况相关,法学留学教育的规模和结构多年来一直保持相对稳定。新千年后,随着中国国际地位和国际影响力的不断提升,以及中国法律服务市场的开放和"一带一路"倡议的提出,特别是 2010 年后,法学留学教育进入了一个较为快速的发展时期。从国家层面看,不仅需要更多外国人懂得中国法律以服务于开放的法律服务市场,也需要为"一带一路"沿线国家培养通晓中国法律的人才以推动沿线国家经贸往来,还需要培养一大批在国际争端解决中推动平等协商和平等对话的国际友人;从国外的单位和个人来看,随着中国国际地位的提升,想要进入中国这个世界第二大经济体市场,想要参与同中国的政治经济文化交往,了解中国法律都已成为最基本的职业需求。这些客观需要既是国内法学院校发展留学教育的机遇,也是其面临的重要挑战。本文以近年来中国人民大学法学院在来华留学教育上的探索与实践为例,探讨新时代如何进一步推动来华留学生的法学教育。

一、人大法学院留学生现状

人大法学院目前接收有 5 种类型的留学生,分别是中文学位留学生、中国法(Chinese Law)硕士学位项目留学生、"亚洲校园"项目留学生、暑期班留学生、院际其他交换项目留学生。每种类型的留学生都对应一些培养和管理上的不同要求。

中文学位留学生。这是来院攻读本科、硕士、博士中文学位的留学生,学院每年共录取中文学位留学生 20 人左右。⑤ 中文学位留学生按不

⑤ 中文学位留学生每年需要按照学校批准的计划招收,虽然实际招录人数每年略有差别,但规模基本保持稳定。

同学历层次分别编入相应中国学生班级，如攻读本科学位留学生编入中国学生本科生班级，攻读硕士学位留学生和博士学位留学生按修读专业分别编入中国学生专业班级。中文学位留学生和中国学生同班管理，每位留学生都有学院安排的一对一指导教师。在教学安排上，除外语课和“中国特色社会主义理论与实践研究”等个别课程安排不同于中国学生外，修读课程与中国学生完全相同。在招生和管理上，中文学位留学生招生以及住宿、签证、报到手续等都由学校留学生管理部门负责，法学院主要负责教学管理。从中文学位留学生的生源情况看，以往韩国留学生比重偏高，近年来随着“一带一路”倡议的推进以及同欧美院校国际交流的拓展，中文学位留学生来源国更加多元化。

中国法（Chinese law）硕士学位项目留学生。该项目是全英文的硕士学位项目，学生全过程培养都用英文完成。伴随着中国经济的快速发展和日益提升的国际影响力，与中国有商业、文化、学术和政治经济交流需求的国际学生和法律执业者日益增多，掌握中国法已成为从事相关职业的必备专业技能。为满足这种需要，经教育部批准，人大法学院自2010年起在法学一级学科目录下增设“中国法”自设二级学科，并创设“Chinese law”全英文硕士学位项目，面向全球招生。该项目学制两年，共4个学期，9月开学，第二年7月毕业。第一学年是课堂学习，需修习培养方案规定的学分数，第二年是论文写作和法律实习。为将中国硕士项目学制和国外LLM项目修读年限相衔接，中国法硕士项目第二年的论文写作和法律实习有一定灵活性，留学生既可以回到本国，也可以留在中国进行法律实习。留学生如提出需要学院协助安排实习，人大法学院会联系学院实习基地单位，为其提供律所和法律机构的实习机会。完成两年的培养并经过严格的论文答辩后，学生获得中国教育部正式认可的法学硕士学位。该项目经过7年运营，在海外已获得一定知名度和良好口碑，近年来招生人数逐年递增，且生源质量不断提高，开始吸引到不少国际名校如牛津大学等的毕业生前来申请。

“亚洲校园”项目留学生。这一项目全称为“亚洲大学生集体行动交流计划”（Collective Action of Mobility Program of University Students）。

这是由中、日、韩三国政府主导实施,旨在促进中日韩三国大学交流与合作,尤其是学生流动的政府项目。该项目按不同学科分类申请,作为法律领域中的唯一合作项目,中日韩6所著名法学院校⑥联合向三国政府申请并获批了"培养东亚地区具有法律、政治理念共识,能够推动东亚共同体法制形成与发展的人才"项目,简称亚洲校园项目。该项目培养目标是希望能够在基础研究、信息分享以及形成共同法律理念方面,为东亚共通法奠定基础。"亚洲校园"项目以英文作为共同语言。三国6所伙伴院校联合成立工作委员会,每年定期在三国轮流开会,商定各国都需要为交换学生开设的共通课程,以及每年互派的交换名额、交换学生遴选标准并评估项目的执行情况。项目由中、日、韩三国合作院校每年各自遴选出相同数量的交换学生,⑦在三国间互派,学生在每国交换时间为一年,每一国的学生派往其他两国,同时也接收其他两国派来的交换学生。全英文共通课主要介绍亚洲比较政治、历史文化与法律,除了共通课以外,各国还可以给交换学生开设特色英文课程。考虑到语言能力、学分衔接等因素,交换学生限定为二年级以上本科生和研究生。亚洲校园项目从2012年正式开始执行以来,第一期五年计划已顺利结束,经中日韩三国政府评估认定效果良好,目前已开始执行第二期亚洲校园计划。

暑期班留学生。这是国外学生利用其暑期来人大法学院进行中国法短期学习的全英文项目。从1998年开始,中国人民大学法学院与美国印第安纳大学开始联合举办针对美国学生的中国法律暑期班,到2018年为止,该暑期班已经连续举办了20届。美国印第安纳大学作为该项目的美方负责院校,负责招收美国学生在每年的暑期(对应国内春季学期的5月份)来人大法学院进行为期一个月的中国法短期学习,人大法学院安排本院资深教授用英文讲授中国法律概况,美国学生在中国的学习能够获得美国ABA(美国律师学会)的学分认可。该暑期班自开班20年以来在美

---

⑥ 日方为名古屋大学,韩方为成钧馆大学、首尔国立大学,中方为中国人民大学、清华大学、上海交通大学共6所。

⑦ 中方的合作院校有三所,所以派出和接收名额与日、韩方商定后,需由三所中方院校内部进行协商与分配。人大法学院因为是中方牵头院校,每年派出与接收亚洲校园的留学生数量都多于其他两所中方合作院校。

国已有良好声誉,生源稳定,每年来院学习的美国学生在30人左右。由于课程效果良好,从2014年开始,也有美国明尼苏达大学学生加入到该暑期班中,暑期班学生规模进一步扩大。近年来,人大法学院又陆续与合作伙伴院校开办了不同学科内容的法律暑期班,如人大法学院与法国艾克斯—马赛大学合办的中国税法暑期班、与英国牛津大学合办的公法暑期班等。这些暑期班大多是利用国外学生的暑期举行,招收合作伙伴院校的学生,用当国语言或英语或法语进行讲授。除课堂讲授外,人大法学院注重学生对法律实践活动的体验,还会在暑期班期间安排外国学生到法院、律所、检察院等进行参观与实践活动,学生还可以到基层法院旁听庭审。

院际其他交换项目留学生。人大法学院与五大洲多所法律院校签署有院际合作协议,院际合作协议中一般都有关于学生交换的内容。按照院际协议,每个学期都有数量不等的院际交换生来华,交换生通常来院学习半年或一年。人大法学院开放学院全部英文课程给交换生自由选择,院际交换生的中文语言课则和学校其他学院的留学生合上。交换生每学期数量虽然略有差别,但从2010年至今的统计数据来看,平均每学期大概在20名。交换生全部源于与人大法学院签署有院际交换协议的学校,学生地域分布广泛,以英语作为唯一的学习与生活语言。交换生的住宿和签证手续由法学院外事部门向学校申请并协助办理,学院外事主管担任院际交换生的班主任,⑧负责安排其选课、出具学分认可文件以及其他相关事务。

二、人大法学院发展留学教育的探索与实践

人大法学院高度重视来华留学教育,把发展留学教育作为提升法学学科国际性的重要内容。在国家对外开放一系列利好政策推动下,抓住

---

⑧ 交换生因为来院时间相对较短,一般是开放课程给其自由选择,其学习、生活和后勤事务由学院外事部门统一管理。

新的发展机遇积极探索与实践,积累了一些具体经验。

(一)留学生分层分类培养

随着来华留学教育的不断发展,留学生群体出现更多类型化的细分。除了前述来院的五类留学生外,留学生的分类还有学历生与非学历生、普通进修生与高级进修生、院级留学生和校级留学生、中文留学生与英文留学生、普通进修生与项目进修生等不同分类,每种分类都对应有一些培养上的具体需求。针对这种情况,统合考虑管理投入以及培养效果,人大法学院对留学生实行分层分类的培养模式。

具体来说,学院首先将留学生按学历生和非学历生进行第一层次的区分。学历生在招生、入学、选课、答辩等环节都须满足相应学位授予的既有规定,需要经过修读学历层次的全过程学习,这部分学生包括中文学位留学生和全英文硕士项目留学生,学院在培养上都采用与中国学生同步模式,同步培养环节和流程,同步答辩要求和毕业事项等;非学历生进修时间短,一般为半年或一年,学院会根据情况编为特殊班级,或者由学院直接进行个体管理,不以进行法律系统知识的学习为培养重点,而是更多注重学生个体对中国法概况、法律程序等的体验和感受,如对于暑期班留学生、亚洲校园留学生,学院在培养目标和培养方式上与学历生就有明显不同,法律实践和实习的比重加大,课程难度降低,课程重点调整等。在第一层次的培养模式框架下,在学历生中进行中文学位与英文学位的第二层次区分,中文学位留学生录取时需要有一定的中文语言能力,修读课程与中国学生一样,注重对其系统知识学习以及法律思维能力的培养,适用于中国传统教学模式;英文学位留学生修读课程大部分都是根据培养目标专设的课程,教学中吸纳了部分欧美教学模式,以提高学生对课堂学习的适应度。在非学历生中按院级交换项目、亚洲校园项目、暑期班项目等不同项目要求进行第二层次的分类,项目留学生在培养目标和修读课程等方面比普通进修生有更具体的要求,学院据此制定不同培养方案并分类管理。随着院际合作内容的不断拓展,新的项目进修生类型不断出现,目前的这种分类培养模式层次较为清晰,便于操作,还能够给予新的项目类型一定成长空间。

(二)留学生管理统分结合

国内高校对留学生的管理一般有三种做法:第一种是留学生管理有单独体系,特设留学生管理部门进行专门管理。第二种是将来华留学生纳入现有教务、团学、后勤等原有管理体系,为其开发专门的英文系统、配备专业语言才能的管理人员按照同样流程管理。第三种模式是两者的中间模式,学校既设有专门的留学生管理部门,又广泛利用各院系团学、教务和外事管理力量进行辅助管理,学校和学院一般会根据留学生类型进行一些管理上的分工。目前中国人民大学的留学生管理是采用第三种模式,留学生在教学培养、后勤保障、学生活动、文化认同等方面的管理任务由学校和学院层面进行分解。

在法学院层面,留学生管理采用统分结合的方式进行。法学院现有英文留学生的数量和类型都多于中文留学生,英文留学生中只有全英文硕士项目留学生要经历攻读学位的全过程,其他的英文项目进修生、普通进修生、高级进修生、暑期班留学生、亚洲校园留学生等的管理方式虽不完全等同于全英文硕士项目留学生,但也需要进行一些招生管理、课程管理、培养管理和后勤保障管理,这些管理过程与全英文硕士项目留学生的管理过程存在不同程度的交集。根据这种情况,学院对留学生的管理采用统分结合的办法,学院主要依托全英文项目的管理资源,再按照不同类型留学生的特殊培养目标和需求,进行一定管理资源的补充和调整。如在课程管理上,全英文硕士项目的英文课程有22门,这是全院英文课程体系的主体,其中包括专业必修课与专业选修课,专业选修课每个学期具体开设哪几门课程,学院需要结合培养方案和学生选课情况来确定。学院将留学生的课程管理统一交由全英文硕士项目管理部门负责,开放给全院英文留学生自主选择,遇到院级交换生较多学期或者某些项目留学生对课程开设有特殊要求,全英文硕士项目课程管理部门就在全院范围统筹考虑英文选修课的开设。全英文硕士项目管理团队还负责组织每年学院全体留学生的入学教育周和圣诞联欢活动,负责协助所有留学生签证、报到、住宿等的手续办理,遇到留学生管理上的一些共同问题还负责协调解决。除了一定程度的统合管理外,针对不同项目留学生的特殊问题,学院外事和教务部门协作进行分类管理。目前这种统分管理模式运转情况良好,其对学院管理资源的利用较为充分,也较好关注到不同类型留学生的具体需求。

(三)师资队伍建设兼顾发展留学教育需求

发展法学留学教育对师资在语言能力、专业知识、跨文化交流能力上都有更高要求。目前人大法学院全英文项目的目标群体主要是以英语作为唯一学习语言的留学生,学生或来自英语母语国家,或英文水平好于中文水平。“中国法”硕士学位项目,要用英文向外国留学生讲授中国法律。在该项目师资的安排上,引进的外籍教师因不了解中国法律,不能承担课程的讲授;海外博士学位获得者需要有一定的国内法学教育背景,否则胜任中国法项目的师资也有难度;而国内博士学位师资,直接用英文授课的能力整体上有所欠缺。针对这种情况,人大法学院在引进师资时注重对外语能力的考察,要求新引进青年教师要具备可以用外语授课的能力,对海外博士学位获得者关注其国内法学学科背景,这样就将师资队伍建设与发展留学教育的需求有机结合起来。近年来,随着“一带一路”倡议的推进,“一带一路”沿线国家来华修读法律的留学生人数逐年递增。“一带一路”沿线64国共78种官方语言,其中现代标准阿拉伯语使用最为广泛,是包括阿联酋、阿曼、科威特、沙特阿拉伯、以色列等14个国家的官方语言,其次为英语,再次为俄语,最后是马来语。从未来法学留学教育的发展需求来看,小语种语言与专业能力相结合的师资人才也是师资引进和培养的重点之一。

(四)建设全英文课程体系

人大法学院高度重视英文课程体系建设,目前全院开设的全英文课程共有36门,分别是中国司法制度和经典案例分析 Chinese Judicial System and Case Analysis、中国刑事诉讼法 Chinese Criminal Procedure Law、中国合同法 Chinese Contract Law、中国法导论 Introduction to Chinese Law、中国劳动法 Chinese Labor Law、中国民商事纠纷解决机制 Chinese Civil& Commercial Dispute Resolution、中国商法 Business Law、中国反腐败与企业刑事风险防范 China's Anti-corruption & Enterprise Criminal Risk

Prevention、中国社会保障法 Chinese Social Security Law、现代中国法治与宪法实施 Rule of Law and Constitutionlism in Modern China、中国政治 Chinese Politics、中国知识产权法 Chinese IP Law、中国物权法 Chinese Property Law、东亚比较法 Comparative Legal Study in East Asia、东亚比较政治 Comparative Politics in East Asia、中国公司与证券法 Chinese Corporate and Security Law、美国法概论 Introduction to American Law、法律英语 Legal English、法治原理 Principles of Rule of Law、美国法概论 Introduction to American Law、外商在华投资环境分析 Foreign Investment Law、比较侵权法 Comparative Tort Law、美国侵权法 American Tort Law、高级法律谈判技巧 Advanced Legal Negotiation、国际商事诉讼 International Business Litigation、国际非诉纠纷解决机制 International ADR、国际商事合同起草与分析 Draft and Analysis of International Business Contracts、青少年犯罪和青少年司法:跨学科视角 Juvenile Delinquency and Juvenile Justice: Interdisciplinary Perspectives、美国著作权法 Copyright X、欧洲人权法院判例分析与研究 Analysis of Cases of European Court of Human Rights、国际人权法 International Human Rights Law、英格兰和香港特别行政区法律制度入门 Introduction to the Legal Systems in Hong Kong and UK、衡平法与信托法 Equity and Trust Law、英格兰和美国合同法导论 Introduction to the Contract Law in UK and US。这些课程中大部分是全英文硕士项目专业必修课和选修课课程,还有部分课程是亚洲校园项目共通课课程,以及学院外籍教师面向全院学生开设的全英文课程。全英文硕士项目和亚洲校园的英文课程开放给英文留学生自行选择,外籍教师开设的英文课程开放给全院中国学生和中文留学生自行选择。

(五)编纂出版全英文中国法教材

人大法学院开展有规模的留学教育的时间较早,从 1998 年美国暑期班开始,到 2010 年后的全英文硕士项目、亚洲校园项目等,在对外国学生讲授中国法过程中,学院教师自行编纂了英文讲义,这些讲义每年都会由任课教师进行修订,并提前印制发放给学生,作为学生学习的参考。经过 10 多年的积累,主要的法学二级学科基本上都有较为成熟的英文课程讲义。从2013年开始,人大法学院启动了英文教材编纂出版工作,计划每年出版2本左右的中国法英文教材。英文教材除全部要求用英文写就外,因为针对的学生群体不同,在内容取舍、讲解重点等方面都与中文教材有很大不同,并非中文教材的简单翻译,而是对法学不同学科门类重要知识点、中国法学前沿理论的重新梳理与表述,这对教材编写的教师提出了很高要求。目前由人大法学院老师撰写出版的英文教材共5部,分别是*Introduction to Chinese Law*:*Based on Data Analysis*,*Chinese Business Law*,*Labor Law and Social Security Law of China*,*Legal Protection for Persons with Disabilities in China*:*A Guidebook*,*Environmental Law*。其他英文教材正在按计划编纂中。除英文教材外,人大法学院还将学院的全英文杂志《中国法学前沿》(*Frontiers of Law in China*)等作为教学参考资料的一部分,提供给全部留学生使用。

(六)配置专业高效的留学生管理队伍

留学生管理工作具有特殊性和复杂性,需要一支专业高效的管理队伍来完成日常的服务保障以及突发事件处理。管理人员需要具有专业的外语能力,跨文化交流经验,以及外事工作的敏感度,能够将留学生群体发生的各种安全事故、突发事件防患于未然。留学生的归口管理部门较多,涉及校内和校外两大方面的协作,对管理队伍在协作能力和协调效率方面的要求较高。从人大法学院的情况看,留学生管理需要在校内各部门包括教务处、学生处、保卫处、留学生管理办公室、研究生院之间进行协调,而且还需要同学校当地出入境管理部门、派出所等进行对接。为满足这种协同管理的需要,人大法学院从法学院硕士毕业生中遴选了一支高素质的管理队伍,管理人员不仅具备良好的外语能力和法学基础,还有丰富的外事活动组织经验。目前全英文硕士项目有专人管理,另有一名外事主管负责亚洲校园工作,一名负责交换生管理。学院还有学生外事志愿服务团队,外事志愿服务团队协助学院外事管理部门处理部分留学生事务,并和留学生结成互助对子,进行语言互助学习和生活协助。

三、发展来华留学生法学教育的几点思考

人大法学院近年来不断探索，逐步建立了自己的留学生培养模式，这其中积累了一些有益经验，但由于留学生培养是摸着石头过河，整体上缺乏一些培养管理上的统筹设计和长远规划，与当下“双一流”建设目标的学科建设、队伍建设、国际性提升的协同性不够，留学教育的未来发展也面临一些困境，需要做一些适时的调整。面对新时代国内国外环境的变化和挑战，法学院校需要进一步探索，评估发展留学教育的先天优势与不足，树立明确且具有前瞻性的人才培养目标，采取各种有效措施推进留学教育的发展，使其与学科建设目标有机结合并和谐发展。来华留学生法学教育的未来发展，需要重点关注以下方面。

（一）以人才培养质量为核心，统筹兼顾留学教育的基础、规模与结构，确定留学生法学教育的发展目标和规划

全国目前有630余所法律院校，这些法律院校发展留学教育的基础、留学生规模与结构都不尽相同。从全国来看，虽然修读法律的留学生人数总体在增加，学历生对中国法律知识系统掌握和自如运用的需求迫切，留学生人才培养质量要求较以往大为提高，但不同法律院校发展来华留学教育的路径还是应有所区别。来华留学教育发展较早、学科基础实力雄厚、教育水平较高的重点法学院校，可以将吸引全球范围内质量一流的生源，培养世界舞台上国际争端的解决者和推动人类和平发展事业的领导者作为发展来华留学教育的目标，注重提高留学生教育的学历层次，重点培养博士生和硕士生。定位于这种发展目标的院校，学校层面宜统筹制定留学教育的发展目标和规划，完善招生政策以吸引到最优质生源、严格招录流程并提供完善配套的管理服务；院系层面则成为来华留学生的招生培养管理主体，具体负责培养工作，并在各个培养环节配备专业的留学生管理人员，和中国学生一样进行趋同化管理。而留学生教育起步相对较晚、学科基础实力相对较弱的普通高校和民办高校，可以确定分阶段

的发展目标,如有特色优势二级学科,可以依托该学科优势重点发展非学历层次教育或本科学历教育,可以设计一些短期国际学生培训项目,以扩展学校的国际影响力,同时兼顾一定的经济效益。这种定位下的留学生管理可以采用专门部门统筹管理的模式,留学生培养和管理特事特办,等到摸索出一定经验后,再实行与中国学生的趋同化管理。

(二)以英文学历项目为拓展重点,建设富有针对性的留学生英文法学课程体系,推动高校法学课程体系改革

由于语言便利,越来越多的来华留学生选择攻读英文学历项目。法学英文学历项目目前多为硕士项目。与一些国家的专业设置有关,不少留学生攻读中国的全英文法学硕士项目之前,没有任何法律基础。根据这种情况,在培养方案上,全英文法学硕士项目需要按照学习规律来设计科学合理的全英文法学课程体系,这种课程体系里,一是有分层的课程,既要有中国法知识体系的清楚介绍,又要有符合硕士培养规律的一些纵深课程。简单一些的知识性课程,希望了解一些法律知识的其他专业留学生也可以选修。近年来,在人大法学院全英文硕士项目班级中,每学期都有1/3的学生是来自商学院、财政金融学院、国际关系学院等的留学生。除了知识介绍以外的核心专业课程,主要针对攻读法学学位并有一定法学基础的留学生,这些专业课更为注重知识的系统性和纵深拓展。二是有对法律实践的高度关注,课程体系里设计有大量实践课和实习环节。由于留学生的语言和专业能力与中国学生相比存在一定差距,到社会单位的实习实践存在一定困难,高校应在课程体系中引入大量的实践课、诊所课,同时鼓励实务部门参与留学生培养,主动为留学生争取更多实习实践机会,以提高留学生的培养质量。这样通过建设全英文法学硕士项目,搭建起英文课程体系的主体,在此基础上,增加一些特色英文课程和外教开设针对中国学生的英文课程,从而建立起富有高校自身特色的法学英文课程体系。

(三)关注发展留学教育的特殊需求,将留学教育与学校学科建设、队伍建设以及国际性提升目标有机结合

在新时代背景下,法学院校发展来华留学教育的目标与学校的学科建设、队伍建设以及国际性提升的总体目标应该是一致的，但由于留学教育自身的特点，发展来华留学教育需要法学院校进行更有针对性的精细考量，提供一些更为具体的支持。如在师资队伍方面，考虑到来华留学生在语言能力、文化认同、知识背景等方面的个性差异，要强调教学过程中的人文关怀与因人施教教育理念，尽可能为留学生配备一对一的指导教师，提供有针对性的学术指导、咨询与答疑。目前在高校留学生管理中，中文硕士与博士学位留学生已有一对一导师，但进修生与英文学位项目留学生的导师配备还不充分，特别是短期进修生的导师安排，大多数高校在制度上未有规定。事实上来华短期进修生数量大，既是潜在学位生生源，又是知华、友华的重要力量。高校应高度重视这一部分学生的培养，重点鼓励具有国际化视野、国际交往能力和专业水平高的优秀导师指导国际学生，并参与到国际学生教育全过程中。在国际性提升方面，要关注来华留学生的地域分布，通过提升留学项目质量和加大招生宣传力度，增加“一带一路”沿线国家、欧美国家留学生比例，特别是学历生比例，通过留学生的良好口碑，逐渐形成有国际影响力的留学项目品牌。

（四）加强留学生管理队伍建设，建立便捷高效的数据信息系统

管理与服务人员配备直接影响学校留学生管理水平与服务质量。高校应采取各种措施，建立一支具有国际化管理能力和视野的行政管理团队，覆盖学校各个职能部门，增强留学生管理工作中的协作，提高留学生教育管理效率与服务水平。院系层面应配备责任心强、英语水平较高、熟悉培养环节的管理人员负责留学生管理。高校还应充分重视信息化建设工作，招生报名、选课与成绩系统等都应实现双语化，建立一站式招生报名系统，系统设计应全面考虑学校、院系、学生之间的角色定位，对信息发布、考生报名、院系复试、学校录取和奖学金评审等步骤进行统筹规划，有条件的法学院校还应为留学生提供便捷的法律知识和法律案例检索系统或者案例库，通过加快信息化建设实现留学生教育的规范管理和便捷服务。

Legal Education for Foreign Students in China —Taking the Law School of Renmin University as an Example

Hong Qiao

Abstract: In recent years, promoting the internationalization of higher education and developing education for overseas students have become important national strategies. The Law School of Renmin University of China actively explores and practices and has accumulated some useful experience in the legal education of foreign students coming to China. The author contends that in the face of the opportunities and challenges brought about by changes in the international and domestic environment in the new era. Domestic law schools need further exploration. They should organically integrate the development of legal education for overseas students with the goals of university construction, and promote the harmonious development of college curriculum system construction, personnel training reform, and international promotion.

Key Words: education for international students, assimilation, curriculum system

基于赛义德理论视角的巴基斯坦留学生在我国高校就读经历研究*

田　美　John Lowe**

摘　要:本研究探讨巴基斯坦籍留学生在我国的跨文化教育经历及对这种经历的解读。研究邀请我国中部某大学本科英文授课医学专业9名巴基斯坦学生参与访谈。基于赛义德的东方主义,分析并揭示了巴基斯坦受访留学生与我国高校师生员工的跨文化接触没能有效地降低他们对中国文化刻板认知的原因。

关键词:巴基斯坦学生　跨文化经历　赛义德

一、前言

目前,在世界范围内约有450万名学生跨国境求

---

* 基金项目:本文是教育部人文社会科学青年基金项目“在华本科留学生就读经历满意度及影响因素研究”(15YJC880078)的阶段性成果。

** 田美,西安交通大学外国语学院教授,博士。研究方向:跨文化与语言教育;John Lowe,宁波诺丁汉大学教育学院副教授,博士。研究方向:高等教育国际化。

学。[①] 这些学生的经历吸引了国外广泛的研究兴趣。有许多研究有助于我们理解在跨文化学习的早期阶段国际留学生面对的困难和挑战[②③④⑤⑥]。国外研究文献报道的留学生早期跨文化的主要困难包括课程学习、社会交往和歧视、语言和沟通,个人心理、情感和认同建构等[⑦⑧⑨⑩⑪⑫]。先前的研究也强调了文化定势观念的危险,指出国际留学

① OECD. Education indicators in focus. http://www. oecd. org/education/ skills-beyond-school/EDIF%202013—N14%20(eng) - Final. pdf. [2016 - 5 - 16].

② Zhou Yue Fang, Jindal-Snape Divya、Topping Keith、Todman John, "Theoretical models of culture shock and adaptation in international students in higher education", *Studies in Higher Education*, 33(1)2008, pp. 63 - 75.

③ Tian Mei, Lowe John, "Intercultural experience in English universities: A case study of Chinese students. In F. Maringe and N. Foskett(eds.)". *Globalisation and Internationalisation in Higher Education*, London: Continuum, 2010, pp. 291 - 305.

④ Tian Mei, Lowe John, "Existentialist internationalisation and the Chinese students experience in English universities", *Compare*, 39(5)2009, pp. 659 - 676.

⑤ Tian Mei, Lowe John, "The Role of feedback in cross-cultural learning: A case study of Chinese taught postgraduate students in a UK university", *Assessment and Evaluation in Higher Education*, 38(5)2013, pp. 580 - 598.

⑥ Turner Yvonne, Robson Sue, *Internationalizing the University*, London: Continuum, 2008.

⑦ Andrade Maureen, "International students in English-speaking universities: Adjustment factors", *Journal of Research in International education*, 5(2)2006, pp. 131 - 154.

⑧ Morita Naoko, "Negotiating participation and identity in second language academic communities", *Tesol Quarterly*, 38(4)2004, pp. 573 - 603.

⑨ Brown Lorraine, Jones Ian, "Encounters with racism and the international student experience", *Studies in Higher Education*, 38(7)2013, pp. 1004 - 1019.

⑩ Sawir Erlenawati, Marginson Simon, Deumert Ana, Nyland Chris, Ramir Gaby, "Loneliness and international students: An Australian study", *Journal of Studies in International Education*, 12(2)2008, pp. 148 - 180.

⑪ Brown Lorraine, "The incidence of study-related stress in international students in the initial stage of the international sojourn", *Journal of Studies in International Education*, 12(1) 2008, pp. 5 - 28.

⑫ Brown Lorraine, Holloway Immy, "The initial stage of the international sojourn: excitement or culture shock?", *British Journal of Guidance and Counselling*, 36 (1) 2008, pp. 33 - 49.

生的学术、社会和文化适应是复杂及非线性的。[13]

值得注意的是,国外研究文献主要针对在发达国家高校的国际留学生群体,对于在中国等"新兴留学目的国"就读的学历留学生经历探讨很少。近年来,随着来华留学生人数的增多及其构成的多样化发展,开始出现一些来华留学生就读经历的研究文献,它们报告了来华留学生对中国文化和社会了解不足、留学初期面对跨文化挑战、欠缺中文语言能力与归属感、对我国教育满意度偏低等问题[14][15][16],以及因语言、文化、宗教和学术差异导致的跨文化压力,我国教师教学中的英语语言问题,高校支持的欠缺,留学生与当地社会的有限互动和交流等问题[17][18][19]。

本研究报告中一项对就读于我国某高校医学本科专业的一年级巴基斯坦留学生经历的访谈发现,巴基斯坦留学生是就读于这一本科课程的主要留学生群体,因此与其他国家留学生相比,他们在入学初期可能遭遇更显著的本国文化与中国文化"他者"的碰撞。研究开展当年,就读于我国高校的巴基斯坦留学生中95%的学生选择学习学位课程,远高于同期我国学位留学生占留学生总数40%的比例。[20] 聚焦于巴基斯坦留学生的经历,对于理解来华学位留学生的学习期望与就读经历,提升来华学位留

---

⑬ See Rienties Bart, Beausaert Simon, Grohnert Therese, Niemantsverdriet Susan, Kommers Piet, "Understanding academic performance of international students: The role of ethnicity, academic and social integration", *Higher Education*, 63(6)2012, pp. 685 – 700.

⑭ See Haugen Heidi, "China's recruitment of African university students: Policy efficacy and unintended outcomes", *Globalisation, Societies and Education*, 11(3)2013, pp. 315 – 334.

⑮ See Larbi Frank Okai, Fu Wangqian, "Practices and challenges of internationalization of higher education in China: international students' perspective: A case study of Beijing Normal University", *International Journal of Comparative Education and Development*, 19(2/3)2017, pp. 78 – 96.

⑯ Tian Mei, John Lowe, "Intercultural identity and intercultural experiences of American students in China", *Journal of Studies in International Education*, 18(3)2014, pp. 281 – 297.

⑰ 参见Muhamma Zahid、梁雪梅、刘可智:《中国某高校留学生跨文化适应压力及其心理因素》,载《四川精神卫生》2014年第2期。

⑱ 参见陈懿、唐标、严暄暄、文菊华:《对巴基斯坦留学生英语教学的粗浅体会》,载《湖南中医药大学学报》2010年第2期。

⑲ 参见张月娟、龙玲、刘锐:《巴基斯坦医学留学生跨文化适应研究》,载《中华医学教育探索杂志》2012年第9期。

⑳ 参见教育部:《2010来华留学生简明统计》,北京年鉴社2011年版。

学生的比例具有重要意义。

二、理论框架

本文从赛义德"东方主义"理论角度探讨研究对象与文化"他者"的交流经历[21][22]。"东方主义"作为分析工具，帮助我们深入对巴基斯坦学生定义自我/"内部"文化属群，在日常生活中建构"实质性的"、文化他者过程的理解。这个过程对本文所观察的参与者群体非常重要，帮助他们应对所遭遇的文化"错位"，在课程学习中重塑自我；然而这一手段可能导致负面后果，加深自我与他者隔膜。

赛义德的"东方主义"通过刻画西方如何霸权地建构其与作为劣等东方"他者"的过程而使其影响力超出原有的范畴。[23] 根据赛义德在1985年发表的"东方主义再思"一文，[24]东方主义是指殖民时代"西方"对"东方"的刻板定义，表现为一系列文字、图像、故事和幻想的集合，这样的集合将西方与东方截然区分，导致文化定势，使东方成为浪漫、异国情调的存在、伟大的回忆和景观。东方主义并非中性话语，它反映了以统治和霸权为特征的殖民时期的东西关系，其时，西方具有定义所谓"东方现实"的权力和权威，即"如果东方能代表本身，它会；因为它不能，对西方和对没有更好办法的可怜的东方来说，这种代表就非常必要了"。[25]

东方主义深化了我们对"实质主义"的思考。根据 Buciek 的定义，"实质主义"是指一种信念，即"事物和现象有一个真实的、真正的核心或本质，连续性和确定的定义现象的能力"。[26] 强的实质主义假设个人或社

㉑ Said Edward, *Orientalism*, London: Routledge and Kegan Paul, 1978.

㉒ Said Edward, "Orientalism reconsidered", *Race & Class*, 27(2)1985, pp. 1 – 15.

㉓ 同注21。

㉔ 同注22。

㉕ 同注21，第21页。

㉖ Buciek Keld、Postcolonial reason: "on writing postcolonial geographies", *Nordisk Samhällsgeografisk Tidskrift*, 2003, pp. 45 – 64.

会群体可以持续以恒定固有的刻板印象定义。东方主义本质上是一种强的实质主义:“西方”无视“东方”涵盖的诸多国家与文化,简化表现东方并割裂东方与西方,通过刻画劣等的“东方”构建了与东方完全不同的优等的“西方”。值得注意的是,东方主义在实质化“东方”的同时,事实上也实质化了“西方”。在今天,东方主义描绘的“他者化”过程已经被用来广义地理解文化“他者”如何被定义、创造、实质化,以及这一过程如何同时定义、实质化“他者”的对立面,即文化属群的“内部人”“我们”。

三、研究设计

本研究在访谈基础上,对我国中部一所重点大学(以下简称 CU)就读的一年级巴基斯坦籍学位留学生的教育经历及其对这种经历的解读。在 2011 年,CU 采用英文授课的医学本科课程吸引了来自不同国家的 118 名新生,其中巴基斯坦新生 70 余名。本研究成功邀请了 7 名一年级巴基斯坦留学生参与研究,通过半结构访谈分析这组学生与我国师生及当地居民的接触与交流,以及这种交流对他们理解我国社会与文化的影响。同时邀请了 2 名四年级巴基斯坦留学生,对他们进行了访谈,以便了解这些同一文化群体内更有经验的留学生在初来乍到时作为“新手”进行文化适应所扮演的角色。访谈根据学生要求,采用个人或小组形式,用英语进行;每次访谈持续 90 分钟到 120 分钟,全程录音,并由英语为母语者全文转录。对访谈资料采用定性分析方法,以主题形式加以分类和分析。本研究涉及的访谈摘录由专业人士翻译为中文。下文使用 P 指代巴基斯坦籍受访学位留学生。

四、研究发现

(一)来我国学习的原因

参与本研究的巴基斯坦留学生来我国求学的主要原因是获得学位、

满足自己的职业理想。他们对中国的兴趣几乎完全是务实的。选择CU留学主要是因为CU的医学本科学位受到巴基斯坦医疗和牙医理事会的认可。另外,CU在巴基斯坦也享有很高的声誉:

“很多巴基斯坦名医,他们的孩子都在这里学习……他们告诉我的父亲,‘这是一个非常好的大学。我的儿子在那里学习’。那么,为什么不去?”(P7)

P7还强调了低廉的学费,这一点对他的父母尤其重要:“(到)中国(留学)比很多地方便宜。”

入学申请时,参与本研究的巴基斯坦留学生普遍对中国社会、中国文化了解不足,也很少考虑可能的适应困难。他们对留学生活的预期,往往基于本国媒体的宣传,其中不乏误导:

“我预期非常低。我认为中国……看起来很穷,一点也不发达。”(P3)

“我了解得很少。我的第一个预期是,这里会有很多人,在街上练功夫、跳来跳去的。这就是我那个时候对中国的印象。”(P2)

(二)与教师的接触

参与本研究的巴基斯坦留学生就读的本科专业课程由中国老师以英语讲授。在课程初期,他们对于英语授课质量并不满意。一方面他们认为老师们“知识渊博”,另一方面普遍抱怨:“老师不能和我们进行良好的沟通,不能有效地把知识传授给我们”。(P2)参与本研究的留学生认为大多数中国教师的英语水平差强人意:“我们的大多数老师,我也许可以说有百分之八十左右,他们的英语是非常非常差的”。(P6)因此,课堂教学缺乏互动,教师只是简单地重复幻灯片内容,缺乏进一步的解释或说明:

“老师像电脑,他们只是教……只是阅读幻灯片……如果你问个问题,他们可能听不懂,有时候他们可能尝试了,还是不能(很好地)解释。”(P4)

课后,有巴基斯坦学生试着找老师答疑,却发现并非所有的教师都乐于与他们沟通:

“老师可能真没时间，他们会说：‘好吧，课后。’课后去找他，他会说，‘对不起，我现在没时间，我得走了，下次吧。’”（P6）

这些学生还发现班上的华裔学生似乎受到优待，他们和教师的沟通显然容易很多：

“他们和老师讲中文，我们永远不知道他们和老师究竟说什么，这很不公平。”（P3）

教学以外，在CU，教师还承担着科研任务，医学院的教师还可能要参与一线的医疗工作。教师学术工作的压力加上英语语言不足，可能解释了巴基斯坦留学生提到的沟通困难和老师对华裔学生的“偏爱”。以上访谈片段还说明，即便老师在课余时间与华裔学生进行短暂的汉语交流，也可能导致汉语不是母语学生的疑虑，甚至由此感到的社会排斥：

“老师们更喜欢华裔学生。华裔学生在这里受到优待……”（P3）

（三）与行政及后勤管理人员的接触

在CU，留学生们还经常接触行政及后勤管理人员，因为并不具体了解教辅、后勤与其他行政管理人员的职责划分，他们统一称学校员工为“（坐）办公室的人”。这些人职责广泛，包括从留学生日常纪律管理、课外活动组织、签证办理，到住宿调配、宿舍维修、水电、网络安装等各种工作；他们提供的信息直接关系到留学生的日常学习和生活，对新来的留学生在课程开始初期适应新的学习与文化环境起着至关重要的作用。

在访谈中，留学生提到了种种宿舍问题，如厕所漏水、地毯陈旧、单人间不足、网速慢等。访谈发现引起学生抱怨往往不是问题本身，而是与管理人员沟通解决问题的困难。除了语言障碍外，缺乏明确、完善的可以遵循的规章制度，或者缺乏对这些规章制度的合理解释，往往让这些初来乍到的留学生无所适从。如一名女留学生说：

“……我真不知道他们为什么不给我换宿舍，因为另一些女孩子就换了宿舍。明明还有空房间，他们就是不给你。”（P3）

缺乏有效解释的还包括对于宗教活动的规范，后者可能导致巴基斯坦籍穆斯林留学生的误读：

“……大概90%的巴基斯坦学生都是穆斯林，对吧？他们每天需要

祈祷五次……我们的宿舍楼里有空大厅。他们知道我们需要地方祈祷,但他们不给我们那个地方。"(P6)

在巴基斯坦,板球是深受当地人热爱的体育活动。但CU出于场地和安全的考虑禁止板球运动。访谈中,留学生用"第二宗教"来形容这项运动,校方可能没有考虑到,缺乏必要的解释,只是简单地禁止这项运动,可能被这些留学生们解读为对于他们文化传统的不尊重、不包容。以下访谈摘要显示了留学生们感知的伤害是如何导致"我们"(巴基斯坦留学生)和"他们"(办公室的人)之间的隔膜的:

"……办公室的老师告诉我们,你们不能在操场上玩板球。我们可以去哪儿玩板球呢?我们真的很有情绪,我不认为这是公平的。"(P7)

如果上述情况可以简单地归因为大学教职工和巴基斯坦留学生之间的误解,下面的案例几乎可以肯定地涉及了排斥性或歧视性的语言:

"我的宿舍有一个问题,我们去办公室……他们怎么说的?他们说'如果你在这不舒服,就回你的家'。这就是他们告诉我们的,这是什么样的回答……"(P7)

"就回你的家"这句话传递给这位巴基斯坦留学生这样的信息:他不应该把大学或中国当作自己即使是暂时性的"家";他不"属于"这个地方。上面这位留学生没有使用单数代词来指代和他对话的具体工作人员;相反,他下意识地用了"他们",认为这是所有"办公室的人"的态度。"他们"和"我们"的划分体现了这位学生所理解的他和大学教工、巴基斯坦留学生和大学管理人员之间不平等的权力关系。这位学生坚持自己被宿舍管理人员"他者化";然而,他没有意识到,他也同时"他者化"了中国大学的教职员工整体。

(四)与中国学生的接触

在CU,留学生不与中国学生混班上课,他们住在单独的留学生公寓,在日常生活中与中国学生交流的机会并不多。在访谈中留学生坦言和中国学生的交流有限,语言障碍是首要原因:

"一次一个当地回民女孩想和我们聊天……可能因为我们都是穆斯林,所以她想跟我们聊天。可是她不懂英文,这是一个障碍,最后放弃

了。”(P6)

在访谈进行时,巴基斯坦留学生是CU最大的留学生群体;本国留学生群体为巴基斯坦新生提供了在新环境生活的基本信息、满足了他们基本的社交需求,但同时也大大降低了新生们和本国留学生群体以外的人群进行跨文化交流的动力:

“我们自己也有问题。每个人都有自己的群体。我们一起出去玩;我们不怎么跟别人玩。”(P4)

在留学初期,面对跨文化适应压力,本国留学生提供了重要的情感支持。需要注意的是,这种文化群体内部的情感支持可能深化巴基斯坦留学生所建构的文化群体“内部人”和“外部人”、“我们”和“他们”的区别:

“我们觉得没有其他人帮助我们。在这里只有我们,我们拥有彼此。我们没有家人,没有朋友。我们觉得我们和其他人隔离了。我们和其他国家和地区的留学生、中国学生之间没有互动。我不知道为什么。”(P8)

(五)与当地居民的接触

在校外,留学生们对CU所在城市居民有整体积极的印象。参与本研究的四年级巴基斯坦留学生特别强调,在他就读的四年里,从来没有经历过当地居民对穆斯林的歧视。一位留学生说:“很好的。在大多数情况下,一般来说中国人都非常好,乐于帮助我们,非常友好。”(P4)

然而,参与本研究的留学生与中国当地居民总体接触不多,一般局限在日常生活购物、讨价还价、乘坐出租车等。缺乏对校外社会的融入,留学生们普遍感到非常孤独,例如:

“我坐下来,我祈祷:‘请让时间过去’。我看电影、上网,直到我觉得无聊、学习、和我父母聊天,去别人的房间转转。”(P3)

对留学新生而言,这种无法融入校外社会的经历往往激发了他们的不安全感,这可能进一步加强了巴基斯坦留学生对于当地居民“他者”的刻板认知,妨碍了留学生与当地居民建立可能更温暖的、彼此信任的关系:

“你不认识任何人。他们知道你是外国人,他们可以伤害你。他们可以做任何事情。你在这儿,你感觉不安全……当你一个人时,你会担心安

全问题。”(P4)

(六)高年级留学生的影响

在CU医学本科专业中,巴基斯坦学生多年以来一直是最大的留学群体;这意味着巴基斯坦裔大一新生在面对新环境带来的困惑与不确定性时,可以求助于更有经验的、讲乌尔都语的本国高年级学生。我们的访谈发现,巴基斯坦新生从高年级学生那里口耳相传获得的学习和生活“智慧”,帮助他们应对课程学习与跨文化挑战。这些“智慧”为新生课堂行为提供模板,也为理解和参与校内外社会提供可以借鉴的先例:

“大多数时候我们不去找老师,而是去我们高年级同学那儿。因为他们比我们的老师更能理解我们。”(P1)

“他们(高年级学生)刚告诉我,首先,你要去上课。老师会记考勤,记完考勤你就可以走了。你可以自学。”(P6)

高年级学生往往警告新生注意“(坐)办公室的人”,传达了这么一种观点:行政人员不会帮助学生,是无益的:

“他们(高年级学生)说,‘别去办公室。如果遇到问题就自己解决。如果你去办公室,就像黏胶一样被盯上了。他们知道你有问题,就会盯着你,会带来更多麻烦’。”(P6)

P8是高年级学生,以下引言帮助我们理解行政人员与学生间相互的“他者化”认知形成和复制的过程:

“……他们中一些人还好,但是大多数……一般认为如果你是一个留学生,你就会撒谎或者是个骗子。可能这是因为以前的高年级学生……就像有人做了一些事,一些经历,所以……基于这些他们这么想我们。”(P8)

在其他留学生群体的社会化过程中,高年级学生也起到重要作用。但是不同国家群体内传达的文化信息往往有差异,导致了不同国家留学生态度、感知和行为的差异:

“这是因为他们(巴基斯坦)高年级学生不认真上课,说‘好吧,这门课不重要’,这是他们(新生)不来上课的原因,他们不体谅老师……马来西亚的高年级学生会告诉你:‘要上每一节课。如果不去你会后悔的!’你

知道如果高年级学生这么说,你会觉得,okay,我一定要去。”(上同一课程的马来西亚学生)

五、讨论和结论

本研究聚焦于我国中部一所重点大学医学本科专业的巴基斯坦留学生在我国留学期间的经历和他们对经历的解读。这项研究涉及的参与者相对较少,我们因此审慎地避免过度概括研究结果;在数据分析时也尽量关注参与者之间的个体差异。尽管如此,参与本研究的留学生的诸种叙事有着明显的相似性和一致性。因此,我们有信心对巴基斯坦留学生的经历、看法和态度进行一些总体描述;同时,我们也承认差异,即个体学生可能会在一个或多个方面与总体情况不相符合。同时,本文作者所开展的一项更广泛的关于学位留学生经历的研究显示,本研究所概括的部分经历类别也涵盖了非巴基斯坦国际学生,㉗但是巴基斯坦留学生群体的经历有着显著的特点。

我们在此前开展的一项对在我国大学进行短期交换学习的美国学生的探索性研究中,观察到这些留学生逐渐提高的跨文化意识和形成的跨文化认同。㉘ 与之相较,本研究几乎没有发现证据表明,在我国的留学经历帮助巴基斯坦留学生形成了某种跨文化认同。这些留学生在抵达中国时,几乎没有对中国社会和文化的可靠知识;在留学生活早期,除了应付日常生活需求外,也没有表现出对获得更广泛、深入的中国知识的期望。对于此前研究中的美国交流生来说,体验中国是他们留学的主要原因;对于本研究中的巴基斯坦留学生来说,获得本国医学委员会认可的学位是进入 CU 的最重要原因。本研究没有数据显示他们是怀着对中国和中国

㉗ See Tian Mei, Lu, Genshu, “Intercultural learning, adaptation, and personal growth: A longitudinal investigation of international student experiences in China”, *Frontier of Education in China*, 13(1)2018, pp. 56 – 92.

㉘ 参见田美、杨瑞英:《高等教育国际化与“国际化”个人——美国在华留学生经历研究》,载《复旦教育论坛》2012 年第 4 期。

人的敌意抵达中国的,事实上情况恰恰相反——但此后他们经历的与我国学生交友的困难,以及意料之外的、在课程教学中与我国大学教师交流的困难,加深了中外学生、中外师生间的距离。留学生们反映的校园外的中国社会普遍友好,然而他们与当地居民的非正式交流非常有限。

赛义德的东方主义帮助我们思考本研究所观察的跨文化经历是如何导致巴基斯坦留学生“他者化”其他文化群体和对本文化群体“自我他者化”,以及令人惊讶的、“警示性”的内容——学生感知的这种分化在大学社区比在社会上更加强烈。赛义德东方主义的核心是东西方之间的二元不平等,基于优越的“我们”和劣等的“他们”之间的殖民和被殖民关系。东方主义表面上没有描述本研究中所涉及的各方之间的关系,但是赛义德警示我们关注权力与权力的表现形式,以更深入地分析实质化的文化群体各方之间的关系。在本研究中,如果我们试图寻求二元的权力关系,我们可能会关注在权力一极的“大学”,和在另一极的“巴基斯坦留学生”(暂时不考虑其他留学生群体)。能够为留学生提供实现职业规划的学位证书是大学权力最明显的来源;当学生认为不能获得所期望获得的知识和教育服务,或者认为其他国籍的留学生群体获得优待时,他们可能会感觉到威胁。巴基斯坦留学生感知的威胁可能通过本国留学生,特别是本国高年级留学生的帮助得到缓解。本国留学生的帮助因此成为反大学权力的象征;但其同时加深了文化隔离,部分巴基斯坦受访学生放弃了更积极的跨文化交流努力,而退回到本国留学生的社交圈。

赛义德关于东方主义的两个特点吸引了我们:“东方主义者”的核心作用和被东方化的“东方”与东方化他者的“西方”之间的权力差异。在CU,我们可以找出赛义德的“东方主义者”和“高年级学生”之间的相似之处。两者都自认持有关于“东方/CU—中国”的“真正”的知识,并借此处理与中国“他者”的关系。入学初期,新生对跨文化学习环境不熟悉、不理解,往往感到威胁,而此时本国高年级留学生已经成功完成了4年的课程学习,这样的经历权威化了高年级留学生的经验和知识。在咨询高年级留学生后,新生建构了课堂内外、校内外行为模板。一代代高年级留学生的经验总结和积累,通过新生持续地传递下去,解释了访谈反映的在

CU 师生关系中“我们”与“他者”的对立态度。需要强调的是,高年级留学生的存在影响了我们分析新生跨文化适应的过程:高年级留学生逐渐积累的、被他者化和他者化他人的经历在很大程度上影响了新生参与新文化实践;反过来,新生所获得的“预先警告”,可能固化和他者化他们对 CU 教师、行政人员、学生及当地居民的认知。

本研究因此表明,CU 的国际化与 Turner 和 Robson 所描述的理想的国际化“转型”还有很长的距离。我们并不试图指出 CU 是具有典型代表意义的,但我们认为本研究的发现对所有决心推动中国高等教育国际化发展的研究者具有警示意义。高校不应满足于建立理想化的日标,而需要审慎地评估国际化战略的实效。一个国际化的、包容的校园不仅表现在扩大的留学生规模,它还意味着不同文化和民族背景的教职员工和留学生的融合、留学生的归属感、相互理解、尊重差异和多样性。

Educational Experiences of Pakistani Students at a Chinese University: From the Perspectives of Said

Tian Mei　John Lowe

Abstract: This paper explores Pakistani students' educational experiences and how they perceive such experiences during their intercultural studies in China. Nine Pakistani participants were interviewed who were studying for their undergraduate degrees in an English-medium medical course at a university in central China. Drawing on Said's Orientalism, analysis of interview data reveals how Pakistani participants' interactions with their Chinese hosts failed to help generate less stereotypical understandings of China.

Key Words: Pakistani students, intercultural experiences, said

教学研究

转识成智：本科法学知识教学和实践教学的困境与突破

许　健*

摘　要：现阶段本科法学教育教学需要继续坚守传统法学教育教学精髓的基础上，结合“互联网+”创新教育教学方法。这需要抛弃短期功利主义的价值取向，坚守法学知识教学和实践教学的统一，系统传授法学知识，本末相顺地进行法学知识教学和狭义的实践教学，避免短期功利性的应付式教学。同时需要改革现有的教育教学管理体制为治理体制，以维护教师的教学、学术尊严和提高教学、教研的积极性；还要实质地开展法律诊所教育，变理论为实践，确保知识教学和狭义实践教学琴瑟和鸣形成转识成智的合力，在不断改革供给侧结构的背景下，高校能够培养出高素质的复合型卓越法律职业人才。

关键词：转识成智　法学知识教学　法学实践教学　法律职业

* 许健，淮阴师范学院法政学院副教授，法学博士。研究方向：刑法学、刑事司法。

一、引言

法学教育需要超越短期功利主义的价值取向,遵循大学教育规律的同时,还需要结合法学专业的特点,处理好法学知识教学与实践教学的关系,本末相顺地进行教育教学。法学"知识教学的价值在于转识成智",[①]本科阶段主要让学生掌握法学基本知识的同时,体验法律、法规以及法学理论中的智慧。教师在教育过程中运用自身的人格影响力(非人格魅力)去感召学生和让学生感知社会,教学过程中培养法科学生的反思能力。法学知识教育是以智慧培养为教学目的进行法学专业知识的教授。而法学实践教学是通过各种形式的司法实践,训练培养高素质的应用型卓越法律职业人才运用法律去处理各种法律问题的必备环节,法学实践教学是把法学知识教育与法科学生法律职业素养进行衔接的必要步骤。

二、伪命题:法学知识教学和实践教学的撕裂

传统大学的教育教学目标的知识技能倾向(双基),把掌握客观的标准化的知识作为教学的唯一目标。[②] 目前整个社会对教育从认知到实践都存在一种不可否认的系统性偏差——把教育等同于知识,并局限在知识上。[③] 教师传授知识,学生学习知识。进入信息社会,高等教育的知识教学面临前所未有的困境。[④] 法学知识教育也不能独善其身,本科法学教

---

① 李长吉:《知识教学的使命:转识成智》,载《清华大学教育研究》2010年第5期。

② 参见董守生:《后现代知识视野下的教学理念转向》,载《山东省青年管理干部学院学报》2005年第3期。

③ 参见钱颖一:《人工智能将使中国教育优势荡然无存》,载《中国财富管理50人论坛》,https://734123.kuaizhan.com/87/29/p44407371954533。

④ 参见周序:《知识教学在我国高等教育中面临的困境与出路》,载《四川师范大学学报》(社会科学版)2017年第2期。

育直面的冲击更甚。本科法学较多地处在综合性大学的法学院系，法学教育教学的开展、进行和考核完全由非法学专业的“管理者”进行“管理”，不利于法学结合自身特点开展教育教学活动。

有学者认为，传统大学教育随着所谓错误答案的被纠正和标准答案的确立，学生的想象力、创造力同时被扼杀，充满生机与活力的心灵被规约到约定俗成的知识客观主义的框架中，失去了灵性。⑤ 还有的学者认为，随着微课、慕课的兴起，知识教学在大学当中已经丧失了其合法性基础，是一种落后的、需要被取代的教育观念。⑥ 笔者认为，知识教学是大学传统法学教育的精髓，广义上，实践教学教授的也是知识。在这个角度，法学知识教学和实践教学是辩证统一的。本科教育教学对知识教学的要求会越来越高，不论社会和科技如何发展，都不会让知识教学失去应有的地位。大学本科法学教育，涉及法律、法规研究的传统理论和创新发展的最新研究成果，客观的知识和理论在发展中不断积累。对法学知识的教学和实践教学要求会越来越高。而大多数的本科法学不是出于专业大学中而是处于综合性大学之中，甚至好几个专业合并为一个学院被浓缩为一个系科。而全校性的教育教学理念和管理方法都是非法学专业的教学要求。这样导致法学专业的教育教学小舟在综合性的大学教育教学理念和管理方法中随波逐流，没有坚守自身的教育教学原则的同时，又根本无法融入理科甚至是工科的教学模式中，教育教学的规划、考核、提升都落入削足适履的尴尬。众所周知，不可测量的法学教育教学成果就要坚守不可测量的底线。

撕裂法学知识教学和实践教学是法学知识教学和实践教学产生矛盾的根本原因。“知识教学”本身是一种认知性实践，同时也是一种社会性实践和伦理性实践。⑦ 广义上说，法学知识教学本身就包含实践教学，法学实践教学是法学知识教学传授方式中的一种，法学实践教学是提升学

---

⑤ 参见董守生：《后现代知识视野下的教学理念转向》，载《山东省青年管理干部学院学报》2005 年第 3 期。

⑥ 参见周序：《知识教学在我国高等教育中面临的困境与出路》，载《四川师范大学学报》(社会科学版)2017 年第 2 期。

⑦ 参见钟启泉：《“知识教学”辨》，载《上海教育科研》2007 年第 4 期。

生在学校法学教育之外的认识途径。狭义实践是狭义法学知识的传承,法学知识的运用,更是对所学法学知识的反思和积累。我们应避免对法学教育从认知到实践都存在一种系统性的偏差,要远离比较急功近利的要求,抛弃短期功利主义的价值取向,坚守法学知识教学和实践教学的统一。

三、真主旨:坚守法学本科教育教学理念

有中国特色的社会主义法律体系已经建立,研究型人才和应用型法律人才的培养都是社会主义法律体系建设中高质量法律人才的一部分。高校毕业生就业压力让本科法学教育功利性特别是短期功利性体现明显且愈加强烈。

有学者认为,教育被誉为超越知识的建立、传播和同化的行为。[⑧] 本科法学教育教学也是如此,同样需要坚持系统传授相关学科知识,让学生通过系统学习,能够掌握科学文化知识这一基本理论主张,因此需要教育教学时在知识的"质"和"量"上要审慎选择。[⑨] 这就要求高校本科法学教师不仅仅进行法学"知识教学"还要进行"法学知识的知识"教学。法学本科阶段属于法学基础教育,走出困境的突破口在于澄清基础教育之"基础"的缄默知识属性,在本科法学教育教学中激活缄默知识,使之切实升华为学生致学、为人及立业的基础。[⑩] 因此,本科法学教育教学应该在使用新的信息和新技术的同时,坚守原有的非功利性的教育教学理念。开始进行的法律职业资格考试必然会对本科法学专业人才的培养理念、培养目标、培养模式、教学内容、教学方法等带来一系列的改变。高校本科法学教学,首先要"保证课堂教学中的知识具有恰当的难度和深度,知识

---

⑧ See M. V. Rodriguez, "Pedagogy and Law: Ideas for Integrating Gender into Legal Education", *Journal of Gender, Social Policy & The Law*, *Volume* 7, 1999, p. 268.

⑨ 黄华:《我国知识教学面临的三大挑战与理论回应》,载《教育研究》2012年第1期。

⑩ 参见么加利:《论基础教育的属性与缄默知识教学》,载《教育科学研究》2016年第12期。

本身才对学生具有吸引力，让学生觉得它是一个富有魅力的宝藏，值得努力探寻”。[11] 其次，还需要法学教师在教育教学过程中运用自身的人格影响力去影响学生并让学生努力提升自己并能够具有无需提醒的自觉去感知社会的反思能力。总而言之，这种坚守不是没有原则的因循守旧，而是在坚守法学本科传统教学核心理念的同时，进行一系列的调整：教学态度及时调整，教学方法适时创新，教学课件实时更新，教学反思时时进行等。

四、实坚守：追寻法学本科教育教学精髓

循规蹈矩的教学理念禁锢大学法学本科的教育，不利于法学创新人才的培养。在法学知识教育和教学中，教师需要理顺知识教学和狭义实践教学的关系，本末相顺地进行教学活动。

（一）OBE 法学教育理念批判

OBE 教育模式的基础在于学生的成绩可测量和量化，在工科领域可以被广泛运用的一种教育范式的革新。理科也可以加以引用，但是作为文科的法学本科教育对学生的结果如果进行量化就完全是一个削足适履的过程。对于文科来说，这就是只注重结果的功利性评价体系，让学习能动并双向互动的过程被简单蜕变成工厂车间的流水线，而本科法学毕业生变成成品和半成品。完全忽视知识受众个体之间存在的差异，怎样学习和什么时候学习直接导致学生能学到什么和是否成功。有些高校一刀切的推行 OBE 教学理念是产生对法学教育教学发展的一种选择性倾向——应用型法律人才的培养，培养出法律工匠非卓越的应用型法律职业人才，技能娴熟，可以熟练地运用法律，但却是缺乏创造性的一群法律工作者。

（二）坚守传统法学本科教育教学的精髓

法学本科阶段，各大高校都不同程度地开设了讨论小组、第二课堂、

---

[11] 周序：《知识教学在我国高等教育中面临的困境与出路》，载《四川师范大学学报》（社会科学版）2017 年第 2 期。

法律宣传、法律咨询、社会调查、模拟法庭、辩论、实习等教学环节来提高学生的法律职业技能,甚至有条件的高校还开设案例研究教学、法律诊所教育等环节来不断加强学生的专业技能训练。而这些所谓的实践教学,退一步讲充其量只是体验式教学。有些讨论小组流于形式甚至选题不具有研讨性,法律宣传、法律咨询和第二课堂等重形式轻内容,拍照留资料后基本上解散,模拟庭审主要是学生自娱自乐,缺乏专业教师细致深入及有效的指导,实习阶段学生又面临准备法律职业资格考试、研究生入学考试和公务员考试等方面的压力。这种情形下,教师追求没有拘束的自由,却没有无须提醒的自觉;学生追求理想,使得本来就比较少的真正体验式教学和实践性教学的内容基本落空,加上设置的一些技能培训对学生要求的标准较低,即使学生达到标准,也与司法工作中的实际要求相差较远。可以说,高校设置的实践教学只具有实践教学的形式,没有实践教学的实际内容,即使存在实践的内涵,也由于学生存在各种形式的活动而被迫由实践性直接蜕变为体验性。本科法学专业教育教学瞄准法律职业资格考试,让位于研究生入学考试或者是公务员考试无可厚非,但是法科学生首先要达到或者基本达到法学本科毕业生的基本要求,这是大学兼容并包的底线。

五、转识成智:创新法学本科教育教学

有学者认为,法学专业是一门应用性和实践性很强的学科。长期以来,我国法学本科教学偏重于法学理论知识的学习,缺乏对学生分析及处理实际案件能力的培养,使学生毕业从事实务工作后,不能很快适应审查起诉、审理案件或代理诉讼等各种法律事务的需要。[12] 国外也是如此,最

⑫ 参见王鹏祥:《法学本科实践教学改革的探索》,载《中国大学生就业》2012年第16期。

近的一种模式已经将法律教育转变为司法教育的号角。[13] 众所周知，我国司法考试已经改革为法律职业资格考试，法学教育教学理念和方式、方法也将调整在即。但基本的理念就是坚持法学专业知识学习与法律事务技能训练有机结合的原则没有改变，并在坚持中创新前行。

（一）改革现有的教育教学管理体制

对学生而言，在法学本科教学中，考试成绩仍然以高的比重在影响学生综合考评的排名，影响学生奖学金的等级。同时，学生的科目学习可选择的空间较小，大部分是必修课，而学生必须按照规定的要求修满固定科目的学分才能毕业，学生擅长或者喜爱的科目却不能被计算在内。甚至有法学本科学生因为体育科目没有及格而无法毕业的情形出现。这种教学管理体制不可避免地让学生产生抵触情结。

对教师而言，现在的教育教学管理者的管理模式已经僵化到忍无可忍的地步。从机构的设置、教学质量监控等可见一斑。如每学期教学管理对课程教学大纲和进度计划表内容的科学性、形式的规范性、材料的完备性、交互的匹配性、执行的严谨性等进行监控。出现问题进行通报并认定为不同级别的教学事故，与相关教师的转正定级、评优评先、职称评定直接挂钩。每学期开学教学计划，学期结束教学总结，教学过程中，备课的教案、教材、点名册和教学进度表要携带整齐备查。课堂进行全程监控以及管理者随时打开监控进行视频巡查等。授课教师尊严全无的情况下主观能动性基本丧失，创新性教育教学无从谈起，这样极容易产生短期功利性的应付式教学。

现有的教育教学管理体制存在一定的问题，最主要的问题是观念陈旧，管理体制模式僵化。从我国高校当前的教学管理情况来看，大多数高校在进行教学管理时还停留在只关心学生的基本学习情况、强化学生的学习方面以及从业教师是否按照要求进行按部就班的教育教学等方面。教育教学管理应该向教育教学治理转变，改变管理者使教学管理体制人

---

[13] See Shashikala Gurpur, Rupal Rautdesai, "Revisiting Legal Education for Human Development: Best Practices in South Asia", *Procedia-Social and Behavioral Sciences*, Vol. 157, 2014, pp. 254 – 265.

性化。让教师的角色真正能"由知识传递者变为学生学习的引路人",[14]因此,改革现有的教育教学管理体制刻不容缓,让教学在真正的教授主持下进行,由管理型体系变成治理型结构。实现教育教学归教育教学,行政归行政。体现教育教学需要服务、行政机构提供服务的双赢治理模式。

(二)知识教学和狭义实践教学琴瑟和鸣

《教育部、中央政法委关于实施卓越法律人才教育培养计划的若干意见》已对大学法学教育提出要求。卓越法律人才的培养需要知识教学和实践教学琴瑟和鸣形成协力,共同努力转识成智。

1."基本知识教学+体验式实践"

"互联网+法学教育"让法学课堂在世界范围内呈现成为可能,但不可否认的是,互联网和法学教育"继续受到所提供信息的质量和公众使用它的能力的限制"。[15] 教学课件的制作、教学环节的设计、教学过程中的反思,都要结合法学基本知识教学和体验式教学进行。巧妙设计不同章节的法学基本知识教学和体验教学,让诸如模拟庭审、庭审观摩、专业见习、辩论、讲座、讨论、案例研讨、法律援助和法律诊所等体验式教学结合知识教学。精心设计的体验式教学实践环节可以巩固法学知识,有计划有步骤地转识成智。

2.诊所教学体验性实践向实质性实践转换

一般来说,法律教育涉及发展学生多方面的能力。[16] 复合型法律职业人才是法学教育的追求,上文提到各大高校法学教育都不同程度地开设了法学讨论小组、第二课堂、学术沙龙、讲座、模拟法庭、实习等教学环节以及案例研究、法律诊所教育等环节来不断加强学生的技能训练,让学生

---

[14] 卢乃桂:《信息社会的人才要求》,载《教育研究》2000年第11期。

[15] Denvir, Catrina, "Online and in the Know? Public Legal Education, Young People and the Internet", *Computers and Education*, Vol. 92-93, 2016, pp. 204-220.

[16] See Shashikala Gurpur, Rupal Rautdesai, "Revisiting Legal Education for Human Development: Best Practices in South Asia", *Procedia-Social and Behavioral Sciences*, Vol. 157, 2014, pp. 254-265.

能够“像法律职业者那样去思考问题”[17]。

“法律诊所”是教授法律学生在解决法律纠纷时如何使用他们的抽象和理论信息。法律诊所的学生必须接触到真实的案例，才是法律诊所产生的原因。法律专业学生通过训练可以熟练地掌握他们所学的知识。不进行诊所教学，当学生们面对真实情况时，他们不能利用得到的信息，使得理论和实践之间出现脱节。通过法律诊所学习，法律的学生将学习如何在实践中运用自己的理论信息使司法变得容易和快速。[18] 法律诊所的教育教学需要开展和加强，通过真实的案例让学生体验式实践变成正式的社会实践。社会纠纷的解决、刑事辩护的胜利或者部分诉求被法院支持，都会让学生在实践中感受到成功的喜悦；法律诊所的指导老师及时进行经验总结，技巧精化，让失败成为经验，让成功成为激励学生继续前行的喜悦。不论是经验还是喜悦，都会让学生在真实的实践而不是体验中掌握较宽广的法律实务知识。

法律诊所让学生在狭义的实践教学中明白，大学法学实践教学除了传播法学知识所包含的真理之外，还包括教会法科学生知识的知识中所包含的公开放弃错误。在实践中，将法学知识变成实践智慧，变理论为实践，避免“理论有余而实践不足”[19]的尴尬。

（三）坚守传统精髓与模式改革共存，形成合力转知成智

在“互联网+”、大数据时代，法学专业本科教学中的学生也发生本质的改变，独生子女较多地进入大学，在独生子女成长的过程中，他们更多地使用互联网和接受大数据。信息时代的本科大学生如何能更好地接受法学专业教育成为卓越法律职业人才是法学人才供给侧必须考虑的核心问题。

---

[17] Shashikala Gurpur, Rupal Rautdesai, “Revisiting Legal Education for Human Development: Best Practices in South Asia”, *Procedia-Social and Behavioral Sciences*, Vol. 157, 2014, pp. 254–265.

[18] See Alper Uyumaza, Kemal Erdoĝanb, “The Theory of Legal Clinic in Education of Law”, *Procedia-Social and Behavioral Sciences*, Vol. 174, 2015, pp. 2116–2122.

[19] 郑友德、蔡祖国：《关于创新型法学人才培养的探索——以华中科技大学法学院德语法学本科班教学为例》，载《高等教育研究》2008年第11期。

在传统的教育教学管理机制下,围绕"以课堂为中心、以教科书为中心、以教师为中心"而制定教学制度,研究教学理论和完善教学方法。[20]这种教育体制和模式扼杀学生学习的积极性、主动性和创造性。翻转课堂(flipped classroom)和慕课(massive open online cours,MOOCs)等应时代而生,翻转课堂和慕课都代表高等教育从传统的教学模式发生了实质性的偏离,它们都涉及信息技术,从根本上重新思考课程教学方式。[21] 翻转课堂将学生被动学习翻转为主动学习,把以教师为主导的技能学习模式改变构建以学生认知水平发展为参照的学习模式,翻转单一课堂教学的组织模式,构建课前网络学习—课堂难点疑点串讲—课后自主学习的混合教学模式。[22]

法学课堂教学流程变革所带来的法学知识传授的提前和法学知识内化的优化是翻转课堂的核心,通过法学教学流程的翻转,分解法学知识内化的难度,增加法学知识内化的次数,促进法科学习者获得知识。翻转课堂能够发挥线上线下混合式学习优势。[23] 翻转课堂的优点就在于它能够实现知识内化最大化的同时优化实践性技能的学习环境。[24] 在"互联网+"、大数据时代,卓越应用型法律职业人才的培养需要翻转课堂。翻转课堂教学模式是培养卓越法律职业人才的要求和体现,让法学本科学生从被动到主动,培养学生的问题意识,让学生带着问题进行学习,从而在课堂上能够更有针对性地自主学习。

---

[20] 参见雷鑫、谢国保、谢利平:《法学本科学生实践能力提升的路径选择》,载《湖南师范大学教育科学学报》2010年第3期。

[21] 参见邹娟娟:《大数据时代教学新模式:知识传授与内化互补融合》,载《江西社会科学》2017年第4期。

[22] 参见邹娟娟:《大数据时代教学新模式:知识传授与内化互补融合》,载《江西社会科学》2017年第4期。

[23] 参见赵兴龙:《翻转课堂中知识内化过程及教学模式设计》,载《现代远程教育研究》2014年第2期。

[24] 参见邹娟娟:《大数据时代教学新模式:知识传授与内化互补融合》,载《江西社会科学》2017年第4期。

思科的研究表明,到2020年,互联网流量的大部分是视频。[25] 斯坦福大学的计算机科学家 Sebastian Thrun 认为,50 年后,流媒体讲座将颠覆面对面的教育,只有 10 所高等教育机构将继续存在。校园将被淘汰,取而代之的是“明星”教师流到世界各地的屏幕上。[26] 慕课作为大规模的在线网络课程,部分课程设计者把学生与课程的主要联系活动设计的时间最少。每个人都如此专注于内容,以至于忘记了学习过程中最重要的学习者。通过挑战性的、频繁的活动,学习者将与课程互动并从中获得真正的学习经验。从这个角度来说,慕课时间普遍较长。人们可以花几个小时看短视频,但很难让他们看一段长视频。如果视频优秀,看完一个人们还想看另一个。慕课的姊妹课程——微课 SPOCs(Small Private Online Courses)适时而生。[27]

法学教育教学推广翻转课堂、慕课或者微课,都是努力提高教师和法学学习者的互动交流,激发法学本科生内在的学习动力。[28] 让法学学生在校期间高效学习,本科毕业生能在进入社会后立刻将所学的法学知识以及在校期间的体验式实践变成实质的实践,迅速、适当地处理法律实务问题。这也符合教育部和中央政法委对现代大学法科毕业生应用型卓越法律职业人才的要求。

六、结语

坚守大学本科法学教育教学传统理念的精髓并创新教学模式,改革

---

[25] See Moran, Liam, “More Than Enough Is Too Much”, *Streaming Media. Jul/Aug.* 2017, Vol. 14 Issue 5, p. 19.

[26] See Ubell, Robert, “MOOCs Come Back to Earth”, *IEEE Spectrum.* Mar. 2017, Vol. 54 Issue 3, p. 22.

[27] See Urman, Ingrid, “Make the Most of MOOCs”, *Training*. Mar/Apr. 2017, Vol. 54 Issue 2, p. 14.

[28] See Kaplan, Andreas M., Haenlein, Michael, “Higher Education and the Digital Revolution: About MOOCs, SPOCs, Social Media, and the Cookie Monster”, *Business Horizons.* Jul. 2016, Vol. 59 Issue 4, pp. 441 – 450.

现行因循守旧的教育教学管理体制,保证大学法学课堂中的知识具有前沿性、严谨性和一定的深度是理想的法学知识教学的前提和基础。信息时代的大学本科法学课堂也只有确保将最高深、最新的知识呈现给当代大学生,才能让每一个有志投身科研的大学生能够参与到最前沿的研究课题当中的可能。同时通过有效的实践,转知为智,让每一个法学本科毕业生都能成为高素质的应用型卓越法律职业人才。

Transforming Knowledge into Wisdom: Dilemma and Breakthrough of Undergraduate Knowledge Teaching and Practical Teaching of Law Majors

Xu Jian

Abstract: At the present stage, the education of law undergraduate needs to be based on the essence of traditional legal education. At the same time, law education also needs to combine "Internet +" conception and innovative educational teaching methods. This requires abandoning the value orientation of short-term utilitarianism and sticking to the unity of legal knowledge teaching and practical teaching. Each law school should systematically carry out the teaching of the knowledge of law and the relevant practical teaching. On the other hand, the law school also needs to reform the existing education and teaching management system in order to maintain the teachers' teaching activities, academic dignity and to improve teaching and teaching enthusiasm. In addition, each law school must also carry out legal clinic education and transform the legal theories into practice. Only by this, it will ensure that knowledge teaching and practical teaching and make them as the combination of knowledge and wisdom. Under the background of constantly reforming the supply-side structure, all domestic law schools are able to cultivate high-quality, compounded and outstanding legal professionals.

Key Words: transforming knowledge into wisdom, legal knowledge teaching, legal practical teaching, legal occupation

论经济法教学中经济法思维的培养*

范水兰**

摘　要：法律思维能力的培养是法学教育的基本目标。在经济法的教学中，应树立"以经济法思维能力培养"为中心的新教学观，侧重培养合法性思维、权利义务思维、实质公平思维、社会整体利益思维和国家适度干预思维等经济法思维，从而实现法学教育和培养卓越法律人才的目标。在经济法教学中培养经济法思维，应以经济法概念体系的形成作为基础，以经济法法律规范的理解和适用为核心，以一定的经济法理论为指导，以一定的经济法实践为辅助。

关键词：法律思维　经济法思维　经济法教学

法律思维能力的培养是法学教育的基本目标。正如德国著名法学家耶林所指出的，"法学人士必须

* 2015年度西南政法大学高等教育教学改革项目《以职业能力提升为目标的经济法教学方法改革研究》（项目编号：2015C26）成果；重庆市教委研究生教育教学改革一般项目《基于国家重点学科的创新型研究生培养机制研究》（课题编号：YJG133027）阶段性成果。

** 范水兰，西南政法大学讲师，法学博士。研究方向：经济法。

具有从活生生的人那儿只看到法学图景的能力……”[①]当前我国法学教育的主要问题之一是法律思维能力培养上的欠缺。法律思维的培养主要以部门法为载体，如何在部门法教学中有效地培养学生的法律思维能力，是当前我国法学教育改革急需深入研究的问题。在经济法的教学中，应树立“以思维能力培养”为中心的新教学观，侧重培养经济法思维，从而实现法学教育的目标，为卓越法律人才的培养奠定坚实的基础。结合多年的经济法教学实践，本文从经济法思维基本内核的提炼入手，侧重探讨在经济法教学中培养经济法思维的具体路径。

一、经济法思维的基本内核

由于法律调整对象和调整手段的差异，每个部门法所展现的“法学图景”，既有共性，又有较大差异性，从而形成了各具特色的部门法思维。在经济法教学中培养经济法思维，首先需要明确什么是经济法思维。本文认为，经济法思维可以界定为按照经济法的规范、原则和精神观察、分析和解决经济问题的思维方式。它具有不同于民商法、行政法和刑法等传统部门法思维的思维品性。

经济法思维的基本内核是什么，如何提炼？我国台湾地区著名法学家王泽鉴先生认为法律思维能力是“依据法律逻辑，以价值取向的思考、合理的论证，解释适用法律”的能力。[②] 由此，经济法思维基本内核的提炼，既要遵循法律的一般逻辑，又要突出经济法的本质属性和价值取向。按照前述原则，本文认为经济法思维的基本内核主要包括以下方面。

（一）经济法合法性思维

法律思维是合法性思维，在法律思维过程中，合法性优于合理性，这

---

① 参见[德]鲁道夫·冯·耶林：《为权利而斗争》，郑永流译，法律出版社2000年版。

② 参见王泽鉴：《法律思维与民法实例——请求权基础理论体系》，中国政法大学出版社2001年版。

也是法律思维与道德思维的区别。[③] 合法性思维表现为对社会主体行为是否合法进行评价,评价的唯一标准是法律规范。合法性思维是法律人分析社会问题的独特视角。在对事物现象的分析、评判中,通过法律思维获得的结论可能与通过道德思维、常识思维获得的结论相反,“同情”“民愤”“有理”都不能代替法律上的思考。[④] 在经济法中,合法性思维表现为对国家干预行为和市场主体行为是否合法进行评价,评价的唯一标准是经济法。以对国家干预行为的合法性评价为例,主要是根据经济法相关法律法规,从主体合法性、权限合法性、范围合法性、手段合法性、程序合法性等方面进行评价。

(二)经济法权利义务思维

法律对社会关系的规范是通过设定权利义务实现的,因此权利义务思维是法律人独特的思维方式,区别于政治学思维、经济学思维等。面对复杂的社会纠纷,法律人主要从权利义务的分析入手,厘清法律关系,进而对法律责任做出判断。在经济法中,权利义务思维的典型特性表现为权利倾斜配置思维,区别于民法的权利对等配置思维。经济法通过权利倾斜配置来保护弱势经济主体的合法权益。具体而言,经济法基于经济主体之间的强弱势假设,赋予弱势经济主体法定权利,对强势经济主体课以法定义务,力图实现强弱势主体之间利益的实质平衡。例如,消费者法定权利即是经济法倾斜配置权利的典型体现。较之于其他传统部门法,权利倾斜配置在经济法中得到了较多的运用,是经济法解决复杂经济问题的典型思维方式。

(三)经济法实质公平思维

古罗马法学家塞尔苏斯说:法是善良和公正的艺术。公平是法律的基本价值取向,亦是经济法的基本价值取向。与民法追求和保障形式公平不同,经济法追求和保障的是实质公平。所谓实质公平是指在承认经

③ 参见邓佑文:《法学专业教育中法律思维的培养》,载《中国大学教学》2008 年第 12 期。

④ 参见程华:《公安执法症结与法律思维方式变革》,载《中国人民公安大学学报》(社会科学版)2008 年第 2 期。

济主体的资源和个人禀赋等方面的差异的前提下而追求的一种结果上的公平。[5] 民法主要通过抽象法律人格、意思自治等保障形式公平，经济法则主要通过具体法律人格、限制意思自治等保障实质公平。例如，反垄断法为了保障实质意义上的公平竞争，禁止滥用市场支配地位行为、垄断协议等，从形式上看体现了对经营者合同自由的限制。总而言之，实质公平既是认识和解释经济法基本制度的重要理论视角，也是典型的经济法思维。

（四）经济法社会整体利益思维

法律是解决人类社会利益冲突的重要手段。面对复杂的利益冲突，各个部门法都有各自的立场和功能定位。与民法侧重维护和实现个体利益不同，经济法侧重维护和实现的是经济领域的社会整体利益。具体而言，经济法在解决个体营利性与社会公益性矛盾时，首先维护的是社会公益，兼顾个体正当利益。例如，反垄断法的制度设计中引入政府规制，旨在维护公平竞争秩序这一重要的社会利益，同时反垄断法也为垄断受害者提供了诉讼等法律救济途径。总而言之，维护社会整体利益既是认识和解释经济法基本制度的重要理论视角，也是典型的经济法思维。

（五）经济法国家适度干预思维

处理好政府与市场的关系是市场经济国家都必须有效解决的重大现实问题。与民法追求市场自由从而排斥政府干预不同，经济法主张通过国家适度干预解决市场失灵问题。这种思维差异，主要是由部门法解决的问题不同造成的。从某种角度看，经济法的产生和发展是以国家干预经济为前提的。经济法上的宏观调控制度和市场规制制度设计充分体现了国家对经济的干预。从制度设计和制度实施的角度看，经济法的立法者和执法者都应恪守国家适度干预经济原则，避免过度干预和干预不足。唯有如此，才可能实现经济法所追求的实质公平和社会整体利益。总而言之，国家适度干预既是认识和解释经济法基本制度的重要理论视角，也是典型的经济法思维。

---

⑤ 参见李昌麒主编：《经济法学》（第 3 版），法律出版社 2016 年版。

(六)经济法政策思维

较之于传统部门法,经济法具有很强的政策性。这主要是由于经济法所解决的市场失灵问题具有很强的经济性和高度复杂性,且属于政府的经济职能范畴。无论是经济法的制定,还是经济法的实施,均与经济政策具有密切的关系。从经济法的立法看,有些经济法律法规实际上就是经济政策的法律化,例如中小企业促进法。从经济法的实施看,有些经济法的实施受相关经济政策的影响很大,例如反垄断法执法的宽严主要受该国的竞争政策的影响。总而言之,政策思维既是认识和解释经济法现象的重要理论视角,也是典型的经济法思维。

二、在经济法教学中培养经济法思维的具体路径

(一)经济法思维的培养应以经济法概念体系的形成作为基础

运用法言法语是法律思维能力的一个重要体现。经济法概念是经济法思维的出发点。"概念乃是解决法律问题所必需的和必不可少的工具。没有限定严格的专门概念,我们便不能清楚理性地思考法律问题……如果我们试图完全否弃概念,那么整个法律大厦就将化为灰烬。法律概念创造了法秩序及其规范,体现了一定的法理;它是司法推理的有价值的工具,没有概念,司法活动就不能得到准确地实施"。⑥ 因此,在经济法教学中,应注重培养学生的经济法概念体系,从而使学生具备运用经济法"法言法语"的能力,为经济法思维的形成奠定坚实基础。

经济法概念体系的形成主要依赖教师的课堂讲授。从经济法思维培养角度,经济法概念的讲授应注意以下几个方面:一是注重相近经济法概念之间的辨析。例如,竞争法领域的限制竞争行为与不正当竞争行为,商业回扣和商业折扣。二是注重经济法概念与经济生活中的类似概念的区分。例如,竞争法领域的经营者集中概念与经济生活中的兼并、并购概念

⑥ 参见[美]E.博登海默:《法理学:法律哲学与法律方法论》(修订版),邓正来译,中国政法大学出版社2004年版。

的区分。三是注重构建经济法概念体系。例如,反垄断法领域中,在垄断行为这一基本概念下包含了滥用市场支配地位行为、垄断协议、经营者集中和行政性垄断4个子概念,这4个子概念下又各自包含若干个子概念,由此形成树状的反垄断法概念体系。四是适当举例加深对经济法概念的理解。由于经济法具有很强的经济性,经济法中有相当一部分概念具有很强的专业性。例如,反垄断法中的相关市场、市场支配地位等概念,主要属于经济范畴。

(二)经济法思维的培养应以经济法法律规范的理解和适用为核心

正确地理解和适用法律规范是衡量法律思维能力的主要标准。在经济法教学中,培养学生正确地理解和适用经济法法律规范能力,不仅要运用课堂讲授法,而且要注重案例教学法的运用。

就课堂讲授法而言,目前经济法教学中存在的较为普遍的问题是重介绍法律规范的内容,轻法律规范原理的讲解,这就容易导致学生知其然而不知其所以然,不利于学生法律思维能力的形成。从法律思维能力所要求的知识体系看,在课堂讲授中,不仅要讲清楚法律是怎么规定的,而且还要讲清楚法律为什么这么规定。只有知其然且知其所以然,学生在思考法律问题解决方案时才能灵活运用。由于经济法具有较强的经济性和政策性,在涉及法律规范原理的部分,可能更多的是从经济学和政策的角度讲解,这就对经济法教师的知识体系提出了更高的要求。

就案例教学法而言,在传统的"以知识为中心"的教学观影响下,目前法学教学实践中存在较为严重的案例教学流于形式问题,案例仅仅充当讲解知识点的材料,忽略了案例教学在培养学生法律思维能力方面的积极作用。"现实生活中会常常见到这样的场面:课堂上教师在讲授了某一基础理论或规定后,便叙述一个简单的案例,有条件的情况下也可能是用PowerPoint演示。"⑦这种举例式的案例教学法存在诸多弊端:一是案例过于简单,难以激发学生的思考。二是难以体现学生的主体性。教师在案例教学中始终占据主导地位,学生只是被动接收案例信息刺激,不能主动

---

⑦ 杨传兰:《法学教育中案例教学的修正》,载《西南农业大学学报》(社会科学版)2008年第5期。

地是根据自己的知识背景对案例信息进行选择、加工和处理,形成对问题的解释,提出自己的假设。[8] 三是省略了一些培养法律思维能力的重要环节。正如威廉·基纳所说:"案例分析并不是一种法学的科学原理教育方法,而是作为法学的问题解决过程的教育方法来界定的,其主要目的是培养法律人在解决实践问题时所运用的特有的思考方式。案例分析的性质在于,它是作为现实中发生的实践问题的理解及其问题解决中的专家所固有的思考方式的一种教育方法。"[9]因此,我们应树立"以经济法思维为中心"的经济法教学观,以培养经济法思维能力为目标进行经济法的案例教学。

经济法思维能力是发现、分析和解决经济法问题的能力。以培养经济法思维能力为目标的案例教学法,在向学生展现案情之后,至少应遵循以下5个步骤:第一步,让学生自己区分法律事实与非法律事实。第二步,让学生自己提炼出案件的焦点问题。第三步,让学生自己找相关法条。第四步,让学生自己运用法条得出结论,并说明理由。第五步,对照实际判决,让学生自己总结反思。为了充分运用案例教学法培养学生经济法法律适用能力,可以考虑专门设置一定学时的以法律思维训练为主的案例评析类课程,例如竞争法案例评析课程、税法案例评析课程等。

(三)经济法思维的培养应以一定的经济法理论为指导

正确地阐释法理是法律思维能力的一个重要方面。瑞士学者菲利普·马斯托拉蒂指出:"仅仅靠没有受过专业训练的法律意识只能偶尔发现有关法律问题的部分解决办法,只有法理和方法论思维才能使表面的判断精确化和条理化。"[10]因此,在经济法教学中,应注重培养学生正确地阐释经济法理论的能力。

对于经济法理论的讲授,应注重运用比较法,即将经济法与民商法、行政法等传统部门法进行比较,以便让学生更好地掌握经济法理论思维

---

⑧ 参见欧洁梅:《以培养法律思维能力为目标探索案例教学法》,载《学术论坛》2011年第2期。

⑨ Keener W. A. ,A selection of Cases on the Law of Quasi Contracts,1989.

⑩ [瑞士]菲利普·马斯托拉蒂:《法律思维》,高家伟译,载《法哲学与法社会学论丛(6)》,郑永流主编,中国政法大学出版社2003年版。

的特色。例如,在讲授经济法公平观时,可以将经济法的实质公平观与民法的形式公平观进行对比,辅之以消费者权益保护法等作为示例,从而使学生形成经济法的实质公平思维;又如,在讲授经济法的利益观时,可以将经济法的社会整体利益观与民法的个体利益观进行对比,辅之以反垄断法等作为示例,从而使学生形成经济法的维护社会整体利益思维;再如,在讲授经济法的国家适度干预观时,可以将经济法的国家干预属性与民法的意思自治属性进行对比,辅之以金融调控法等作为示例,从而使学生形成经济法的国家适度干预思维。

(四)经济法思维的培养应以一定的经济法实践为辅助

法律实践是检验和培养学生法律思维能力的重要辅助途径。在经济法课堂教学之外,为学生提供适当的法律实践机会,对于培养经济法思维是非常有益的。

目前我国法律实践教育普遍存在的问题是重法律操作技能的训练,轻法律思维能力的培养。近年来,虽有愈来愈多的院校开始重视法科学生实践能力的培养,开设了诸如“法律诊所”“模拟法庭”等法律实践课程,有些院校甚至建立起了较为完善的实践课程体系,但对法律思维能力的培养依然重视不够。[11] 例如,“模拟法庭”训练往往选取已判案例,代理词、法院判决等都是现成的,学生只是稍加改造,然后按照庭审规则和程序进行演练。在这个过程中,学生更多的是学到一些法律操作技能,难以受到法律思维的充分训练;又如,在近年来法科学生数量日益增多而实习单位接收能力有限的情况下,法律实习存在流于形式的倾向。

法律实践的目标定位不应止于法律操作技能的训练,而是应把法律思维的训练作为法律实践的基本目标之一。在注重法律操作技能和法律思维能力培养的目标定位下,经济法实践训练可以从以下几个方面进行完善:一是法律实践的形式尽可能多样化,例如法律诊所课、模拟法庭课、法律实务课、观摩法庭、法律咨询、法律实习等。二是选取真实典型经济法案例,完全让学生自己分析案件,写诉讼文书,指导老师主要发挥方法

---

⑪ 参见徐凤真:《论法律思维能力的培养》,载《山东社会科学》2012 年第 12 期。

引导和过程监督作用。三是经济法实习部门的多样化,不仅包括传统的公、检、法机构和律师事务所,还可以逐步将税务部门、金融机构、反垄断机构等纳入实习机构的范围。

On the Cultivation of Economic Law Thinking in Economic Law Teaching

Fan Shuilan

Abstract: The cultivation of the legal thinking ability is the basic goal of legal education. In the economic law teaching, the new teaching view of focusing on the cultivation of economic law thinking should be established, and we should lay emphasis on the cultivation of economic law thinking such as the thinking of legitimacy, the thinking of rights and obligations, the thinking of essential fairness, the thinking of social interests and the thinking of moderate state-intervention, to realize the goal of legal education and cultivating excellent legal talents. To cultivate economic law thinking in economic law teaching, we should base on the formation of the system of economic law concepts, focus on the understanding and application of economic law, pay attention to the guiding role of economic law theories and utilize the auxiliary function of economic law practice.

Key Words: legal thinking, economic law thinking, economic law teaching

裁判中心主义的国际私法教学体系探析[*]

周亚光[**]

摘　要：我国传统的国际私法教学是以学理为中心的教学体系，忽视了法律的实践理性，在我国深度参与全球经济治理的时代背景下，难以满足涉外法律人才培养的现实需求。裁判中心主义是以国际私法裁判为场景、以国际私法法律思维训练为核心、以培养涉外法律事务处理能力为目标的教学体系。裁判中心主义以环形思维的建立、程序与实体问题的融合、比较法说服功能的贯彻、准据法的选择为核心要素。裁判中心主义重构了国际私法的教学内容，由涉外性的判断、识别、涉外民商事程序法、法律选择的方法与规则、准据法的查明与适用5个部分组成。

关键词：国际私法教学体系　裁判中心主义　核心要素　体系构成

在逆全球化的背景下，通过国家与国家之间的

---

* 本文系陕西“三秦学者”创新团队研究成果，西北政法大学青年学术创新团队的研究成果。

** 周亚光，西北政法大学丝绸之路区域合作与发展法律研究院、国际法学院讲师。研究方向：国际私法学、国际航空法学。

合作来推动国际经济发展的模式日益受到挑战,国际经济条约法律治理工具的发展趋于迟滞,国际私法对全球经济的治理功能日渐受到重视。① 在"一带一路"倡议深入推进以及我国"自贸区"向"自贸港"推进的时代背景下,我国将更多地参与资本、信息、人员、货物的全球流动,涉外法律人才面临空前需求。目前主流国际私法教学是以学理逻辑为主线,以学科特色理论与制度讲授为核心,片面注重法律知识的传授和考查,忽略国际私法"实践理性"②的教学方法,无法培养出能够满足全球化发展需求的涉外法律人才,这在一定程度上成为了国际私法教学的"焦虑"。为回应法的全球化的时代挑战与客观需求,裁判中心主义是我国国际私法教学法改良中的一个可选路径。裁判中心主义的国际私法教学法是指以国际私法裁判(国际民商事诉讼或仲裁)为场景,以国际私法法律思维训练③为中心,以培养涉外法律事务处理能力为目标的国际私法教学法。

一、裁判中心主义国际私法教学体系的基本立场

(一)培养目标

教学方法是对教学目标的实施方式,教学方法受到教学目标的方向性制约。国际私法教学的精英化培养目标决定了教学法改良的裁判中心主义路径。进入21世纪以来,我国的法学教育总体上有精英说(专业说)、职业教育说与通识说(素质教育说)三种观点,④但就国际私法教学

---

① See Robert Wai, "Transnational Private Law and Contestation in Global Economic Governance", in Horatia Muir Watt, Diego P. Fernández Arroyo (ed.), *Private International Law and Global Governance*, Oxford, University Press, 2014, pp. 66 – 67.

② 参见梁开银:《法律思维:法学教育与司法考试的契合点——论法学教育与司法考试的互动与改良》,载《法学评论》2011年第4期。

③ 法律思维包含法律思维程序、法律思维方法与法律思维结构三个部分。参见陈金钊:《法律思维及其对法治的意义》,载《法商研究》2003年第6期。

④ 参见胡平仁:《我国法学教育的目标定位与人才培养模式改》,载王瀚主编:《法学教育研究》(第3卷),法律出版社2010年版,第111~114页。

而言,其教学目标应当是精英化的。

1. 从培养规律来看,由于涉外法律实践需要相关从业人员同时对我国国内法与涉外法、外国法以及国际公法均有较为全面的掌握,单纯的国内法训练并不足以支撑其涉外法律思维与技能需求,多数涉外法律实践者需要通过留学完成其对其他法域的法律思维与知识的掌握。在经济全球化与法的国际化的背景下,合格的涉外法律人才训练过程在客观上是不同法学教育体系配合的过程,各国法学院间对彼此法学教育特点的关照是国际化人才培养的必要方面。⑤ 由于欧美国家的国际私法是精英教育,⑥如果我国的国际私法教育仅是有限课时量前提下的通识教育,那么这不仅无法提高我国学生的留学质量,而且不利于我国国际私法教育的国际化。事实上,包括日本的亚洲国家法学教育在面临国际化压力的情况下已经开始了国际化的探索。⑦ 因此,我国国际私法教学不仅应为我国的法律人才培养提供通识性的知识讲授,更应提供扎实的国际私法思维训练。

2. 从产生基础来看,涉外法律人才是从具有法律职业资格的法律人团体中的二次选拔产生的。法律执业资格考试是从法学通识教育向精英教育的第一次区分,并未对考生的涉外法律事务处理能力做出有效区分。由于我国的国际私法实践需求较少,国际私法在我国法律职业资格考试中的分数占比极低,考题难度较低,国际私法在法律职业资格考试更多地是扮演了"通识性"的角色。在我国,涉外律师均是在具有法律执业资格

⑤ See Alberto Bernable-Reifkohl, "Tomorrow's Law Schools: Globalization and Legal Education", *San Diego Law Review*, Vol. 32, 1995, p. 137; W. Michael Reisman, "Designing Law Curricula for a Transnational Industrial and Science-Based Civilization", *Journal of Legal Education*, Vol. 46, 1996, p. 322; Jan Klabbers, "Reflections on Globalization and University Life, in Jan Klabbers and Mortimer Sellers (ed.)", *The Internationalization of Law and Legal Education*, Springer Press, 2008, p. 17.

⑥ 无论是大陆法系还是英美法系国家,发达国家的国际私法教育都是建立在学生拥有较好的私法基础上,训练学生应对不同国家法律选择问题的精英教育。

⑦ See Mayumi Saegusa, "Why the Japanese Law School System Was Established: Co-optation as a Defensive Tactic in the Face of Global Pressures", *Law and Social Inquiry*, Vol. 34, 2009, pp. 365 - 398.

的基础上,再根据其个人的语言能力与国际私法的掌握程度通过法律服务市场进行二次区分。我国的对外开放格局正在从自贸区向自贸港的方向深化转变,司法实务界已将案件"涉外性"的判定标准作明显的扩张解释,⑧涉外法律服务的市场需求迅猛增加。因此,国际私法的教学目标必须从服务于一般法治人才培养的通识性教育向服务于涉外法治人才训练的精英化教育进行转变。可以说,涉外法律人才是精英化选择后的再次选拔,国际私法的教学必须为此种精英化的选择提供教育基础。

3. 从中国法的输出看,涉外法律人才的"在场"是一国参与国际法治的话语权行使方式。⑨ 经济的全球化伴随着法的全球化,法学教育的产出成果——法律人是世界共同体建构中的重要工具之一。⑩ 随着"一带一路"倡议的深入推进,我国企业在"一带一路"沿线国家的跨国联营、国际工程承包、境外法人设立与股权设计等领域需要大量的处理国际合同谈判与审查的国际私法人才。如果我国培养的涉外法律人才无法应对市场需求而缺席商业实践,那么我国企业只能聘请外国律师,并与外国企业的外国律师之间进行法律博弈,其后果至少有三个:(1)外国普通法系律师与大陆法系律师在争端解决方式中不会协议选择我国法院或仲裁机构,多数会选择发达国家法域的法院作为争端场所;(2)多数会选择英格兰及威尔士法、美国法、法国法、德国法作为争端解决准据法;(3)如果存在国际商事仲裁,多数会选择巴黎、伦敦、纽约、瑞典等国际仲裁机构及其仲裁机构及其仲裁规则,仲裁裁决的作出地点也不会放在我国。因此,如果中国法学院的国际私法教学不能培育出胜任此种法律事务需求的高端人

⑧ 参见"西门子国际贸易(上海)有限公司与上海黄金置地有限公司申请承认和执行外国仲裁裁决案",本案是最高人民法院发布的第二批涉"一带一路"建设典型案例之一。

⑨ 事实上,美国法在法的国际化过程中之所以能够扮演重要角色,这与美国积极接受外国留学生接受美国法教育以及美国国际律师大量参与、主导国际商业实践有密不可分的关系,参见高鸿钧:《美国法全球化:典型例证与反思》,载《中国法学》2011年第1期。

⑩ See Claudio Grossman and Daniel D. Bradlow, "Are We Being Propelled Towards a People-Centered Transnational Legal Order?", *American. University International Law Review*, Vol. 9, 1993, pp. 27 – 28; Claudio Grossman, "Building the World Community Through Legal Education", in Jan Klabbers, Mortimer Sellers (ed.), *The Internationalization of Law and Legal Education*, Springer Press, 2008, p. 32.

才,那么我国让渡的不仅是国际法律服务市场,而且丧失了中国法在国际领域传播与实践的可能,我国将成为外国裁决承认与执行案件的爆炸地点。在这种情况下,法学院应该责无旁贷地挑起培育满足中国时代需求的精英化的涉外法律人才的重担。[11] 可以说,国际私法教学目标的“核心就是要培养学生实际处理涉外民商事法律事务的能力,面对一个突发的涉外民商事事件可以快速做出反应,拿出解决问题方案的精英化人才”。[12]

(二)视角选择

裁判中心主义是以国际私法案件裁判为中心,因此否定了教学培养的“立法者”视角,[13]但这并不意味着当然地选用法官视角,相反应选用律师视角。

1. 律师视角是“对手”决定的。在我国继续深化对外开放的格局下,我国涉外法律从业人员面临的现实环境是,在国际场所与外国律师进行法律对抗,而非我国的涉外法官与外国法官之间的法律对抗。目前,国际民商事法律事务的谈判、裁判(诉讼与仲裁)程序法与准据法均是英美法主导,法律事务的处理特别强调法律争议点的提炼与双方对法律规则适用展开的对抗。因此,我国涉外民商事法律人才在实践中的“对手”决定了裁判中心主义的国际私法教学法应采用律师视角。

2. 律师视角具有多元性。法律思维是将法律概念纳入法解释学方法之中进行涵摄(subsumere)的过程,就是对照规范(大前提)与事实(小前提),在事实与规范两者之间“往返流转”或“穿梭来回”或“左顾右盼”。[14]在法律共同体中,职业特性要求律师对任何法律问题均需从“正反”两个方面考虑问题,正、反综合思想试验的思维方式是律师的独特思维模式。

---

[11] 参见何美欢:《理想的专业法学教育》,载《清华法学》2006 年第 3 期。

[12] 陈煜儒:《学生毕业后不会办案,我国国际私法教学遭遇挑战》,载《法制日报》2005 年 11 月 15 日。

[13] 在学术意义上,有学者进一步根据思考法律问题时所站的角度和所要达到的目的不同,将法律方法分为立法者立场与司法者立场两类。参见陈金钊:《法律思维及其对法治的意义》,载《法商研究》2003 年第 6 期。

[14] 参见孙笑侠:《法律人思维的二元论》,载《中外法学》2013 年第 6 期。

涉外法律事务往往涉及不同国家法律适用的可能,因此正反思维模式能够更好地让学生结合案件事实分析法律的解释与适用的不同可能性。

3. 律师视角具有主动性。法官受到司法被动与中立原则的拘束,非因控方或者诉方之请求,不得主动干预或强行审判,奉行"不告不理"的原则。[15] 法官思维是建立在通过主持相互对立的利益冲突主张的对抗来澄清法律本身,对商业实践过程在所不问。法官的思维在一定程度上限制了教学过程中对学生法律方案设计思维的训练。相反,多数涉外民商事交易存在争端解决在外国、适用外国法等特殊问题,法律风险存在更高的结果不确定性。因此,涉外法律事务需要律师在交易磋商阶段就介入其中,不仅需要律师对法律风险本身进行识别与预防,还需要具备与外国律师沟通以及协助当事人了解法律及法律问题的能力,[16]其对整个商业交易的方案具有更强的主导性。

二、裁判中心主义教学法的核心要素

(一)建立环形思维

环形思维是指国际私法教学中应培养学生将管辖权与裁决(司法判决与仲裁裁决)的首尾观照关系,特别是将裁决的承认与执行问题作为多重管辖权确定中的重要考虑因素的国际私法法律事务处理思维。目前,我国的国际私法教学仍然是以国际私法的学理体系为中心,均是以"总论"开始,重点讲授国际私法的调整对象、定义、渊源、性质、学说的历史发展等宏观知识点,以制度为中心介绍冲突法的一般理论,选择性地讲授债权、物权、家事法律适用,多数院校对裁判的承认与执行问题做极为粗略的处理甚至不予讲授。这种教学方法是"学理研究"逻辑而非"法律实践"逻辑,不仅导致知识点讲授的学术化、零碎化、板块化,而且过多理论

---

⑮ 参见李其瑞主编:《法理学》,中国政法大学出版社2007年版,第245~246页。

⑯ 美国法教育中的律师技能训练,含有20余种技能的训练目标,参见何美欢:《理想的专业法学教育》,载《清华法学》2006年第3期。

化的学说讲授产生了一个奇怪的现象:一方面能对前沿的、深奥的东西如数家珍,滔滔雄辩;另一方面对法律事务处理的基本知识与法律思维却只有单薄的、贫乏的认识。⑰

从涉外民商事法律事务处理实践角度讲,在管辖权确定后,无论其他问题分析与方案多么完美,如果相关裁决无法得到承认与执行,那么所有的法律程序不过是镜花水月。因此,在国际私法的教学过程中,确定管辖权时应特别强调裁决是否能够获得有效执行的情况,使案件推进首尾相连,形成闭环。具体而言,环形思维的训练需要以下三个步骤:(1)以法律实践为场景,设定律师角色,以实现当事人现实利益的最优化为分析导向。(2)在管辖权的选择过程中,应同时考虑案件胜诉后裁决能否有效获得承认与执行;(3)以案件事实为基础,在分析管辖权的选择与裁决的承认与执行的互动关系后,给出多种可能方案并做最优选择,避免产生"纸面的胜利"(赢得诉讼但无法获得实际利益)的后果。

(二)融合程序与实体问题

我国国际私法教学沿袭前苏联的主流观点,认为国际私法是调整"涉外民商事法律关系的规范总称",国际私法与国内民商私法的区别在于调整对象的涉外性,具体是指民商事实体法律关系中主体、客体或内容具有涉外性。换言之,国际私法是以实体法律关系为基础进行定义。但是,我国国际私法教学体系同时认为国际私法的外延应当包含国际民事诉讼与仲裁等程序法内容,因此对国际私法案件的判定容易在产生以"实体倒推程序"的逻辑混乱,即以实体法上不具有涉外性为标准,将在程序上具有涉外因素的国际私法案件判定为国内民商事案件。⑱

与其他部门法学不同,国际私法学最为独特的地方在于其兼有程序法与实体法内容的"混合法"特点,在国家立法层面表现为涉外程序法与冲突法于一体的法典或在各部门法中专篇规定。国内民商法、民事诉讼法(海事诉讼除外)教学均无法在自有的教学内容中对外国民商法与涉外

---

⑰ 参见何美欢:《理想的专业法学教育》,载《清华法学》2006 年第 3 期。

⑱ 例如,肖永平教授所举的"世行贷款建设高速公路案"例子即存在此问题,参见肖永平:《国际私法原理》,法律出版社 2007 年版,第 2 ~ 3 页。

民商裁判提供基本的知识体系。我国目前的国际私法教学,将管辖权、国际民事诉讼与司法协助、国际商事仲裁、裁决的承认与执行等程序法问题在传统的板块化教学过程中一般粗略讲授甚至不予讲授,而将总论、冲突法的一般理论、法律适用规范作为讲授重点,并未建构兼容实体法与程序法问题的思维框架与知识体系或方法,这意味着我国涉外法律人才无法获得其本国国际私法教育的本土训练。因此,国际私法的教学无法简单照搬其他部门实体法或程序法的教学逻辑,而应根据涉外法律人才的培养目标建构自我的教学体系。⑲

程序问题与实体问题的区分是在学理意义上对法律问题进行的概念性区分,但在涉外法律实践中,程序问题始终与法律选择、法律适用问题互相伴随并互相影响。在裁判中心主义语境下,国际私法的教学必须始终关注程序问题与实体问题之间的互动关系。当某一民商事案件的涉外性条件成功满足后,首先要解决的并非是法律选择问题,而是管辖权的确定、传票的送达、域外取证等大量的特殊程序法问题。国际私法的程序问题足以对整个案件的推进与结果产生巨大的影响。因此,裁判中心主义的教学在任何一个教学环节均应同时将相关程序与实体问题进行互动讲授。

(三)强调比较法的"说服"功能

比较法是国际私法的重要研究方法与说理方法。我国的国际私法教学主要将比较法作为阐释学理意义上的、各国国际私法立法差异的工具,而非阐明法律规则内涵的工具。这就给学生造成这样的困惑:国际私法规则(特别是程序法规则与冲突法规则)既然是当事人以及法官不能减损适用的公法性规则,那么对中国学生而言,了解外国国际私法规则又有什么意义呢?换言之,我国国际私法教学中的比较法运用的目的不明,产生了"为比较而比较"的现象。

---

⑲ 事实上,英美法系国家的国际私法教学多遵从管辖权与外国判决的承认与执行、法律选择、法律适用的逻辑展开。See Collins, *Dicey, Morris and Collins on the Conflict of Laws*, Sweet and Maxwell press, 2017; A. E. Anton, *Private International Law*, Thomson Reuters Press, 2011.

国际私法比较法的立法差异之比较主要是通过理论分析工具归纳出主要的立法类型，进而对差异进行优劣比较、对相似立法提供内涵阐明，以便更好地适用法律。[20] 一方面，比较法的功能是将不同国家的立法差异进行类型化总结，并阐释各类型立法的主要特点、生成原因与发展趋势，为学生提供基本的类型化思维分析框架；另一方面，通过比较相同类型的立法，阐明发达国家法域适用相关规则的实践经验，为我国法律的准确适用提供符合国际趋势的裁判基准。例如，我国2010年《涉外民事关系法律适用法》第27条规定：诉讼离婚，适用法院地法律。对于此规定，该条是否意味着诉讼离婚下的"人身关系与财产关系"均适用"法院地法"？事实上，离婚准据法通常适用于离婚的条件与效力（人身关系与财产关系），如果某一方面有独立的冲突法规则，则不适用离婚准据法。[21] 通过比较33个国家的法律可以发现，多数国家均将夫妻人身关系与财产关系的冲突法规则认为是离婚时人身关系与财产关系的准据法规则（如德国2006年《民法典施行法》）。[22] 因此，对于我国存在独立的夫妻人身与财产制的冲突规则的情况下，应当将"法院地法"的理解限缩在离婚的条件方面。这样既符合国际主流实践，也保证了我国在离婚方面公序良俗[23]的维持。因此，通过我国与同类型国家立法之比较发现，我国的立法存在语义含糊的情况，通过考察其他相似国家的规定与一般经验可以对我国法律的准确理解提供有益参考。

（四）注重法律适用

国际私法是那些博学而怪癖的教授们流连其间的泥沼之地，他们用

---

⑳ 李双元教授对我国《涉外民事关系法律适用法》的立法比较做过深入研究，对条文进行列举比较后，提供了比较法上的说明，参见李双元：《涉外民事关系法律适用法的制定研究》，湖南人民出版社2013年版。

㉑ 参见陈卫佐：《比较国际私法》，法律出版社2012年版，第323页。

㉒ 参见李双元：《涉外民事关系法律适用法的制定研究》，湖南人民出版社2013年版，第246～255页。

㉓ 目前，各国对离婚的人身法律效果与财产法律效果已有较为一致的认识，例如，我国《涉外民事关系法律适用法》第23条与第24条。但同时，各国对离婚的标准是过错原则还是破裂原则，迄今尚未统一，仍受到各国公共秩序差异的影响。See Katharina Boele-Woelki, "For better or for Worse: The Europeanization of International Divorce Law", *Yearbook of Private International Law*, Vol. 12, 2011, pp. 1－7.

晦涩难懂的术语为神秘事务创设理论。[24] 传统上,国际私法教学的核心是法律选择方法与规则,而对外国法的查明技术、适用与解释方法不予讲授,这导致学生无法现实地观察到适用不同法律所产生的不同法律后果。作为部门法,国际私法的实践功能首先就是对涉外民事诉讼案件提供法律上的分析与方案,而非局限于仅提供选择实体法的选择。对于涉外民事裁判而言,为赢得诉讼或者对抗对方法律立场,律师当然地需要对案件可能适用的外国法做出深入的分析。根据我国的外国法查明规则,处于涉外民事裁判过程中的法官也存在准确查明与适用外国法的义务。尽管在国际私法上长期存在外国法是法律或事实的理论争议,但外国法构成涉外民事案件的法律渊源是目前的主流观点与发展趋势。[25] 因此,即是对于法官而言,如果某一法律存在,那么他就负有适用该法的义务,无须当事人请求或证明,这是一般的法律原则。[26]

因此,我国的国际私法教学应当不仅强调外国法查明的义务分配,更应当强调对外国法内容的查明方法、解释方法与适用方法的训练。

三、裁判中心主义教学法的体系构成

裁判中心主义的国际私法教学法是以服务于涉外民商事案件的裁判为中心,因此该体系下的教学逻辑构成应有别于传统的学理性国际私法教学体系,基本内容如图1所示。

---

[24] See Friedrich K. Juenger, *Choice of Law and Multistate Justice*, Martinus Nijhoff Press, 1993, p. 1.

[25] See Symeon Symeonides, *American Private International Law*, Kluwer law international Press, 2008, pp. 89 – 91.

[26] See Teresa Isele, "The Principle of Jura Novit Curia in International Commercial Arbitration", *International Arbitration Law Review*, Vol. 13, 2010, p. 14.

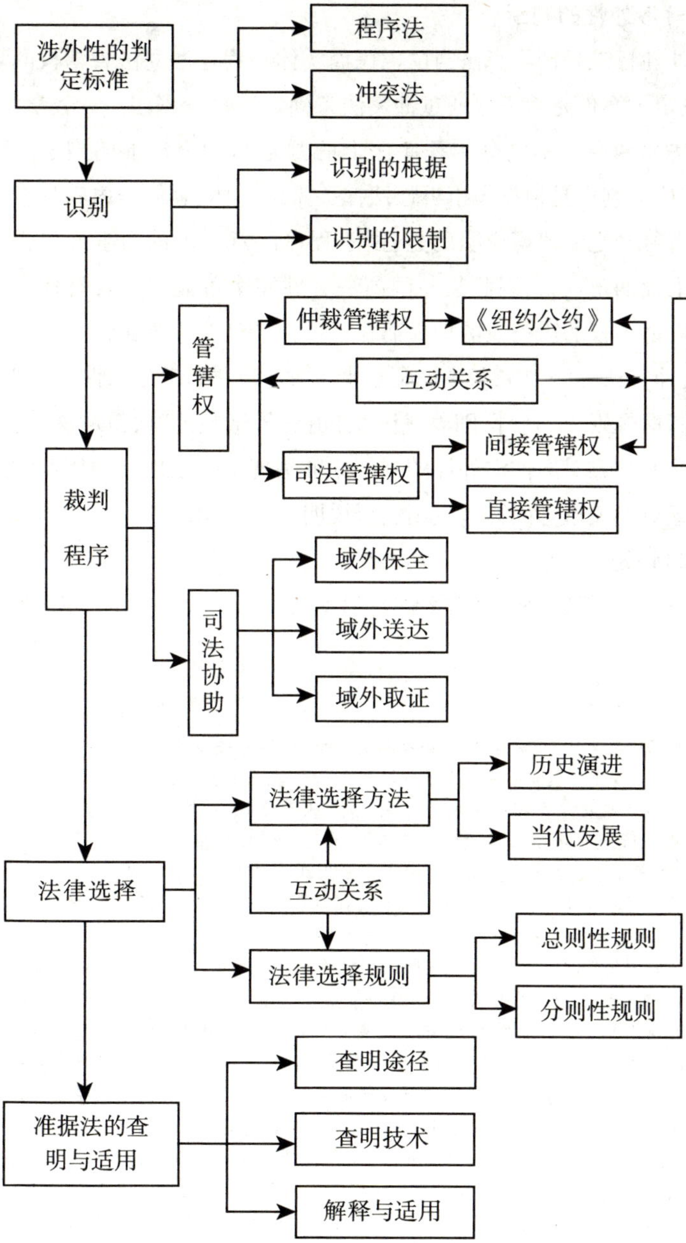

图1　裁判中心主义国际私法教学体系

(一)涉外性的判断

涉外性标准是国际私法与国内民商实体与程序法立法管辖权的划定标准,决定了案件是否需要通过冲突法来确定案件准据法。在教学中,可以根据法律渊源的不同分为程序法上的判定与冲突法上的判定。一方面,程序法上判定是根据民事诉讼法律关系的主体、客体与内容是否具有涉外性进行判定。值得说明的是,由于程序法意义上的当事人包含了有独立请求权的第三人,因此某一国内法案件完全可能会因具有外国国籍的有独立请求权的第三人的加入而在性质上转变为涉外民商事案件。另一方面,冲突法上的判定主要是根据冲突法立法进行判定,即一般判定规则+强制性规则。[27] 此外,随着我国"自由贸易试验区"政策的深入推进,我国法律实务界对案件涉外性的判断标准呈现出扩张趋势,[28]因此需通过典型成案对相关概念的具体应用进行说明。

(二)识别

通说认为,识别是法官对案件自然事实进行法律归类的认识过程,其

---

[27] 就我国而言,冲突法上的一般判定规则是指《涉外民事关系法律适用法司法解释(一)》第1条的规定:"民事关系具有下列情形之一的,人民法院可以认定为涉外民事关系:(一)当事人一方或双方是外国公民、外国法人或者其他组织、无国籍人;(二)当事人一方或双方的经常居所地在中华人民共和国领域外;(三)标的物在中华人民共和国领域外;(四)产生、变更或者消灭民事关系的法律事实发生在中华人民共和国领域外;(五)可以认定为涉外民事关系的其他情形。直接适用的法规则是指某一案件虽然满足一般判定规则的构成要件,但由于案件性质的特殊性,法院地法要求无需援引冲突规范而直接适用法院地的实体法进行裁判的规则"。例如,我国《涉外民事关系法律适用法司法解释(一)》第10条规定:"有下列情形之一,涉及中华人民共和国社会公共利益、当事人不能通过约定排除适用、无需通过冲突规范指引而直接适用于涉外民事关系的法律、行政法规的规定,人民法院应当认定为涉外民事关系法律适用法第四条规定的强制性规定:(一)涉及劳动者权益保护的;(二)涉及食品或公共卫生安全的;(三)涉及环境安全的;(四)涉及外汇管制等金融安全的;(五)涉及反垄断、反倾销的;(六)应当认定为强制性规定的其他情形。"

[28] 在"西门子国际贸易(上海)有限公司与上海黄金置地有限公司申请承认和执行外国仲裁裁决案"中,最高人民法院认为"一是西门子公司与黄金置地公司虽然都是中国法人,但注册地均在上海自贸试验区区域内,且其性质均为外商独资企业,与其境外投资者关联密切。二是本案合同的履行特征具有涉外因素,案涉设备系先从中国境外运至自贸试验区内进行保税监管,再根据合同履行需要适时办理清关完税手续、从区内流转到区外,至此货物进口手续方才完成,故合同标的物的流转过程也具有一定的国际货物买卖特征"。

结果是有管辖权法院地法中的案由(诉因)。[29] 在裁判中心主义视角下,识别的教学除了应介绍识别的概念与根据外,还应强调对法官识别过程构成限制的因素。法官的识别是受到事实限制的。根据司法的被动性特征,法官不得对当事人合法选择的案由主动变更,并且不得对未请求的权利义务关系进行裁判。在诉讼以前,律师根据案件事实与不同法域的法院地法,对诉因、诉讼请求、证据材料等各个方面的选择与设计不仅影响了管辖权的确定,而且限制了法官对案件的识别。例如,对某一合同与侵权竞合案件,A 国法院享有侵权管辖权而 B 国法院有合同管辖权,如果律师认为该案在 A 国法院审理更为有利,那么律师就可以 A 国法院地法为标准将案件设计为侵权之诉,从而限制了法官对案件的识别。

(三)涉外民商事裁判程序法

程序法问题不仅在逻辑上优先于法律选择与法律适用问题,而且决定着法律利益的实现可能及其效率。

1. 仲裁管辖权与司法管辖权。一方面,与国内案件不同,国际商事仲裁是涉外民商事法律事务首选的争端解决方式。由于仲裁管辖权构成对司法管辖权的排除,因此应将仲裁管辖权的取得根据以及国际商事仲裁裁决的承认与执行问题优先于司法管辖权的讲授。另一方面,对于司法管辖,除了讲授管辖权的取得根据外,还应结合国际实践,对协议司法管辖中的“排他性管辖”与“非排他性管辖”、不方便法院规则的适用等常见的管辖权问题进行案例教学。

2. 直接管辖与间接管辖。如前所述,裁判中心主义的“环形思维”要求国际私法教学应将司法裁判管辖与判决的承认与执行问题进行首尾观照。具体而言,应分别分析“直接管辖”与“间接管辖”的存在可能,在多种“映射关系”(函数关系)中结合个案寻求最优解。例如,对于某一特定案件:A、B、C 国均有直接管辖权,即“直接管辖 = {A、B、C}”;财产所在地为 D、E、F 国,其中 D 国为主要财产所在地,即“间接管辖 = {D、E、F}”。

---

[29] 就我国司法机关而言,识别是《民事案件案由规定》对案件事实的法律涵摄。参见最高人民法院,黄艺明、苏月弟与亨满发展有限公司等合同纠纷二审民事判决书,案号:(2015)民四终字第 9 号。

从逻辑上,对于直接管辖与间接管辖的映射关系,我们可以对应出9种组合,但为案件现实利益获得最大化计,应在A→D、B→D、C→D三种之一中进行选择。此后,再结合个案,通过考察A、B、C三国与D国之间的民商事判决承认与执行的条约缔结情况、互惠关系情况以及本案在A、B、C哪一国诉讼更为便利与可行等因素进一步分析从而获得最优解。

3. 司法协助。㉚ 司法协助是寻求涉外民商事法律事务处理最优解中的重要考量之一。以我国域外文书送达为例,我国文书向域外送达的平均耗时为74天,其中加拿大、美国分别在150天以上;外国文书向我国送达的平均耗时为48天,最慢为134天,最快为5天。㉛ 因此,司法协助问题能否快速、妥善解决不仅决定了胜诉后法律利益的实现效率与质量,甚至成为事先确定诉讼地点应考量的重要因素之一。

(四)法律选择方法与法律选择规则

1. 国际私法的历史是法律选择方法的演化史,㉜但各种方法并非是"落后与先进"的关系,而是各自对涉外法律选择方法体系的丰富。因此应将国际私法的历史演进与当代准据法的选择方法合并讲授,并特别强调不同方法对当代规则的影响。

2. 进入21世纪以来,法律选择规则与选择方法的互为体用是当代国际私法的特点之一。㉝ 在一定的时空条件下,成熟的法律选择方法具有为各国普遍接受的特征并在不同程度上以法律规则的形式表现。例如,意思自治的选择方法、最密切联系的选择方法在各国立法中均已在总论或

㉚ 国际私法意义上的司法协助有广义与狭义之分,狭义的司法协助仅指文书送达、传讯证人与取证、保全等内容,而广义的司法协助将外国判决的承认与执行也纳入其中。

㉛ 更为详尽的数据整理参见向明华:《域外"送达难"困局之破解》,载《法学家》2012年第6期。

㉜ 值得注意的是,演化并不意味着"进步",而是法律的复杂性在时间维度上的向前展开,法律制度是社会为满足特定时空条件下的需求的选择结果,尽管存在一定程度的"扬弃",但不存在绝对意义上的"进步"。参见唐世平:《国际政治的社会演化——从公元前8000年到未来》,中信出版社2017年版,第28~30页。

㉝ See Symeon C. Symeonides, *Private International Law at the End of the 20th Century: Progress or Regress?* Kluwer Law International Press, 2000;翁杰:《法律选择的规则与方法》,法律出版社2016年版,第3~4页。

总则中予以规定(总则性规则)。因此,在物权关系的法律适用规则、债权关系的法律适用规则等分则性法律选择规则的讲授中,将总则性规则与分则性规则进行结合讲授,强调选法规则与选法方法的互动。

(五)准据法的查明与适用

严格说,国际私法教学中法律渊源是指案件裁判准据法的表现形式。裁判中心主义的教学体系将法律渊源与准据法的讲授合并,强调对国际公约、国际惯例、外国法(成文法与判例法)的查明与应用的教授。国际私法实践不仅需要冲突法为案件提供"法律选择",而且需要对所选择的实体法对权利义务关系进行分配。因此,本部分的讲授至少应包含准据法的查明义务、准据法的查明工具以及非内国准据法的解释。值得说明的是,一方面,国际私法实践中大量存在准据法为国际公约、国际惯例与外国实体法的情况,这是国内法律数据库无法满足的,因此需要对惯常适用的英文数据库进行介绍;㉞另一方面,目前的国际民商法律实践多选择英格兰及威尔士法或美国法作为案件准据法,而这与我国的法律传统及解释方式存在较大不同,因此应对英美法的解释规则进行简要介绍。㉟

四、结语

随着"卓越法律教育人才培养计划"的推进,各"涉外法律人才教育培养基地"单位纷纷推出了"10+N"的教学改革模式,N是指各高校自主

㉞ 全英法律报告(All England Law Reports)、劳氏法律报告(Lloyd's Law Reports)、航空法报告人(CCH Aviation Law Reporter)等重要国际民商法律实务出版物已被电子化,大型涉外律师事务所经常采用 Westlaw Next、Lexis Nexis、Heinonline、Wolters Kluwer 等付费数据库用以检索英国、加拿大、澳大利亚、美国等国家的法律以及国际商事争端解决的法律信息。

㉟ 事实上,即使对于成文法的解释,英美法与大陆法也存在重大的不同。See Gerard Carney, "Comparative Approaches to Statutory Interpretation in Civil Law and Common Law Jurisdictions", *Statute Law Review*, Vol. 36, 2015, pp. 46–58. 对于英美法解释规则更为详尽的介绍,参见 Kent Greenawalt, *Statutory and Common Law Interpretation*, Oxford University Press, 2012。

选择开设的课程,其中包含国际私法学。在国际私法学的课时进一步压缩、教材日益厚重、涉外法律服务需求急速增长的今天,我们需要什么样的国际私法教学这一问题需要重新审视。正如英国法学家埃德蒙·伯克所言,法律的基础有且只有两个——公平和实用。我国的国际私法教育必须回应时代需求,以裁判中心主义重构传统的学理知识灌输的教学体系,实现在有限的教学时间内培养学生处理涉外民商事法律事务思维与能力的目标。

An Analysis on the Adjudication-based Approach in Private International Law Teaching System

Zhou Yaguang

Abstract: The traditional teaching of private international law in China pays more attention to theories, ignoring the practical nature of law, which cannot meet the need of international legal talent cultivation in the context that China has a deep participation in global economic governance. The "Adjudication-based Approach" is a teaching system which is based on the private international lawsuit (international civil and commercial litigation or arbitration), focusing on the training of private international law thoughts, aiming to fostering the ability of dealing international legal affairs. From the view of the core elements of the Adjudication-based Approach, it includes the establishment of circular thinking model, the integration of procedural and substantive issues, implementing the persuasive function of comparative law and the proper application of laws. From the view of the teaching content, the Adjudication-based Approach reconstructs the teaching content of private international law. It consists of five parts, the judgment of foreign factors, identification, the foreign-related civil and commercial procedural law, the rules of the application of law, and the proof of foreign law.

Key Words: teaching system of private international law, Adjudication-based, core elements, Structures for Teaching

突破与创新：基于《香港基本法》MOOC 的教学实践

邹平学　刘海林*

摘　要：随着“一国两制”在港澳的成功实践以及不断深入，基本法的教学、研究和普及推广愈加重要，基本法课程在高校的法学课程体系中的地位和作用备受重视。《香港基本法》MOOC 的教学实践表明，利用 MOOC 平台开设基本法课程为基本法的教学模式、学习效果、宣传普及带来了前所未有的突破与创新。因此，有必要总结该教育模式对于基本法的教育学习、人才培养和宣传普及的创新价值及其局限性，展望其未来发展方向及优化路径，为我国 MOOC 教育提供参考借鉴。

关键词：香港基本法　MOOC　教学实践　传统教学模式　过程性学习

---

* 邹平学，深圳大学港澳基本法研究中心主任，法学院教授，博士生导师。研究方向：宪法学、港澳基本法学；刘海林，深圳大学宪法学、行政法学硕士研究生，担任《香港基本法》MOOC 课程助教。研究方向：宪法学、行政法学。

一、引言

MOOC① 是 2011 年年末肇兴于美国的一种在线学习模式，其一经问世，便迅速席卷全球，成为最时髦的教育和学习机制。2012 年 11 月，《纽约时报》率先提出"慕课元年"这一崭新概念，②标志着 MOOC 教育正式进入大众视野。同年底，《时代周刊》将"MOOC"评选为 2012 年美国十大教育事件之首。③ 支持者视 MOOC 教育模式为传统高等教育模式的"有力挑战者"和"完美替代者"。④ MOOC 如此风靡的根本原因在于，它一定程度上颠覆了传统的以教师为中心的教学模式，将学习者置于学习过程的核心位置，鼓励学习者积极主动性的发挥及个性化学习路径的选择。⑤ MOOC 突破了传统教学模式的诸多时空局限，具有个性化、自主性及交互性等特点。⑥ MOOC 适应了网络时代学习碎片化的趋势，促进了优质教育资源在高校间甚至整个社会层面的共享，为大学功能带来了革命性改变。

短短几年时间，MOOC 被引进国内，掀起了国内高等教育模式改革的

---

① MOOC，全称"Massive Open Online Course"，直译为"大型开放在线课程"，通译为"慕课"。它是基于课程与教学论及网络和移动智能技术发展起来的新兴在线课程形式。参见李曼丽等：《解码 MOOC：大规模在线开放课程的教育学考察》，清华大学出版社 2013 年版，前言。

② 作者文章中用词是"the Year of the MOOC"，国内一般翻译为"慕课元年"。See Laura Pappano, "The year of the MOOC", *The New York Times*, November 2, 2012. Available: http://www.nytimes.com/2012/11/04/education/edlife/massive-open-online-courses-are-multiplying-at-a-rapid-pace.html.

③ See Kayla Webley, "Top 10 Education Stories", *TIME*, December 4, 2012. Available: http://nation.time.com/2012/12/04/top-10-us-news-lists/slide/planet-of-the-moocs/.

④ ［美］乔纳森·哈伯：《慕课：人人可以上大学》，刘春园译，中国人民大学出版社 2015 年版，第 223 页。

⑤ 参见杨玉芹：《MOOC 学习者个性化学习模型建构》，载《中国电化教育》2014 年第 6 期。

⑥ 参见艾四林：《引言：慕课对我国高等教育和高校思政课的启示》，载艾四林主编：《MOOC 与高校思想政治理论课教育教学创新》，北京大学出版社 2014 年版，第 4～5 页。

热潮。清华、北大、复旦、交大等全国重点高校相继加盟国外知名MOOC平台或者自主搭建平台。地方高校也纷纷加大MOOC建设的投入力度。2014年5月,深圳大学牵头组织成立"全国地方高校优课联盟",⑦几年来,联盟高校积极开发出独具风格的MOOC,在探索中国本土化特色的MOOC实践道路,引领和推动地方高校在线教育发展方面取得了显著成绩。

2016年2月,深圳大学港澳基本法研究中心开发的《香港基本法》MOOC在优课联盟平台成功上线,这标志着国内第一门《香港基本法》MOOC课程正式面向优课联盟成员高校的在校学生开放。为什么要开设这门课?世纪伟人邓小平曾高度评价《香港基本法》是"一部具有历史意义和国际意义的法律","是一个具有创造性的杰作"。通过学习香港基本法,有助于准确把握"一国两制"方针政策和基本法的科学内容和精神实质,正确认识香港特别行政区制度的理论和实践,更好地全面准确贯彻"一国两制"方针政策和基本法。借助优课联盟课程平台,有助于在全国范围内推广基本法的教学,宣传普及基本法。

香港基本法MOOC包括16讲,32课时,每节课由"教学视频""思考练习"等部分构成。教学视频是课程的核心部分。每节课讲授一个专题,时长40分钟左右,包括若干相对独立但又紧密联系的知识单元,每个单元视频5~15分钟。主讲教师采取理论讲授、规范分析、案例分析、课堂讨论、在线答疑等教学方法。迄今为止,这门课已经连续上线4个学期,积累了一定的教学运行经验和体会。鉴于目前探讨法学专业MOOC课程的成果寥寥无几,本文拟通过分析传统课堂教学模式在基本法教学过程中的困境,阐明《香港基本法》MOOC教学的优势,总结其上线以来的实践经验、教学体会,梳理其突破和创新,前瞻未来发展及面临的问题挑战,提出应对管见,以求教于方家。

⑦ UOOC是"University Open Online Course"的简称。

二、传统教学模式无法适应国家港澳治理大局对基本法教育的重大需求

众所周知,“一国两制”是和平统一与大国治理前所未有的制度创新。根据宪法和两个基本法治理好香港、澳门特别行政区,运行好特别行政区制度,对于维护国家主权、安全和发展利益,具有十分重要的地位和作用。近些年,港澳社会经济发展中的一些深层次矛盾逐渐显现,港澳特别是香港正面临国家认同、政制发展、外部势力干预等重大问题,港澳与内地的和谐关系面临严峻挑战。党的十九大报告把“严格按照基本法办事”作为对港澳工作的一条总要求,并提出了“完善与基本法实施相关的制度和机制”的目标。2017 年 5 月 27 日,时任全国人大常委会委员长张德江在纪念香港基本法实施 20 周年座谈会上的讲话中明确要求“加强香港特别行政区基本法宣传教育,维护基本法的权威”。“我们要在全社会范围内开展对‘一国两制’和基本法的教育。”⑧在高校开设基本法课程,培养基本法人才,是高等教育服务“一国两制”伟大事业的担当和使命。但客观说,现有的传统教学模式无法满足宣传推广基本法的形势需要,不能适应港澳工作对基本法专业人才的需求。表现为以下方面。

(一)基本法教学缺乏合格师资

我国基本法的教学研究水准相当落后,没有统编教材,全国高校法学院系中,能够开设港澳基本法专业选修课的很少,且极少数只给研究生开课。这与各高校相关师资不足及基本法不是独立的二级学科专业有关。目前很多高校引进教师要求具有博士学位,而有法学博士授予权的高校公法专业大部分不招收基本法方向的博士生。从学科专业角度看,基本法在法学学科体系中隶属于宪法学二级学科,属于其中的一个研究方向。

---

⑧ 张德江:《坚定“一国两制”伟大事业信心 继续推进基本法全面贯彻落实——在纪念中华人民共和国香港特别行政区基本法实施 20 周年座谈会上的讲话》,载《光明日报》2017 年 5 月 28 日,第 03 版。

其隶属关系是法学(一级学科)——宪法学行政法学(二级学科)——港澳基本法(研究方向)。既然基本法不是二级学科,当然就谈不上可以成建制地招收培养本专业的高层次人才,相应的师资不足显而易见。⑨

(二)传统课堂教学模式在开展基本法教学方面存在明显不足

传统课堂教育模式的最大特点就是"两个中心"——以"课堂"为中心和以"主讲教师"为中心。学生学习的过程和场所主要集中在"课堂"上,主讲教师始终居于主导地位。其不足体现为以下几点。

一是学生学习的个性化程度不足,学生的主体地位得不到彰显。主讲教师在台上讲课,学生在台下被动听课,在有限的教学时间内很难形成有效而深入的交流互动。即使有个别学生利用课间或课余时间与主讲教师进行交流,而其他同学则无法分享教师的答疑解惑。

二是传统课堂受教室容量的限度,教学空间封闭,教学规模较小。

三是优质教学资源被高度垄断,无法在高校间和全社会实现共享。很多高校都拥有特色优势学科和众多的教学和科研出色的专家学者,但由于课堂教学的高度封闭性,很多著名专家学者主讲的优质课程无法实现共享。

四是教学和科研矛盾突出。传统课堂教学模式下,很难做到多位老师共同开设一门课程,师资力量无法得到最大限度的聚合。主讲老师需花费大量时间在备课等课堂规划上,没有足够的时间和精力从事科研。而目前我国高校教师职称的评定主要依赖教师的科研成果,并不特别注重教学成就。由此,形成了教师"重科研、轻教学"的普遍现象,教学成了"良心活",导致教学质量明显下降,专研教学改革和创新的少。⑩

---

⑨ 不过这一状况开始有所改观。2017年5月,中山大学首次在全国自主设置"港澳基本法"目录外二级学科,笔者作为专家组组长参加了有关论证,这是我国港澳基本法学科发展的标志性事件。从此基本法不再是一个二级学科之下的学科方向,而开始成为二级学科。

⑩ 参见李清泉:《全国地方高校UOOC联盟MOOC建设的探索与实践综述》,载《工业与信息化教育》2016年第8期。

三、MOOC 教学模式对基本法教学的突破与创新

(一)推动个性化、开放式自主教学

首先,教学方法不再过于单一、死板,学生在网络课堂上自主学习教学视频、参与网络社区讨论、请主讲老师答疑解惑以及完成课后作业等,原来的线下"课堂"则为每学期数次的线下见面课所取代。学生不仅可以自由、随性地选择学习环境、时间和内容,还可以结合自身学习能力和学习目的,制订个性化的学习计划,自行掌控学习进度。这不仅使学生能够获得良好的学习体验,更能够提升其自主学习的能力。

其次,主讲教师在课程平台的后台可以察看学生的学习进度和任务完成情况,可以对自主学习态度不积极的学生发出督促指令。学生在学习过程中遇有任何疑问或兴趣话题均可在讨论区发起讨论,与老师和同学互动沟通。《香港基本法》MOOC 在网络讨论社区答疑解惑和交流分享的具体形式就包括"学生提问"、"随堂讨论"和"综合讨论"三种,在线网络课堂真正成为了教师与学生、学生与学生之间沟通互动的场所,这就突破了传统课堂"一对多"的局限性,能够实现大范围的探究式、讨论式、参与式学习方式。⑪

最后,MOOC 注重参与式实践教学,教学过程始终保持开放性。仅以前两次线上课程网络的点击访问及讨论区的统计数据看,总访问数高达35,141次,总讨论数达 1636 次,很多讨论的话题完全是学生有感而发、自主组织的,很多精彩的回答并非老师提供的标准答案,而是学生自行查阅资料或认真思考寻求的答案,这些问与答均在讨论区共享。这些是传统课堂教学难以想象的。

(二)优化组合教学资源并实现优质教育资源共享

《香港基本法》MOOC 教学团队由 9 人组成,其中有教授 7 名,包括 5

---

⑪ 参见汤敏:《慕课革命:互联网如何变革教育》,中信出版社 2015 年版,第 12 页。

名博士生导师。除6名本校学者外,还有北大、港大、香港城大的著名学者加盟,它打破了传统模式下师生都隶属于特定高校、教学活动只发生于特定高校的局限性,使优质课程资源的辐射力、覆盖面超越了校园,实现了校际共享。《香港基本法》MOOC上线以来,除深圳大学学生外,还有37所UOOC联盟高校超过1100名学生选修了本课。⑫

(三)有效调和教学和科研矛盾

基本法MOOC开设后选修学生数远超原来的线下课,但教学团队每个人平均教学负担并未增加,科研和教学的紧张关系有所缓解。

(四)为教学效果的评估及改进提供了客观准确的数据分析

MOOC教学平台可以观察每个学生的学习过程、分析每个学生的学习行为、总结每个学生的学习特点、基本把握每个学生的学习规律。⑬ 主讲教师可以通过大数据,在宏观上分析MOOC学习者的学习共性,在微观上分析个别学习者的个性化学习特征和过程,为最终改进MOOC教学提供了可能。⑭ 事实上,本文下面关于《香港基本法》MOOC教学运行和实践的分析正是基于这些数据。

四、《香港基本法》MOOC教学的实施与效果

(一)提供上乘教学资源

MOOC 9人教学团队来自深港京4所高校,另有2名助教。这不仅

---

⑫ 据统计有福建师范大学、新疆大学、河南大学、南方医科大学、华南农业大学、云南大学、杭州电子科技大学、长江大学、济南大学、广州大学、汕头大学、湖北大学、黑龙江大学、厦门理工学院、长春大学、广东石油化工学院、重庆文理学院、华南理工大学广州学院、嘉应学院、江苏大学、中山大学新华学院、广东财经大学、广东海洋大学、青岛大学、佛山科学技术学院、三峡大学、海南师范大学、山西传媒学院、湖北工程学院、哈尔滨学院、昆明理工大学、广州中医药大学、河南理工大学、韩山师范学院、五邑大学、成都信息工程大学继续教育学院等高效以及深圳大学MOOC先修班(专门针对深圳高中生开设的课程)选修了本课程。

⑬ 参见刘武根:《MOOC视阈中的高校思想政治理论课教学新探》,载艾四林主编:《MOOC与高校思想政治理论课教育教学创新》,北京大学出版社2014年版,第18页。

⑭ 参见杨玉芹:《MOOC学习者个性化学习模型建构》,载《中国电化教育》2014年第6期。

丰富了课程内容并开拓了学生的视界，亦为内地和香港学者合作宣传阐释基本法进行了开拓性探索。

（二）提倡过程性学习

教学团队还特别重视过程性学习，通过技术手段对课程网页访问、视频观看、讨论区发帖、在线作业提交等环节提出严格要求和及时跟踪督促，加强教学效果的延展性。每两周发布一次学习进度排名，对观看视频时长、讨论区发帖情况排名前列的学生进行通报表扬，该项排名亦作为期末考核的加分项目。

（三）重视与学生的互动交流

教学团队亦特别重视与学生的互动交流，比如创设微信交流群，学生在讨论区提问和答问，教师答疑解惑，对高质量的回帖点赞并点评推介，从而使得带有普遍性的教学问题能够获得良好的传播效果。

（四）改革传统考核形式

《香港基本法》MOOC 重视考核方式的改革，一是采取线上作业、线下互动及线下考试相结合的方式；二是强调完成平时作业和章节测试，加大奖励主动完成测试和作业的学生；三是在设计期末考试内容时注意将知识点提炼出来，浓缩成问题，结合法学案例教学、规范分析突出的特点，针对问题设计案例，针对条文规定提出法理分析要求，特别鼓励学生发表独立见解。

（五）开展丰富多样的课外教学活动

在第一学期期末考试后，教学团队举行了 MOOC 教学座谈会，邀请优秀学生代表参与座谈，听取他们对本课程的意见和建议，以便及时对课程展开有针对性的完善。由于 MOOC 教学主要发生在网络平台，线下见面课的次数非常有限，故此类座谈会的常态化对于 MOOC 的完善很有裨益。

（六）广受学生和社会赞誉

《香港基本法》MOOC 上线以来，获得了深圳大学和其他高校学生的广泛认可,教学问卷测评显示,⑮"整体满意度"高达88.8%,其中"非常满意"和"满意"的比例分别为58.1%和30.7%;不满意和非常不满意的只有3%。学生对本课的综合评价高达4.8分(满分为5分)。本课程还荣获2016年首届全国地方高校优课联盟"品牌MOOC"荣誉称号。课程上线后,还多次受到中央和省港澳工作机关的褒扬,全国人大常委会港澳基本法委员会、广东省港澳办先后调研课程教学情况,高度评价课程因应了国家重视基本法学习宣传的形势需要,贯彻了中央领导要求基本法进高校课堂的指示,是宣传学习基本法的创新性平台和有效形式。

五、《香港基本法》MOOC教学面临的挑战

(一)《香港基本法》MOOC选课学生数量增长乏力

《香港基本法》MOOC第一学期选修的学生人数高达339人,第二学期持平,但第三学期人数却遽减至160人左右。事实上,外校选课人数并未有大幅波动,总选课人数减少主要原因在于本校以本课程作为专业选修课的法学院本科学生中很大一部分在前两个学期已经选修过本课程。不过,随着在联盟高校内课程推广力度的增强,校外选课人数的增长还是比较乐观,从2017~2018年第一学期(开课以来的第四个学期)的数据来看,选课人数达到了304人,说明努力发掘校外选课学生潜力是可行的道路。

(二)学生自主学习意识和能力有待提高

相较于Coursera、edX等面向社会公众开放的MOOC平台,UOOC联盟课程平台上的学习主体主要是联盟成员高校的在校生,其学习目的主要是获取学分。笔者发现,在MOOC教学实践过程中,学生的自主学习意识和能力明显不足,这主要体现在观看教学视频、参与网络社区讨论的积极性和有效性、平时作业的完成率等方面。例如,学生参与讨论的热情

⑮ 在2015~2016年度第二学期期末,《香港基本法》MOOC进行过一次教学评估问卷调查。

明显不高，第一学期参与讨论次数在 5 次以下的学生比例达 69.3%，其中从未参与过讨论的学生比例更高达 36%；而第二学期分别为 69.5% 和 60%；再如，作业完成和提交情况不理想，第一学期从未提交作业的学生比例达 27.4%，第二学期高达 30.8%。

（三）专业选修 MOOC 课程的评价标准需审慎对待

如何评价一门 MOOC，尽管尚无权威公认的标准，但选课人数这一要素似乎较为人所重视。但不区分课程性质而一味看重选课人数，恐失之偏颇，对于专业性强而受众较窄的课程来说不够公平。因为一般来说，面向大众的通识类课程更易为学生青睐，而专业性强的课程较易为学生所回避。《香港基本法》MOOC 适合具有法学专业知识背景的学生选修，不宜作为通识课。如果联盟高校未将《香港基本法》指定为该校的专业选修课，则选修学生人数的增长会相当有限。

（四）MOOC"低结课率，高辍学率"现象值得警惕

MOOC 的"低结课率，高辍学率"现象在面向全社会的各大 MOOC 平台都极为普遍，有研究者发现，只有不到 10% 的慕课注册者能够完成全部课程。[16] 也有数据显示，有的 MOOC 辍学率高达 75%。[17] 与面向全社会的 MOOC 平台相比，高校发起建立的 MOOC 平台主要面向在校学生，并将课程学习与学分挂钩，一定程度上避免了"高辍学率"现象的发生。"UOOC 联盟课程平台"也不例外。[18] 但这一现象还是应当引起重视。UOOC 联盟课程的发展趋势必然要从联盟内部逐渐面向全社会开放，只有见微知著，未雨绸缪，方能从容应对未来。

---

⑯ 参见[美]乔纳森·哈伯：《慕课：人人可以上大学》，刘春园译，中国人民大学出版社 2015 年版，第 8 页；S. Meisenhelder，"MOOC Mania"，*Thought & Action*，2013(29)：7－26。

⑰ 参见常宁：《辍学率高达 75%　MOOC 们该如何继续？》，载网易科技：http://tech.163.com/15/0916/09/B3KGVT5U000948V8.html，最后访问日期：2017 年 4 月 1 日。

⑱ 基于《香港基本法》MOOC 实践运行数据统计，第一学期学生"辍学率"仅为 12.98%，第二学期仅为 12.58%。

六、结语:未来展望与改进建议

(一)加强师生在教学实践中的参与和互动

随着MOOC学生规模的不断扩大,主讲教师难以针对每一位学习者进行个性化辅导,也不可能时时去为每一位提问者重复答疑解惑,学习者的很多疑问都是依靠学习者在网络讨论空间的充分交流获得解决的。但有秩序、高质量的讨论一定会依赖于主讲教师的引导和监督,这就要求教师团队加强教学参与,包括线上和线下的参与。线上的参与如在网络讨论社区进行互动,但毕竟为时空界限所疏离和阻断,无法形成面对面的交流与沟通,最后形成一种"只知其人而从所未见"的尴尬现象,遑论获得身临其境的学习感受。因此线下见面课的补益作用值得重视。但从教学实践来看,学生对线下见面课的重视程度不够,而且除固定的线下课外,教学团队如何广泛地参与也缺乏硬性约束,课程平台技术上也缺乏对教师参与讨论的数量进行统计的手段。如能辅之以QQ交流群、微信交流群等工具,或许有助于弥补上述不足。

(二)平衡"师生比"以提升教学质量

美国圣何塞州立大学哲学系曾在一封公开信中断言,"慕课是对教育质量的严重妥协"。⑲ 这应被视为一种对当下MOOC粗放式发展所带来的弊端的担忧。当下很多MOOC盲目追求规模效应,一旦制作开放MOOC后就认为万事大吉,只等学习者注册学习,事实上这正忽略了MOOC的核心和实质。笔者认为,MOOC的教学质量集中反映在"讨论质量",而非学生规模上。"讨论质量"超越"讨论数量",包括讨论的积极性、讨论话题的有益性等多项评价指标。而提高"讨论质量"还需要多方

---

⑲ The Department of Philosophy at San Jose State University, "An Open Letter to Professor Michael Sandel From the Philosophy Department at San Jose State U", THE Chronicle of High Education, May 02, 2013. Available: http://www. chronicle. com/article/The-Document-an-Open-Letter/138937? cid = rclink.

面的探索与努力。从《香港基本法》MOOC 的教学实践看,一个有益的途径就是平衡“师生比”,即教师团队人数与在线学生数量的比例达致相对平衡。在国外,英国高校一般维持在接近 1∶25,美国高校大致类似。例如,哈佛大学法学院在 edX 平台上开设的关于知识产权方面的 MOOC 拥有 21 位教师团队成员,但是招生规模则严格限制在 500 人以内。[20] 这样做当然是为了提高教育质量,特别是线上和线下课程的讨论质量。这些域外经验值得参考,但具体多大比例是“平衡点”,仍须我们根据具体教学实践经验的探索来确定。

(三)多元化拓展 MOOC 受众规模

MOOC 革新传统的两条主线,一在于创新教学过程和人才培养模式,二在于促进优质教育资源的开发与共享。前者更多依赖于主讲教师的积极参与和创新思维,后者则是 UOOC 联盟高校和 UOOC 平台管理者的职责所系,要创新思维,拓宽传播渠道,扩大宣传力度,让更多高校及其学生了解优质 MOOC 资源。另外,如今 MOOC 一般分为面向全社会的商业性平台和仅面向联盟高校学生的非商业性平台,经过市场经济淘洗的商业性平台在宣传推广、资源组合等多方面拥有较大优势,特别是在“知识付费”商业模式发展得如火如荼的背景下,其潜在受众规模要远超高校学生受众。因此,以 UOOC 联盟平台为代表的高校联盟平台应审时度势,适时扩大 MOOC 受众基础,面向社会推广优质 MOOC 资源,以提升平台自身的影响和注入可持续发展之动力。美国《时代周刊》曾前瞻性地断言,激励更多学生学习和完成 MOOC 的有效方法是,这些线上课程能够帮助人们找到工作。[21] 诚哉斯言,教育培养的是人才,但是否是人才并非学校自说自话,而要由社会尤其是用人单位来评价衡量。所以从长远来看,“打铁还需自身硬”,UOOC 平台开发者、管理者应共同努力,提升 MOOC 教育质量,增强学生和社会的认受性。

---

[20] See J. G. Mazoue, “Five Myths about MOOCs”, *Educause Review Online*, 2014, pp. 1 – 9.

[21] See Kayla Webley, “Top 10 Education Stories”, *TIME*, December 4, 2012. Available: http://nation.time.com/2012/12/04/top-10-us-news-lists/slide/planet-of-the-moocs/.

(四)重视教学视频的叠态更新和教材教辅材料的供给

很多MOOC课程的教学团队都持有这样一种似是而非的观念:线上课程的时间付出主要在课程开发与制作阶段。由于成本因素,作为核心教学资源的教学视频,很可能一次开发,沿用数年,很少再做任何更新。但教学视频必须保持必要的更新频度,尤其是时事性较强的课程更应适时更新。考虑到成本因素,教学视频可以尝试每一、两年对部分章节进行更新,每三、五年有一个较大比例的更新(甚至是重新录制)。测试题、作业等的更新可以常态化甚至日常化。《香港基本法》MOOC上线已历经4个学期,教学视频的更新主要是针对错漏的地方进行补录修改,同时邀请校外著名学者补充专题讲授,置于相应的章节之中。下一步应针对基本法实践的最新发展及时对教学视频进行修改,对测试题、作业题、讨论区及时更新素材。

另外,多数MOOC课程的教学资源一般是以课程视频为核心,再辅之以推荐基本参考书目。但与纸质书本相比,教学视频内容分散、碎片化,学生在学习过程中难以形成体系性和整体性的知识结构,亦难以充分记忆和吸收课程内容。作为一门新开发的MOOC,《香港基本法》MOOC教学团队已经着手编写配套的课程教材和教学参考书,并联系法律出版社出版。若果,学生可以在预习、学习和复习各阶段参阅本课程教辅资料,以弥补仅观看教学视频的不足,从而全面提升教学效果。

Breakthrough and Innovation: A MOOC Teaching Practice of The Basic Law of the Hong Kong SAR of the People's Republic of China

Zou Pingxue　Liu Hailin

Abstract: With the advancing of the successful practice of "one country, two systems" in Hong Kong and Macao, the teaching, research, and popularization of the Basic Law in these two regions are becoming more and more important. The status and role of the Course of the Basic Law in the legal curriculum system of colleges and universities is highly valued. The MOOC teaching practice of *The Basic Law of the Hong Kong SAR* shows that using the MOOC platform to set up the Basic Law curriculum has brought unprecedented breakthroughs and innovations to the teaching methods, learning effects, and popularization of the Basic Law. Therefore, it is necessary to sum up the innovative value and limitations of this education model for the education, talent training, and popularization of the Basic Law, and to look into its future development directions and optimization paths, so as to provide reference for MOOC education in China.

Key Words: Basic Law of the Hong Kong SAR, MOOC teaching practice, traditional teaching mode, process learning

法律实务课“双师多域协同”教学模式探究

宋志军*

摘　要:在卓越法律人才培养计划实施过程中,探索以法律职业能力培养为目标的实务课教学模式非常必要。“双师多域协同”教学模式是校内教师与检察官、律师等实务导师以真实案卷、仿真训练场景和岗位训练为基础的协同教学,使学生在办案过程中提升法律职业能力的教学模式。“双师多域协同”教学模式的核心是“4方法、4环节”教学组织模式。4种教学方法包括实操训练法、以赛促学法、法律实务岗位训练法、任务驱动教学法。通过教师引导与示范、学生分组演练、汇报与研讨、实训基地训练等4个教学环节有序运行,使得4种教学方法在学生职业能力训练中有效发挥作用。

关键词:法律实务课　“双师多域协同”教学模式　法律职业能力

以培养学生法律职业能力为目标,对课程设置、教学方法和课堂组织形式进行改革,特别是增设法

---

* 宋志军,西北政法大学刑事法学院教授。研究方向:刑事法学。

学实务课、探索实务课的教学方法，是卓越法律人才培养计划实施的重要内容。法学课程教学方法的探索和研究已经有多年的历史，在传统的讲授方法之外，呈现出了多样化的新型教学方法，例如，讨论式教学法、案例式教学法、诊所式教学法、模拟法庭教学法，等等。这些方法相比传统的课堂讲授法有所创新，对提升学生解决实际问题的能力具有一定的作用，但是在教学理念上没有从根本上脱离传授法学知识的窠臼。因为“我们的法学教育教学，忽略了一个重要的问题，即把学生培养成专业的法律职业者”。① 在培养学生的应用能力和职业技能的目标下，“双师多域协同”教学模式从实质上和形式上创新了法律实践课教学模式，与其他强调法律应用能力的案例教学、法律诊所教学相比，具有鲜明的特色。笔者在本科生和研究生中开设了《刑事辩护实务》和《检察实务》课，由校内教师与司法实务部门的业务骨干联合授课，探索学校与检察院、律师事务所协同创新的实务课教学模式。本文以笔者多年从事法律实务课教学方法探索的经验为基础，对“双师多域协同”教学模式的内涵、教学方法及其教学环节、保障措施等进行提炼。

一、“双师多域协同”教学模式内涵之阐释

“双师多域协同”教学模式在培养目标上以法律职业能力为导向，在教学组织上突出实践教学环节，以真实案卷、仿真的办案环境及岗位实训为实践教学条件，由校内教师与检察官、法官和律师等实务导师共同授课，在教与学的关系上实现学生主动学习及师生互动。该教学模式以学校与司法实践部门的双向协同育人机制为依托，通过对教学资源进行整合，拓展教学空间，实现教师之间、师生之间、学校与司法实践部门之间等多元主体的全方位协同。“双师多域协同”教学模式的教学实施过程主要由“4 方法、4 环节”构成，形成了独具特色的、系统化的法律实务课教学

---

① 王晨光、陈建民：《实践性法律教学与法学教育改革》，载《法学》2001 年第 7 期。

模式。

(一)以法律职业能力训练为导向

传统法学教学模式主要是采取单向灌输方式,向学生注入某种既定的知识,重在知识体系的完整性和逻辑思维的训练。案例教学、诊所教学尽管在不同程度上强调培养学生运用法律条文及法学理论解决实际问题的能力,但是在法律职业能力训练维度上并未有明显突破。"双师多域协同"教学模式则旗帜鲜明地将法律职业能力训练作为教学的导向,教学内容和教学方法服务于学生法律职业能力训练和职业伦理的养成,教学组织形式也是以促进学生融入法律职业角色办理案件为原则。它也不同于多师同堂的教学模式,后者是指由三名或三名以上来自不同学科背景的教师组成协同教学团队,共同分担同一门大学本科或研究生教学任务,展开共同授课的研讨式教学模式。② 该模式中的双师实质上均为校内的理论课教师,强调理论和思辨训练层面。

(二)"双师"实质上是"多师"

双师并不是一般意义上的"两名教师",而是两个"领域"的教师,即校内理论教师和校外实践部门的实务导师,即校内不同专业的教师、校内教师和校外实践部门的教师协同授课。校内理论教师和实务导师都可以是多人,即在同一门实务课上,根据授课的需要会有两名以上的校内理论教师和实务导师授课,即使在某一节课上,也会有多位教师授课。多位教师可以同堂授课,也可以按照各自的业务专长先后承担不同的授课任务。例如,检察实务包含审查批准逮捕业务和公诉业务,可以分别聘请检察院从事审查批准逮捕和公诉业务的检察官授课。同理,检察业务和刑事辩护业务既有刑法的问题,又有刑事诉讼法的问题,这就需要根据校内理论教师的研究领域,由刑法学专业的教师、刑事诉讼法学专业的教师分别或者共同主持课堂教学。这样既可以突破教师专业知识和实务技能的限制,又可以在刑事一体化的背景下发挥教学团队知识和技能的合力。

---

② 参见付子堂:《构建多师同堂协同教学模式》,载《中国教育报》2013 年 2 月 25 日,第 6 版。

(三)“多域”在实质上拓展了课堂的空间领域

“多域”是指“多场域”,即校内课堂、校外“实训课堂”——协作实训单位(检察院、法院、律师事务所)、校外实训延伸课堂(公安机关、看守所)、校内学习资源室。传统的教学场域——教室所提供的场地、资源等难以满足仿真性和实战型教学方法的需要,必须通过建立学习资源室和实训基地来拓展课堂的空间场域。充分利用实践部门的案卷、办案设施等教学资源,将课堂延伸到检察院、法院和律师事务所等实训基地,形成“课堂—实训基地—课堂”“课堂—学习资源室—实训基地”等多场域协同的人才培养形式。多场域协同既可以解决案例教学和实习对专项能力培养不足的问题,又可以创新教学形式,特别是学生在实训期间跟随检察官、法官或者律师,以“师傅带徒弟”的形式进行办案实践,针对课堂上学习的内容开展实地训练,真正做到“在讲中练,在练中学,讲练结合”。基于法学实务课教学需要较多真实案卷材料及相关学习资料的现实需要,通过把案卷、技能训练指导书、文献资料、庭审录像、案例数据库等资源进行整合,设置专门的学习资源室供学生在课下自学时使用。

(四)“协同”是教学主体及教学场域的立体化、全方位协同

协同是指两个或者两个以上的不同资源或个体,协同一致地完成某一目标的过程或能力。它表现了元素在整体发展运行过程中协同与合作的性质,结构元素各自之间的协调、协作形成拉动效应,推动事物共同前进,对事物双方或多方而言,协同的结果使整体加强,共同发展。协同教学是协同理论运用于教育领域的产物。协同教学从改革教师结构、课程内容等方面入手,是教师的优化组合和课程内容的有效传达。③ 协同教学先驱者美国华盛顿大学夏普林教授给协同教学的定义是:一种教学组织形式,包括教师、主力人员和他们所担任教学的学生,在两个或更多教师的合作下,担任同一群组学生的全部教学或其他部分。④ 在这一定义之下,协同教学是两名以上的教师与学生共同构成的、在共同学习中形成的

---

③ 参见钱丹洁、张伟平:《国内协同教学研究述评》,载《教学与管理》2012 年第 5 期。

④ See J. L. Trump, “Team Teaching”, T. Husen, ed, *The International Encyclopedia of Education*, Vol. 546.

协同关系,在学生的分配、时间的分配、分组的调配等方面是多样的、变化的。上述协同教学的内涵仍局限于主体之间的协同,“双师多域协同”教学模式中的协同则更为丰富,既包括多元教学主体之间的协同,也包括多元教学场域之间的协同。

1. 多元教学主体之间的协同

教学主体之间的协同,既包括学校和实践部门的协同,也指校内教师和校外教师的协同,还包括师生之间的协同。“双师多域协同”教学模式突出学生与教师的平等主体地位,教学主体关系不是二元的——师生关系,而是多元的——师生之间、师与师之间、生与生之间的协同与互动。教学主体之间的协同关系可分为三个层次:其一,师与师之间的协同。由于法律实践课教师的专业背景和职业特性差异较大,对于课堂教学和实务训练的方式、方法和内容等可能会存在不同的认识,这就需要校内教师和校外教师在备课和授课过程中能够做到充分沟通,做到有效协同。难度较大的能力训练课或者竞赛式教学法需要进行课前排练,将教案中所设计的教学环节特别是互动、模拟和辩论等难度较大的环节,在课前进行模拟,发现问题及时调整。“通过课前排练和模拟教学,可以适时调整教学内容与进度,减少课堂教学中的不确定因素,避免遇到突发情况影响教学的顺利进行。”⑤其二,师生之间的协同。传统法学教学模式的师生关系以威严与敬畏为基调、自上而下的灌输为知识传播路径,师生之间不是平等的关系;而“双师多域协同”教学模式中的师生关系不仅是平等的,而且是协同的,更加强调师生的互动与同步。例如,在教师演示和学生模拟环节,教师在技能训练开始之前先演示办案步骤、方法和技巧,然后讲解模拟练习中的注意事项和要求,学生在观摩的过程中必须与教师演示的进程同步,否则将无法领会所演示的办案技巧。学生分组演练时,教师进行巡回指导,并且回答同学们提出的问题,对同学们演练中不当之处提出改进意见。在展示阶段,教师仔细观察学生的表现并且对其合理性、实战效果进行评估,在此基础上进行点评,学生对教师的点评意见及建议可以

---

⑤ 王杏飞:《多师同堂协同教学模式的路径透析》,载《黑龙江高教研究》2014年第8期。

提出自己的想法并且进行讨论。其三,学生之间的协同。通过角色扮演、分组模拟演练、汇报与点评、案件办理中的分工与合作等教学组织形式,将学生的潜力充分激活,思想火花和创造力在工作配合及语言沟通中被激发出来。法学实务课堂,给学生赋予了一定的责任,他们在这种责任的推动下会超出一般课堂上百倍的注意力和细心来处理。这种负责任的学习过程也使得学生学到了如何在实际案件中把握职业道德标准的经验和模式。⑥ 学生在进入不同的法律角色、完成不同的工作任务时,成为彼此密不可分的有机整体,每个人必须融入团队、积极扮演自己的角色、完成自己的工作任务。学生在模拟演练中形成了工作环节前后相继与制约、同一角色的分工与配合、不同角色的对抗与协调等复杂的“准工作关系”。

2. 多元教学场域之间的协同

“双师多域协同”教学模式大大拓展了教学的场域空间——教室、实训基地和学习资源室,而且三种教学场域既可以先后运用,也可以交叉运用,甚至可以平行运用。根据课程内容和职业能力训练的需要开展“多域协同”,这在一定程度上充分发挥了多个教学场所的整体优势。教室和实训基地之间是先后运用的关系和交叉运用的关系,通常是先在教室中进行职业能力、基本知识、法律运用和办案技能的学习、讨论和演示,具备基本的操作技巧之后,安排学生到实训基地进行上岗实训。在实训基地中,由实务导师带领学生办理案件,有针对性地运用所学办案方法和技巧处理案件。与此同时,学生可以自由选择时间在学习资源室进行练习,即学习资源室与教室、实训基地是平行关系。学生对学习资源室的运用可以让教学更加具有弹性和个体适用性,学生可以根据自己的学习进度和对课堂技能训练、实训基地训练中遇到的问题,随时在资源室进行资料查询、阅卷和案例检索。

---

⑥ 参见王晨光、陈建民:《实践性法律教学与法学教育改革》,载《法学》2001 年第 7 期。

二、"双师多域协同"教学模式的主要方法及环节

在"双师多域协同"教学模式运用过程中,选择科学合理的教学方法并将其有效融入教学环节,是实现训练学生职业能力的关键。经过几年的实践和总结,形成了法律实务课"4 方法、4 环节"教学组织模式。

(一)"双师多域协同"教学模式中的教学方法

教学方法是教师教的方法和学生学的方法的有机统一。在以学生为主体的实践课教学过程中,教的方法应根据学的方法来确定并及时调整,否则便会因缺乏针对性、适应性和可行性而不能有效达到预期的教学目的。以职业能力培养和办案技能训练为宗旨的教学模式有以下几种。

1. 仿真场景下的实操训练法

实务课的首要教学方法就是办案技能的实操训练法,即实战型的实践教学方法。通过为学生亲身参与法律实践提供机会、创造真实场景,在实践演练中进一步提升学生法律实务操作能力。这种实操教学方法是训练学生法律实践能力的最有效方法之一。因为"法律实践为法律技能的形成提供了具体化、情景化的语境,使学生在亲历亲为的实践活动中熟练掌握各种法律技能"。⑦《检察实务》《刑事辩护实务》等都是实战性很强的课程,传统的案例教学法已经不能适应办案技能训练的需要。在课堂和实训基地都采用检察院真实卷宗,在检察官手把手的指导和带领下,学生在仿真和真实的办案环境下学习处理案件的步骤、思路和方法,训练实战技能。这种教学方法对教师的要求比较高,即只能由具有丰富办案经验、具备较强职业能力的法官、检察官、律师及有实践部门挂职经历的校内教师授课和指导。更形象地说,实操训练法中的师生关系更像是师徒。首先由"师父"——实务导师向学生——"徒弟"演示办案要领、操作步骤并对可能遇到的问题及通常的解决办法进行指导,然后"徒弟"从实际案

---

⑦ 房文翠:《法学教育中的实践教学原则》,载《中国大学教育》2010 年第 6 期。

件入手,实践“师父”所演练的步骤和方法,遇到自己解决不了的问题或对处理方式存在疑问的,可以随时向“师父”请教。在演示、指导、提问、再指导的过程中,学生逐渐领会和掌握办案技能。例如,在阅卷能力训练课上,由检察官讲阅卷的目标和要领,将提前编制好的案卷和阅卷笔录发给学生,带领学生分步骤阅卷,制作阅卷笔录。

2. 技能训练导向的任务驱动教学法

法律职业能力训练的目的明确、指标可量化、任务可分解,其程序化、顺序衔接的特点非常适合在分组训练时采用任务导向教学法。任务导向教学法是教学任务和任务的顺序性发展,它鼓励学生的学习动力,提高学生的交流策略,产生协作学习的环境,在协作完成任务的小组活动中,每个成员都有机会表达自己的观点,发挥每一个人的创造性。[⑧] 在备课阶段,教师将每一项具体的职业能力根据学生的实际情况分解为可执行、可习得的指标,并将任务指标通过一定的载体和形式在课前输入给学生。在法律实务课的教学中,技能训练指导书承载着操作指南、项目说明书和最终成果指标的信息,是向学习者输入任务信息的载体。在运用任务教学法的课堂上,学生具有更多的独立性和自主性,教师主要是演示者、引导者、观察者和指导者。在不受教师所给定的答案限制的情况下,学生能够充分发挥主观能动性和发散思维,有利于提高学生法律技能运用的灵活性。例如,在阅卷能力训练时,学生根据技能训练指导书按步骤完成阅卷之后,汇报阅卷后发现的问题,由实务导师对汇报进行指导和点评。教师通过明确学习的任务和需要达到能力训练目标,把办案过程和分析方法给学生演示,然后学生在分组讨论甚至争论的过程中,充分发挥学习的主动性和主体性。在这个过程中,每个学生可以根据自己的基础和掌握程度,找到适合自身特点的角色和参与的最佳方式,实现了师生之间、生生之间及师师之间的协同互动。正如有学者所言,“这就意味着教学从传递知识到生成知识的转换,知识不再是教师以独自的方式传递给学生的

---

⑧ 邓环环:《关于任务型教学法在中国课堂上应用的探讨》,载《湖北师范学院学报》2015 年第 1 期。

静态的书本内容,而是动态的、生成的”。⑨ 任务型教学法在课堂教学和实训基地的岗位锻炼中具有较强的适用性。任务完成的方式是否正确,办案时间是否符合程序法的要求等指标,是衡量法律职业能力训练任务是否完成以及完成效果的重要因素。

3.法律实务工作岗位锻炼法

法律职业能力除了在课堂上通过实务导师的演示、学生的模拟等教学环节得到训练之外,更需要在法律实务工作岗位上进行锻炼,将课堂上学到的带有一定虚拟性的办案技能进行应用。这既是对能力的提升与深化,又是对教学效果的检验。在每一个模块或者几个相关模块的课堂教学结束之后,有计划地将学生派往检察院、法院和律师事务所等实训基地,在检察官、法官和律师的带领和指导下亲自办理案件,把所学技能在真实的案件办理中获得直观的体验和检验。更为重要的是,法律职业伦理不经过真实案件的办理便无法得到培育。在实务导师的指导下观察办案、参与办案,在实际办案过程中训练专项技能,同时熟悉办案环境、理解法律规定及专业知识在实践中运行所遇到的问题,在专业课学习过程中有针对性地加强理论学习,有效提高运用所学知识解决实际问题的能力,并且提高学习的主动性和针对性。

4.以赛促学教学法

法庭辩论能力的培养不仅需要在课堂演示和实训指导,而且更需要通过在竞赛的环境中锻炼。业务竞赛教学法是通过组织模拟法庭辩论赛来提高学生语言表达能力、临场应变能力和办案技能的综合应用能力,是上述三种教学方法的综合运用。因为一项竞赛的组织、准备和竞赛过程需要学生以小组为单位,将文书准备、辩论方案制定等划分为任务指标分配给每一个学生,学生带着任务,根据自己以及团队其他成员的时间及资料准备情况,在课上和课下都可以自由选择时间进行演练。无论是在教室、寝室还是在学习资源室等场所都可以开展讨论、演练,并且可以随时向教师咨询,得到校内教师和实务导师的精确指导。笔者在与实践部门

⑨ 张增田、靳玉乐:《论新课程背景下的对话教学》,载《西南师范大学学报》(社会科学版)2004年第5期。

签署的合作协议中就包含了组织学生与检察官、律师之间的法庭辩论赛，尤其是在检察院、律师协会组织法庭论辩赛时，实务课教学中的竞赛教学法与检察官、律师的赛前训练相衔接，能取得事半功倍的效果。

（二）教学组织活动的主要环节

良好的教学方法还必须在科学设计的教学环节中才能真正发挥作用。根据实务课教学模式对教学环节的需要，笔者在《检察实务》《刑事辩护实务》教学过程中设计了可以灵活运用的教学环节。以下教学环节可以按顺序进行，也可以根据授课内容的需要调整顺序或者跳过某一个环节。

1. 教师引导与示范环节

“双师多域协同”教学模式突出学生在教学过程中的主体地位，教师扮演组织、引导和促进者的角色。“教师在课前是学生学习的组织者与设计者；在课中是学生学习的参与者、引导者；在课后是学生学习的促进者和指导者”。[10] 根据职业能力分析表、教学模块大纲所列的教学目标及其对背景知识和办案技能的要求，先由校内教师简要说明本节课的知识要点、技能的内涵和训练指标，引导学生了解本次训练的职业能力的内容、流程及时间要求等，运用所学实体法和程序法的知识，为实务导师讲解办案要求、流程和方法奠定知识基础。在实务导师讲解完办案要求和方法之后，由校内教师和实务导师对办案流程和方法进行现场演示，通过观察法的运用，让从来没有接触过实践办案的学生对办案流程与方法建立直观感受。演示完成之后，实务导师对其中的办案要领进行详细讲解并分享自己的办案经验，对学生直观体验所得认知进行补充，为下一个环节的分组演练奠定基础。在演示、讲解过程中，通常贯穿着学生与教师之间的问答。经过教师的引导、演示和答疑，学生掌握了本节课所要训练的实践技能应具备的知识、办案流程、方法和时间要求，可以按照顺序开展分组演练。

---

⑩ 李国强：《地方本科院校 CBE 教学模式探索》，载《黑龙江教育》2014 年第 2 期。

2. 学生分组演练环节

在教师将办案流程和方法演示并答疑之后,确认学生已经清晰掌握了办案的要点、程序和方法,即可以根据技能训练的需要分组进行演练。在小组演练过程中,学生根据分配的具体任务,分成不同的角色,例如,检察官、警察、辩护律师、犯罪嫌疑人、被告人、法官,等等。通过模仿检察院、法院的办案模式和流程,使学生轮流扮演不同角色,掌握在办案中不同角色应当承担的职责、沟通技巧和办案方法。教师在分组演练中扮演观察者、指导者和答疑者的角色,一旦发现学生在理解角色、办案方法和问题处理能力方面的不足,会及时予以个别化的指导。小组演练环节可以在各组形成一定的竞争,互相学习,互相借鉴,因此学生的参与度较高,不仅提升了课堂的吸引力,而且使学生的职业能力和综合素质均得以较快提升。

3. 汇报与研讨环节

为了检验分组演练的效果,锻炼学生的语言表达能力、掌握案件汇报的技巧,在分组演练结束之后进入汇报与研讨环节。由每个小组推选出的代表对本组的意见进行汇报,其他组员可以进行补充。当一个小组汇报结束之后,其他小组可以派代表进行点评,汇报与交叉点评环节可依次循环。各组的汇报与点评结束之后,由校内教师和实务导师对各组的汇报进行点评,并提出自己的观点、意见和建议。“有时就同一问题教师之间、学生之间、教师与学生之间会有不同的观点、不同的视角,或者采用不同的方法得出相同的结论,或者采用相同的方法得出不同的结论”,⑪这就构成研讨的基础,各教学主体之间可以开展平等的对话甚至辩论。这种参与式、互动式的教学方法可以激发学生的创造力,提高学生参与的积极性和学习效果。需要注意的是,该环节的效果有赖于教师和学生课前的充分准备,唯此才能保证讨论的信息量和有效性。在汇报与讨论环节,可以使学生在讨论过程中从多个角度,运用多种方法分析问题和解决问题,提高实际操作能力。

---

⑪ 王杏飞:《多师同堂协同教学模式的路径透析》,载《黑龙江高教研究》2014年第8期。

4. 实训基地训练环节

实训基地训练与通常的实习不同,学生到检察院、法院或律师事务所等实训基地跟着实务导师一起办理案件,技能训练的目标更加精准、更加有针对性。在学校与检察院、法院和律师事务所签订的合作协议中,确定实践部门的实训导师,采用一对一的形式指导办案。实训环节可根据课堂技能训练的进度进行灵活运用,可以是单项技能的专项实训,也可以是一个模块所涵盖的数项技能的综合实训。例如,出庭公诉教学模块涵盖阅卷、讯问犯罪嫌疑人、制作展示证据提纲、制作起诉书和量刑建议书、法庭辩论等多项技能。学生利用课余时间到检察院公诉岗位实训,跟随实训导师进行阅卷、案件讨论、出庭及制作法律文书等,在实际工作中体验课堂上演练的办案流程和方法。从检察院、法院和律师事务所的反馈信息看,以技能训练为导向的实务课,对于提高学生的办案能力、适应能力、沟通能力和文书写作能力具有良好的效果。从学生反馈的信息来看,无论是课程内容的设计,还是教学方法的运用都与实践部门的办案场景非常近似,在课堂上学的和实践中用的差距不大,直接从课堂上学到了办案技能,通过实训的磨炼,更快、更充分地掌握了办案能力和技巧。

三、“双师多域协同”教学模式运行的保障措施

与基本理论教学和案例教学相比,法律实务课教学模式需要更多的资源支撑和制度保障。“双师多域协同”教学模式的有效运行,既需要以学校与实务部门的协同育人机制为依托,又需要教师遴选的制度化,还需要适合职业能力培养的教学资料及科学合理的能力评估指标等为基本保障。

(一)学校与实务部门建立协同育人机制

“双师多域协同”教学模式的保障措施中最为基础的是学校与实践部门协同育人机制的建立,这在一定程度上制约着其他工作的进程乃至效果。原因有以下三点:其一,实践导师的遴选需要合作单位的授权与配

合。尤其是检察官、法官在学校授课需要得到单位同意,如果没有得到单位同意,不仅他们上课时间无法得到保证,而且还有违反工作纪律之嫌。其二,实务课要以真实案件的卷宗材料为基础进行模拟和训练办案能力,而真实卷宗材料的获取必须通过单位之间签订协议的途径,同时在合作协议中解决卷宗材料的提供、合理使用、保管及保密等相关问题。其三,实训基地需要通过单位之间的合作协议才能建立,否则将无法长期化、制度化和规范化。在合作协议中将实务导师的条件与聘任程序、学生岗位实训方案、案卷材料收集和改编等问题进行详细规定,为后续教学步骤奠定坚实的基础。

(二)教师遴选条件和程序的制度化

协同式教学对教师的知识结构、理论水平、实践能力和教学能力有更高的要求,因此建立一支知识结构搭配合理、理论和实践有机结合的高素质的师资队伍是组织教学的重要保障。基于学校和司法实践部门的协同与合作,在检察官、法官和律师中遴选具有丰富的实践经验和较强的职业能力、具有较强的理论水平和教学能力的实务导师。实务导师主要承担课堂教学中演示环节、学生模拟环节和点评环节的技能辅导职责,同时还承担着对模块大纲、模块教材和技能训练指导书等教学资料的编写职责。校内教师承担着教学计划拟定、教学环节设计、教学资源室建设、学校和实践部门之间的沟通职责,是课堂教学的主要组织者。不仅要求校内教师具有相关学科的较高理论水平,而且要熟悉司法实践,具有实践部门的挂职经历或者律师执业经验。只有这样,才能保证实务课的教学目标、教学方案、课堂组织及职业能力评定真正符合职业能力培养的需要,也才能实现在课堂教学中校内外教师之间的配合与顺畅沟通。

(三)职业能力及其训练指标的体系化

法学实务课的教学目标就是培养学生从事法律实务的能力,尤其是动手办案的能力。因此,在教学活动的开始就要清晰界定检察官、法官及律师等法律职业所需的能力,并对职业能力的内涵、外延及其训练指标进行清晰界定,以作为后续教学模块、模块教材、模块教学大纲及技能指导书等教学资料编订的依据。在职业能力分析之前,首先对能力有充分的认识。法律职业能力不是专业能力,而是综合职业能力。综合职业能力可以分解为从事职业活动所需要的专业能力、方法能力、社会能力和实践能力。综合职业能力的关键在于“综合”,即综合职业能力不是各自能力的简单叠加。[12] 对能力进行界定所要解决的关键问题是寻找其载体和促进其发展的方法。能力的构成要素包括:(1)能力的需求方,即谁对这些能力有需求?法律职业能力的主要需求方是检察院、法院、律师事务所及检察官、法官、律师等。需求方不同,能力的类型、内涵及具体指标就会有差异。由于课时所限,法律实务课不可能涵盖所有职业能力,只能根据学生的基础和今后的就业方向,选择检察官、法官和律师个体职业能力作为培养和训练的主要指标。(2)能力提供方,即学校课堂及实践部门。明确了能力提供方,就可以在授课内容、授课形式、训练场所等方面为不同能力找到最适合的提供者。易言之,哪些能力是理论教师能提供的,哪些能力是实务导师能提供的,哪些能力是必须在岗位实训的过程中由法律实践部门提供。(3)能力的实现。能力培养的核心任务是发展学习者的个性、奠定职业发展基础并培养符合社会准则的行为方式。(4)能力的评估。与专业知识考试和技能考核相比,职业能力的证明和鉴定更加复杂和困难。但是,高等院校的能力评价与职业资格鉴定考试有很大的不同。职业资格鉴定的考试题目应反映每个职业的实践共同体成员所具备的能力,包括知识、技能以及典型的职业生涯发展途径,它可以是标准化的试题。绝大部分学习者通过努力都能达到这一要求。

(四)模块教材、技能训练指导书等教学资料齐备

法律实务课不需要知识体系完整的教材,而是要求教材的实用性、指导性、灵活性和能力导向性。在教学模块基础上根据实践能力培养和训练的需要,由校内教师和实务导师依据教学模块和教学大纲的要求,协作编制模块教材。模块教材实际上是对学生的自主学习进行指导的手册,而不是传统意义上的“书”。该学习指导手册是校内教师和实务导师根据能力分析表上所列的各项专项能力,分别制定的模块学习指导材料。其

---

[12] 参见蒋乃平:《对综合职业能力内涵的思考》,载《职业技术教育》2001 年第 10 期。

内容主要包括:职业能力的名称及其在职业能力中的位置、职业能力的内涵及具体指标、训练方法、背景知识(包括法学理论、法律条文及司法解释)、办案指南、文献及案例索引,等等。技能训练指导书是在模块教材之外独立成篇的技能训练操作指南,类似于实验指导手册,主要目的在于列明技能训练的实施步骤、注意事项、需要达到的指标等内容。

(五)科学合理的能力考核方案及评估指标体系

考核方案和评估指标所构成的评价体系宜采用定量与定性相结合的评价方法,尤其是对操作考评和方案评价需要多指标定量的评价与定性评价相结合。⑬ 在实践调研的基础上,以司法实践部门对职业能力需求为基础确定评价指标,客观评价学生的职业能力、检验教学效果,建立法律实务能力考核及评估体系。笔者认为,法律实务能力评估指标体系由三部分构成:第一,确立适合法律实务能力考核指标,较为全面地体现学生职业能力的水平。为了综合反映学生学习情况和职业能力的发展程度,评价指标应涵盖学习态度、知识理解、技能掌握以及知识、技能的综合应用等各方面内容。主要指标包括:学生在课堂教学和岗位实训中完成教学计划所要求的特定办案程序、法律文书、案卷装订及归档工作的程度;所有工作环节的"产品"符合技能指导书所定标准的程度;在实践部门进行岗位实训中所表现出来的专业素质。第二,符合能力评估规律的、动态的和过程化的考核方式。职业能力无法通过选择题、论述题以及一般的案例分析题的考试进行衡量,因此,应围绕这些能力设计多元的评价指标,对学生的实践活动、实际办案效果和综合表现进行整体评价。第三,由校内教师、实践导师、实践部门的技能实训导师共同组成的考核主体。由校内教师与实务导师一起研究、确定评价标准和评价方法。只有做到了评价主体的多元性,才能确保对学生评价的全面性和客观性。

---

⑬ 参见徐国庆:《高职项目课程的理论基础与设计》,载《江苏高教》2006年第6期。

四、结语

在卓越法律人才培养计划实施过程中,探索以法律职业能力培养为目标的实务课教学方法成为教学改革的重要内容。"双师多域协同"教学模式以法律职业能力为导向,它是由一系列实践教学方法与多个教学环节组成的教学模式体系,不仅拓展了传统课堂教学的空间,而且重塑了教学主体之间的关系,与其他实践性教学模式相比具有鲜明的特色。然而,该教学模式也只经过了三年的实践探索,而且在实施过程中也遇到了诸多问题。主要问题有以下几个方面:首先,在课程设置、课时计算等方面受到政策的制约较多,需要学校层面通过完善实践课的教学管理制度,给予实务教学更多的政策支持,特别是赋予实务课教师更多的自主权。其次,教师之间尚存在协同与配合不到位的问题,需要在实践中探索更加顺畅、有效的协调与沟通机制。再次,师生之间的配合,尤其是学生课前准备的充分性、参与的积极性有待进一步提高。最后,学校应通过完善教师考评制度,提高教师参与实务课教学的积极性和主动性。这些问题的解决需要长期的实践探索,并且进行更深层次的教学管理体制改革才能实现。

On the Dual Teacher More Fields Coordination Pedagogy of Legal Practical Course

Song Zhijun

Abstract: In the process of implementing the Excellent Legal Talent Training Plan, it is necessary to explore practical teaching models that aim at cultivating legal professional ability. The "Dual Teachers and Multi-Fields Collaboration Pedagogy" is a teaching model in which school teachers and prosecutors and attorneys and other practical instructors collaborate on the basis of real cases, simulation training scenarios and job training to enable students to improve their legal professional competence in the process of "handling" cases. The core of the "Dual Teachers and Multi-Fields Collaboration Pedagogy" teaching model is the "4 methods and 4 links" teaching organization model. The four teaching methods include practical training, competition promotion, law practice training, and task-driven teaching. Through the orderly operation of teacher guidance and demonstration, student group drills, reporting and discussion, training base training and other four teaching steps, four kinds of teaching methods can play an effective role in student professional ability training.

Key Words: legal practical course, Dual Teachers and Multi-Fields Collaboration Pedagogy, legal profession ability

法律硕士研究生案例沙龙培养模式研究*

楚道文**

摘　要：目前，我国法律硕士研究生培养陷入两难境地：纯学院式的教学环境脱离法律实务；较长期限的专业实习不但与专业课程安排、就业考试相冲突，且可能因理论指导不到位而成为"工匠式"的训练，这都无法实现"高层次实务型法律人才"的培养目标。案例沙龙以高频次的沙龙为形式，以法律案例分析为内容，让法律硕士研究生在沙龙交流的过程中深入认识案例中的法理、思辨、推理等法学教学和适用元素的应用机理，进而提高其法律应用能力和创新能力，创造了"法律案例学术化，法律学术实务化"的特色培养新模式。

关键词：案例沙龙　培养模式　应用能力　创新能力

---

* 基金项目：山东省研究生教育创新计划项目"法律硕士实务能力培养创新研究"（项目编号 SDYC15017）阶段性成果，山东政法学院中日韩自贸区发展战略与法律保障协同创新中心与社会保障法治研究所资助。

** 楚道文，山东政法学院教授、案例研究院研究员，法学博士。研究方向：环境法、法学教育。

法律硕士研究生(简称法律硕士)教育是我国法学高等教育的重要组成部分,自创立以来为我国的法治建设作出了巨大的贡献。① 无论是法本法硕,还是非法本法硕,都将"高层次的实务型法律人才"②作为培养目标,这也是法律硕士区别于法学硕士的最主要方面。这一定位显然是合理的,既满足了社会经济的需要,也能使法律硕士研究生在就业之后尽快尽好地适应岗位。然而,周全的制度设计不能掩盖制度实施中的差强人意,我国法律硕士研究生培养中还存在着一些至今还未破解的难题。在诸多问题中,实务教学不到位、应用能力不足这一问题最为核心,仍然是我国法律硕士研究生培养中的"硬伤"。作为解决这一问题的尝试,从 2014 年下半年开始,我们以山东政法学院经济贸易法学院法律硕士研究生为培养对象,设计了一种新的培养模式——案例沙龙,特以此文对一些具体做法和经验进行总结和介绍。

一、理性思考:法律硕士培养问题的原因③

其一,从政策设计来看,酝酿不足即仓促出台,必然需要一个较长的试错和教训总结的阶段。设置法律硕士专业学位制度的根本推力来自于我国法治建设对应用型高级法律人才的广泛需求。④ 然而,法律硕士制度对于法治建设的重要的应然价值也不能弥补因设计不足而形成的制度实

---

① 参见霍宪丹:《不解之缘——二十年法学教育之见证》,法律出版社 2003 年版,第 23 ~ 24 页。

② 国务院学位委员会发布的《全日制法律硕士专业学位研究生指导性培养方案(适用于法学专业毕业生)》中,对于法本法硕的定位是"高层次的专门型、实务型法律人才";而在针对非法本法硕出台的《全日制法律硕士专业学位研究生指导性培养方案》设定的培养目标则是"高层次的复合型、实务型法律专门人才"。因此,无论是法本法硕还是非法本法硕,他们具有共同的培养目标,即高层次实务型法律人才。

③ 参见时斌:《地方高校法律硕士研究生实践能力培养困境与探索——基于河南省四所高校的实证分析》,载《学位与研究生教育》2016 年第 9 期。

④ 参见蒋安杰、朱苏力:《中国法学教育面临挑战》,载《法制日报》2007 年 6 月 3 日。

然缺陷。例如,设置法本法硕的政策文件[⑤](《培养方案》)是由国务院学位委员会办公室于2009年5月6日以转发的形式发布的,而当时2009年度的研究生统一入学考试已经结束。也就是说,2009年度的法本法硕根本不存在报考的可能,全部是由报考法学硕士的考生调剂而来。这说明,无论是主管部门、招生单位还是考生,对于法本法硕政策文件的出台都没有做好充分的准备。实际上,即使是该政策实施了9年后的今天,法本法硕政策被接纳的程度仍然受到质疑。一个不容忽视的事实是,近年来,笔者所在单位招收的法本法硕仍然主要依赖报考法学硕士的调剂(比例最高时达70%),而这一现象在众多招生单位中具有一定的普遍性。可以说,考生的排斥说明人们对于法本法硕尚未形成共识,仍然处于思想观念、培养模式的调整和探索阶段,也就难怪法学教育界在培养法律硕士研究生过程中出现偏差。

其二,从政策实施过程来看,对《培养方案》所确定的"实务型"培养目标重视不够。目前法律硕士培养单位在课程设置上的基本做法是以专题形式移植法学硕士课程;而非法本法硕以本科核心课程为主,或者干脆与法本法硕一起同堂授课。形式上的"出新"无法掩盖内容上的"雷同",即使是专题讲述,也仍然不能绕开课程内容上与法学本科(简称法本)的"同质化"[⑥]问题,不但难以实现法律硕士的培养目标,而且对于已经在本科阶段接受过这些课程内容的法本法硕学生来说是学习时间的浪费。教学内容之外,更应认真思考的是培养模式或教学方法问题。我们知道,即使是同样的法学知识,如果进行不同方式的传输,也会对学生的不同能力和素质起到训练作用。[⑦] 就目前来说,大多数培养单位与法律实务紧密结合的辩论式教学、案例讨论式教学并不普遍,偶尔的案例引用也无非为了更好地进行理论解析。这种课程设置模式和教学方法有悖于"实务型"法

⑤ 即《全日制法律硕士专业学位研究生指导性培养方案》(适用于法学专业毕业生)。

⑥ 包括法理学专题、中国法制史专题、宪法专题、民法学专题、刑法学专题、刑事诉讼法专题、民事诉讼法专题、行政法专题、经济法专题、国际法专题等必修课程在较多知识点上变成了对本科阶段相关课程的重新讲授。

⑦ 参见董士忠:《法律硕士教育现存问题探析》,载《学位与研究生教育》2006年第5期。

律人才培养目标,根本无法适应法律事务部门对实务型法律人才的需求。[⑧] 此外,部分学校还开设了以法律援助中心为依托的法律诊所教育课程,但实务类课程的效果仍然差强人意。[⑨]

笔者认为,前述两个方面的问题归结为一点:我们还没有找到一个高效的途径或模式来实现“高层次实务型法律人才”的培养目标。不过,我们需要肯定的一点是,《培养方案》对法律硕士的培养方法做了基本合理的设计和要求。[⑩] 因此,虽然政策的出台有仓促之感,[⑪]但导致法律硕士“实务型”不足问题的原因不在于缺乏相应的政策设计,而在于培养单位对“实务型”法律硕士培养模式重视不够并缺乏创新。我们无须在政策设计上做无用功,而需要在如何更好地落实政策要求方面进行深入思考。分析到这里我们不难看出,解决问题的方法变得简单之至,即本着施教者的责任心和因材施教的理念,循着《培养方案》的指引,找到一个适当的途径或方式来实现法律硕士研究生的培养目标。

二、探索创新:案例沙龙的设计理念与运行机制

我们所说的案例沙龙,是指以沙龙[⑫]为形式,以法律案例分析为内容,通过一定的角色配置,让参与者基于不同视角表达自己对于案例的观点,

---

⑧ 参见李政辉:《论非诉法律职业技能》,载《中国大学教学》2015年第1期。

⑨ 参见朱力恒:《法律硕士教育改革评析》,载《法制日报》2007年7月29日。

⑩ 《培养方案》规定:应重视和加强实践形式的教学,着重理论联系实际的应用能力的培养;实践必修环节(包括法律文书、模拟法庭、法律谈判和法律实践等)的达12学分。转引自王利明:《我国法律专业学位研究生教育的发展与改革》,载《中国大学教育》2015年第1期。

⑪ 参见李轩:《法律硕士(法学)教育模式之弊与法学教育改革》,载《安徽大学法学评论》2011年第1期。

⑫ 沙龙(salon)原意为“大客厅、会客室”,这种沟通与融会思想的活动方式起源于法国。起初参加沙龙的人多为戏剧家、小说家、诗人、音乐家、画家、评论家、哲学家和政治家等,直至17世纪中叶,英国逐渐形成科学家们聚集在一起互相切磋各自研究领域的难题或提出自己新学术观点的组织,这一自愿形成的组织被命名为“无形学会”,这就是学术沙龙的雏形。控制论的创始人维纳等创立的哈佛大学聚餐座谈会就是这种沙龙的典型。

在沙龙交流的过程中深入认识案例中法理、立法、思辨、推理等法学教学和适用元素的应用机理,激发出智慧的灵感,拓展创新思维,进而提升具体案例中应用法学理论的能力。

(一)案例沙龙服务于“高层次实务型法律人才”培养目标

作为法律硕士研究生培养中法学理论和法律实践之间的一座桥梁,案例沙龙具有科学性和经济(高效)性特点。一方面,案例沙龙应充分利用法律硕士基础扎实、知识面较宽的特征,要求沙龙的报告人、参与人都能言之成理,并将知识与实践融会贯通,在活动过程中进行深入的专业理论和法律应用讨论,并形成有价值的理论思想和知识应用经验,从而让法律硕士研究生的逻辑能力得到锻炼、法律应用能力得到提升,它是符合实务型人才培养需要的一种科学设计;另一方面,案例沙龙式设计为一种竞争机制,这种竞争机制使参与沙龙的法律硕士产生强烈的认知法律实务和创新法律适用的欲望,相当于在短时间内接受了密集的法律实务中知识和能力的训练,具有较高的效益和效率。

案例沙龙不同于传统的案例教学法。案例教学法归根结底还只属于一种“教学法”,[13]在传授基础法律知识方面不失为一种可行的教学方法,与本文所述的案例沙龙有着本质的不同,至多算是案例沙龙的初始环节。案例沙龙的功能和作用是多方面的,而不仅仅限于“教学”或“传授基础的法律知识”。一方面,案例沙龙有利于培养法律硕士研究生主动解决疑难法律问题的能力。在掌握了基本法律知识之后,通过沙龙的准备、讨论和总结等环节,对一个具体的案例有了深入的认识和较为准确的把握,对其难点及焦点问题有了分析、解决能力;另一方面,案例沙龙有利于培养法律硕士研究生对案例的理论抽象能力,这是法律硕士之所以为“高级”法律人才的主要体现。我们要求法律硕士研究生在沙龙讨论中不仅要“见案、见人、见条款”这些有形的要素,更要努力探寻这些要素背后的法的精神与价值,并将之放在特定的政治、经济、社会、道德等背景下进行审视和慎思。从这个角度上讲,通过案例沙龙活动,不但能提高法律硕士研

---

⑬ 参见罗世荣、赵青、杨蓉等:《案例及其法律案例教学》,载《重庆大学学报》(社会科学版)2006 年第 2 期。

究生的实务操作能力,更能提升其实务创新能力。

(二)案例沙龙的组织与分工

其一,突出法律硕士的主导、主动的地位和作用。法律硕士研究生既是沙龙的组织主体,也是沙龙的讨论主体,还是沙龙活动的受教育主体。沙龙活动的角色分配着力突出这一特点:(1)沙龙的主讲人是研究生,每位主讲人都必须主动选题、全面准备。(2)沙龙的主持人,由上一期主讲人担任。主持人相当于案例沙龙的整体策划,其工作任务包括前期宣传、会场布置、活动主持、后期宣传等。⑭ (3)根据沙龙案例的需要,提前将参与者分为观点对立的两组,每一组设一名组长;组长按照主持人和主讲人的要求,带领本组成员辅助材料收集,并在沙龙中分别准备发言,形成对抗模式。(4)案例沙龙的主要参与者是法律硕士研究生,并在此基础上形成了相对稳定的核心。⑮ 当然,我们还采取"开门主义",邀请相关专家、法官、律师组成导师组,并通过宣传等途径吸引有兴趣的师生前来参与。

其二,案例沙龙的主要时间节点。(1)我们设计的案例沙龙每周一期,可以根据法律硕士研究生的数量进行调整。(2)主讲人需要提前一周左右的时间将演讲稿提交给主持人。由主持人发送给沙龙导师组、宣传组及其他参与者。随后,宣传组制作海报,其他参与者亦可分组准备相关素材。(3)每一期沙龙时长为1.5~2.0小时。主讲人演讲时间不超过20分钟,主要是介绍沙龙案例要点,引入疑难点或争议焦点。(4)沙龙讨论时间约为1小时。所有沙龙参与者(包括导师)都可以就案例争议点进行事实、法律、法理等角度的讨论。在这一过程中,为了让沙龙讨论聚焦在争议点上,主持人可以进行适当的掌控。(5)导师组点评时间约20分钟。导师组可以就案例本身或沙龙讨论等方面进行评议,评议意见可以是导

---

⑭ 前期宣传主要是通过网络、展板、海报等形式发布沙龙信息,吸引对沙龙主题感兴趣的师生前来参与讨论;会场布置包括现场音响设备、录音录像设备、灯光设备、桌椅摆放、嘉宾座签等事项的准备;活动主持主要是在沙龙活动中掌控沙龙进程、安排发言次序、稳定沙龙秩序,有序推进开场、主讲、讨论、评议、颁发证书、合照等环节;后期宣传主要是新闻稿的发布。另外,沙龙证书和奖品准备也属于主持人的职责。

⑮ 在过去的三届研究生中,2014级的王文兴、曲亚超,2015级的朱奕璇、寇云凯,2016级的王清华、郜志峰等,被亲切地称为"坛主",是沙龙活动的积极组织者和召集人。

师组协商之后的统一意见,也可以是难以统一之时的各抒己见。(6)沙龙结束后的第二天,宣传组需要将新闻稿发送主持人,由主持人传送媒体发布。

(三)沙龙案例的选择

案例选择是沙龙教学效果好坏、培养目标能否实现的一个关键环节。沙龙案例既可以由导师提出,也可以由研究生自主确定,还可以由沙龙的其他参与者共同倡议。选择沙龙案例的标准有以下几点:(1)选择真实案例。法律是用来解决实际问题的,如果是为了迎合对个别理论问题进行解析的需要而虚拟案例,反而脱离了法律实践,无法更有效地提升法律硕士的应用能力。[16] 例如,在第23期案例沙龙中,研究生自主遴选了在济南审理的全国网约车第一案为沙龙案例,该案很多争议点在社会各界引起了激烈的讨论,因此有着较大的讨论价值。之后证明,这一选题极大地激发了参与沙龙的研究生的积极性,大家纷纷发言,各抒己见,对该案例的法律依据、社会影响、裁判预期走向等方面都进行了深入探讨,取得了良好的效果。(2)案例要有疑难性,有利于引起理论思索和论辩。目标案例应该能够将沙龙参与者引入特定的法律应用情境,通过特定的法律冲突点促使其进行理论反思,并通过论辩引发思想碰撞,让法律硕士"外化"出自己的观点;通过沙龙导师巧妙引导,使其"外化"的观点更切合正确的理念和思维,从而影响其法律思维的形成。(3)案例宜小不宜大。大案例往往案情复杂、涉及理论问题众多,可能无法在有限的沙龙时间里聚焦分析,这就使得沙龙在内容上流于事实的认定和法条的对接,陷入以案说案、就事论事的狭隘境地,沙龙的魅力往往被案例事实所淹没,成为类似于模拟法庭一样的训练形式,很难在某个理论问题上进行深入探讨,更难以培养研究生的人文素养。因此,案例沙龙应该选取案情简单、理论意义突出的小案例。

此外,沙龙案例来源广泛,可以是法院的裁判案例,也可以是社会法治热点、政府政策制定与实施、国际经济案例等。例如,第21期沙龙主讲

[16] 参见刘远山:《知识产权法教学若干问题思考》,载《海南师范大学学报》(社会科学版)2008年第2期。

人部志峰选择了济南第二生活垃圾处理厂纠纷案例为研究对象,将自己对PPP项目的一些建议和想法在沙龙上与大家探讨。这个沙龙并非法院裁判案例,但由于契合了法治热点且有理论价值,讨论效果很好。

三、效果分析:案例沙龙的实施效果

案例沙龙本着理论与实务、应用与创新紧密结合的运作机制,是基于训练和提高法律硕士研究生的解决疑难问题的应用能力和创新能力这些高水平教学目标的培养模式,产生了很好的实施效果。

(一)案例沙龙有利于训练法律硕士研究生的应用与创新能力

案例沙龙的目的就是将法律硕士研究生所掌握的法律原理和法律规范转化为处理实际问题的应用能力。这一目的的实现方式是两个方面的结合:一方面是整个案例沙龙教学过程中法律硕士研究生的主导与主动;另一方面是导师组的修正与完善,通过案例报告、辩论、研讨、点评等一系列程序,逐渐将各种法律应用的方法和技巧内化为研究生的法律应用能力。需要特别强调的是,由于沙龙案例的真实性和典型性特征,案例沙龙所提升的不仅仅是法律硕士研究生的口头或书面表达能力,更是将抽象的法律规范应用于解决具体法律问题的能力。两年的在校期间(非法本法硕是三年),每一名法律硕士研究生都有近30次机会参与案例沙龙活动,这是一个大量的、系统的应用能力训练机制,对法律硕士研究生应用能力的提升起到了重要的作用。

案例沙龙也有利于创新能力的培养。案例沙龙不仅仅是在具体案例中论证法学理论和法律规定的合理性,更是在具体的个案中进行创新性理论抽象的过程。一方面,为了培养研究生的创新精神,我们通过选择有理论深度的疑难案例,在沙龙中积极引导研究生不要停留在案例本身,鼓励其更上一层楼,从中理论归纳和抽象;另一方面,要提升创新能力,就必须克服案例分析中的思维定式,勇于向传统理论挑战,敢于提出新观点、新看法。参加沙龙的人员可来自各相关学科,彼此间的知识背景、思维方式既相近又有区别,而区别和差异更为重要。[17] 这有利于培养法律硕士研究生的创新能力。例如,第 24 期案例沙龙的主题是吕兴月同学主讲的"共享单车法律问题",当大部分法学背景的法律硕士纷纷从物权保护、政府监管进行探讨之时,本科为经济学专业的非法本法硕同学却提出:共享经济有着人人为我、我为人人的特点,具有社会性,应该更加强调共享单车使用人的社会责任。这一全新视角的提出,顿时打开了大家的视野,讨论的重点从民法的私权保护、行政法的政府责任转移到了社会法的公平与效率。因此,当每个沙龙参与者都得以全新的视角发现问题时,创新意识由此养成。

(二)案例沙龙有助于提升法律硕士研究生品质修养

案例沙龙对法律硕士研究生的培养效果不限于知识与能力本身,还在于优良品质的养成,向着"高层次"目标迈进一步。研究生应具有崇高的科学研究道德、严谨踏实的学风以及勇于探索等心理素质。在案例沙龙中,从案例的遴选、理论问题的提炼、讨论点的反复酝酿与磨合,到沙龙上研究生之间、导师之间以及研究生与导师之间的激烈碰撞,再到沙龙之后对相关成果的整理与提升,研究生既是主导者、参与者,更是受教育者,逐渐养成了自觉的研究意识和应用法律知识解决实际问题的探索意识。案例沙龙创造了一种主动学习的机制,一些法律硕士研究生甚至把导师交代的研究工作当作沙龙主题拿来与大家讨论。例如,法律硕士研究生陈虹燕将导师交代的"济南市生态乡村建设研究"与刚刚通过的《民法总则》规定的全新"绿色原则"进行结合,探讨绿色原则在生态乡村建设中的适用问题。这表明,研究生不再将研究工作当作任务被动完成,而是本着探索的研究意识来解决实际法律问题。其导师张教授在沙龙点评中充分赞扬该研究生从"绿色原则"视角对该项目的全新思考,并坦言:法律硕士研究生这种强烈而自觉的研究意识和务实精神对他们以后的法律实务工作将产生无可限量的积极影响。

案例沙龙有利于培养研究生的审慎眼光和批判精神。例如,第 12 期

---

⑰ 参见陈宗波:《论判解研究法在在职法律硕士教学中的应用》,载《高教论坛》2009年第 10 期。

沙龙主讲人选择了一个彩票销售代理权转让的真实案件。来自导师组的李教授对案件分析后,认为这是一起典型的代理权纠纷案,可以直接适用民法中转委托的规定。几位研究生提出了不同的意见,认为本案所涉及的代理权不仅仅是一个民法问题,还涉及彩票市场的管理问题;即使在民法领域,本案中的"转让"行为效力也具有特殊性。这一争议问题一直讨论了半个小时,导师组其他成员也基本赞成研究生的观点,反复思考和讨论之后,李教授认识到了该案的特殊性和代理制度在本案中适用的限制性。李教授一句"真实的案件可以荡涤我们在法律分析中的书生气"的感慨深深地感染了在场的研究生,也为李教授勇于纠错、忠于真理的品质所折服。

四、结语

案例沙龙在山东政法学院法律硕士研究生培养中已经实践三年多时间,经过不断的优化调整,已经成为比较成熟的法律硕士研究生培养平台。评估结果表明:案例沙龙有利于提升法律硕士研究生的应用和创新能力,并对其品质修养产生明显的效果,许多研究生就是通过这个平台完成了人生第一次专题报告,并且自主、完整地完成了第一个法律案例的分析、论证和交流;更有17名研究生在沙龙报告的基础上,进一步组织材料,完成了硕士论文的写作;有6位沙龙主讲人在沙龙讨论的基础上,查阅相关资料,进一步提炼创新观点,完成目标案例所涉及相关理论的学术论文,并已发表。

案例沙龙适应法律硕士研究生"高层次实务型法律人才"这一培养目标的需要,创造了"法律案例学术化,法律学术实务化"的特色培养新模式,已经成为我校法律硕士研究生培养的特色化品牌。案例沙龙充满了浓厚的理论探究和实践应用相结合的特征,有着较深刻的教育意义,是对法律硕士研究生培养模式的创新,有进一步推广的价值。

A study on the Law Master's Training Mode Based on Case Salon

Chu Daowen

Abstract: At present, the training of postgraduates for Juris Master in China is in a dilemma: the purely academic teaching environment is separated from legal practice; the long-term professional internships are not only in conflict with professional course schedules and employment examinations, but may also become "artisan-style" because of the dislocation of the theoretical guidance. Under this circumstances, the training goal of "high-level professional legal talent" will not be achieved. The "case salon method" takes frequent academic salons as a form, and takes the legal case analysis as the content. It allows the Master of Laws graduate students to deeply understand the legal principles, speculations, reasoning and other legal teaching methods of the case and the application mechanism of the applicable elements in the process of salons' exchange. Its legal application and innovation ability have created a new model of "characterizing the legal cases and legalizing legal practice".

Key Words: case salon, training mode, practical ability, creative ability

民办高校教师调查笔谈

编者按：

民办高等教育是我国高等教育事业的重要组成部分，师资队伍已成为新时代民办高校发展的第一资源。2018年1月发布的《中共中央国务院关于全面深化新时代教师队伍建设改革的意见》中明确提出大力振兴教师教育，不断提升教师专业素质能力。本期特邀北京师范大学教育学部周海涛教授带领的民办教育科研团队，聚焦“民办高校教师发展”，通过整群抽样回收了东、中、西三个地区7省45所民办高校4362份教师问卷，获得有效问卷3714份、有效样本比例85.14%；从教师工作能力、合作意识、教学策略三个方面呈现民办高校教师发展现状，分析数据结果，为加强民办高校教师队伍建设提供决策参考。

民办高校教师工作能力分析*

周海涛　梁晶晶**

摘　要:样本民办高校教师工作能力处于中等稍高水平,不同性别、学校层次、教龄、职称、课时、收支水平的教师群体间工作能力有显著差异;教师工作能力与合作意识、教学策略、效能感和满意度变量相关。建议民办高校补齐科研能力"短板",有针对性地对不同群体教师进行区别化支持,关注效能感等与工作能力的关系,推动民办高校教师工作能力整体提升。

关键词:民办高校教师　工作能力　差异分析　相关分析

一、导言

民办高校的长足发展,既要推进教学资源的硬提升,也要注重教师工作能力的软建设。民办高校教师

---

* 基金项目:本文系教育部哲学社会科学研究重大课题攻关项目"民办教育分类管理政策实施跟踪与评估研究"(16JZD048)的阶段性成果。

** 周海涛,北京师范大学教育学部教授,博士生导师。研究方向:民办教育、高等教育;梁晶晶,北京师范大学教育学部。硕士研究生。研究方向:高等教育管理研究。

工作能力是决定教育教学质量的重要因素,是提升教师专业发展水平的关键环节,深入调查了解能力构成和影响因素对改进教师教育教学水平有促进作用。

总量表内部一致性信度为 0.916,管理能力、教学能力、科研能力和通用能力的内部一致性信度分别为 0.806、0.842、0.882、0.838,表明总量表及各因子的信度系数达到团体施测的水平。本研究采用自编《民办高校教师工作能力调查量表》,借助 SPSS18 对结果进行统计处理。对教师工作能力量表的题项进行巴特利特(Bartlett)球形检验,KMO 为0.93 >0.7,适合做主成分分析;提取特征值大于 1 的共同因素,最大方差法旋转后,可解释项目总变异 69.27% 的内容,见表 1。将抽取的 4 个因子按所含项目内容依次命名为管理能力、教学能力、科研能力、通用能力。

表 1　旋转后解释的总变异量

量表	因子	特征值	方差百分比%	累积百分比%
民办高校教师工作能力调查量表	科研能力	2.97	18.54	18.54
	教学能力	2.84	17.73	36.27
	通用能力	2.75	17.17	53.44
	管理能力	2.53	15.83	69.27

采用 AMOS21 构建结构方程模型,对该量表进行了结构效度分析。随机选取某一省份的数据进行验证因素分析,模型修正后所得拟合指数如表 2 所示。各拟合指数均达到可接受水平,表明所编制的量表具有较好的结构效度。

表 2　民办高校教师工作能力量表验证性因素分析拟合指标(n =315)

	X^2	df	CMIN/df	GFI	AGFI	NFI	RFI	IFI	CFI	RMSEA
拟合指数	164.2	94	1.75	0.94	0.92	0.94	0.92	0.97	0.97	0.049

二、总体分析

民办高校教师工作能力均值为3.60,大于中间值3,说明样本教师工作能力整体处于中等稍高水平。其中,教学能力最高(3.90),科研能力最低(3.26)。

管理能力较好,均值为3.56。相比较而言,民办高校教师管理能力方面的研究较少,而不少研究重视公办高校教师管理能力对教育教学的作用,并基于管理能力构成要素进行拓展性探讨。

教学能力均值为3.90,达到了良好以上。征艳珂等发现,民办高校教师的认知能力、操作能力、自我监控能力等方面水平较高。[①] 部分差异与取样范围、研究方法相关,已有研究多采取理论思辨法分析教学能力现状,或多针对某地区进行局部取样,调查结果的科学性与代表性有所不同。

科研能力均值为3.26,远低于其他能力,处于中等水平且亟待提升。有研究发现,当前民办高校教师科研敏感度不高、信息检索方式简单、鉴别和整合能力有限,[②]表现在不知为何研究、科研意识淡薄、科研技能较弱、研究方向不明、态度不够谨慎、成果有限6个方面,与本结果相近。

民办高校教师通用能力较好,均值为3.68。刘长颖等对民办高校教师沟通能力、操作能力等方面的调查发现,80%以上的教师具备较好的沟通能力、实践操作能力,[③]进一步验证了这一结果。

---

① 参见征艳珂、刘翠兰:《山东民办高校教师能力现状调查分析》,载《中国成人教育》2015年第6期。

② 参见刘长颖、傅利斌、章国泉:《浅析民办高校教师的科研信息素养》,载《中国高校科技》2014年第8期。

③ 同上。

三、群体差异分析

从性别角度看,不同性别教师工作能力总体水平及各维度均差异显著($p<0.01$)。男教师的管理能力、教学能力、科研能力、通用能力(均值为3.70、3.98、3.41、3.78)略高于女教师(均值为3.50、3.87、3.19、3.63)。男女教师工作能力差异问题历来是研究重点,大量研究发现高校教师在学术资格、教学情况、科研状况方面呈现男高女低、男强女弱的现象,女性在学术发展面前面临更多的障碍,④与本研究结果一致。

从办学层次看,不同学校层次的教师工作能力总体水平及各维度均差异显著($p<0.01$)。供职本科院校的教师管理能力、教学能力、科研能力、通用能力(均值为3.67、3.96、3.31、3.75)略高于专科院校的教师(均值为3.52、3.88、3.24、3.65)。访谈发现,院校平台层次不同意味着教学、科研资源不同。本科院校教师在出国深造、科研经费支持、评奖评优机会等方面均高于专科院校教师,因而对其工作能力产生潜移默化的影响。

从任职形式看,不同任职形式的教师工作能力总体水平差异不显著,教学能力、通用能力差异非常显著($p<0.01$)。专职教师的教学能力(均值为3.91)略高于兼职教师(均值为3.75),均值高出0.16。通用能力(均值为3.67)略低于兼职教师(均值为3.78),均值低出0.11。访谈发现,教师工作的稳定性与归属感决定着工作投入度,专职教师比兼职教师具有更高的教学参与机会与投入度,间接影响了其工作能力的发展。

从教龄看,不同教龄教师工作能力总体水平及各维度均差异显著($p<0.01$)。中高教龄教师的管理能力、教学能力、科研能力(均值为3.63、3.96、3.31)略高于低教龄教师(均值为3.48、3.83、3.20)。通用能力(均值为3.66)略低于低教龄教师(均值为3.70)。有研究检验了这一

---

④ 参见禹旭才:《社会性别视角下的高校女教师发展研究》,湖南师范大学2009年博士学位论文。

结果,民办高校教师的科研能力与学位、教龄呈正相关关系。⑤

从学历看,不同学历教师总体水平差异不显著,其中,科研能力、通用能力差异非常显著($p<0.01$)。中高学历教师科研能力(均值为3.28)略高于低学历教师(均值为3.19);而通用能力(均值为3.65)略低于低学历教师(均值为3.77)。杨淑平等发现学历与科研能力呈正比,与操作能力、自我监控能力、沟通能力等通用能力呈负相关关系。⑥

从职称看,不同职称教师工作能力总体水平及各维度均差异显著($p<0.01$)。高职称教师的管理能力、教学能力、科研能力、通用能力(均值为3.79、4.01、3.52、3.74)略高于中低职称教师(均值为3.53、3.89、3.22、3.67)。杨淑平等发现,不同职称民办高校教师能力具有显著差异,如不同职称教师的科研能力由高到低依次为正高职称、中级职称、副高职称、无职称和初级职称。⑦

从课时看,不同课时安排的教师工作能力总体水平及各维度均差异显著($p<0.01$)。有课的教师在管理能力、教学能力、科研能力(均值为3.57、3.92、3.27)略高于无课时的教师(均值为3.44、3.63、3.10)。访谈发现,充足的课堂教学时间赋予民办高校教师更多的教学组织与管理、发现问题的机会,对于锻炼工作能力起到举足轻重的作用。

从收支情况看,不同收支水平的教师工作能力总体水平及各维度均差异显著($p<0.01$)。收支平衡的教师在管理能力、教学能力、科研能力、通用能力(均值为3.71、3.95、3.40、3.74)略高于入不敷出的教师(均值为3.47、3.87、3.17、3.64)。有研究同样发现经费投入不足是影响工作能力发展的重要因素之一,超过半数教师认为经费及硬件条件制约影响其科研工作的开展。⑧

不同教师群体工作能力值的差异检验见表3。

⑤ 参见杨淑平、刘翠兰:《民办高校不同个体特征教师能力差异及提升策略》,载《当代教育科学》2015年第9期。

⑥ 同上。

⑦ 同上。

⑧ 参见李阳、王秀敏、连翠飞等:《民办高校推动科研工作对策的研究》,载《现代职业教育》2017年第21期。

表 3　不同教师群体工作能力均值的差异检验（$M \pm SD$）

	管理能力	教学能力	科研能力	通用能力		管理能力	教学能力	科研能力	通用能力
男（n = 1175）	3.70 ± 0.61	3.98 ± 0.57	3.41 ± 0.74	3.78 ± 0.61	低教龄（n = 1684）	3.48 ± 0.60	3.83 ± 0.55	3.20 ± 0.73	3.70 ± 0.57
女（n = 2539）	3.50 ± 0.61	3.87 ± 0.53	3.19 ± 0.71	3.63 ± 0.56	中高教龄（n = 2030）	3.63 ± 0.62	3.96 ± 0.53	3.31 ± 0.72	3.66 ± 0.59
t	9.61**	5.95**	8.21**	7.29**	t	7.47**	7.46**	4.51**	-1.91
专科校（n = 2610）	3.52 ± 0.63	3.88 ± 0.55	3.24 ± 0.73	3.65 ± 0.58	低学历（n = 998）	3.58 ± 0.59	3.88 ± 0.58	3.19 ± 0.76	3.77 ± 0.60
本科校（n = 1104）	3.67 ± 0.57	3.96 ± 0.53	3.31 ± 0.70	3.75 ± 0.57	中高学历（n = 2716）	3.55 ± 0.62	3.91 ± 0.53	3.28 ± 0.71	3.65 ± 0.57
t	7.28**	4.18**	2.60**	4.67**	t	-1.17	1.12	3.30**	-5.65**

续表

	管理能力	教学能力	科研能力	通用能力		管理能力	教学能力	科研能力	通用能力
专职（n = 3465）	3.56 ± 0.62	3.91 ± 0.54	3.26 ± 0.73	3.67 ± 0.58	中低职称（n = 3234）	3.53 ± 0.61	3.89 ± 0.54	3.22 ± 0.72	3.67 ± 0.58
兼职（n = 249）	3.60 ± 0.59	3.75 ± 0.59	3.32 ± 0.72	3.78 ± 0.60	高级职称（n = 480）	3.79 ± 0.58	4.01 ± 0.54	3.52 ± 0.69	3.74 ± 0.57
t	0.96	−4.55**	1.24	2.72**	*t*	9.08**	4.82**	8.63**	2.25*
无课（n = 196）	3.44 ± 0.62	3.63 ± 0.68	3.10 ± 0.75	3.63 ± 0.61	入不敷出（n = 2275）	3.47 ± 0.62	3.87 ± 0.55	3.17 ± 0.72	3.64 ± 0.59
有课（n = 3518）	3.57 ± 0.62	3.92 ± 0.53	3.27 ± 0.72	3.68 ± 0.58	收支平衡（n = 1439）	3.71 ± 0.58	3.95 ± 0.53	3.40 ± 0.70	3.74 ± 0.56
t	2.80**	5.81**	3.12**	−1.27	*t*	12.07**	4.30**	9.66**	5.46**

注：* 表示 $p < 0.05$，** 表示 $p < 0.01$，下同。表中的低教龄为 5 年及以下，中高教龄为 6 年及以上；低学历为本科及以下，中高学历为硕士、博士研究生学历；中低职称为讲师及以下，高级职称为副教授、正教授。

四、相关分析

对高校教师工作能力和其他变量进行相关分析发现,高校教师工作能力与合作意识、教学策略、效能感、满意度呈显著正相关($p<0.01$),其中效能感的相关系数高于0.6,合作意识与教学策略的相关系数均高于0.5,满意度的相关系数仅为0.29,说明效能感、合作意识、教学策略与工作能力的相关度较高,满意度与工作能力的相关度较低。其中,效能感与工作能力的相关系数为0.65,相对其他变量而言,效能感与工作能力的相关度最高。教师工作能力与其他变量之间的相关度(r)见表4。

表4　教师工作能力与其他变量之间的相关度(r)

	合作意识	教学策略	效能感	满意度
工作能力	0.53**	0.58**	0.65**	0.29**
管理能力	0.45**	0.43**	0.48**	0.31**
教学能力	0.44**	0.57**	0.62**	0.16**
科研能力	0.39**	0.39**	0.45**	0.23**
通用能力	0.44**	0.50**	0.57**	0.21**

比较各因子与其他变量的相关关系发现,各因子与合作意识、教学策略、效能感、满意度均呈显著正相关($p<0.01$)。各因子均与效能感相关度最高,均与满意度相关度最低。其中,管理能力与合作意识、教学策略、效能感有中度相关($r>0.4$);教学能力与合作意识有中度相关($r>0.4$),与教学策略、效能感有中高度相关($r>0.5$);科研能力与效能感有中度相关($r>0.4$);通用能力与合作意识中度相关($r>0.4$),与教学策略、效能感有中高度相关($r>0.5$)。此外,教学能力与效能感相关度最高,系数为0.62。有研究发现,科研成果、教师教学投入等因素对教师满意度产生影

响,部分验证了科研能力、教学能力与满意度相关这一结果。⑨

五、结论与对策建议

总的来看,民办高校教师工作能力呈现中等稍高水平,科研能力水平最低。不同性别、学校层次、教龄、职称、课时、收支方面教师群体间工作能力差异显著,并在各项能力上呈现群体差异。民办高校教师工作能力与合作意识、教学策略、效能感和满意度相关,最突出的相关变量为效能感,各能力均与效能感相关度最高。

(一)补齐科研能力“短板”,整体提升民办高校教师工作能力

注重提升民办高校教师的工作能力是保障民办高校教学质量、增强民办高校核心竞争力的重要一环。科研能力是当前民办高校教师最薄弱的环节,强化科研能力对整体提升教师工作能力的作用不容忽视。

建议建立长效的教师科研培育体系,密切结合教师现实需要与科技创新趋势,选用多样化形式满足教师科研发展的愿望。完善科研评价制度,突出形成性评价,合理分配教学与科研的考核权重,鼓励高校教师在教学中科研、以科研促教学,以此改善普遍存在的重教学、轻科研的校园风气。加大科研经费投入支持力度,改善科研工作软、硬件环境,建立科研竞争与激励机制,适度增加科研成果的绩效考核比例。同时,高校教师更应强化科研意识、端正科研态度、掌握科研方法、提升科研能力,合理平衡科研与教学时间,努力提高科研成果的产出率、转化率。

(二)面对不同性别、职称、学校层次、收支的教师,有针对性地采取多元化能力建设措施

性别是影响教师工作能力的潜在因素,职称水平与教师工作能力关系密切,学校层次是关系教师工作能力的重要环境因素,收支情况是支持教师工作能力的重要物质基础。

---

⑨ 参见刘进、王静:《什么影响美国高校教师教学满意度——基于对 NSOPF 调查数据的分析》,载《教师教育研究》2009 年第 3 期。

建议更关注女教师群体,清除管理中的隐形歧视与不公平待遇,提供女性教师与男性平等、公平的发展机会,从制度与实践层面破除女教师工作能力提升"瓶颈"。健全高校职称评定机制,保障有学识、有能力的教师脱颖而出,避免论资排辈的不良风气;建立老带新、师徒制的学习合作共同体,促进教师间相互切磋、传递经验、弥补差异、整体提升。主动创设民办高校间、公民办高校间合作交流平台,促进资源、成果共享,为优秀教师提供教学展示、科学研究机会。建立突出贡献、体现知识价值的薪酬分配机制,保障民办高校教师获得更"体面"的待遇,强化民办高校教师职业认同感、院校归属感,解除提升工作能力的后顾之忧。

(三)以提升民办高校教师效能感为杠杆,促进工作能力升级增效

民办高校教师工作能力与合作意识、教学策略、效能感、满意度相关,其中与效能感相关度最高。有研究表明,教师效能感与教师工作投入、抗压能力、工作持久度显著相关,⑩高效能感教师具备更高的教学热情与工作持久度,在教学过程中更易发挥其主观能动性。⑪

建议民办高校深入研究提升教师工作能力的相关因素,借助提升教师效能感等变量间接促进教师工作能力升级,具体可从提升教师的教学监控能力、重点关注低效能感的教师、健全教师评价反馈系统、促进教师合作学习与经验交流、改善师生关系和生生关系以及改善社会和学校环境入手,⑫提升教师自我效能感以此达到工作能力升级的效果。

---

⑩ See Pajares. F., "self-efficacy beliefs in academic settings", *review of Educational research*, Vol. 66, pp. 543 – 578.

⑪ 参见杨敏生:《教师效能感影响因素研究述评》,载《广东外语外贸大学学报》2007年第5期。

⑫ 参见赵亚军:《提高高校教师自我效能感的策略研究》,载《黑龙江高教研究》2006年第10期。

Analysis of Teachers' Work Ability in Non-State Higher Education Institutions

Zhou Haitao　Liang Jingjing

Abstract: According to our survey, the non-state college teachers in our sample have a slightly higher level of work ability. There is a significant difference in working ability among teachers of different genders, school levels, teaching age, professional titles, class hours, and income and expenditure levels. The teachers'work ability is related to the cooperation awareness, teaching strategies, efficacy and satisfaction variables. We recommend that non-state colleges and universities complement the "shortcomings" of scientific research ability, and provide differentiated support to different groups of teachers in a targeted manner, pay attention to the relationship between efficacy and work ability, and promote the overall improvement of teachers'ability in non-state colleges and universities.

Key Words: non-state college teachers, work ability, difference analysis, correlation analysis

民办高校教师教学策略分析*

刘永林　李　彤**

摘　要：通过对东、中、西三个地区7省45所民办高校4362个教师的样本分析发现，除引领策略外，民办高校教师整体教学策略水平较高；任职形式、经济状况、承担课程门数、学校层次等对教学策略有显著影响；教学策略水平与教学效能感、工作能力、合作意识等显著相关。基于研究结果，本研究提出应以引领策略为重点，促进教学策略水平整体提升；统筹不同教师群体制度建设，支撑教学策略水平持续提升；凸显多方良性互动，助力教学策略水平协同提升。

关键词：民办高校　教师　教学策略

一、导言

当今时代，社会不断进步发展，教学内容也需不

---

* 基金项目：本文系北京信息科技大学2017年度教改立项项目“深化考评改革背景下的高校教师教学发展研究”（2017JGYB61）研究成果。

** 刘永林，北京信息科技大学公共管理与传媒学院讲师，博士后。研究方向：教育政策与法律；李彤，北京师范大学教育学部硕士研究生。研究方向：民办教育、高等教育。

断更新、丰富,如何在有限的课堂教学时间内更好地实现预期教学目标、满足教学需求,使学生获得最佳的学习效果,是当前大学教育的一个焦点问题。国内外已有研究表明,教学策略的不同会直接影响着教师教学效果的好坏,是有效提高大学教师课堂教学质量,促进大学生有效学习的重要手段。① 对民办高校来说,质量是其生命线,影响民办高校教育质量的因素有很多,但其根本在于教师教学质量,高校教师采取适当的教学策略是促进高校有效教学及提高教学质量的关键所在。②

总量表内部一致性信度为0.865,沟通策略、激发策略、引领策略的内部一致性信度分别为0.840、0.719、0.602。本研究对民办高校教师教学策略水平进行实证分析。采用自编的《民办高校教师教学策略调查量表》,运用SPSS18对样本数据进行统计处理。通过主成分法提取了3个因子,可解释项目总变异64.78%的内容,详情见表1。将抽取的3个因子依次命名为:沟通策略、激发策略、引领策略。总体而言,总量表及各维度的信度系数达到团体施测的基本水平。

表1　旋转后解释的总变异量

量表	因子	特征值	方差百分比/%	累积百分比/%
民办高校教师教学策略调查量表	沟通策略	2.85	28.50	28.50
	激发策略	1.94	19.43	47.93
	引领策略	1.69	16.85	64.78

采用AMOS21构建结构方程模型,对该量表进行了结构效度分析。研究者随机选取了某一省份的数据进行验证因素分析,模型修正后所得拟合指数如表2所示。从表2中可以看出,各拟合指数均达到可接受水平,这表明所编制的量表具有较好的结构效度。

① 参见张红:《大学教师实施有效课堂教学策略分析》,载《辽宁教育研究》2006年第8期。

② 参见黄颖:《教学策略在高校教师有效教学中的运用》,载《中国冶金教育》2010年第5期。

表 2 民办高校教师教学策略量表验证性因素分析拟合指标(n = 315)

	X^2	df	CMIN/df	GFI	AGFI	NFI	RFI	IFI	CFI	RMSEA
拟合指数	43.19	26	1.66	0.97	0.95	0.96	0.92	0.98	0.98	0.046

结构分析和信效度分析表明该量表可作为研究民办高校教师教学策略的工具。

二、总体分析

样本中民办高校教师的教学策略均值为 3.95,整体处于较高水平。具体因子中,沟通策略水平最高,均值为 4.01,激发策略次之,均值为 3.98,沟通策略和激发策略水平差距较小,而引领策略均值为 3.85,与另外两个因子水平差距较大,说明民办高校教师的引领策略水平有较大的提升空间。

民办高校教师沟通策略和激发策略水平较高,能与学生就学习状况和课程内容进行交流,采取启发式教学,激发学生的学习兴趣和热情。但在引领策略,如引导学生讨论、主动学习和自我发展等方面略显不足。教学策略整体水平较高表明该群体具有较强的主动性和能动性,体现了民办高校对教学的重视,笔者在对河南某民办高校学生的访谈中也体会到,民办高校教师的责任心和主动性相对较强,教师更多采取课堂交流、课外指导等多种策略强化课堂教学。

三、群体比较分析

从性别看,不同性别教师总体教学策略水平差异不显著,说明在教学策略水平上,性别的影响不明显。具体因子中,只有激发策略差异显著($p < 0.05$),女教师的激发策略水平(均值为 4.00)略高于男教师(均值为 3.96),均值高出 0.04。

从学校层次看,不同学校层次教师教学策略水平差异显著,专科学校教师高于本科学校教师。专科学校教师沟通策略(均值为4.04)上显著高于本科学校教师(均值为3.99),高出0.05;引领策略上,专科学校(均值为3.88)显著高于本科学校教师(均值为3.84),高出0.04;激发策略上,两类学校教师群体无显著性差别。一般认为,学校层次越高,教师水平越高、教学策略水平也应该越高,本研究给出了相反的结果,可能的解释是本科层次的教师受一定科研任务的影响,从而造成对教学投入相对较少。

从任职形式看,专兼职教师在教学策略水平上有显著差异,在沟通策略、激发策略和引领策略上,专职教师(均值分别为4.01、3.99、3.86)都显著高于兼职教师(均值分别为3.91、3.90、3.79),分别高0.10、0.09、0.07,显示任职形式是影响民办高校教师教学策略的重要因素,同时反映兼职教师对教学的投入不如专职教师,多注重知识传授,较少采取各种教学策略。

从承担课程门数看,无课和有课的教师差异显著,在沟通策略、激发策略和引领策略上,有课教师(均值分别为4.02、3.99、3.86)都显著高于无课教师(均值分别为3.91、3.90、3.79),分别高0.11、0.09、0.07,表明承担课程门数也是影响民办高校教师教学策略的重要因素。对不同群体进行横向比较也发现,无课教师的教学策略水平在各因子均是最低的。访谈发现,连续性的教学活动对教学策略的形成至关重要,一学期的授课间歇期会使教学策略认知模糊化。

从教龄看,低教龄和中高教龄教师总体教学策略水平差异不显著,沟通策略、激发策略和引领策略上,也无显著性差异。孟迎芳等人研究发现,教龄在0~4年与5~14年的教师在教学策略上并不存在差异,教龄在15年以上的教师则与前两者都存在显著性差异,后者的教学策略水平显著高于前两者。[③] 这说明教学策略的提升需要15年以上的教学经验积累,而民办高校教师教龄一般较短,教学经验积累不足。

---

③ 参见孟迎芳、连榕、郭春彦:《专家—熟手—新手型教师教学策略的比较研究》,载《心理发展与教育》2004年第4期。

表 3　不同教师群体教学策略均值的差异检验（$M \pm SD$）

	沟通策略	激发策略	引领策略		沟通策略	激发策略	引领策略
男（n = 1175）	4.01 ± 0.52	3.96 ± 0.53	3.85 ± 0.53	低教龄（n = 1684）	3.99 ± 0.51	3.97 ± 0.51	3.85 ± 0.50
女（n = 2539）	3.50 ± 0.61	4.00 ± 0.48	3.85 ± 0.48	中高教龄（n = 2030）	4.02 ± 0.48	4.00 ± 0.49	3.86 ± 0.49
t	0.58	-2.14*	0.13	t	1.83	1.95	0.53
专科校（n = 2610）	4.04 ± 0.49	4.01 ± 0.51	3.88 ± 0.50	低学历（n = 998）	4.01 ± 0.52	3.95 ± 0.53	3.85 ± 0.51
本科校（n = 1104）	3.99 ± 0.50	3.97 ± 0.49	3.84 ± 0.49	中高学历（n = 2716）	4.00 ± 0.48	4.00 ± 0.48	3.96 ± 0.41
t	-2.56*	-1.77	-2.33*	t	-0.17	2.58*	-0.09

续表

	沟通策略	激发策略	引领策略		沟通策略	激发策略	引领策略
专职（n = 3465）	4.01 ± 0.49	3.99 ± 0.49	3.86 ± 0.49	中低职称（n = 3234）	4.00 ± 0.50	3.98 ± 0.50	3.86 ± 0.49
兼职（n = 249）	3.91 ± 0.54	3.90 ± 0.56	3.79 ± 0.53	高级职称（n = 480）	4.05 ± 0.49	4.02 ± 0.50	3.84 ± 0.51
t	−2.84**	−2.54*	−2.00*	t	2.26*	1.73	−0.83
无课（n = 196）	3.81 ± 0.65	3.82 ± 0.60	3.72 ± 0.58	入不敷出（n = 2275）	3.99 ± 0.50	3.96 ± 0.50	3.84 ± 0.49
有课（n = 3518）	4.02 ± 0.48	3.99 ± 0.49	3.86 ± 0.49	收支平衡（n = 1439）	4.04 ± 0.49	4.02 ± 0.49	3.88 ± 0.50
t	4.28**	3.92**	3.30**	t	2.91**	3.18**	2.52*

注：* 表示 $p < 0.05$，** 表示 $p < 0.01$，下同。表中的低教龄为 5 年及以下，中高教龄为 6 年及以上；低学历为本科及以下，中高学历为硕士、博士研究生学历；中低职称为讲师及以下，高级职称为副教授、正教授。

从学历看,不同学历水平的教师教学策略总体水平差异不显著,仅激发策略高学历教师(均值为4.00)显著高于低学历教师(均值为3.95),均值高出0.05。这一结果可由民办高校教师学历绝大多数为硕士研究生及以下,拥有博士研究生学历的很少的这一现状予以解释。笔者2017年在河南某一民办学校调研时了解到,该校教育学专业尚未有博士学历教师。

从职称看,不同职称教师总体水平差异不显著,仅沟通策略高级职称民办教师(均值为4.05)显著高于中低职称教师(均值为4.00),均值高出0.05。说明教学策略水平上,职称的影响不大。孟迎芳等研究表明,职称越高,教学策略水平越高,④这与本研究的结果相悖,其原因或许与民办高校教师职称现状有关,民办高校中教师职称以讲师居多,高级尤其是正高级职称多为兼职,而兼职正高级职称教师受到任职形式因素影响,这出现了本研究中两类职称的民办高校教师教学策略水平没有显著性差别的结果。

从收支状况看,不同收支状况的教师差异显著,在沟通策略、激发策略和引领策略上,收支平衡的教师(均值分别为4.04、4.02、3.88)均高于入不敷出的教师(均值分别为3.99、3.96、3.84),均值分别高出0.05、0.06、0.04。不同收支状况的教师总体教学策略水平差异显著,并在三个因子均具有显著性差异。调查结果显示,约2/3的教师经济状况入不敷出,入不敷出的民办高校教师在教学策略总水平和各因素均显著低于收支平衡的教师。

四、相关分析

对教学策略与民办高校教师其他变量进行相关研究发现,民办高校教师教学策略及各因子与工作能力、合作意识、效能感和满意度均呈显著正相关($p<0.01$),其中,教学策略总体水平与效能感相关系数最高,为

---

④ 同上。

0.75,说明二者具有很强的相关性。教学策略与工作能力和合作意识的相关系数均为0.58,接近0.6,表明工作能力和合作意识与教学策略有较强的相关性,而教学策略与满意度的相关系数仅为0.19,结果呈显著正相关,但相关性较弱。教师教学策略与其他变量之间的相关度(r)见表4。

教学效能感是教师能动性的集中体现,运用教学策略对教师的主观能动性要求很高,要打破路径依赖,交流互动、因材施教、启发引导,进行反思性教学。有研究表明,高效能感教师相比低效能感教师,在课堂提问的认知水平、提问对象、课堂时间安排以及对学生的反馈等方面均存在显著性差异。[⑤] 这解释了二者的高度相关性。工作能力、合作意识等是教师专业发展的核心内容,这二者与教学策略关系紧密。穆洪华等人的调查研究结果表明,教师的专业发展活动对于其课堂教学策略具有极其显著的正向预测作用。[⑥] 肯达特、吉布勒斯等人的研究也发现,教师的专业发展能够提高教师的课堂教学策略。[⑦] 这解释了两者与教学策略水平的相关性。

表4　教师教学策略与其他变量之间的相关度(*r*)

	工作能力	合作意识	效能感	满意度
教学策略	0.58**	0.58**	0.75**	0.19**
沟通策略	0.57**	0.53**	0.71**	0.19**
激发策略	0.43**	0.47**	0.62**	0.13**
引领策略	0.44**	0.46**	0.57**	0.14**

⑤ 参见徐雄伟、张国平:《民办高校教师从教激励机制的效应模型研究——基于上海市民办高校专职教师的抽样调查》,载《教师教育研究》2017年第2期。

⑥ 参见穆洪华、胡咏梅、刘红云、刘坚:《教师专业发展对其课堂教学策略有影响吗?——来自中国基础教育质量监测的证据》,载《教师教育研究》2017年第6期。

⑦ See Kyndt E., Gijbels D. Grosemans I, et al. "Teachers'Everyday Professional Development Mapping Informal Learning Activities. Antecedents, and Learning Outcomes", *Review of Educational Research*, 2016, pp, 1111 – 1150.

五、结论与对策建议

(一)以引领策略为重点,促进教学策略水平整体提升

总体来看,民办高校教师教学策略使用水平较高,说明民办高校教师在日常教育教学活动中,能有意识地主动运用各种教学策略。具体因子上,民办高校教师在引领策略水平方面相对较低,有较大提升空间。建议民办高校教师积极采取引导式探究教学策略。教师转变身份角色,不仅应当是传道授业者,更是引路人,能够有效引导大学生走出"大学生迷失的学习动机、缺失的课堂体验和被动的教学过程"的课堂困境。此外,民办高校应积极挖掘资深教师资源,构建教师专业共同体,形成新老教师之间"帮传带"的风气,通过课堂观摩、经验分享等方式,促进新教师教学策略的整体提升。

(二)统筹不同教师群体制度建设,支撑教学策略水平持续提升

通过不同民办高校教师群体的差异分析发现,学校层次、专兼职、承担课程情况和经济状况4个因素均对整体教学策略水平有显著影响,后三个因素对整体水平和各因子均有显著影响。其中,兼职民办教师和经济状况不理想的民办高校教师尤其需要受到关注。建议民办高校教师进一步完善激励制度环境和机制,以薪酬激励为核心,提高教师福利待遇,采取多种激励方式,解决教师"后顾之忧";建立和完善兼职教师的综合评价考核制度,对兼职教师的教学工作应进行全方位、全过程的评价考核,从制度上促使教师重视教学,改进教学策略,提高教学质量;[⑧]在教学管理中,合理安排教学任务,综合授课门数、课时,既避免因课时量单一而引起懈怠,也不宜安排过多的教学量使教师疲于应对。

(三)凸显多方良性互动,助力教学策略水平协同提升

教师的教学策略水平不是一个独立变量,它与教师的教学效能感

---

⑧ 参见柴水英:《民办高校兼职教师的作用、问题与对策》,载《当代教育论坛》(宏观教育研究)2008年第9期。

高度相关，与工作能力和合作意识等也具有较强的相关性。建议进一步提升民办高校教师的教学效能感。教师的教学效能感与教学策略高度相关，教育信念中教学效能感处于核心地位，应注重教学经验的分享与传承，加强师生之间的非正式交流，促进师生之间的信任，有效的沟通是提高教师教学效能感的重要手段；着力提高教师的工作环境满意度，营造和谐融洽的师生关系，创设鼓励教师合作和专业协作的学校文化；构建专业发展的学校文化环境，形成各个层面的学习社群，情境支持和资源保障教师专业发展，并将教师专业发展嵌入日常教学之中，形成教学策略、教学效果、教师专业发展的良性互动，助力教师教学策略的协同提升。

An Analysis on Teaching Strategies of Teachers in Private Higher Education Institutions

Liu Yonglin　Li Tong

Abstract: According to the analysis of 4362 teachers'samples of 45 private colleges and universities in seven provinces in the east, middle and west of China, we find the overall level of teachers' teaching strategies in private colleges and universities is relatively high except for leadership strategy. On the one hand, there are some factors that have a significant influence on teaching strategies, such as teachers' forms of employment, personal financial situations, the number of courses to teach and the level of private colleges and universities, etc. On the other hand, the level of teaching strategies is significantly related to the sense of teaching efficacy, the ability to work and the sense of cooperation. The study shows private colleges and universities should focus on leadership strategy so as to promote the overall improvement of teaching strategies. At the same time, they should give consideration to the institutional construction of different groups of teachers to support the continuous improvement of teaching strategies, and the multiple positive interactions to help improve the teaching strategy level.

Key Words: private colleges and universities, teacher, teaching strategy

民办高校教师合作意识分析*

张墨涵**

摘　要：样本民办高校教师合作意识处于中等稍高水平，学校层次与任职形式是影响教师合作意识的主要因素，性别、授课情况与收支状况是影响教师合作意识的次要因素，效能感与教师合作意识的相关度最高，工作能力、教学策略与教师教学交流意识相关度较高。建议民办高校积极创设环境，关注教师效能感和福利待遇，通过制度创新、规范管理，提高教师的合作意识，促进教师形成合力，为民办高校可持续发展贡献智慧和力量。

关键词：民办高校　教师　合作意识

一、导言

当今社会，合作关系成为工作中人际关系的主

---

* 基金项目：本文系教育部哲学社会科学研究重大课题攻关项目“民办教育分类管理政策实施跟踪与评估研究”（16JZD048）的阶段性成果。

** 张墨涵，杭州师范大学教育现代化研究与评价中心讲师，教育学博士。研究方向：民办教育、教育评价。

体。[①] 为了解民办高校教师合作认知水平,提高合作质量,研究者自编了《民办高校教师合作意识调查量表》。问卷编制借鉴了汉默斯坦和雷默(Hammerstein P. and Leimar O. ,2006)的直接利益理论、[②]金迪斯的互惠理论(Gintis H. ,2000)、[③]博伊德和里彻辛(Boyd R. and Richerson P. J. ,2009)的文化适应理论[④]等解释非亲缘关系个体间合作行为与意向的相关理论,以及马卡连柯的"教师集体"理论、[⑤]杜梅等人(Xavier Dumay, Tinneke Boonen and Jan Van Damme,2013)关于教师合作意向的分析。[⑥]

总量表内部一致性信度为0.920,参与协作意识、教学交流意识、共同愿景意识的内部一致性信度分别为0.808、0.855、0.887。借助SPSS18对教师合作意识量表的题项进行巴特利特(Bartlett)球形检验,KMO为0.926 >0.7,适合做主成分分析;提取特征值大于1的共同因素,指定因子3个,最大方差法旋转后,可解释项目总变异73.80%的内容,见表1。将抽取的3个因子按所含项目内容依次命名为参与协作意识、教学交流意识、共同愿景意识。总体而言,总量表及各因子的信度系数达到团体施测的水平。

---

① 参见谢晓非、陈曦:《合作意识的认知成分分析》,载《心理科学》2002年第3期。

② See Hammerstein P. , Leimar O. ,"Cooperating for direct fitness benefits", *Journal of Evolutionary Biology*, vol. 19,2006, pp. 1400 – 1402.

③ See Gintis H. , "Strong reciprocity and human sociality", *Journal of Theoretical Biology*, vol. 206,2000, pp. 169 – 179.

④ See Boyd R. , Richerson P. J. , "Culture and the evolution of human cooperation", *Philosophical Transactions of the Royal Society B: Biological Sciences*, vol. 364,2009, pp. 3281 – 3288.

⑤ 参见[苏]马卡连柯:《普通学校的苏维埃教育问题》,人民教育出版社2003年版,第172页。

⑥ See Xavier Dumay, Tinneke Boonen, Jan Van Damme, "Principal Leadership Long-Term Indirect Effects on Learning Growth in Mathematics", *The Elementary School Journal*, 114, no. 2, December 2013, pp. 225 – 251.

表1　旋转后解释的总变异量

量表	因子	特征值	方差百分比/%	累积百分比/%
民办高校教师合作意识调查量表	参与协作意识	3.02	27.42	27.42
	教学交流意识	2.85	25.90	53.31
	共同愿景意识	2.25	20.49	73.80

采用AMOS21构建结构方程模型，对该量表进行了结构效度分析。因为样本量过大，所累积的卡方值就越大，从而会影响到卡方自由度比值，⑦因而在进行验证性因素分析时，随机选取了某一省份的数据进行验证因素分析，从表2中可以看出，各拟合指数均达到可接受水平，表明所编制的量表有较好的结构效度。

表2　民办高校教师合作意识量表验证性因素分析拟合指标(n＝315)

	X^2	df	CMIN/df	FI	GFI	FI	FI	FI	CFI	RMSEA
拟合指数	49.49	30	1.65	0.97	0.94	0.98	0.95	0.99	0.99	0.045

二、总体分析

民办高校教师合作意识均值为3.90，大于中间值3，说明样本教师合作意识整理处于中等稍高水平。其中，教学交流意识得分最高，均值为3.93；参与协作意识得分居中，均值为3.89；共同愿景意识得分最低，均值为3.87。

参与合作意识均值为3.89，说明民办高校教师参与协作意识稍强。调研了解到，民办高校对专任教师的管理模式不同于公办高校。一些民办高校参照企业管理模式，要求教师在完成基本的教学任务外，协助职能部门完成日常行政、活动策划等工作。这种管理模式从客观上增强了教

⑦　参见邱浩政、林碧芳：《结构方程模型的原理与应用》，中国轻工业出版社2009年版，第76页。

师的参与协作意识。

教学交流意识均值为3.93,说明民办高校教师教学交流意识较强。调研发现,民办高校专任教师多为青年教师,普遍存在学历不高、教学经验不足等问题。为提高教学质量,很多学校重视组织青年教师参加校内外教学培训,通过教研室集体备课等形式形成了教师群体较强的教学交流意识。

共同愿景意识均值为3.87,说明民办高校教师共同愿景意识稍弱。表现在对学校共同的工作方向、共同目标缺乏认识。访谈了解到,民办高校教师待遇普遍较低,流动性较大,加之内部管理机制不健全,教师参与决策的机会较少,对学校发展战略关注较少。

三、群体差异分析

从性别角度看,不同性别教师总体水平差异显著。对民办高校不同性别教师的合作意识数值进行独立样本t检验,结果表明,参与协作意识、共同愿景意识差异非常显著($p<0.01$),但是教学交流意识差异不显著($p>0.05$)。女教师的参与协作意识、共同愿景意识(均值为3.91、3.89)略高于男教师(均值为3.86、3.83)。

从办学层次看,不同办学层次教师总体水平差异显著。对专科民办高校和本科民办高校教师的合作意识数值进行独立样本t检验,结果表明,教学交流意识、共同愿景意识差异非常显著($p<0.01$),参与协作意识差异显著($p<0.05$)。专科高校教师的参与协作意识、教学交流意识、共同愿景意识(均值为3.92、3.96、3.91)略高于本科高校教师(均值为3.88、3.91、3.85)。

从任职形式看,不同任职形式教师总体水平差异显著。对民办高校专、兼职教师的合作意识数值进行独立样本t检验,结果表明,参与协作意识、教学交流意识、共同愿景意识差异都非常显著($p<0.01$)。高校专职教师的参与协作意识、教学交流意识、共同愿景意识(均值为3.90、

3.93、3.88)高于兼职教师(均值为3.79、3.83、3.77)。

从教龄看,不同教龄教师总体水平差异不显著。对不同教龄民办高校教师的合作意识数值进行独立样本t检验,结果表明,仅有教学交流意识差异非常显著($p<0.01$)。中高教龄教师的教学交流意识(均值为3.95)略高于低教龄教师(均值为3.90)。

从学历看,不同学历教师总体水平差异不显著。对不同学历教师的合作意识数值进行独立样本t检验,结果表明,参与协作意识、教学交流意识、共同愿景意识差异都不显著($p>0.05$)。

从职称看,不同性别教师总体水平差异不显著。对不同职称教师的合作意识数值进行独立样本t检验,结果表明,只有参与协作意识差异非常显著($p<0.01$),教学交流意识差异显著($p<0.05$)。中低职称教师的参与协作意识(均值为3.91)略高于高级职称教师(均值为3.83),均值高出0.08;高级职称教师教学交流意识(均值为3.98)略高于中低职称教师(均值为3.92)。

从是否授课看,有无授课教师总体水平差异显著。对有无授课教师的合作意识数值进行独立样本t检验,结果表明,参与协作意识、教学交流意识差异非常显著($p<0.01$)。有课教师的参与协作意识、教学交流意识(均值为3.90、3.93)高于无课教师(均值为3.79、3.76)。

从收支状况看,不同收支水平教师总体水平差异显著。对不同收支水平教师的合作意识数值进行独立样本t检验,结果表明,教学交流意识、共同愿景意识差异非常显著($p<0.01$)。收支平衡教师的教学交流意识、共同愿景意识(均值为3.98、3.95)略高于入不敷出教师(均值为3.89、3.82)。

表 3　不同教师群体合作意识均值的差异检验（$M \pm SD$）

	参与协作	教学交流	共同愿景		参与协作	教学交流	共同愿景
男（n = 1175）	3.86 ± 0.55	3.91 ± 0.54	3.83 ± 0.62	低教龄（n = 1684）	3.91 ± 0.51	3.90 ± 0.50	3.86 ± 0.57
女（n = 12539）	3.91 ± 0.49	3.93 ± 0.47	3.89 ± 0.54	中高教龄（n = 2030）	3.88 ± 0.52	3.95 ± 0.49	3.88 ± 0.57
t	−2.69**	−1.24	−3.00**	*t*	−1.72	2.80**	0.86
专科校（n = 2610）	3.92 ± 0.51	3.96 ± 0.50	3.91 ± 0.58	低学历（n = 998）	3.88 ± 0.51	3.92 ± 0.51	3.87 ± 0.56
本科校（n = 1104）	3.88 ± 0.51	3.91 ± 0.49	3.85 ± 0.57	中高学历（n = 2716）	3.91 ± 0.51	3.93 ± 0.49	3.87 ± 0.57
t	−2.10*	−2.96**	−2.93**	*t*	1.17	0.68	0.15

续表

	参与协作	教学交流	共同愿景		参与协作	教学交流	共同愿景
专职（n = 3465）	3.90 ±0.52	3.93 ±0.49	3.88 ±0.57	中低职称（n = 3234）	3.91 ±0.50	3.92 ±0.49	3.86 ±0.57
兼职（n = 249）	3.79 ±0.49	3.83 ±0.54	3.77 ±0.60	高级职称（n = 480）	3.83 ±0.56	3.98 ±0.51	3.91 ±0.56
t	−3.47**	−2.80**	−2.76**	*t*	−2.62**	2.43*	1.59
无课（n = 196）	3.79 ±0.58	3.76 ±0.56	3.73 ±0.67	入不敷出（n = 2275）	3.88 ±0.52	3.89 ±0.51	3.82 ±0.59
有课（n = 3518）	3.90 ±0.51	3.93 ±0.49	3.88 ±0.56	收支平衡（n = 1439）	3.92 ±0.50	3.98 ±0.47	3.95 ±0.53
t	2.91**	4.20**	3.10	*t*	1.96	5.25**	6.88**

注：* 表示 $p < 0.05$，** 表示 $p < 0.01$，下同。表中的低教龄为 5 年及以下，中高教龄为 6 年及以上；低学历为本科及以下，中高学历为硕士、博士研究生学历；中低职称为讲师及以下，高级职称为副教授、正教授。

四、相关分析

为探讨民办高校高校教师合作意识的相关因素,研究者对高校教师整体合作意识、各因子与其他变量进行相关分析,见表4。

表4 教师合作意识与其他变量之间的相关度(r)

	工作能力	教学策略	效能感	满意度
合作意识	0.53**	0.58**	0.63**	0.30**
参与协作	0.37**	0.46**	0.46**	0.20**
教学交流	0.52**	0.57**	0.63**	0.24**
共同愿景	0.48**	0.49**	0.55**	0.32**

研究发现,高校教师合作意识与工作能力、教学策略、效能感、满意度呈显著正相关($p<0.01$),其中效能感的相关系数高于0.6,工作能力与教学策略的相关系数均高于0.5,满意度的相关系数为0.30,说明效能感、工作能力、教学策略与合作意识的相关度较高,满意度与合作意识的相关度较低。其中,效能感与合作意识的相关系数为0.63,这说明相对其他变量而言,效能感与合作意识的相关度最高。

比较各因子与其他变量的相关关系发现,参与协作意识、教学交流意识、共同愿景意识与工作能力、教学策略、效能感、满意度呈显著正相关($p<0.01$),其中教学交流意识与效能感的相关系数高于0.6,教学交流意识与工作能力与教学策略的相关系数、共同愿景意识与效能感的相关系数都高于0.5,说明效能感与教师合作意识各因子相关度最高,工作能力、教学策略与教师教学交流意识相关度较高。

五、结论与对策建议

总体来看,民办高校教师的合作意识处于中等稍高水平。不同学校层次与任职形式教师学生群体间合作意识差异显著,并在参与协作意识、教学交流意识、共同愿景意识因子上显示出群体差异。民办高校教师合作意识与工作能力、教学策略、效能感、满意度等相关,最突出的相关变量是效能感,教师参与协作意识与教学策略、效能感相关度最高,教学交流意识、共同愿景意识与效能感相关度最高。

(一)创设良好的合作环境,注重制度创新和规范管理

学校层次与任职形式是影响教师合作意识的主要因素。不同办学层次学校教师合作意识不同。现实中,民办专科学校更注重理论教学与实践教学相结合。专科学校教师不仅需要传授理论知识,还要有一定的行业技术背景,在工作中与他人合作的机会较多。不同任职形式教师合作意识不同。这与民办高校对兼职教师监管不到位有关。有些兼职教师缺乏责任心,只管教学,较少关心学生其他方面的情况,也很少与其他教师交流。

建议民办高校为教师创设良好的合作环境,提供更多合作的机会,通过制度创新和规范管理提高教师合作意识,增强兼职教师参与热情,形成工作合力。

(二)关注教师的福利待遇,提高教师的整体收入水平

性别、授课情况与收支状况是影响教师合作意识的次要因素。民办高校女教师的参与协作意识、共同愿景意识略高于男教师。有研究指出,女性更关注群体、关系,而男性更关注目标、策略。[⑧] 有课教师的参与协作意识、教学交流意识略高于无课教师。现实中,无课教师未直接参与教学活动,参与协作与教学交流的积极性较小。收支平衡教师的教学交流意识、共同愿景意识略高于入不敷出教师。通过调研了解到,一些民办高校教师不关心学校的教学与发展是因为觉得收入水平低,受到了不公正待遇。

建议民办高校关注教师的个体需求与福利待遇,兼顾工作效率的同时,坚持公平原则,切实提高民办高校教师的整体收入水平。

---

⑧ 参见许一:《柔性领导——21 世纪有效领导要诀》,经济管理出版社 2009 年版,第 179 页。

(三)借助效能感的激发作用,提高教师合作积极性

效能感与教师合作意识的相关度最高。效能感不仅与整体教师合作意识高度相关,还与参与协作意识、教学交流意识、共同愿景意识高度相关。英国学者克里斯托弗认为,"教师有成就的、持久地改变,只能通过重视和利用教师的热情来获得"。[⑨] 现实中,效能感高的教师乐于沟通,并愿意帮助他人。通过调研了解到,在民办高校,精力充沛并且自信的教师合作意识普遍较强,他们愿意与人合作,分享教学经验,关注学校发展。

建议民办高校注重激发教师工作热情,多给教师正面鼓励,树立教师工作信心,提高教师参与合作的积极性。

(四)综合提升教师合作意识,促进教师形成合力

工作能力、教学策略与教师教学交流意识相关度较高。教师教学交流意识的提高与工作能力、教学策略的提高息息相关。通过调研了解到,很多教学交流意识强的教师工作能力也强,教学策略运用得也较好;与此同时,不少工作能力强、教学策略运用好的教师也愿意与人分享教学经验。

建议民办高校通过整体教学能力和策略提升规划,促进教师形成教学交流意识,切实提高民办高校的教学质量。

The Analysis of Private College Teachers' Cooperative Consciousness

Zhang Mohan

Abstract: According to our survey, samples of the private college teachers' cooperative consciousness are at a slightly higher level. The college levels and employment statuses are the principal factors to influence teacher's

⑨ Christopher Day, *A Passion for Teaching*, London, Routledge/ Falmer, 2004, p. 204.

cooperative consciousness. Teachers' gender, teaching status and the balance of payment position are the secondary causes of teacher's cooperative consciousness. The sense of efficiency is the most important factor related to teacher's cooperative consciousness. Competence, teaching strategy relate to teacher's teaching communication consciousness closely. Suggestions are as follows: private colleges should create a positive environment and pay attention to teacher's sense of efficiency and welfare. Private colleges should improve teacher's cooperative consciousness by institutional innovation and standard management. By taking those measures, the promotion of teachers' teamwork, and the aggregations of teachers' wisdom and efforts of private colleges and universities and be realized to make a sustainable development.

Key Words: private colleges, teacher, cooperative consciousness

比较研究

法学教育的模式移植与反思

雷秋玉[*]

内容摘要：有关法学教育改革的言论虽多，但若将相关言论归于现实主义或者科学主义的法学教育模式之中，其脉络即呈现出来。我国现行的法学教育模式乃是中国传统的教育模式与美国现实主义教育模式拼合的结果，中间缺少训练智能技能的部分，且存在过度重视实务技能的问题。我国应全面移植亲缘性较近的、源于德国法教义学的新科学主义教育模式，扬弃源于美国经验的科学主义教育模式，重点采用案例练习课教学法而非美国模式的案例教学法，选择性吸收固有经验，注重法律基础知识的夯实与智能技能的训练，在保持大学教育独立与自治的前提下，实现与实务部门实务训练功能的顺利对接。

关键词：法学教育　移植模式　现实主义　科学主义　新科学主义　案例练习课

一、问题的提出

如果要对法学教育文献及现状做一个梳理的话，

---

[*] 雷秋玉，昆明理工大学法学院副教授，法学博士。研究方向：民法学。

会发现线索极其繁多。它是一个驳杂的、移植了多种观念与制度的极不协调的组合体。不同的人由于立场不同,在同一平台上发出各种不同的声音,这些声音由于欠缺一个科学的标准而各为其是、自圆其说,无法予以评价。不同法学院按照不同的理念,尝试不同的做法,这些做法也由于欠缺客观的评价标准,不能藏否。

为避免相关的言说陷入各说各话的窘境,应当确立一系列的先验性的条件作为讨论前提,包括:第一,法学院的本科法学教育是大学教育,这种教育预设某些特定职业前途。但是必须指出,所有的大学教育都预设特定的职业前途,非独法学教育如此。第二,法学教育既然预设着某些特定的职业前途,例如,律师、检察官、法官,那么它就应当为这些预设的职业提供知识与技能。第三,法学院不是万能的,不可能传授全部与职业有关的知识,也不可能训练所有与职业有关的技能。第四,在讨论法学院的教育模式而涉及移植其他国家的教育制度、观念与做法的时候,应以必要性、可行性为前提,不宜为移植而移植,更不应以政绩为主要目的。例如,在讨论法学院应当提供何种教育,应以具体国家的法律职业制度为背景;在提供实务技能培训方面,如有更为经济可行的老办法,即不应主张革新,以免重复建设,浪费资源。

以上述先验性条件为前提,可将相关讨论的焦点集中在法学院是否应当提供技能训练以及提供到何种程度这一问题上。由此衍生两个相关联的问题:(1)法学教育制度应当移植美国的法学教育模式还是德国的法学教育模式;(2)在移植模式占主流的情况下,是否应当重新审视作为既有经验的法学教育方面的“本土资源”。

二、现实主义法学教育观念的移植及评价

现实主义的法学教育,所强调的乃是对于实务技能的训练。风行于美国并且仍在世界各地推行的诊所式法学教育,是现实主义法学教育观最为直接的理论工具与方法。这种教育观与美国法学教育家兰戴尔式的

案例教学法有一定的渊源关系。

兰戴尔式案例教学法的出现并非出于偶然。它与美国的学院制法学教育的兴起有关,而学院制的法学教育兴起背景,是当时法律界试图摆脱英国式的学徒制法律教育的迫切需求。对于学院制的法学教育何以取代学徒制的法律教育,徐国栋先生通过对罗马时期的法律教育学院制转型的分析,曾有中肯的论断。① 其中,教育规模与教学效率应是其主要的促成原因。但是最初的法学院显得学究气过重。这种最初的法律教育模式的转型并不成功,学者讽称其为“所谓的课堂教学模式”。② 过重的学究气,使法律教育从一个极端走向了另一个极端,纯粹的理论研究与法律实践之间存在难以衔接的弊病。1870 年兰戴尔接替其前任的位置,坐上了哈佛大学法学院院长的宝座,便着手改革,提倡案例教学法。其目的在于使法科学生无须从事实务训练,也可以掌握最核心的法律职业技能。最为核心的方法是案例分析法。案例分析法所分析的对象不是现实法律生活中活生生的法律现象,而是上诉法院的判决书。兰戴尔认为,普通法中最为重要的法律原则、规范等,均可以通过对上诉法院判决书的学习与分析获得。其次是苏格拉底教学法。③ 这一方法与苏格拉底的诡辩术直接相关,我国学者多认为它由“讥讽”与“助产术”两部分组成。④ 但是究其实质,苏格拉底诡辩术虽然目的在于发掘真理,其“讥讽”色彩过于浓重,连续性无情追问常让学生陷入十分窘迫的境地,较易挫伤学生的学习积极性。故在实际的教学中,弱苏格拉底教学法可作为一种替代的教学法出现,其讥讽色彩较淡,追问也并不显得那么咄咄逼人。

兰戴尔提倡案例教学法的背景是西方的科学主义传统,与前期学究式的学院制法学教育一脉相承。这是学院制法律教育的前提。对此兰戴

---

① 徐国栋:《古罗马的法学教育及其案例法》,载《江汉论坛》2016 年第 1 期。

② See Sage J. J. ,“Authority of the law? The Contribution of Secularized Legal Education to the Moral Crisis of the Profession”, *Florida State University Law Review*, 2004(3), p. 714.

③ 参见陈京春:《美国法学教育的变革:从苏格拉底教学法到法律诊所教育法——对我国法学实践教学的启示》,载王瀚主编:《法学教育研究》(第 6 卷),法律出版社 2013 年版,第 316 ~ 327 页。

④ 参见刘星:《西窗法雨》,法律出版社 2013 年版,第 1 页。

尔曾有清晰的表述,他十分坚决地拥护19世纪科学与艺术二分的二元论,认为法律不是艺术,而是科学,这是法律教育学院制的前提。他指出,在法律是科学这一前提下,区分不同的法律教育方法成为必然,即艺术可通过学徒制的方式传承,科学则不可能以师傅带徒弟的方式进行教育。[⑤]科学应该高于生活,不可能与现实生活混为一谈。兰戴尔的案例教学法以巧妙的方式达到了既固守了科学主义的传统,又响应现实生活需要的教育目的。大学由此保住了其独立自治的地位,也与世俗世界达成了妥协。这或许是兰戴尔教学法至今屹立不倒的最为根本的原因。

现实主义法律教育的兴起背景,主要是法律概念的理念性变迁。如果说科学主义还认为法律表现为客观存在的规范的话,那么现实主义更倾向于将法律确认为一种纯粹的法官法。就像卢埃林的现实主义法学理论所认为的那样,重要的不是客观地存在于先例中的原则、规范与精神,重要的是处于情景化背景下的法官或者执法者的态度。[⑥]正因如此,法科学生所应该面对的不是死的书面判决书,而应当是活生生的生活现实。在这种法律概念的理念指引下,卢埃林所执掌的耶鲁法学院奉行一套不完全等同于兰戴尔式的新的案例教学法,即通过判例或者对现实问题的解决预测法官或者执法者处理实存社会问题的态度及措施倾向。从这一角度看,耶鲁法学院通过对兰戴尔案例教学法的改良,即通过所谓的问题式教学法,更好地适应了社会现实的需要。采用问题式教学法,注定要在超越案例教学法的基础上,探寻与现实法律生活结合的可能性,只要这样才有可能发现问题,并在解决问题的过程中,发现法官或者执法的态度或者惯用的方法。现实主义法学教育观与科学主义的法学教育观存在一定程度的断裂。现实主义教育观发展到极端,就是学徒制的回归。当然,这种回归也不是彻底的回归,而是通过律师学院的方式间接回归学徒制。作为极端现实主义教育理念的主张者,也是广为我国法学教育现实主义

---

⑤ See Warren, Charles, *History of the Harvard Law School and of early legal conditions in America*, Da Capo Press, 1970, Vol. ii, p. 374.

⑥ 参见胡铭:《司法竞技、法律诊所与现实主义法学教育——从耶鲁的法律现实主义传统展开》,载《法律科学》(西北政法大学学报)2011年第3期。

者所爱戴的美国法学教育家弗兰克,曾以极为尖锐的语言批评兰戴尔式的案例教学法,并将兰戴尔贬为书呆子和只会钻故纸堆式的人物。⑦ 然而,若果如此,案例教学法何以一直地位稳固?美国法学教育方法的发展一直保持其固有的传统,现实主义法学教育者所倡导的诊所式法律教育从未完全也不可能完全取代案例教学法。

我国清末民初曾有过所谓的"赛先生"之风潮,但在教育领域,实用主义观念可谓深入骨髓。因此,美国现实主义法学教育观进入我国之后,便即刻拥趸无数,这也是可以想见的事情。这并非只是学界一贯的教育思路使然,而实是教育管理者一贯的教育管理思路使然,但其发端者为学界。现实主义法学教育观所秉持的教育理念将法学教育成果可直观化的教育管理理念一拍即合。从教育现状看,我国法学教育并没有经历案例教学法的发展阶段,传统的教学方法均是在法学教材的层面展开,以理论传授为绝对主导的教学方法,具体可能体现为讲授式教学方法。偶尔出现的所谓案例教学,通常也只是理论教学的辅助手段,不具有独立的地位。没有经过案例教学法熏陶的法学教育,在现实主义法学教育的风潮之下,骤然之下就风向急转。在理论宣传方面,我们可以看到王晨光、申卫星等教授的激进言论。例如,王晨光教授就认为,局限于教室或者课堂教学的兰戴尔式的法学教育方法,已经被现实主义法学教育方法甩在了后面,我国应当全面借鉴现实主义的法学教育观,推行诊所式法学教育。⑧ 同样,申卫星教授也持这一观点,认为以理论教学为主的法学教育应当向以现实问题解决为导向的"临床法学"转向。⑨

这种法学教育理念的转向,与美国法学教育观念主动向我国输出的现实是分不开的。在这方面,美国福特基金会起到了急先锋的作用。正是由于福特基金会的支持,我国大学在2001年开始探索诊所式法学教

---

⑦ 参见杰罗姆·弗兰克、王晨光:《如何打造优秀的法学教育》,载《法学杂志》2012年第5期。

⑧ 参见王晨光:《法学教育的宗旨——兼论案例教学模式和实践性法律教学模式在法学教育中的地位、作用和关系》,载《法制与社会发展》2002年第6期。

⑨ 参见申卫星:《时代发展呼唤"临床法学"——兼谈中国法学教育的三大转变》,载《比较法研究》2008年第3期。

育,当时受到该基金支持的院校有7所。截至2008年12月,全国开展诊所式法学教育的院校达84所。[10] 在诊所式法学教育中,模拟法庭的建设被视为法学院的必备附件。中国法学会法律教育研究会曾于2016年公布一份"全国法学院模拟法庭教学情况简报",简报称,"模拟法庭教学专业委员会第一次大会共有51所法学院校的近60位代表参加"。从这一表述可以看出,全国性的、半官方的模拟法庭专业指导制度已经初具模形。当然,全国是不是所有法学院均已配备模拟法庭?还有待实际的统计数据而定。从笔者所在省份的情况看,只有冠之以法学院之名的,绝大多数有独立的模拟法庭。

在很大程度上,除个别法律诊所开展特别成功的法学院,模拟法庭可以等同于诊所式法学教育的全部。模拟法庭利用得如何,模拟法庭的诊所式法律教学工作开展得如何,成为诊所式法律教育是否成功的评判标准。从目前的情况看,我国诊所式法律教育的评判,仍是以自我评价或者宣传作为主要评价手段,在诊所式法律教育的效果评价上,缺乏独立的第三方机构参与,也未见什么科学的评价指标体系。虽然现在有少数自治性质的法学教育联盟,例如,"立格"联盟。但是这一联盟的地位、功能及运作机制等,仍较为模糊,未能承担起诊所式法律教育的评价功能。缺乏独立第三方参与的诊所式法律教育的教育评价,自始便存在较大缺陷,评价的客观性、科学性、体系性等自始不足。占主流的评价方式,大多为宣传性质的教育论文方式出现。这些教学论文既然以经验的宣传为主,在宣传的内容中,问题一般提得相当少,大多是传授经验。[11] 不定期主办的诊所法律教育观摩交流学术会议也是一种方式,但这种会议式的评价,更为突出的特点是给予肯定性的结论。[12]

在现实主义法学教育的大风潮之下,要找到反对者的声音,是相当困

---

[10] 参见孙叔云、冀茂奇编:《诊所式法律教程》,中国政法大学出版社2010年版,第6页。

[11] 参见蔡颜敏、黄巧燕、赵彤:《法学教育模式改革探索——来自中山大学法律诊所的经验》,载《学术研究》2002年第10期。

[12] 参见汪世荣:《全国法律诊所教学观摩与研讨会在西北政法学院召开》,载《法律科学》(西北政法学院学报)2004年第6期。

难的。在此可略举的,有黄龙、何美欢、葛云松等。首先,对于在我国是否应当推广诊所式法律教育这个问题上,黄龙先生持反对意见,但是其具体反对的原因并不是很详尽。⑬ 何美欢也持全面反对的态度,并从技能训练、法律服务的提供、社会教育与专业责任感四个方面提出了理由:第一,从技能训练的角度看,由于法科学生在诊所式法律教育中受训练的时间极短,受训面较小,故很难真正达到训练技能的目的。技能训练的目的在于成为“熟练工”,至少是半“熟练工”,而“熟练工”或者半“熟练工”的练成,需要以长时间的、反复的训练为前提,这在高校法学院基本无法做到;第二,法律服务的提供与专业责任感可合二为一。法律服务和专业责任感都有赖于全身心的投入,不应当掺杂功利心。但是,法律诊所服务的学生,很难有全身心的投入,主要原因在于,法律诊所服务只是课业任务的一种,法科学生还要承担诸多其他的课业任务,同时有假期等原因打断。专业责任感培养的任务难以达到,原因还在于,法律诊所作为课业任务之一,可折抵课时,可用来挣取学分;第三,社会教育的目的恐怕也较难达到,这一方面受制于学生本身的角色,另一方面更受制于其社会经验的不足。⑭

对于模拟法庭的作用,葛云松先生提出了较为深刻的批判:其一,法学院开展模拟法庭教育的前提条件不具备,即学生不具有复杂的智能技能,而这是开展模拟法庭的必要条件。欠缺必要的智能技能,也就意味着学生不能准确、熟练地进行案例分析。而不能准确、熟练地进行案例分析,又如何上庭审理案件呢?当然,法科学生的知识储备也远远不够,这又主要表现为储存在大脑中的法律乃至法学知识较为贫乏和欠准确;其二,学生参与程度较浅。大多数的模拟法庭教育后面,都可以看到“提线木偶”背后的指导教师。模拟法庭教育的初期,指导教师的强势参与是必须的。到一定的程度,导师可以放手,但是问题是,模拟法庭教育耗时费力,不太可能一而再,再而三的反复进行,法科学生很难有多次参与的机

---

⑬ 参见黄龙:《“法律诊所教育”及其局限性》,载《广西警官高等专科学校学报》2006年第1期。

⑭ 参见何美欢:《理想的专业法学教育》,载《清华法学》2006年第3期。

会。所谓的模拟法庭教育,一般情况下只处在初期,只有一种浅层“见习”或供观摩的作用;其三,学生参与人数较少,难以达到普遍性教育的目的;其四,即便是参与到模拟法庭教育中,在其中充当角色的学生,也并非都可以较为均衡地接受教育,教育深浅程度,会随着角色的不同而发生变化。例如,很难想象,在模拟法庭中充当书记员、法警或者法官的角色的学生,可以在模拟法庭中发挥多大的作用,受到多深的教育。所谓的模拟法庭教育,事实上只有律师角色的扮演者,可以较深地涉入其中。[15] 对于模拟法庭的不良影响,苏力的调研可作为有力旁证。[16]

三、科学主义法学教育观念的内涵与主张

在现实主义法学教育观攻城略地的强大攻势之下,我国法学教育在总体上明显倾向于现实主义教育观。但是,并不能据此认为,科学主义法学教育观就无一席之地。在我国法学教育重镇,即清华大学与北京大学,均存在力主科学主义法学教育的实践者,其影响也不可谓不大。从总体情况看,我国科学主义法学教育观的提出,与认知教育学的发展有着极为密切的关联。其中尤其以布卢姆教育认识目标分类学的贡献最大。清华大学法学院的何美欢教授是将布卢姆教育认知目标分类学运用于法学教育的先驱。以布卢姆教育认知目标分类学的知识与技能的二分法为基础,何美欢教授提出了不少具有启蒙性质的法学教育观点,促成了科学主义法学教育观在我国的形成。本文认为,她对法学教育的贡献有三。

贡献之一,是其对理论功底尤其是基础理论知识的重要意义的强调。何美欢教授认为,社会与实务界对于高校法科学生的评价尚算中肯,但是针对所谓的“高分低能”现象的支招却存在很大的问题,往往昏招迭出,比如从提高学生的“实务技能”入手,这恰恰文不对题,因为现在的法科学生

---

⑮ 参见葛云松:《法学教育的理想》,载《中外法学》2014年第2期。

⑯ 参见苏力:《送法下乡——中国基层司法制度研究》(修订版),北京大学出版社2011年版,第271页。

最为本质的问题并非实务技能,而是理论功底太差;对基础知识的强调应当远远重于所谓的"前沿性"知识,对于基础知识的重要性再如何予以强调,都不过分。这一强调可谓切中要害。当今法学课程的设置,存在过多过滥的倾向,所谓的"前沿性"课程挤占了过多的课程教学资源,这或许是法科学生基础知识不够扎实的原因之一。

贡献之二,是知识、智能技能与实务技能的三分法的提出。布卢姆教育认知目标分类学区分了知识与技能。在知识维度上,人类的知识可划分为事实性知识、概念性知识与程序性知识、反省认知。就某个具体的个体而言,知识处于公共状态时,对于个体来说,并没有发挥作用。个体学习知识的过程,是处于公共状态的知识与个体结合起来的过程,通过这一过程,公共知识转化为个体的知识与技能。这一转化需要通过各不相同但又相互交叠的认知环节,即记忆、理解、运用、分析、评价和创造等。[17] 布卢姆认知目标分类学认为,上述认知环节,除记忆外,都是技能。记忆本身不是技能,而是技能的基础。我国传统的法学教育,将知识的记忆与技能等同,认为掌握了知识也就是掌握了技能,这是一个极大的谬误。知识不仅不等同技能,而且还需要通过认知环节的操练,转化为技能。何美欢教授更进一步认为,布卢姆教育认知目标分类学中所涉及的技能,实际上只是技能的一个类别,即智能技能,而不是技能的全部。从法律职业能力的培养看,技能可以区分为智能技能与实务技能。从法学教育的角度看,学院制教育所能供给的,只能是知识与智能技能。实务技能,即如何与人打交道的技能,是无法通过学院制教育得到训练的。对此,可以英国律师协会 1988 年发布的改革报告所列出的 24 项技能为例说明,何美欢教授认为,这一报告所列的前 12 项技能为智能技能,后 12 项技能为实务技能,即与人打交道的技能。[18] 前 12 项,可概括归纳为知识(包括事实、实体法、程序法)、智能技能(包括概念、分类、归纳、判断、推理等具体的智能技能,以及一般性的智能技能,例如积极学习的能力),后 12 项,无论

---

[17] 参见[英]L. W. 安德森等编著:《学习、教学和评估的分类学》,皮连生等译,华东师范大学出版社 2008 年版,第 43、59 ~ 60 页。

[18] 参见何美欢:《理想的专业法学教育》,载《清华法学》2006 年第 3 期。

是文书写作还是与客户沟通,实际上都是沟通、交流、把握人际关系的能力。

智能技能应当如何训练?这涉及课堂教学如何组织和教学过程如何展开的问题。何美欢教授所采用方法乃是兰戴尔式的案例教学法。这种教学法,其前期阶段一般应当包括案例的提前预习及相关材料的准备,课堂教学展开前的分组。其正式教学展开的阶段,包括分组陈述案情与弱苏格拉底教学法的采用。案情陈述采用结构要素的方法,包括当事人、事件、案件历史、议题、推理和立场等。案情陈述完毕,即开始针对不同的分组采用苏格拉底教学法,进行提问和追问。何美欢教授的法律硕士生尹孟修曾就法律硕士班的案例分析法展开过阐述,由此可推知本科案例教学课的大致状态。⑲

贡献之三,是提出智能技能与实务技能分别由大学法学院与实务部门承担的构想。智能技能与实务技能二分,使得在大学法学院与实务部门区分承担不同技能训练成为可能。何美欢教授认为,法学院不是教授实务技能的适宜之所,实务技能应向生活学习,即便法学院的教师都具有十分丰富的执行经验,这也是不适合的。

如果将何美欢教授的法学教育观称之为旧科学主义的法学教育观,则以北京大学葛云松、茅少伟等中青年教师为代表的、依托德国法学教育制度移植的法学教育观,可称为新科学主义的法学教育观。新科学主义继受了旧科学主义的智能技能与实务技务相区分的教育观念,以此为基础,提出高校法学院法学教育的一般设想,即应以学术性的知识培养与智能技能训练为法学教育的目标,而非主要以实用技能作为高校法学院法学教育的目的。同旧的科学主义法学教育观相比,新科学主义与之有如下的显著区别:⑳

首先,人才培养目标不同。新科学主义目标鲜明地提出,法学教育的目标不在于培养律师,而在于培养法官。不同于旧科学主义,新科学主义

⑲ 参见尹孟修:《中国法律教育改革——受美国教育启发后的移植》,李利敏、袁震译,载《法学教育研究》(第8卷),法律出版社2013年版,第363~400页。

⑳ 参见葛云松:《法学教育的理想》,载《中外法学》2014年第2期。

显得更接地气,认为人才培养的目的应贴合一国的诉讼制度。在中国这样一个以法院、法官为诉讼活动中心的国家,法院或者法官将如何裁判是全部法律实践的中心。与现实主义法学教育观不同的是,现实主义法学教育观诉诸预测法官或者执法者处理实存社会问题的态度及措施倾向,而新科学主义仍秉持法律为客观的规范的观点,故强调通过法教义学的训练帮助法科学生获得法官能力。所谓的法教义学,表现为几个不同层次的观念与方法。在价值层面,它介于法律虚无与法典万能之间。虽非赞成法典万能,但也决不相信法律虚无,而将法律等同法官的态度或者一贯的处理问题的措施。在发现、解释、运用法律规范处理实际法律问题时,尊重法律的体系性特征。在进行法律判断时,其基本方法是形式推理。[21] 较为关键的一点是,新科学主义认为,法官能力就蕴藏在法教义学之中,法教义学所包含的体系知识与解释、运用法律的能力,就是法官能力,法教义学并不分隔知识与能力,而实将知识与智能技能融为一体。通过法教义学的学习与训练,可以形成系统的法官能力。

于 CNKI 上的检索结果表明,我国学术界对法教义学意义的探寻始于 2006 年,至 2017 年 9 月,共发文 109 篇。其中涉及法教义学在法学教育中运用的论文寥寥可数。2008 年许德风从民法方法的角度,批判坊间强调价值判断的法律观念倾向,指出法教义学对保护权利、形成法律体系和担当法律教育载体的重要意义;[22]2013 年张牧遥撰文指出:“应用型法律人才培养是法学教育的根本目标,而规范性思维能力的培养则是应用型人才培养的根本目标。这种规范性思维是将现行实在法秩序作为坚定信奉,并以此为出发点展开体系化与解释工作,其坚持认知主义立场,主张现实问题的有解性,以实现更多具体细节上的正义之思维模式。”[23]它与法教义学的概念、特征及其功能不谋而合。2016 年曹险峰等探讨了法

---

[21] 参见葛云松:《法教义学的运用》,载《中外法学》2013 年第 5 期。

[22] 参见许德风:《法教义学与价值判断　以民法方法为重点》,载《中外法学》2008 年第 2 期。

[23] 参见张牧遥:《法教义学视野下的法学教育》,载《教育评论》2013 年第 4 期。

教义学运用于法学教育的范围、限度及本土化问题。[24] 虽然学术界对于法教义学的意义仍存在争议,但是担当法律教育载体的法教义学的意义却是确定的:在理念层面的对实证法的确信;在知识层面的体系性规范知识建构;在实践层面的对法律解释与适用。

其次,在法学本科课程设置方面的折衷主义。总体来说,本科法学课程可分为实务技能类课程与非实务技能类课程。这一区分体现了新科学主义对现实主义教育方法与工具的浅层次的吸纳。课程设置的重头戏,乃在于非实务技能类课程。新科学主义之下的法学课程设置更注重课程设计的层次性。非实务类课程被区别为基础性部门法课程、基础理论类课程、其他部门法课程。其中,基础性部门法课程为第一层次课程,乃本科法学课程的重中之重。这类课程一般包括民法学、民事诉讼法学、刑法学、行政法学、宪法学与刑事诉讼法学,等等。此类课程为必修课程。基础理论类课程为第二层次的本科法学课程,包括法理学、法社会学,等等,新科学主义主张仅在精英法学院将之设为必修课,以培养学生全方面的视角与能力。此种主张,可值赞同。例如,此类课程中的法理学,一般法学院均将之作为必修课,而事实上法理学不仅极为枯燥,也极为艰深,难被本科法科学生所理解,且开课时间一般设在大学一年级,这是极不合理的。法社会学,如果没有社会学、人类学等相关人文课程为基础基本属于不可解的课程,而本科法科学生一般没有这种课程基础。其他部门法课程为高级课程,新科学主义主张根据各自特色与需求,可开设选修课。我国一般法学院的现实情况基本是,由于必修课程的缩减,使高级课程大行其道,这对于培养法科学生的基础知识与基本技能可能是不利的。本科法学课程的设置,应当以基础知识与基本技能的培养为标准,而不能以好看、出彩或者迎合某些方面的取向为标准。

最后,综合运用各种教学法,以案例练习课应取代案例教学法。新科学主义主张教学方法的改革,即以案例练习课为重点的教学方法改革。新科学主义者认为,讲授课、研讨课(学术研讨)在法学本科教育中应占有

---

[24] 参见曹险峰、张龙:《法学教学中法教义学研究方法的本土化贯彻》,载《甘肃政法学院学报》2016年第6期。

一席之地，教学方法的改革不是以一种新的方法取代旧的方法，而是改良旧方法的同时，引进新的教学方法。应引进的新教学方法是案例练习课。新科学主义者所提倡的案例练习课的教学方法，不同于科学主义者所提倡的兰戴尔案例教学法。兰戴尔案例教学法所选用案例不足以涵盖广阔的知识面，苏格拉底方法也不足使大部分学生在训练中受益，这种方法或许适用于着重训练学生“像律师一样思考”的普通法教育，但若移植于大陆法系国家必然存在先天不足和水土不服的问题。源于德国法学教育中的案例练习课方法，在这方面较之兰戴尔案例教学法，具有体系契合的天然优势。在德国法学教育中，讲授课、研习小组和练习课为其主要的授课方式。其中研习小组以助教带领学生“手把手”地做案例分析题并讲解，以学习案例分析的方法为主要内容。研习小组的课程仍是日常课业，最终评定成绩时并不将之纳入，练习课的成绩才是评定成绩的依据，但这并非是说研习小组的课程不重要。大学一年级至二年级的法科学生被要求参加三门基础课程的练习课(包括民法、刑法与公法)，通常在大学三年级时，学生被要求参加一些高级课程的练习课。练习课成绩合格，才能取得参加第一次国家司法考试的资格。练习课的考查方式较为灵活，包括闭卷考试与家庭作业，闭卷考试的时间长度在 2 小时以上 5 小时以内，家庭作业则要求学生广泛查阅相关的判例与学说，并在此基础上进行案例分析的撰写。在练习课程结束以后，学生通常还需要再花上一年以上时间准备第一次司法考试，这段时间内，需要针对以上三门基础课程大量练习案例分析的撰写。在法学教育中应适度借鉴德国模式，分别针对基础性课程与高级课程设置相应的案例练习课。其中，基础性课程的案例练习课应当覆盖民法、刑法、行政法与民事诉讼法这四门课程，这种案例练习课应当设定为必修课；在本科高年级中，可以开设高级案例练习课程，这些练习课，可以是对基础课程的进一步提升，即专注于基础课程的某些特定领域，也可以就某些特别的高级课程设置，例如针对公司法、证券法或者竞争法等课程设置。

四、法学教育的移植范式:新科学主义与“本土资源”的妥协与折衷

新科学主义法学教育观的预设前提、人才培养目标以及目标的实现路径,符合我国一以贯之的“立法中心主义”法治思维特征。从其预设的前提看,法学教育所传播的法律,是客观存在的法,而非法官创造的法,这与我国法律工作一贯强调的“有法可依,有法必依”的法治思路保持了一致。它完全区分于现实主义法学教育观,也区别于在判例法为预设前提的旧科学主义法学教育观。新科学主义所主张的人才培养目标也是切合我国诉讼制度尤其是庭审的纠问式审判制度传统。这种审判制度传统表现为较为彻底的法官中心主义。而在“立法中心主义”之下,法官只能相对被动地适用法律,而不能创设法律。法官发现、解释适用于个案的法律规范的能力,在“立法中心主义”之下,是法官的必备能力。故此科学主义法律教育观主张以培养法官能力作为人才培养的目标,是切合我国实际的。我们不太可能设想,比如《杀死一只知更鸟》中那种律师主导庭审法律的现象出现在以纠问式审判为传统的我国法庭上。滔滔不绝、口若悬河的雄辩律师技巧,事实上并不适合我国的审判制度,我们更需要的是了解法官在诉讼中所具有的思维特征与惯用的思路,而这些东西,在“立法中心主义”之下,可以通过法教义学的知识传授与技能训练获得。法官型人才目标培养目标,如上所述,可通过法教义学的训练达到。法教义学不仅预设了法律实践的共同价值目标,在具体的知识、技能等方面,也提供标准化的教育供给。法教义学形成了法官与法科学生共同的价值、知识与技能体系,构筑了两者可以相互沟通的通道。

新旧科学主义均主张知识、智能技能与实务技能的三元区分,并主张前两者由高校法学院培养,后者由实务部门培养,这完全符合我国司法从业制度。大陆法系的国家与地区,例如亚洲地区的日本、韩国以及我国台湾地区,本科法科学生的司法实务技能培养,一般是由专门的实习所或者

由法科学生毕业后的接收单位训练。我国台湾地区面临着与大陆几乎一样的困惑,即对法科学生,究竟施以纯粹英美的苏格拉底教学法还是实施传统的法学教育,存在较大争议,但是目前对于本科前与本科后分别施以不同的法学教育基本达成了共识。[25] 我国目前对于法律职业的从业,从国家层面规定了法科毕业学生从业的接收单位培训制度。从 2015 年 12 月中共中央办公厅与国务院办公厅联合发布的《关于完善国家统一法律职业资格制度的意见》看,通过司法考试之后,拟进入法律实务部门工作的从业者,需要按照"谁选谁训"的基本准则,落实好法律实务能力的培训工作。这种"谁选谁训"的实务技能培训准则,与我国一贯的在实务工作中训练实务技能的司法从业惯例是一致的。以律师从业为例,事实上高校所举办的诊所式法律教育大多难以应付实务工作需要,故取得司法从业资格的法科乃至于非法科学生,都要接受一年左右的律师事务所实习,经考核合格,方可以取得律师执业资格,进行执业。从目前的情况看,即便存在律师事务所实务训练这一阶段,实务技能的培养仍十分不足,主要原因可能在于律师实习时间太短、考核不够严格。在这方面,以韩国、日本实施的实习所制度为优,在这种制度之下,实习生有基本的生活保障,有足够长的实习时间(两年或者更长),但更为重要的是,由于实习所由政府举办,其考核较为严格、规范,可以基本保障实务技能的形成。对此,我国应可借鉴。总体而言,科学主义所主张的知识、智能技能与实务技能三元区分,分别由不同部门培养和训练的构想,在我国有着切实的制度基础,应妥加利用,而不应肆意逾越这条界限。

何美欢与葛云松等学者提出的"实务技能"由实务部门供给的观点,有其现实基础,也是符合教育规律的。肆意逾越界限,认为应将"实务技能"的训练交由高校承担的观点,带有相当的盲目性。首先,大学及其法学院,有着独立的教育使命,一味的回应所谓的实务部门的需求,将可能使大学丧失其本来的独立地位。例如,冯象曾不无担忧地谈到大学的独立、自治与大学因应实务部门需求之间的矛盾,认为大学不应当消极的回

---

[25] 参见刘宗德、孙铭宗:《论台湾地区法学教育的沿革与改革》,载《行政法学研究》2016 年第 1 期。

应所谓的“法治”需要,满足于培养所谓的“法律技工”或者“实用人才”。营营苟且,只是关注实务的需求,不仅会磨去大学教育的理想光辉,也将磨灭莘莘学子的理想与勇气。[26] 冯象先生对于法学的“经世致用”之说也有深刻的批判,唯恐偏重职业训练扰及大学作为的学术共同体的价值中立之地位。[27] 这种思虑与言论自有其产生的土壤,且的确包含着良知与远见。其次,“实务技能”的培养,需要有着具体的环境,且需要采用“师傅带徒弟”式的言传身教的方式才能实现。大学课堂,相对来说,是一个较为抽象的存在,保持着与生活适当的距离。在大学课堂中是不可能“传授”或者“训练”实务技能的。“实务技能”只能通过与人打交道的方式获得。以律师实习为例,需要由师傅带着去与人打交道,处理各种实务问题,才能获得从事律师工作的实务技能。对此,苏力先生曾不无揶揄地说,基层法院尤其是农村法庭的司法经验,作为一种“实践理性”,根本没有办法在学校里进行传授。在“基层”这种特殊的社会背景下,绝大多数的法官都要通过非严格意义上的“师傅带徒弟”的方式,才能够被最终“训练”出来。即便是法学院的科班大学生,进入基层之后,要想适应基础的现实,非经过这种意义上的“实习”,根本不可能成为一名合格法官。[28] 肆意逾越知识与智能技能由高校法学院培养,而“实务技能”由实务部门供给这条界线的后果是严重的,那就是将使高校法学院的教育变得无所适从。

法科学生的技能训练集中为智能技能的训练,是符合我国的教育实际的。分如下几个方面分析:第一,诊所式法律教育的方式,实际上都是课堂外的教育方式,包括法律诊所、模拟法庭,等等。将课堂外的教育方式视为法学教育的主要方式,与我国传统的法学教育方式存在巨大的断裂,也难以承担传授知识、培养技能的法学教育目的,这一点在前面已有阐述。诊所式法律教育,除了接受教育的学生面不够广之外,还存在知识

---

[26] 参见冯象:《法学院往何处去》,载《清华法学》2004年第1期。

[27] 参见冯象:《法学三十年:重新出发》,载《读书》2008年第9期。

[28] 参见苏力:《送法下乡——中国基层司法制度研究》(修订版),北京大学出版社2011年版,第240页。

零碎不成体系,技能培养不具有持续性的问题,且与传统割裂得过于厉害,难以被师生接受。新科学主义所主张的案例分析课,仍以课堂为中心,且知识与技能并重。技能之中,又选择高校法学院能够承担的智能技能作为对象,较能符合中国法学教育的传统与现实;第二,诊所式法律教育的效果,并不如宣传的那么大。虽然法律诊所、模拟法庭等基于现实主义法学教育观而产生的事物在中国的大学中的存在已有时日,从现实的观察看,大部分的法律诊所门可罗雀,模拟法庭也很少摊得上用场;第三,我国法学院师资目前也不足以开展"实务技能"训练。高校法学院的教师,有少数从事实务工作,但也大多做兼职律师。由于高校科研考核的压力较大,除极少数教师可以通过一些特殊途径无须承担科研任务,其他教师一般都必须以年为单位接受所在高校与教学部门的科研成果考核。除此之外,大部分教师还需要承担一定的教学工作任务。局限于这一大环境,大部分法学院的教师都欠缺足够的实务经验,这是毋庸置疑的;第四,执业环境也使"实务经验"的取得及其内容受到较大的局限。虽然现在的律师执业环境已经较十年前有很大好转,但是执业环境仍有待改善。不说兼职律师的法学院教师,就是专业执业律师,受制于律师执业的大环境,难以获得充足的"实务技能",更多的收获或许是博大精深的"关系学"。而这种所谓的"技能",一般不足以登大雅之堂,更不可能拿出来向学生传授;有些则只可意会,难以言传,非经过实战难以体会;第五,高校教师与司法机关的交流虽已形成制度,但应当尚未达到可以真实锻炼和提升各方职业水准的程度。从高校法学院一方观察,由于交流时间较短,交流程度较浅,尚需探索更为深入的交流方式。总体而言,将法学教育的核心技能培养任务定位在"智能技能"培养与训练,较能契合目前法学院教育能力之现状。

新科学主义如何吸纳现实主义法学教育的制度与设施及"本土资源"[29],是一个迫切需要解决的问题。对现实主义法学教育的制度与设施的吸纳,有三种态度:舍弃、浅吸纳与深吸纳。就目前形势而言,舍弃现实

㉙ 参见苏力:《法治及其本土资源》,北京大学出版社2015年版,第3页。此处撷取"本土资源",但并非指该书中的"法治"的"本土资源"。

主义法学教育的制度与设施是不现实的。主要是因为,现实主义法学教育的观念在管理层已经深入人心,要说服管理层舍弃是不可能的。此外,有部分高校教师对于现实主义法学教育观持欢迎态度。深吸纳,也就是将现实主义法学教育观与新科学主义各置一端,相互平衡,这也是不现实的。法学教育制度如果脚踩两只船,很有可能是两边翻船,且法学教育的价值观之间的矛盾无法克服。故较好的方案是浅层吸纳。浅层吸纳,即将现实主义法学教育的制度与设施作为新科学主义法学教育观的补充,用以满足部分学有余力的法科学生的需求。在实务技能的训练方面,较为重要的是重新正视法科大学生的暑期实习问题。目前的暑期实习,由学生自行进行,假期结束后,拿着实习单位的鉴定找专业导师签字确认并打分。这种暑期实习实际上并无效用,可以肯定大部分的暑期鉴定系出于造假。为杜绝造假,大学法学院必然每个暑期都要监督学生的实习工作,然而这是一个不可能完成的任务。可以借鉴师范大学的学生在大四的第一学期集中到实习单位接受实训的方法。四年一次的实训期间,可以确定为三个月左右,有导师蹲点指导和监督,可以基本保证实习的效果。大四第一学期的实习安排,可以以在法院实习基地的实习为主,且以县市级法院为主。

五、结语

移植模式的选择,目前在我国仍呈杂糅状态,轻理论而重实务技能的自我鄙薄状态在高校法学院中仍普遍存在。现实主义法学教育理念成了一种较受欢迎的话语。话语即权力。现实主义法学教育理念也是美国模式向中国输出的例证之一。我国法学教育在移植美国现实主义法学教育模式时,忽略了它是科学主义法学教育模式的延续及修正,以及美国法学教育仍以科学主义法学教育模式为主流的这一历史及现实,只是移植了它更为光鲜的现实主义法学教育模式部分,如诊所式法学教育,造成从知识到技能环节的严重缺失。从法律技能的训练看,科学主义教育观念之下的案例教学法是法学教育的核心部分，无论是源于哈佛大学法学院的兰戴尔案例教学法，还是源于耶鲁大学法学院的问题教学法，其本质都是案例教学法，其余的基于现实主义所形成的案例教学法的附属制度，具是细枝末节。

源于美国的科学主义的法学教育模式，在中国存在水土不服的问题，其教育目标、教学内容与方法，均与中国现实存在较大的差异，难以真正融入中国的法学教育之中。相较之下，以德国法学教育中的案例练习课教学方式为基础的新科学主义法学教育模式，与中国的制度现实具有更大的契合度，不仅与我国的"立法中心主义"所引导的法院或法官支配诉讼的法律制度相融合，也契合我国的司法职业从业制度与法学教育的现状。当今之际，一方面，应当及时进行法学教育观念的转变，承认法学院教育的局限性，对法学院与实务部门所应承担的法学教育功能进行区分，法学院承担知识与知识技能的培养，而实务部门承担实务技能的训练，另一方面，应当移植新科学主义的法学教育模式的同时，承认由现实主义法学教育模式所造成的教育现实，容忍诊所式法学教育这一客观的存在，也应当改革我国法学院教育中的暑期社会实践教育与基地法律实习制度，废止无用的暑期社会实践，而加强基地法律实习制度的建设。

最终的模式移植的结果，应是以新科学主义教育模式为本体的，承认现实主义法学教育模式既有成果和吸纳了"本土资源"的、妥协各方意见的法学教育模式，但是妥协之中有扬弃、有侧重，而不应是一锅大杂烩。同时应当注意到，模式移植的最终目的，不应是为移植而移植，而在于探索形成有中国特色的法学教育模式。

Transplantation of Legal Education Pattern and Introspection

Lei Qiuyu

Abstract: Although there are too many discussions concerned to the revolution of legal education, you can get a clear line about them in case that you put them separately into realistic or scientific pattern of legal education. As a result of blending the traditional educational patter of China with realistic educational pattern of America, our pattern of our legal education misses the section of intellectual skills and overemphasizes practical skills. We should transplant the legal educational pattern of new scientism deriving from legal dogmatics of Germany rather than transplanting the pattern of scientism from America. And we should adopt the didactics in form of case exercise lesson, but not the case method of American pattern. So we can concentrate on consolidating legal basic knowledge and practice of intellectual skills, maintaining autonomy and independence of university education, and on the base of that, the educational function of law school and compromises with the training function of practical skills of practical departments.

Key Words: legal education, pattern of transplantation, realism, scientism, new scientism, case exercise lesson

走入历史的日本法科大学院全国统一适应性考试*

戴一飞**

摘　要:本文以日本法科大学院全国统一适应性考试的停考事件为切入点,观察日本法科大学院教育制度及其配套的招生考试体系,尝试分析该项考试停考的原因,具体包括考生人数与招生院校规模的双双下降;进入法曹的补偿路径受到青睐;法曹就业面过窄以及缺乏与LSAT类似的制度土壤等。总结日本法科大学院招考制度上的教训,对我国法律硕士招生考试制度改革提出建议:法硕招考制度改革应注重同国家统一法律职业资格制度的设计保持步调一致;针对不同类型的法律硕士,进行分类筛选;重视教育、司法等行政部门顶层设计的协调。

关键词:法科大学院全国统一适应性考试　法曹　法律硕士专业学位联考　招生考试

* 本文系国家教育考试科研规划2017年度课题"研究生招生考试中法律类综合能力测试的创设及其与现行法硕联考的衔接研究"(课题编号:GJK2017044)的研究成果之一。

** 戴一飞,中华人民共和国教育部考试中心助理研究员。研究方向:法学教育、教育测量与评价、比较教育。

2017 年 11 月,日本法科大学院适性试验①管理委员会发布通知,因参考适性试验成绩招生的法科大学院数量过少,2018 年将不再组织适性试验,2019 年之后是否恢复考试尚不确定。② 这意味着,伴随法科大学院教育制度诞生的适性试验即将走入历史,这是继 2017 年 3 月明治大学法科大学院宣布闭校后,③又一预示日本法科大学院教育走向没落的事件。20 世纪 90 年代中叶,中国、日本、韩国三国先后仿效美国法学院教育,开展本国职业法律人才培养制度的改革,扩大法律职业的准入通道。中国在研究生教育中创设了法律硕士专业学位,法律职业的培养面向非法学专业毕业生开放,着重打造实践型、复合型高素质法律人才,④日、韩则专设法科大学院,培养法律职业人才,有学者将此现象称为“东亚法律人才养成制度改革”。⑤ 历经 20 余年的探索,这项改革对于三个国家的法学教育均产生了不小的影响,部分初衷得以实现的同时,也产生了新的问题,社会评价褒贬不一。

2000 年,日本明治大学和另外 8 所大学法学部一道,在司法制度改革审议会⑥上提出《法曹⑦养成与法科大学院构想相关希望》,设计出仿效美国,创设法科大学院制度,改革司法考试与完善司法修习等办法,以期彻底改变日本的法曹养成制度,解决法曹人数不足的问题,应对法律

---

① 适性试验即“日本法科大学院全国統一適性試験”,笔者将其译为“日本法科大学院全国统一适应性考试”,为理解之便,文中仍然使用“适性试验”一词。

② 「適性試験管理委員会:法科大学院全国統一適性試験について(お知らせ)」, https://www.jlf.or.jp/jlsat/pdf/20171102_oshirase.pdf.

③ 明治学院大学機関リポジトリ「明治学院大学法科大学院の歴史」明治学院大学法科大学院ローレビュー25 巻(2017 年)12 頁。

④ 参见曾宪义:《法律硕士专业学位教育的创建与发展》,载《学位与研究生教育》2002 年第 1 期。

⑤ 参见丁相顺:《比较法视野下的东亚法律人才养成制度改革》,载《法学家》2009 年第 6 期。

⑥ 1997 年,日本内阁设立“司法制度改革审议会”,并在该审议会 2010 年发表的意见当中,将“司法的公民参与”与“适应国民期待的,易于使用、易于理解、足以信赖的司法制度”以及“质量与数量足以支持司法制度的专业法律人才建设”正式上升为日本司法改革的三大主攻方向。

⑦ 所谓“法曹”,在日本一般是指裁判官、检察官及辩护士,即所谓法曹三者。本文中,除非可能产生不当误解,否则一般对于日文汉字直接适用,不加以转译。

问题的专门化、复杂化局面,在一定程度上改善了司法考试通过率过低的窘境。⑧ 然而,这种希望通过制度移植,一举解决本国司法领域顽疾的企图,在本土化过程中遭遇到极大阻力,法科大学院教育难以为继。本文拟以日本法科大学院适性试验为研究对象,通过分析该项考试2012~2017年的实施报告书,对考试本身的技术设计与适用效果作以评价,关照停考问题,反思日本法科大学院适性试验的适用现实与经验教训,为改良我国法律硕士考试招生制度提供借鉴。

一、何谓法科大学院适性试验

(一)日本版 LSAT

适性试验,全称法科大学院全国统一适性试验,是一种为日本各法科大学院招生录取服务的标准化考试。2003~2010年,日本法科大学院的入学考试包括两种,分别是独立行政法人大学入试中心负责的"法科大学院适性试验"(DNC)与由日弁连法务研究财团与社团法人商事法务研究会共同主办的"法科大学院统一适性试验"(JLF)。2011年起,日本法科大学院协会、公益财团法人日弁连法务研究财团、公益社团法人商事法务研究会共同设立"适性试验管理委員会",正式负责法科大学院全国统一适性试验的整合工作,并由日弁连法务研究财团与商事法务研究会共同主办"法科大学院全国统一适性试验"。适性试验在很大程度上是美国法学院入学考试(LSAT)的翻版,但与LSAT不同的是,适性试验的考生包含已经接受过法学本科训练的毕业生,而LSAT的考生则来自各类非法律专业(因美国没有法学本科教育)。从功能上看,这一考试与我国研究生招生考试制度中的法律硕士专业学位联考颇为相似,用于选拔未来的应用型、复合型法律实务人才,二者的考生群体相仿,只是后者以法律专业的基本知识和基本理论为考核内容。由于日本各大院校通常会要求法

⑧ 参见[日]铃木贤:《走到十字路口的日本法科大学院制度》,载《法学家》2009年第6期。

科大学院的申请者提供适性试验的成绩,因此这项考试所起的作用类似于我国研究生考试中的初试。

目前,适性试验管理委员会设委员长一名,副委员长9~10人,事务局长一人。现任委员长是日本著名法学家、早稻田大学校长镰田薰教授,他同时还任法科大学院协会的理事长。副委员长的人员来自三个领域:法科大学院的法学教授,资深的司法实务界人士以及其他法学教育研究机构的有关人员。⑨ 日本法科大学院适性试验管理委员会是非营利性组织,属于公益法人,这一点同LSAT的举办方美国法学院入学委员会(LSAC)的性质是相同的。

(二)典型的潜能测试

从心理测量维度出发,教育考试有成就测试和潜能测试之分,前者测量的是个体对于某个领域专业知识的掌握情况,而后者测量的是个体接受特定专业学习或从事特定职业的潜在能力。法科大学院适性试验以测量个体进入法科大学院学习以及未来从事法律职业的潜力为目的,是典型的潜能测试。适性试验在确定考核目标和考核内容方面,基本上移植了LSAT的思路,但在考试形式上有些调整。日弁连法务研究财团从2000年起与LSAC进行了为期两年半的合作交流,并在此基础上开发出"法科大学院适性试验"。⑩ 根据双方的研究,适性试验将从逻辑判断力、分析判断力、长文阅读理解力及文字表现力4个方面,系统考查考生的综合素质,判断其是否具有接受法律训练的潜质,与LSAT的考核目标严格对应,如图1所示。⑪ 试题素材涵盖多领域、多学科,具有较强的权威性与时效性。以2016年第一次适性试验(2016年5月29日举行)为例,⑫第一部分第1题材料出自2015年出版的有关日本房地产泡沫问题的日本

---

⑨ 「適性試験管理委員会. 2017年法科大学院全国統一適性試験実施報告書」, http://www.jlf.or.jp/jlsat/pdf/2017_houkoku.pdf。

⑩ 「適性試験管理委員会. 2017年法科大学院全国統一適性試験実施報告書」, http://www.jlf.or.jp/jlsat/pdf/2017_houkoku.pdf。

⑪ 「適性試験管理委員会. 2017年法科大学院全国統一適性試験実施報告書」, http://www.jlf.or.jp/jlsat/pdf/2017_houkoku.pdf。

⑫ 「適性試験管理委員会. 参考文献一覧」, www.jlf.or.jp/jlsat/pdf/2016_bunken.pdf。

学者专著,第 9 题参考了日本学者对于碳元素的发展历史。又如,第三部分阅读理解中,第 1 题参考的是日本学者对于个人与集体意识关系的研究成果,第 2 题关注的是近代劳动观念,第 3 题参考了认知心理学的经典研究成果,第 4 题则源自艺术与政治的交叉研究。不难看出,适性试验的题目设计取材于日本学者对于文学、艺术、政治、历史等诸多学科的最新研究成果,同时兼具本国的经典研究及国外研究的译介,具有较为宽广的知识谱系与深度,但都不涉及特定专业知识的应用。

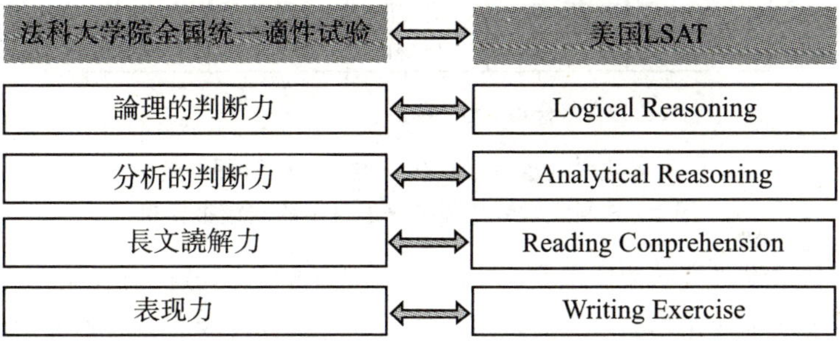

图 1　适性试验与 LSAT 考核内容

在考试形式方面,适性试验与 LSAT 存在一定的差异。LSAT 全年共举行 4 次,分别安排在二月、六月、九月和十二月,适性试验则一年举行两次,集中安排在五月下旬到六月初。一次 LSAT 共计 125 道选择题和 1 道写作题,耗时近 4 个小时,与之相比,适性试验的题量较小,耗时也较短,约 3 个小时。表 1 反映的是适性试验的试卷结构。

表 1　法科大学院全国统一适性试验的试卷结构

	考核内容	耗时	题量	题型
第 1 部分	逻辑分析	40 分钟	24 小题	单项选择题(5 选 1)
第 2 部分	分析推理	40 分钟	24 小题	单项选择题(5 选 1)
第 3 部分	阅读理解	40 分钟	24 小题	单项选择题(5 选 1)
客观题总计		120 分钟	72 小题	/
第 4 部分	书面表达	40 分钟	1 小题	写作题
共计		160 分钟	72 + 1 题	/

适性试验采用标准分报告成绩,且在报告总成绩的同时,显示考生前三部分的具体得分情况,[13]如图2所示。由于一年两考已经过等值处理,因此考生在适性试验不同考次中的报告分数具有可比性。

2011年 法科大学院全国统一適性试验成绩证明-ド
(6月12日实施试验 受验番号)511L-0008
てきせじ タロク
氏名 適性 太郎

正答数	第1部	第2部	第3部	合计
	14/24	15/24	16/24	45/72

スコワ(总合得点):192

※等化手续き验た得点 適性试验管理委员会

图2 法科大学院全国统一适性试验成绩报告单

从法学教育的角度来看,适性试验采用LSAT的考核内容设计,反映出日美两国法律界对于个人从事法律职业所应具备的能力与素养的认识的高度统一。适性试验所设置的逻辑分析类试题,主要考查考生对于材料中逻辑构造的识别以及在此基础上的逻辑推理能力,要求其在较短时间内,结合若干条件,推导出正确的逻辑结论。在审判或法律谈判等实际法律业务过程中,能否在短时间内准确判断事实以及其中涉及的法律问题,能否结合事实与法律进行充分的逻辑论证,显然是一名合格法曹所应必备的能力。类似的能力考察,在适性试验的分析推理、阅读理解乃至书面表达等部分,均有体现。这几部分职业潜能的考察,为法科大学院后续自主考核提供了一个相对公平的比较基础。

(三)辅助性的招录环节

在法科大学院的录取过程中,适性测试的成绩并不是决定性因素。申请者除参加适性试验外,还需接受所报考的法科大学院的自主考核。通常,法科大学院会综合两种考试的成绩决定录取人选。[14] 以东京大学为

---

⑬ 第四部分写作仅供各法科大学院参考,不计入分数。

⑭ 参见丁相顺:《日本法科大学院教育制度及其特征》,载《法制与社会发展》2006年第3期。

例,该校法科大学院自行组织的考试包括笔试和面试。其中,非法学专业考生将笔试两道"综合问题",并接受旨在确定是否具有法律职业人资质的面试。而法学专业的考生则无须面试,只须参加法律科目的笔试:公法、民事法和刑事法各一题。此外,考生(非法学和法学都包括在内)还需要提交外语能力证明。而另一所日本著名公立大学京都大学的法科大学院则不设面试环节,对非法学专业考生进行"小论文测试",内容是关于人与社会的问题;对法学专业考生进行法律科目测试,内容涵盖宪法、行政法、民法、民事诉讼法、刑法、刑事诉讼法及商法 7 个部门。京都大学不要求考生提供外语能力证明。总体来看,这些法科大学院的自主考核基本上起到了复试的作用,且权重更大。据此,进入日本法科大学院的路径大抵可通过图 3 描述出来。有一点值得注意,针对非法学专业申请者的自主考核,依然延续能力考查的方式,而针对法学专业申请者的考核,各校都是以专业知识的掌握情况为考核内容,只是所涵盖的专业面有宽有窄罢了。这一点同我国的法律硕士专业学位联考,针对非法学和法学专业考生,都考查法律专业知识的做法,有一定差异。

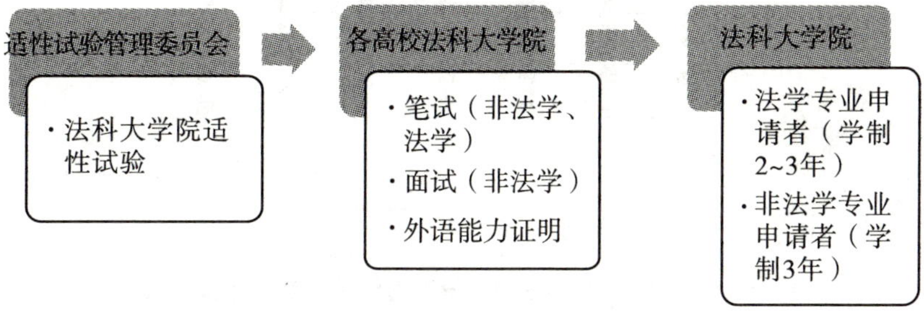

图 3　日本法科大学院的入学流程

二、适性试验缘何停考

日本法科大学院全国统一适性试验移植了几乎整套 LSAT 制度,但取得的实效却远不及后者。1948年首次举行考试的LSAT,历经70年,至今仍在有效地发挥美国法律职业"敲门砖"的作用,且被公认为具有较高的效度与信度。采用LSAT教育测量技术的适性试验,在测量手段上不能不谓之先进,但为何仅维系了不到20年?笔者结合适性试验委员会历年实施报告书上的有关数据,尝试从以下几个方面分析这项考试停止的原因。

(一)需求降低

一方面,适性试验的考生人数呈逐年下降趋势且考生结构渐趋稳定。图4反映的是2011~2017年适性试验的实考人数变化。⑮

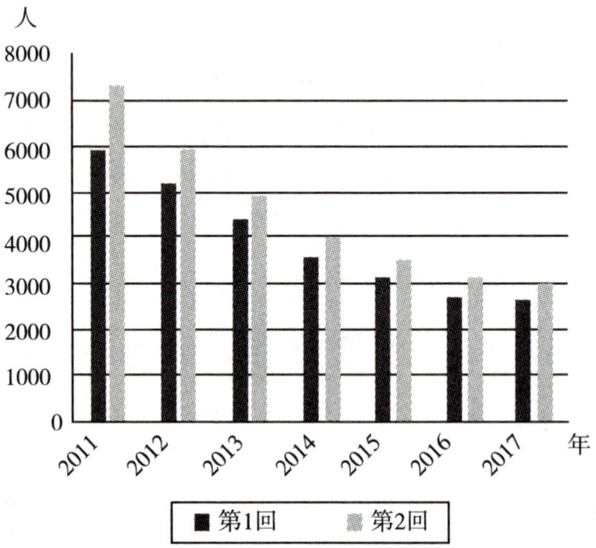

图4　2011~2017年日本法科大学院适性试验实际考试人数变化

图5和图6反映的是考生的自然属性占比特征。总体上,男性考生约占75%,是女性考生的3倍,2014年之后男性考生占比出现少许下降。年龄结构上,20岁至24岁的考生占多数,从2014年起,该年龄段考生比例进一步提高,相比之下,25岁至29岁和30岁至39岁两个年龄段的考

⑮「適性試験管理委員会. 2017年は速報値」, www. jlf. or. jp/jlsat/pdf/2017_shigansha. pdf。

生占比逐年减少。2017 年,25 岁至 29 岁考生占比要比 2012 年减少近 5 个百分点,30 岁至 39 岁考生要比 2012 年减少约 6 个百分点,与之对应的是 20 岁至 24 岁考生 2017 年要比 2012 年增加 8.4 个百分点。该现象与学生考生占比逐年增加有一定关联。

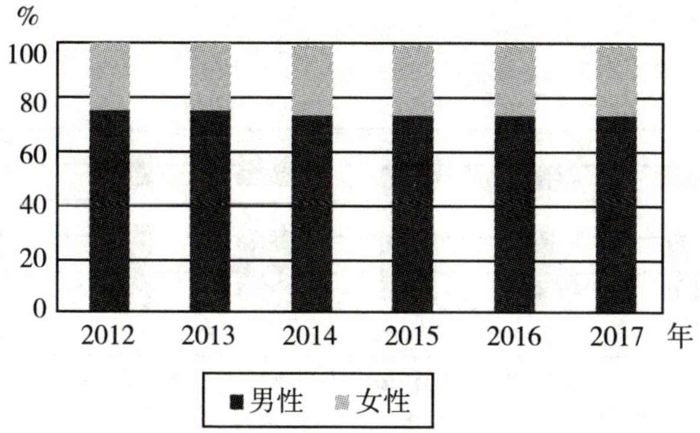

图 5　2012～2017 年法科大学院适性试验考生性别比例

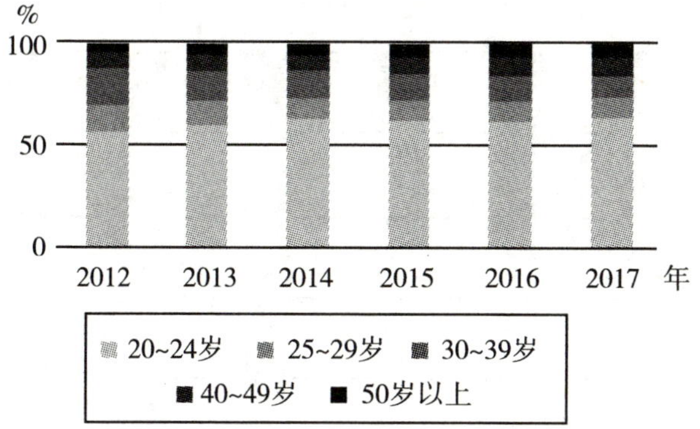

图 6　2012～2017 年适性试验考生年龄结构比例

图 7、图 8 和图 9 反映的是适性试验考生的社会属性结构。从不同考点的人数来看,绝大多数考生来自东京 23 区及京都、大阪、兵库等地,且这一趋势还在加强。从考生的专业结构来看,法律本科专业考生一直占多数,就连占比最低的 2012 年,也有 72% 的考生是学过法律的,2014 年、2017 年两年的占比甚至接近 80% 。相比之下,能够体现多元性的理科专

业考生占比却逐年下降,2016年时仅占不到4%。根据图9,考生中的学生占比逐年增长,2012年仅占53%,到2017年已达63%,进一步压缩了在职或者其他类型考生的占比。综合分析,适性试验的大多数考生其实是来自东京23区等地的法律系本科应届毕业男生,且同质化趋势还在加强。适性试验面临的现实是,用不涉及专业的潜能测试去考查一群法科毕业的考生。

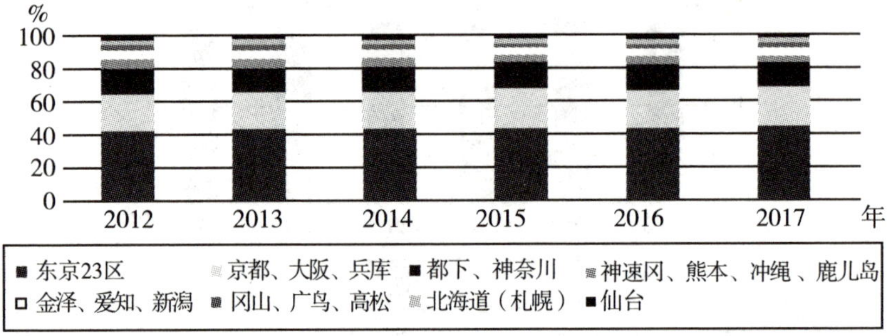

图7　2012～2017年适性试验不同考点考生人数比例

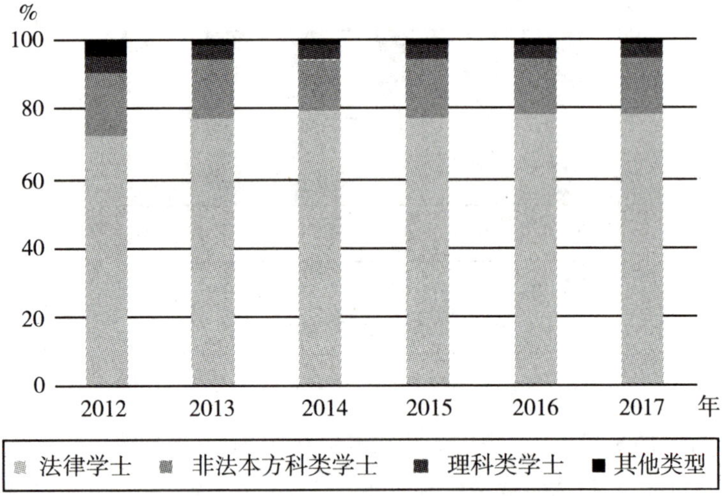

图8　2012～2017年适性试验考生专业背景比例

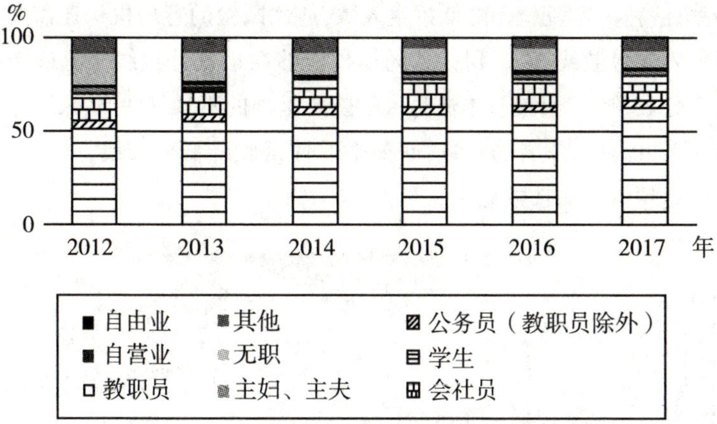

图 9　2012～2017 年适性试验考生职业占比

另一方面，日本法科大学院的数量骤减。2004 年法科大学院制度创设之时，共有 68 所高校设立了法科大学院并开始招生，2005～2010 年，法科大学院的数量达到顶峰为 74 所，之后便逐年下降，2015 年的降幅最大，13 所法科大学院停止招生，到了 2017 年，仅剩下 43 所，与规模最大时缩减了 42%，如图 10 所示。

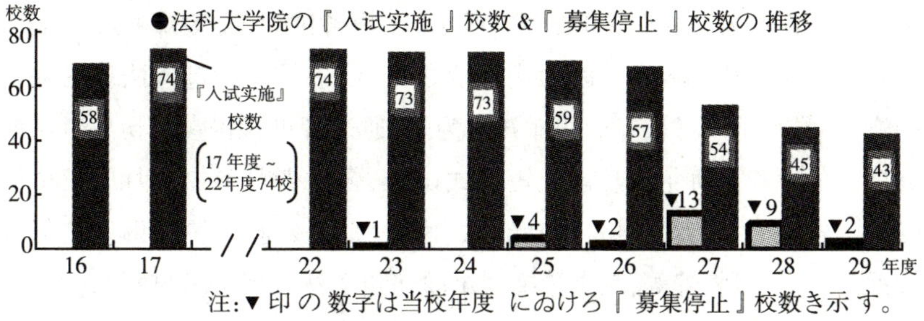

图 10　2004～2017 年日本法科大学院的数量变化

法科大学院数量减少带来的直接后果是录取率的倍增。2004 年，每 13 名申请者中仅 1 人被录取，而到 2017 年时，每 3 名申请者中就有 1 名被录取。图 11 反映的是 2004～2017 年法科大学院招录人数、报考人数以及录取率的变化情况。从司法考试合格率低是因为入学者质量太差的观点出发，有些日本学者认为，应当对入学者进行更为严格的选拔，确保招录比要维持在 2∶1 左右，以确保适性试验的竞争性。但如要维持这一竞争倍率,法科大学院就得降低招生人数,适性试验的管理机构还需要调整考试的入学分数线,以达到让不同学校能够在最低分数线之上确定各自的招生分数。⑯ 以目前日本法科大学院所呈现的不景气状态,录取率如此之高,实难保证入学者的质量,而如果适性试验降低分数线,其实也就是丧失了这项考试的选拔意义。

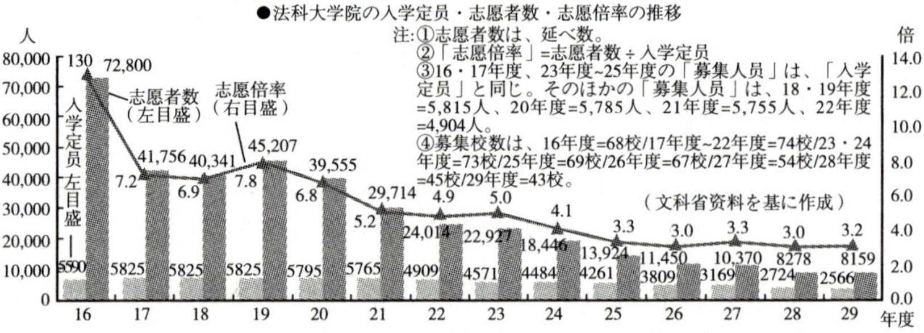

图 11　2004 ~ 2017 年日本法科大学院招录人数、报考人数以及录取率的变化

(二)进入法曹的补偿路径受青睐

法科大学院制度在日本设立后,原则上人们只有从法科大学院毕业,才能参加司法考试,进入法曹。然而,2011 年设立的"预备试验"却开辟了进入法曹的另一通路,如图 12⑰ 所示。"预备试验"是为那些经济能力有限或是无法从法科大学院顺利毕业之人,设置的一种进入法曹的补偿措施,该项考试以考核专业法律知识为主,通过者可获得参加司法考试的资格。这项考试每年五月进行短答式试验,合格者可参加七月中旬举办的论文式试验,二者的科目包括宪法、民法、刑法、商法、民事诉讼法与行政诉讼法、一般教养等,其中论文式试验还包含法律实务基础科目。论文类型笔试合格者可参加最后的口试,内容为法律实务基础科目,与论文式笔试的范围相同。⑱

---

⑯ 松本恒雄「法科大学院の役割と将来展望」広島法科大学院論集 11 巻(2015 年)53 頁。

⑰ 旺文社教育情報センター「29 年度法科大学院志願者数 1.4% 減、入学者数 8.2% 減の1704 人!」,http://eic. obunsha. co. jp/resource/viewpoint-pdf/201707. pdf。

⑱ 司法試験委員会「予備試験の実施方針について」,http://www. moj. go. jp/content/000006534. pdf。

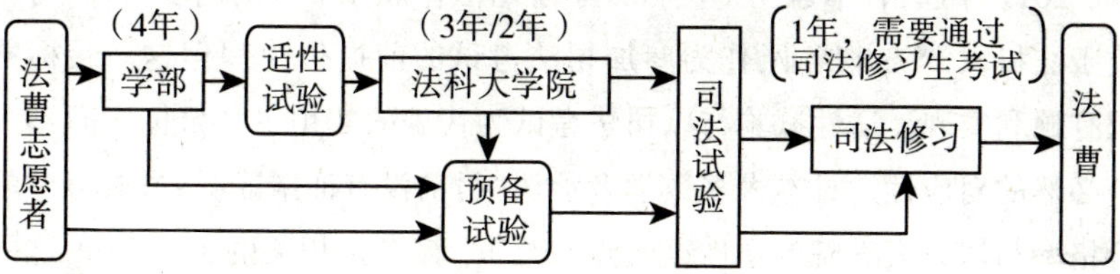

图 12　日本法曹养成路径结构

近年来,参与预备试验的人数每年都超过 10,000 人,通过率一般在 3% 左右。⑲ 与参加适性试验的考生人数逐年下降形成鲜明对比的是,放弃法科大学院选择预备试验这一替代管道,争取参加司法考试资格的人数,呈现逐年上升的趋势,参见图 13。⑳ 值得注意的是,预备试验开考的当年,法科大学院的报考规模就出现了第一次下降,而在预备试验考生人数增长最快的 2013 年及之后,法科大学院的规模开始快速萎缩,二者的竞争关系,由此可见一斑。

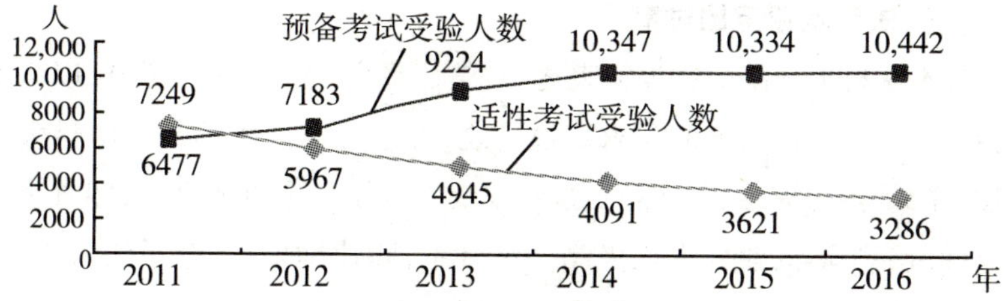

图 13　2011～2016 年预备试验与适性试验考生人数变化对比

---

⑲ 2017 年有 13,178 人报考,有 444 名考生合格,合格率为 3.4%;2016 年有 12,767 人报考,有 405 名考生合格,合格率为 3.2%;2015 年有 12,543 人报考,有 394 名考生合格,合格率为 3.1%;2014 年有 12,622 人报考,有 356 名考生合格,合格率为 2.8%;2013 年有 11,255人报考,有 351 名考生合格,合格率为 3.1%;2012 年有 9118 人报考,有 219 名考生合格,合格率为 2.4%;2011 年有 8971 人报考,有 116 名考生合格,合格率为 1.3%。这项考试人数在逐年稳步小幅增长,但通过率始终很低。法務省「平成 29 年司法試験予備試験口述試験の結果」,http://www.moj.go.jp/content/001238840.pdf。

⑳ 旺文社教育情報センター「29 年度法科大学院志願者数 1.4% 減、入学者数 8.2% 減の1704 人!」,http://eic.obunsha.co.jp/resource/viewpoint-pdf/201707.pdf。

2011年起,日本建立了法科大学院与法律职业准入的制度衔接,将就读于法科大学院并毕业,作为参加司法考试的前提条件,[21]但这一目标并没有顺利实现。适性试验与以司法考试为代表的实用主义目标之间不具有必然的对应性。日本大多数学者承认“目前没有证据证明,司法考试的合格率与法科大学院的适性试验点数之间,存在正相关的关系”。[22] 这一问题其实很好理解,法科大学院适性试验属于潜能测试,而司法考试本质上属于成就测试,二者不存对应性。换言之,能力强者未必专业强。适性测试可以将能力有限的人阻挡在法曹门外,只从高智商者中选取专业强的人作为法曹,从而大大提高了进入法曹的门槛。如果仅仅如此,法科大学院与适性试验尚有生存空间,但预备试验的出现,干扰了这一制度设计的初衷。预备试验与司法考试都属于考核法律专业知识的成就测验,二者的备考内容是一致的,从实用主义角度来看,预备试验的通过率尽管极低,但付出的代价也相对较少,因此近年来备考预备试验的人数一直居高不下。从结果看,通过预备试验者几乎可以全数通过司法考试,二者的高度相关性也是适性试验所不具备的。

(三)法曹就业范围过窄

日本法科大学院的创设初衷之一,是让更多人通过司法考试,以满足社会对于专业法律服务的需求。换言之,专业法律人才不足为法科大学院建立的重要前提之一。然而,这一前提忽视了一个重要事实,即日本律师以诉讼为中心的业务占比极高。在日本,除律师外,还有司法书士、行政书士、辩理士、税理士以及注册会计师等专门职业,分担着相关法律业务。但即便如此,日本的律师还是太着重于诉讼相关业务,这对于增加法曹人数是非常有害的。[23] 在诉讼业务等传统法律业务数量相对稳定的情况下,增加律师数量难免出现“僧多粥少”的局面,加之日本国民性格又倾

---

[21] 参见丁相顺:《日本法科大学院制度与“临床法学教育”比较研究》,载《比较法研究》2013年第3期。

[22] 松本恒雄「法科大学院の役割と将来展望」広島法科大学院論集11巻(2015年)53頁。

[23] 参见[日]铃木贤:《走到十字路口的日本法科大学院制度》,载《法学家》2009年第6期。

向于息讼,导致法科大学院设立后,令许多千辛万苦通过司法考试的律师面临“失业”窘境。

(四)缺乏与LSAT类似的制度土壤

法科大学院“适性试验+司法考试”这种“又要求能力又要求专业”的理想设计,当遭遇到日本传统法学本科教学体制和其他固有国情时,不得不有所折衷妥协,毕竟适性试验与LSAT存在的社会环境是不同的。LSAT是美国最早出现的研究生入学考试之一,从设立至今一直具有极强的竞争性,这项考试从来不乏大批考生,高淘汰率是其主要特征,从而确保美国法学院的入学者全部具备出色的个人能力而不是因其具有某些特长或是关系。[24] 尽管申请法学院的其他材料也非常重要,但就录取而言,LSAT成绩高低是最重要的标准。美国是典型的法治国家,国家治理完全依靠法律,各类法律人的存在对于美国社会的运转意义重大。在美国人的观念中,法律职业中不应该存在世袭的身份,法学院必须向全体有能力的美国人开放,让“自然贵族”从事法律工作,因而有中国学者将LSAT称为美国的“科举制度”。[25] 日本适性试验显然缺乏类似的制度土壤,日本的法律专业设有本科,这就意味着LSAT所具备的高竞争性招生环节在日本其实被前置为“高考”阶段,而在法科大学院录取环节,这项考试的竞争性反倒没有LSAT那么强。在美国,参加绝大多数州的律师资格考试(Bar)都要求考生必须拥有JD学位,也就是说,在美国从事法律职业,读法学院是唯一通路,而LSAT又是进入法学院的关键考试,因而LSAT的重要性也不是适性试验能够比拟的。

三、结语与启示

日本法科大学院适性试验在我国法学教育界尚未对其充分加以关注

㉔ See Robert J. Gregory, *Psychological Testing: History, Principles and Applications* (Seventh Edition), Pearson, p. 233.

㉕ 参见朱伟一:《细说LSAT——美国法学院的“科举”》,载《法制日报》2005年9月29日。

之时,便悄然落幕,令人唏嘘。企图通过创立法科大学院,达到司法制度改革的目标,在日本显然没有走通,个中原因,既有宏观层面的国情差异与政策影响,也有微观层面的技术问题与制度失范。有学者认为,日本法学教育改革失败的原因可能在于政府不知道或者有意忽视美国与日本的法学教育之间的区别。日本属于大陆法系,而美国属于英美法系,不同法系的学习内容与方法有着根本区别,大陆法系的内容更加适合于采用讲授方法进行教学,改革者忽视了采用美国模式进行(大陆法系)民法教学的困难以及日本法律实践训练(司法考试培训学校)的特色。[26] 中国与日本在法律传统上存在时空的交互影响,晚清时中国就曾急速输入近代日本的法律文化,开启了国家的法制近代化进程。[27] 改革开放之后,中国大胆借鉴美国及其他国家成熟的应用型复合型法律人才培养模式,改革法学教育,法律硕士专业学位教育制度就是在当时创建的,并一直发展至今。当前,伴随中国新一轮司法体制改革以及法治专门队伍建设的完善,法学教育在结构和质量上面临着新的挑战。现行的司法考试已经调整为国家统一法律职业资格考试,对报考法律职业资格考试的人员类型进行限缩,职业门槛进一步提高。法律硕士作为有条件报考统一法律职业资格考试的人员之一,对其应如何选拔,如何培养,如何引导就业,都存在探索空间。日本法科大学院适性试验的创设、发展与没落,为探索我国法律硕士的招生考试制度改革提供了鲜活的参照,颇具启示意义。

(一)法律硕士招生考试制度改革应同国家统一法律职业资格制度的设计保持步调一致

2015年,中共中央印发《关于完善国家统一法律职业资格制度的意见》(以下简称《意见》)指出,除法官、检察官、律师和公证员4类法律职业人员外,部分涉及对公民、法人权利义务的保护和克减、具有准司法性

---

[26] See Takahiro Saito, "The Tragedy of Japanese Legal Education: Japanese 'American' Law Schools", 24 *Wisconsin International Law Journal* (2006 - 2007), p. 206. 转引自邹爱华:《日本法学教育和司法考试制度改革效果评介及其启示》,载《法学教育研究》2016年第2期。

[27] 参见张中秋:《对中日法律文化交流的透视——以它们成败得失的原因为对象的比较》,载《法制与社会发展》2008年第3期。

质的法律从业人员也将纳入法律职业资格考试的范围当中。《意见》还分别从思想政治、专业学历条件和取得法律职业资格三个方面,明确了法律职业的准入条件。2018 年,《国家统一法律职业资格考试实施办法》即将出台,司法考试被法律职业资格考试所取代。这是一个与日本、韩国明显不同的改革方向,其从改革法律职业结构着手,以法律职业改革引领法律职业准入、法律职业养成以及法学教育改革,这样的改革路径更加大胆、更加超前。[28] 我国的此番改革,重在建立法律职业共同体,[29]强调法治工作队伍的正规化、专业化和职业化,除传统意义上的法官、检察官、律师和公证员这 4 类法律职业外,法律顾问和仲裁员(法律类),以及行政机关中从事行政处罚决定审核、行政复议、行政裁决的公务员,也应当通过国家统一法律职业资格考试,取得法律职业资格。[30] 此外,国家还鼓励从事法律法规起草的立法工作者、其他行政执法人员、法学教育研究工作者等,参加国家统一法律职业资格考试,取得职业资格。基于这种建立法律职业共同体的思路,我国出现日本因法律职业人才培养的出口过窄、司法考试通过率过低,逆向限制法律职业教育问题的可能性并不大,但仍需要在以下几个方面注意调整法律硕士招生考试制度改革的思路。

首先,法律硕士的招生考试将迎来结构更为复杂、数量更多的考生群体。由于新的法律职业资格考试对非全日制和非法学类本科及以上学历者的报考,有明确限制,因而将有大批以前可以直接报考司法考试的考生,如今不能报考,如自学考试的考生。这类考生如果希望获得报考资格,就需要继续攻读法律硕士(或者法学硕士等),以便达到学历上的要求。而在专业上,非法学类本科及以上学历者如果希望参加法律职业资格考试,也必须通过攻读法律硕士(或者法学硕士等)拿到考试资格,从这个意义上讲,法律硕士将成为非全日制和非法学类本科及以上学历者进入法律职业的核心渠道。其次,法律硕士的招生考试将面临培养单位对

---

[28] 参见丁相顺:《"项目推进"与"制度改革":比较法视野下的中国法学教育改革路径》,载《交大法学》2016 年第 3 期。

[29] 参见葛洪义:《一步之遥:面朝共同体的我国法律》,载《法学》2016 年第 5 期。

[30] 《司法部关于征求对〈国家统一法律职业资格考试实施办法(征求意见稿)〉意见的公告》,载 http://www.moj.gov.cn/government_public/content/2018-02/05/gggs_14531.html。

考生能力的更高需求。伴随我国专业学位研究生教育改革的不断深入,法律硕士应用性、复合性及实践性的特征优势更加明显,从过去考生"被动"选择考法硕,逐渐调整为"主动"选择考法硕,法硕的报考近5年来一直呈现高增长态势,培养规模也逐年扩大,就业渠道不断拓展。不少培养单位已摸索出一套应用型、实践型、复合型法律人才的培养模式,如"双导师"、校内培养与实习相结合等制度,这就要求在招生考试环节不仅要注重考生专业基础知识的考核,还要关注对其职业潜能的考查。最后,法律硕士招生考试还应适应国家法律职业资格考试制度对于提高法律职业共同体素质的要求;换言之,法律硕士招生考试制度的改革应以选拔更加优秀的法律职业人才为目标,要注重对"德法兼修"的考核,注重对职业潜能的考查,避免过去一味考查法律基础知识和基本理论的做法,积极引导考生将"应试"导向调整为能力导向,关注自身思维能力的训练和职业道德的培养。

2015年,为深入推进专业学位研究生教育改革与发展,教育部批准全国法律硕士专业学位研究生教育指导委员会,开展深化法律硕士专业学位研究生教育综合改革试点工作,健全和完善法律硕士招生考试制度正是此次试点工作的重点任务之一。借此机会,希望调整法律硕士专业学位联考的考试科目,设置有效考核考生综合素质的能力测试的呼吁再次出现,并有望成为此次法律硕士专业学位招生考试制度改革的主要方向。这一思路与日本法科大学院适性试验的设计有相似之处,但也存在时空和制度环境的不同。日本此番改革及其所遭遇的困境,为我国法律硕士专业学位联考改革提供了前车之鉴。所幸的是,我国的国家统一法律职业资格考试仍在酝酿,这就为将法律硕士招考机制嵌入整体设计,提供了可能性和准备时间。

(二)针对不同类型的法律硕士,进行分类筛选

日本法科大学院统一适性试验的一大特点,就是对于非法学考生和法学考生统一适用适性试验,但由于法学考生占比逐年增多,考生多元性逐年降低,适性试验的设置便失去了存在的意义,停考只是时间问题。我国的法律硕士专业学位教育在设置上与日本的法科大学院教育有所不同,两类法律硕士一直以来都是分别考试和录取的,在培养上也存在差异。日本运用适性试验解决了选拔非法学专业考生的问题,却忽略了法学考生的特性,与之形成鲜明对比的是我国的法硕联考,其存在的主要问题在于过分强调考生对于法律专业基础知识的掌握,对非法学考生专业水平的考核要求过高。此外,由于两类法硕联考选拔的都是法律硕士,二者作为应用型法律职业人才的属性是共同的,都应当具备一些法律职业的胜任能力,如较强的逻辑推理能力,分析推理能力,长文阅读能力、书面表达能力以及职业道德和操守等,对于这些能力的考核,目前的法硕联考又显得十分欠缺。

笔者认为,应将现行的法硕联考(非法学)调整为法律类综合能力测试,同时坚持法硕联考(法学)目前的定位,专门用于检验法科生的基本专业素养。两类法硕联考的报考者,均须参加法律类综合能力测试,如果是(非法学)考生,考完综合能力测试即可;如果是(法学)考生,则需加试法硕联考(法学),接受更加严格的专业能力考核,试卷应增加行政法及三大诉讼法的内容,基本设计如表 2 所示。长远来看,这一考试设计还有利于法律硕士制度同国家统一法律职业资格考试的衔接,例如,可将法律类综合能力测试作为参加统一法律职业资格考试的前置程序,以及在一定条件下用法硕联考(法学)冲抵法律职业资格考试的部分成绩等。[31]

表 2 新法硕联考的分类设计

法律硕士考试类型	考试内容	考生类型	
		(法学)考生	(非法学)考生
法律职业适应性测验	从事法律职业所必备的一般能力:逻辑推理、复杂阅读、写作等	必考	
法律硕士(法学)联考/自主命题[32]	法律专业知识及技能:刑法、民法、行政法以及相应的诉讼法、法理学、宪法学等	加试	/

---

[31] 参见戴一飞:《法律硕士联考的新路径——国家统一法律职业资格制度对法硕联考的实质类型化要求》,载《当代法学》2016 年第 5 期。

[32] 可通过评估,允许部分院校(一般是高水平法律硕士培养单位)针对法律硕士(法学)考生自主命题,但标准不能低于国家统考的法硕联考(法学)试题水平。

(三)推进法律硕士招生考试制度改革,应重视教育与司法行政部门顶层设计的协调

我国法硕联考的命题工作从2004年由教育部考试中心开始负责至今,除在类别上相应地增加了法律硕士(法学)专业学位联考的两份试卷外,原先的两份法律硕士(非法学)试卷基本保持了2003年试卷的雏形,所涉科目、题型、题量等均未发生过实质性改变,而且这种状态维持已有15年。㉝ 为何在国家大力发展专业学位研究生教育期间,法律硕士专业学位的入学考试却始终没有进行过大的调整呢?这可能与我国20多年来法学教育本身及法律职业养成体系没有出现过实质性改革,有一定的关系。有学者指出,凡涉及法律教育的举措的出台一直存在缺乏系统思维、忽视教育内外部规律的有机衔接或协调的缺陷。因为我们至今都没有提出和认真探讨过究竟谁对法律教育负责这个问题。㉞ 2016年,在全国法律专业学位研究生教育指导委员会会议上,司法部与和教育部有关负责人强调,要全面深化法律硕士教育综合改革,推动法律硕士教育事业实现新发展,强化法律硕士教育与法律职业资格制度衔接机制建设,推动法律硕士教育和法律职业资格考试制度良性互动,要加强部门协同,建立部门协商机制,改革招考制度,推进资格衔接,深入研究法律硕士培养和国家统一法律职业资格制度的衔接机制。㉟ 可以说,这是在顶层设计方面,为法律硕士专业学位招考制度未来的改革铺好了路,架好了桥。

法律硕士招生考试制度改革仰赖相关行政决策部门的顶层设计。日本法科大学院制度在将美国法学院教育制度移入本国的过程中,并没有同时解决好本国现有法学教育制度和法律职业准入制度之间的关系,造成后续问题连连。我国的法律硕士招生考试制度改革同样面临着要处理好这两种关系,即与高等教育中法律硕士培养制度的关系,以及与司法制

㉝ 参见戴一飞:《法律硕士联考二十年:制度回顾与政策反思》,载《政法论坛》2014年第6期。

㉞ 参见王健:《招生政策的调整与法律硕士教育面临的新挑战》,载《南京大学法律评论》2010年第1期。

㉟ 参见葛晓阳、李豪:《全国法律专业学位研究生教育指导委员会会议暨第九届法律硕士教育论坛在京召开》,载《法制日报》2016年1月11日,第001版。

度中法律职业准入标准之间的关系。法律人才的培养是一个系统过程，制度改革的设计要具有全局性的眼光，要将人才培养、人才选拔、职业录用和身份保障等问题放在整体中来加以考虑。临床医学专业学位制度的改革在我国之所以能够取得成功，正是因为其在设计改革蓝图之初就站在了全局高度。目前，我国的临床医学人才培养已实现专业学位与学术学位的严格分离，完成了专业学位“入口”与就业“出口”的对接，形成了招生考试制度与职业资格考试制度的衔接。从 2017 年研考开始，临床医学类专业学位与学术型研究生考试招生分类改革正式实施，临床医学专业学位硕士同时具备住院医师和研究生的“双重身份”，实现了“研究生招生和住院医师招录、研究生培养过程和住院医师规范化培训、专业学位授予标准与临床医师准入制度”的“三个结合”，合格研究生毕业时可获得“执业医师资格证书、住院医师规范化培训合格证书、研究生毕业证书和硕士学位证书”。[36] 这些改革举措背后，是教育、卫生、人力资源社会保障等多个行政部门的顶层合作。[37] 我国法律硕士专业学位招生考试制度的改革，也需要依靠国家教育、司法等行政部门的大力支持，需要不同领域的决策者在科学论证与充分调研的基础上，提出教育与职业的衔接机制，打通法律职业人才的培养之路。

---

[36] 汪玲、贾金忠、段丽萍：《我国临床医学教育综合改革的探索与创新——“5 + 3”模式的构建与实践》，载《研究生教育研究》2015 年第 3 期。

[37] 参见《教育部等六部门关于医教协同深化临床医学人才培养改革的意见》（教研〔2014〕2 号），载 http://old.moe.gov.cn/publicfiles/business/htmlfiles/moe/s7065/201411/178832.html。

On the Suspension of Japanese Law School Admission Test

Dai Yifei

Abstract: Japanese Law School Admission Test (JLSAT) is now faced with an indefinite suspension because of lower numbers of candidates and law school recruiters. Since people still can become lawyers without graduation from law schools by taking judicial preliminary tests, more and more law schools have to close because of fewer applicants. To some extent, JLSAT is a failure in system transplantation and local adaptation of American correspondence. Therefore, once China seeks to reform Juris Master admission system, it is important to design an effective mechanism to connect Juris Master education with legal profession qualification system and to test candidates accordingly. The reform of Juris Master admission system cannot be successful without the efficient coordination between educational and judicial administrations.

Key Words: Japanese Law School Admission Test (JLSAT), legal profession, Chinese Juris Master Test, admission test

英国法学教育改革：一种历史与比较的视角

袁利平　武星棋*

摘　要：法学教育是国家法制建设之基。在教育全球化时代背景下，法学教育将朝着全球化的目标驱进。英国法学教育改革历经了早期律师学院法学教育、中世纪法学教育大学化萌芽、近代法学教育大学化发展和现代法学教育现代化及体系化发展阶段。英国法学教育的改革涉及教学模式、专业化发展、质量评估、人才培养、课程建设、师资队伍和国际化等核心主题。英国法学教育改革对我国法学教育发展具有一定的借鉴意义。

关键词：英国　法学教育改革　人才培养　体制改革　启示

法学教育是高等教育中的重要组成部分，它不仅承载着传授法律法规知识、传递法治精神和培养执法技能的重要使命，更肩负着为社会和国家培养治国人才的重任，法学教育发展的水平直接影响甚至决定法治发展的方向、规模和速度，是坚持和完善

---

* 袁利平，陕西师范大学教育学院副教授，教育学博士。研究方向：比较教育；武星棋，陕西师范大学教育学院2016级硕士研究生。研究方向：比较教育研究。

国家依法治国和法治建设的根本要素。在欧洲文化中,“法学”一词最初寓意为“法律的传授和解释”。法学教育主要传授的就是法律的基本问题,而法律又是宪政的基础。在某种意义上,一个国家法学教育的发展史就是一个国家法律命运的变迁史,同时也折射出该国政治制度的演变。① 英国作为一个拥有悠久法学教育发展历史的资深国家,起步早且成绩显著,是当今世界上少数几个较为成功的典范之一,对英国法学教育的探讨无论是在理论还是实践层面都具有重要意义。

一、英国法学教育改革的演进历程

英国作为英美法系的代表国家,法治体系建立较早,在长达 2000 多年的历史更迭中积累了丰富的经验,成为世界法治发展中的重要组成部分。英国的法学教育从形成至今经历了百余年的改革发展,从历史长河的历练中走来,凝聚了不同时代法制变迁的特色。法学教学模式也在积极适应社会需求的变化中,不断寻求创新和改革,如今英国所呈现出来的法学教育不单为英国培养了大批优秀的法律职业人才,同时在促进人类法学发展的道路中扮演了极其重要的角色。

(一)英国早期律师学院为主导的法学教育起源

概括来讲,法学教育就是传授法律知识的一种教育活动。它被列入近代范畴的高等教育体系之中,则是起始于 11 世纪末意大利的波伦那大学。据学者考证,拉丁文“大学”——Universititas 的原意为“法律大学”。② 自波伦那大学首创了法学之后,其他高校相继效仿。在随后的发展过程中,法律作为一门独立的知识体系逐渐系统化和专业化,并确立了其学科地位,以社会科学学科的角色在不同场所被正式讲学与研究。到

---

① 参见曾长秋、王玥:《中美法学教育之比较》,载《现代大学教育》2002 年第 1 期。

② 参见吴汉东:《法学教育发展的历史轨迹与中国道路》,载《中国大学教学》2016 年第 1 期。

13 世纪,英国剑桥大学、牛津大学也相继建立了法律系。[③]

英国的法学教育最初主要是由律师学院承担,侧重于培养职业性的法律从业者,教育性质为职业教育,教学模式是边学边实践的学徒制教学模式。在法学教育正式以大学学院形式的教育模式流行以前,学徒制是英国法学教育的主流模式。学生跟随有经验的师傅一般通过口头和书面相结合的方式,在实践过程中运用具体案例传授处理技巧和工作经验,力图让学徒能够快速掌握法律从业者应具备的法律技能和专业知识。[④] 英国法学教育在其萌芽之初就是以职业实践教育为主,这也对后来法学教育职业化发展的完善影响颇深。

律师学院的逐渐流行,使英国法学教育走上了较为正规的发展道路,区域性的律师学院不一而足。其中内殿学院(The Inner Temple)、中殿学院(The Middle Temple)、格雷学院(Gray's Inn)和林肯学院(Lincoln's Inn)4 所脱颖而出,形成了后来著名的 4 大律师学院。[⑤] 其教学模式主要由参加法庭庭审、模拟法庭、参与读书会活动三项构成。[⑥] 这种教育模式通过反复实践来实现高效的教育成果,让学徒能够以最快的方式具备独立工作的能力。但律师学院的教学模式在一定程度上却限制了受教育者的发展,或致其封闭狭隘而无法顺应社会变化。

(二)中世纪时期英国法学教育大学化的萌芽

16 世纪中叶,牛津大学和剑桥大学在政府的鼓励和支持下率先建立了法律专科学院,以研究民法为主。后来,这两所大学的法学院逐渐发展成英国的两大民法研究中心,为英国近代以来的法律研究与改革发展提出了许多建设性的意见,为英国法学发展和法律建设指明了新的方向。

18 世纪以前,英国的法学教育由律师学院和大学共同负责,律师学

---

③ 参见[美]哈罗德·J. 伯尔曼:《法律与革命:西方法律传统的形成》,贺卫方等译,中国大百科全书出版社 1993 年版,第 152 页。

④ See G. ,John T. of Moots,"Legal Process,and Learning to Learn the Law",*University of Miami Law Review*,1983, pp. 476 –477.

⑤ See Peter Smith,"The Legal Education— Legal Practice Relationship: A Critical Evaluation",*Sheffield Hallam University*,2015,p. 1.

⑥ See K. R. Simmonds,"Legal Education",*The International and Comparative Law Quarterly*,Vol. 20,No. 3,1971,p. 571.

院主要负责传授英国普通法,针对培养实践性的法律从业者,而大学更多的是以讲授法律历史、法学理论等为主。进入18世纪后,英国传统的政治、经济以及社会结构等方面都发生了系列的变化,在此期间包括法学教育在内的一些教育内容也成了自由发展的事业。此时法学教育的发展也发生了一定的变化,曾被誉为英国"第三大学"的律师学院逐渐丧失了其法律教育的功能,被人们称为"衰败的大学"。⑦

18世纪中叶,不断涌现出的许多教育家、政治家都曾大力主张发展大学法学教育,这其中,在法的学习和研究方面,英国能够从长期的睡眠中苏醒过来,威廉·布莱克斯通有着不世之功。他提出了科学的法学教育学术性的专题教学理论,首次指出法律教学中学术性理论教育的重要性,其后期举办的教育实践活动的顺利进行也标志着英国法学教育进入一个新的时期——以学术培养为目的的法学教育思想的诞生。随着法学教育的发展,英国的法学教育在现代化的发展中也形成了理论与实践齐头并进的发展模式,布莱克斯通也被后世看作英国现代法学教育的领路人。

(三)近代英国法学教育大学化的发展

19世纪对英国来说是一个变革的世纪,对于英国的法学教育也是改革之机。长期以来,律师学院教学中更多侧重于对职业律师的培养,重实践而轻理论,加之并没有确立统一的法学资格考试制度,导致英国法学教育发展相对缓慢。随即而来的工业革命致使人类社会生活发生了翻天覆地的变化,人们的观念也在发生转变。自然科学的突飞猛进,伴随的是经济贸易活动的增长,经济利益纠纷繁多的时代,蕴含着社会对法律的期盼和对法律人才的需求。前景可观的职业必然高度吸引政府和教育机构的眼球随之开拓教育发展的新局面。19世纪,社会对高质量人才的需求,致使诸多国家开始推行新型教育教学模式。1826年,伦敦大学学院建立并相继成立了医学院、工程科学学院、数学与物理学院以及法学院,在各大学院中积极引进新型的教学模式及课程,敞开了英国高等教育近代化发

⑦ 参见[比]R.C.范·卡内冈:《法官、立法者与法学教授——欧洲法律史篇》,薛张敏敏译,北京大学出版社2006年版,第338页。

展的大门。随着英国法学教育改革大幕的拉开,大学正式地承担起了为社会培养法律人才的重任。

1846 年,英国特别法律教育委员会成立。随后该委员会出台了一份英国法学教育改革发展的相关报告,指出当前英国法学教育所面临的问题在于忽视了法学作为一门学科的独立性和专业性,传统重技术而轻学术的法学教育模式培养的是技术人员而非专业人才。针对这一弊病,报告指出应深化法学教育专业化发展的趋势,严格设立职业资格考核体系,提高学位授予水平,并将法学教育划分为理论学习和职业训练两个阶段。学生先接受法律基本知识和理论的专业化教学,完成后接受从业技能的职业化训练,从而实现法学教育中理论与实务的耦合。该报告的颁布及实施为英国现代法学教育改革的有序进展构建了合理的框架体系。

(四)现代英国法学教育现代化和体系化发展

经过 19 世纪的改革,英国的法学教育从教学模式到课程设置逐步实现了现代化发展。到了 20 世纪,大学已成为英国法学教育的主要阵地。1967 年 12 月,由欧姆罗德大法官(Mr. Justice Ormrod)主持的法学委员会正式成立。并于 1971 年发布了著名的《欧姆罗德报告书》,其中提出:必须转变英国法学教育中传统的思维模式,摒弃将“学识”与“职业”“理论”与“实务”相对立的旧教育观,加强大学法学院与法律实务界之间的合作,从而实现提高法学教育的水准。1996 年,英国大法官法学教育和行为顾问委员会针对合理培养法学人才的教育报告中再次对培养目标做出了修改:从对专业知识、技能的双向培养提升为对学生具备全面学术能力的培养。目前,英国依然在不断坚持和完善该培养方针。

现代英国法学教育主要由大学法学院提供,学制为 3 年,在 3 年的学习中学生必须修满 360 个学分方能获得毕业资格并申请法学学士学位。课程设置有选修和必修的设定,学生第一年主要是必修课的学习,第二年教学安排为三门必修,添加一门选修,选修课由学生在学院提供的课程中自由选择感兴趣的课程学习,第三年为三门选修一门必修,自由度不断提高,而不同学校对选修课程的设定也不尽相同。[8] 在教学方法上,以课堂讲授、研讨会和导师辅导为主要教学方式,除此之外还辅以模拟法庭、诊所法学教育。其也很重视案例教学法,通过模拟和问答讨论的形式让学生对案例进行分析,训练学生的思辨能力,针对不同案件不同情形随机应变。总之,英国的法学教育尤其重视实践能力的锻炼,以培养专业性强的职业律师为主导。

二、英国法学教育改革的核心主题

英国的法学教育经过百年演进,基本实现了从传统向现代的转型,为英国社会培养了大批法学理论和实务人才。纵观英国法学教育的发展史,英国法学教育之所以有今天的成就,政府和高校各自都发挥了重要的作用。

(一)整合"理论"与"实务"教学,巩固高等教育机构

《欧姆罗德报告书》中所提到的法学教育改革,以提升法律从业者的专业素养和职业能力为目的,对英国法学教育中理论教育与实务教育的资源进行整合,但并不代表将二者合为一体或互相取代。两种教育模式的目标领域不同,其功能与目的也大相径庭,其中各有所长也有所重叠。因此,依照报告的建议英国法学教育模式的第一次革新就是将法学的学术教育与职业训练融合发展,在掌握牢靠的法律理论知识的前提下进行严格的法律职业训练。

任何教育活动都遵循同一个原则:欲速则不达。法学教育亦然如此。经过改革,大学巩固了推行法学教育的重要地位,在以学院为主体的教学模式下,从学制的划分到课程的设定都交予学院来决策。学院在不同阶段的学习任务中针对培养目标为学生确定了科学的学习内容,学生在阶段性学习中可获得不同程度的提升。理论阶段的学术培训、职业阶段的

---

⑧ See UK. Bristol. , *Undergraduate Course Handbook* 2005 – 2006, *London*: *University of the West of England*, University of London Press, 1926, p. 36.

实务训练以及实习阶段的持续性教学,为学生提供就业后的法律进修渠道。通过阶段性的学习,学院完成了相应的教学安排和任务,在优化培养计划的同时也巩固了大学的主体地位。

(二)加强法学专业化发展,制定严格的资格考核评价制度

早期英国的法学教育以学徒制的经验传授为主,多以培训法律实务人员为首要目的。威廉·布莱克斯通教学理论的出现使得法学理论教育普遍被公众所重视,培养具备专业素养的新型法律人才成为后来法学教育的新目标。如今,世界发展的演变导致社会的主要矛盾在不断地变化,法律的涵盖面已经不仅仅拘泥于单纯的人权维护、惩治犯罪以及利益纠纷,频繁的国际贸易、知识产权的维护、网络暴力、环境污染等都能延伸到法律的管辖区,社会文化的多元是促进全面专业人才培养的推动力。而所谓专业化培养,要求法学学生既要具备基本的法律历史及法律理法等专业理论知识,又要练就娴熟的实务处理能力,除此之外更要加强培养学生的全面学术能力,这也是法学教育顺应时代的特征。

1990 年,大法官法学教育与职业行为咨询委员会的成立,表明英国开始重视对培养法律从业人员的质量评估。该委员会除了处理法学教育及质量评估等相关问题外,还负责监督社会法律从业人员的职业行为。其监管范围包括高等教育中法学专业教育、持续性教育以及律师职业行为的规范监督,评价给出的意见对后来英国不断完善和改革法学教育发展发挥了指导性的作用。当前,英国的教育评价由质量保障机构(QAA)负责,主要的针对面是教学质量的监控,其中以高等教育为主。评价体系是教育发展进步的重要环节,对促进英国法学教育发展的贡献不容小觑。

(三)塑造法律职业人才,合理改革课程制度

2001 年,英国大法官法学教育与职业行为咨询委员会被法律服务咨询组织(Legal Services Consultative Panel)取代,随之建立了新的法学教育标准制定机构。目前,英国的法学教育还是以学院制为主,课程设置基本由学院决定,学院会根据社会发展的需要制定学生所应具备的知识内容,并结合社会需求变化来调整课程安排。而法律服务咨询组织提出大学法学院应将理论教学与实践教学并重,加强与法律实务机构的合作,在教学过程中保证学生既能学习学院专业的理论知识又能参与到实务处理中进行实践训练,从而实现专业全面人才的培养。⑨

英国大学法学教育的课程可划分为三个阶段,即理论阶段、职业阶段和实习阶段。⑩ 理论阶段课程旨在培养学生掌握牢固的法学基本知识,并了解法律知识在生活中的出现形式及如何运用,为后期的实务技能的训练打下基础:职业阶段又称为技能阶段,此阶段的课程设置已经着手培养学生的实践能力,所开课程也是在知识传授的基础上让学生自己处理一些法律法案;实习阶段为大学法学教育的最后阶段,其更偏向于校园外的法学教育,是能让学生广泛接触到法律各界领域的实践教育。英国法学教育的三个阶段的衔接是法学教育与法律实践对接的必然选择。

(四)培养时代人才队伍,推动国际化稳步发展

21世纪全球化的时代背景下,时代的主题是"财富源于人才资源"。如今教育的改革与发展面临着社会政治、经济、文化、科技等多方面的影响和挑战。教育培养的人必须是顺应时代发展的新世纪人才。在时代方针的指引下,英国法学教育也在追求新的发展,许多大学的法学院都纷纷进行改革。同时,一些律师事务所和实习教育机构也在尝试新的改变,这为英国法学教育的发展注入了新的动力。

英国法学教育中国际化趋势日益增强,再加上其地处国际贸易的交界地带,与美国和其他欧盟国家联系密切,便能以绝对优势的条件开展国际法律业务。另外,英国法学教育在教学环节也适当作出调整,尝试开展赴国外进行实习阶段的学习,为学生提供更多选择,也通过留学让他们具备处理国外和国际业务的实践经验。⑪ 同时,英国的法学教育还吸引了大量世界优质生源赴英留学,随着这种"走出去,引进来"的学习方式的增

---

⑨ See Osborn Guy,"Borders and Boundaries:Locating the Law in Film",*Journal of Law and Society*,Vol. 28,No. 1,2001,p. 167.

⑩ See Sylvester、Cath,"Bridging the Gap? The Effect of Pro Bono Initiatives on Clinical Legal Education in the UK",*Journal of Clinical Legal Education*,Vol. 6,2003,p. 31.

⑪ Andrew Boon and Julian Webb,"Legal Education and Training in England and Wales:Back to the Future",*Journal of Legal Education*,Vol. 58,No. 1,2008,p. 1.

多,英国法学教育必然会融入更多国外元素,为其今后的发展增添国际色彩。

三、英国法学教育改革的主要特点

在英国法学教育的发展历史中,教学模式的变化是最为显著的,但职业化培养模式依然贯穿始终屹立不倒,可见英国对培养法学职业人才的重视程度。其法学教育一路走来不断坚持改革创新,如今所取得的成就形成了极具英国特色的法学教育。

(一)不断追求改革创新

英国法学教育经过百余年的发展演进,直至今日其教学体系已相对规范化,课程设置也趋于科学化,教学安排实现制度化。从教育主体来看涉及面较为广泛,学生在整个学成过程中,知识体系之间环环相扣,既有大学学院的专业知识传授,也有实务机构的职前实习培养;从教学方式上看,英国的法学教育进步颇大,从最初仅仅建立在经验传授的律师学院发展至今日大学规范系统的教学模式。从理论到实践、从学院到职场、从单调的法律条文到多元的课程设置等,这一系列的进步都是英国政府和学校在法学教育的道路上一路走来探索实践的烙印。

(二)坚定大学的培养地位

在英国法学教育的发展经验中,最具有时代性的成果就是将大学作为法学人才培养的主要场所。通过总结和批判,高等教育机构最终在时代的历练中脱颖而出并承担起培养高质量人才的重要使命,这是教育历史发展的必然结果。大学作为一个国家先进知识的聚集地和研发地,具备系统性、理论性和科学性多方面优势,这也决定了它成为高等学术传导的中坚力量。但法学教育的发展并不能只依靠于大学,这也是我们在英国法学发展的历程中所获得的经验。法学教育的职业教育属性和历史发展的延续性,实务处理的培养模式并不会完全退出历史的舞台,这两者其实并不是针锋相对的,在新的时代背景下,它们扬长避短适时地发挥自己的职能,统筹合作分工,构建了法学教育培养的有效机制,共同承担起培养法律人才的重任。

(三)有效的实现资源整合

综观英国法学教育的优秀成果,可以说资源整合是其发展进步的基本途径。英国法学教育的探究者们善于将人才的培养和输出联系到一起,将学校教育和职业训练通过学院和律所的合作形式有机地结合起来,打破了曾经的樊篱,事实上这两者本来就是密不可分的。时至今日通过资源整合,英国调整了从前实务统领的教学模式,构建起实务界与学术界合作教学的桥梁,让二者在沟通交流中对教学问题进行探讨,一同承担起为英国培养高素质法律人才的重任。而英国的法学教育也正因凝结了大学法学家和法律从业者的共同力量才实现了资源的优化配置,最大限度地降低了培养成本并适时达到法学教育的转型,这种转型模式对现代英国法学教育模式的形成产生了极大的影响。

(四)始终贯彻参与式实践教学

国家对法学人才的培养目标在很大程度上决定了法学教育的培养方式。在英国,无论是起初的学徒制教育模式,还是现行的新型合作教学体制,形式上虽有不同但教育核心却有异曲同工之妙。自始至今,英国的法学教育对贯彻法学实践人才的培养目标是始终不变的。法律专业是一门专业性和可操作性都非常强的学科,它要求理论与实践间的契合和统一,所以英国从法学教育的变革中一路走来,坚持将学生置身于实践环境中,参与现实法律实务的处理,从而培养学生的积极性和创造性思维。目前英国学院制的法学教育也秉持不仅要向学生讲授法律的基本知识和理论,更要在实践课程中锻炼学生运用所学知识解决现实问题的能力,与传统"灌输式"的课堂教学模式相比,该教学效果更加理想。

综上所述,英国法学教育的历史演进是一个不断在历史的经验中思考总结的过程,在经验反省的基础上进行改革和创新,以新旧制度融合的方式取得法学教育的进步。英国法学教育从发展至今已逐步形成集聚科学化、规范化、专业化特点的教学体系。教学领域上,既有大学和法学院的专业化正规教育作指导,又有社会法律机构的职业训练为辅助;教学形式上，以学院为主导开展的系统性法学教育取代传统的学徒制教学模式成为主要形式；在培养方式上，从培养目标的确立到培养模式的改革再到课程内容的设置，如今英国大学法学教育的制度化管理环节已日益完善，并将大学法学教育和法律人才的培养共同纳入到一个理性发展的轨道中来，当今英国日趋成熟的法学教育发展仍处于世界领先位置。

四、英国法学教育改革对我国的启示

法律建设在国家的稳步发展中担任着至关重要的角色，而法学教育作为建设社会主义法治国家的奠基石发挥着引领的作用。2010 年我国颁布的《国家中长期教育改革和发展规划纲要（2010～2020）》中对法学教育提出“要加大法律人才的培养开发力度”的发展要求。在此背景下，法学教育在接下来的发展中更会朝着新型高素质法学人才的培养目标迈进。而要实现这个目标无论是国家还是高校都要为之付诸实践努力。当前我国法学教育发展确实取得了较大的进步，但还是要不断完善基本性的问题，在实践探索中谋求可持续发展。

（一）协调教学目标及任务，有针对性的培养人才

我国当前的法学教育中仍然存在教学目标不明确的问题，我国法学本科的学生毕业后的就业对口率相对较低，2012 年的数据显示，只有47% 的毕业生从事与法律职业相关的工作。[12] 这意味着，有一半多的法学毕业生在毕业后从事其他行业。由于教育目标的模糊，导致学生未来职业定位的偏移，这样的发展趋势对我国培养新型高素质法律人才的宗旨无疑构成较大威胁。高等教育中法学专业课程设定的首要任务就是明确高校法学专业人才培养的目标，在贯彻落实国家大的教育目标和政策方针的前提下立足于高校，在确定学校对法学专业课程设置目标的同时，还要兼顾课程对人才培养的目的。围绕教学目标来确定课程设置，使每一

---

⑫ 参见丁亮：《论英国法学课程改革的经验与启示》，载《教育探索》2015 年第 2 期。

个教学环节都符合对法学人才培养的标准。21世纪以来,我国对法学人才的要求是既要拥有通识广泛的知识储备,又要具备坚实的专业素养,是"通"的基础上有所"专",将专业知识与其他知识融会贯通,这就要求高校在课程设置和人才培养中要处理好"通才教育"与"专才教育"之间的关系。其次,还应处理好个人发展需求与社会需求之间的关系,高校法学院在通过理论的传授、方法的分析,以及实务处理能力的训练实现法学人才的培养外,还满足个体差异发展的需要,尊重学生的个性发展。

(二)更新教学内容,调整课程设置

教育的发展必须与时代的需求相呼应,这就要求法学教育在专业课程的知识架构上要着重突显时代性的特征。前沿课程对法学时代人才的培养意义毋庸赘述。课程内容不单要包括法律专业的基本知识,涵盖专业各个领域的重点、难点,更应反映出时代的热点以及人们日常生活中所普遍关注的社会矛盾和急于解决的现实法律问题。这就要求法学教育课程要顺应时代发展的需要,符合社会的需求并满足人们日常生活所需。同时,课程安排应兼备综合性和多维化,合格的法学课程应囊括理论知识的传授、实践技能的训练和职业道德的培养。法律职业因其行业的特殊性,教育并不只局限于单纯的掌握法律基础知识,还应涵盖相邻专业领域的前沿性知识,可采用学科间协作开办专题课程的方式推进跨专业的通识教育,帮助学生了解专业以外的知识领域,提高学生综合能力的发展以顺应时代的需求。因此,课程设置应具备多元灵活、综合宽泛、理论实践相结合的特点。

(三)多渠道开放多维课程,放手学生自由选择的权利

目前我国已经迈入"互联网+"的时代大门,国家治理体系、经济形势以及教育内容等,在网络信息的冲击下正在发生并将持续发生巨大的变化。而在教育方面,发展趋向可能面临学生在接受教育的过程中对课堂和直观教师的依赖性越来越低,学生自主学习的能力将不断增强。针对这一倾向,在课程安排上应赋予学生更多自由选择兴趣课程的权利,为学生提供多渠道多维度的学习平台和空间,以满足个性化教学的目的。针对个体兴趣差异让学生在不同的职业定位中有选择性地获得个人突破的方向。在保证专业基本核心课程开设的前提下放权学生参与到课程的设置中，既体现高等教育教学公平公开的时代特色，又呼应社会对专业多元人才的需求。

（四）重视实践教学，加强学术界和实务界的良性互动

英国法学教育发展之所以能取得今日的成就，与其“教”“务”之间的紧密联系有很大的关系。而实践环节的增加和完善是目前我国法教改革所面临的一大重点。首先是增设实践课程，对此部分院校也尝试引入一些国外的教学实践课程，并开设了模拟法庭或者深造性的社会实践等项目，但这些课程并不是所有的学校都有开设且部分项目只面向小部分成绩优秀的学员或学生干部。因此，遵循普惠性的教学方针面向所有法学专业学生的推进实践教育，要求大学法学院应联合法律部门扩大开办法学技能培训的实践课程，增设如辩护技能、调解协商技巧、案例分析研究、专业口语表达能力、法律文案的起草、合同的拟定以及国家最新方针政策的解读等方面的技能训练课程。另外，还应加强“教”“务”之间的协作，学院应主动构建法学教育界与实务界的长期合作，逐步形成统一的法学教育体系。合理安排学生到成熟的律师事务机构进行实践学习，以缓解高等法学教育理论化的倾向。

总之，法学教育作为教育的重要领域，为国家和社会的长治久安发挥着重要作用，所以这正是本文探讨法学教育改革发展的重要意义。然而，“滴水石穿非一日之功”，英国日趋成熟的法学教育如今为世界各国所称道，但人们往往倾向于歌颂历史的辉煌与成就，而造就辉煌过程的艰辛和曲折却鲜有人提及，英国法学教育改革路上遇到的困难必定有千万学者为之不懈坚持和努力才得以克服。而我国法学教育起步相对较晚，我们今天在法学教育中所遇到的问题或许就是英国的昨日重现，在这条改革之道中我们需取他人之长补己之短，其中有很多发展经验都值得我们借鉴。力行法学改革，提高教育质量，是目前我国发展法学教育的根本途径，这要求相关部门必须引起重视，积极采取措施予以改善。但教育是一个不断摸索和实践的活动，某个环节的缺失都可能造成牵一发而动全身的后果，这需要国家、学校、个体之间的相互配合才能实现整体的进步。

学海无涯苦作舟,法学教育改革面临诸多挑战,这条道路注定是艰辛的,但我国法学教育发展的前景也必定是光明的。

Legal Education Reform in Britain: A Historical and Comparative Perspective

Yuan Liping　Wu Xingqi

Abstract: Legal education is the foundation of the construction of national legal system. In the era of education globalization, legal education will drive toward the goal of globalization. The reform of legal education in England has gone through the legal education of early law school, the germination of law education in the Middle Ages, the modernization of law education in modern times and the modernization and systematic development of modern legal education. The reform of legal education in Britain involves the core themes of teaching mode, professional development, quality assessment, personnel training, curriculum construction, faculty and internationalization. The reform of legal education in England is of certain reference to the development of legal education in our country.

Key Words: Britain, law education reform, personnel training, system reform, enlightenment

美国法学院排名争议及其启示

谢　晓*

摘　要:《美国新闻与世界报道》已连续30年对法学院进行排名,有其合理性,也成为校际竞争的"指挥棒",但测评标准单一、过于依赖法学院入学考试成绩等,在一定程度上制约了法学院多样性发展,引发较大争议,各界一直在谋求更为准确衡量法学院教育质量的指标体系。其探索与实践,对我国当下愈演愈烈的法学排名现象的启示是:学科排名较综合实力排名更为科学、富有建设性;排名为社会评价的客观需要,法学院应积极参与;建立多元排名体系,反映高等法学教育的全貌与特色;法学院应努力提升人才培养质量、加强信息公开;公众应理性对待排名,利用多途径主动获取所需资讯。

关键词:美国新闻　法学院排名　数字化衡量　多样性　中国现象

* 谢晓,南京大学法学院博士研究生,西北政法大学民商法学院副教授。研究方向:民商法学。

一、美国新闻法学院排名的基本情况

(一)源起

《美国新闻与世界报道》(*U. S. News & World Report*),是仅次于《时代》周刊、《新闻周刊》的第三大新闻杂志,其于 1983 年开始发布美国大学排名。当时婴儿潮一代刚刚毕业,大学入学率下降,为了吸引逐渐变小的申请人群体中最优秀的学生,各大学都展开了积极的营销活动,但指导性不强;《美国新闻与世界报道》抓住社会需求这个机会,以排名榜单的方式"教育"未来的学生,给数百万家庭提供择校所需信息,对大学申请和录取产生了极大影响。该排名在 1987 年以后每年发布,对综合性大学、文理学院、地方性大学和地方性学院分别排序,涵盖 100 多个专业,几乎遍及所有常见专业。同时,美国新闻还对具有很强职业性与独立性的专业学院,如法学院、医学院等予以排名,形成 TOP 榜单,其中法学院排名知名度最高,影响最大,具有绝对优势。

(二)最佳法学院的排名方法(Best Law Schools Ranked in 2018)①

美国律师协会(American Bar Association,ABA)负责法学院的认证,但不排名,其认为"不在超出认证标准简单陈述的情况下对法学院分级,是法学教育中官方所倡导的",因为"对一类学生来说是好的质量标准,可能对另一类学生来讲,并不是同等重要的"。

《美国新闻与世界报道》则基于 12 项质量指标的加权平均值、对经过 ABA 认证的 197 所法学院予以排名,以 2018 年为例,其数据收集于 2016 年秋季和 2017 年年初。现在的排名方式和最初已经大相径庭了:早期并未采取复杂的公式或者统计数字,仅仅基于对全国范围内的法学院院长的问卷调查,从他们的意见中得出哪所是最佳院校的结论;1990 年出现数

---

① "Methodology: 2018 Best Law Schools Rankings/Top Law Schools/US News", https://www. usnews. com/education/best-graduate-schools/articles/law-schools-methodology, March 13,2017 - 03 - 13.

字化衡量模式;后来逐渐采用现在众所周知的生师比、LSAT 平均值等数值。[②] 现行的评价体系分为 4 大指标 12 小指标。

1. 教育质量测评(quality assessment),加权 0.40

(1)同行测评(peer assessment score,0.25):2016 年秋,各法学院院长、负责学术事务的副院长、教师聘任委员会主任,以及最近获得终身教职的教师,被要求按照从边际(1)到优秀(5)的方式给每个法学院打分。数值越大,代表测评人认为该校的教育质量越优秀。为保证公正,那些对某所学校不了解的人,应标明“不知道”,该回答,代表既不支持,也不反对这个法学院。一个法学院的分数是所有评价者打分的平均值。66% 的受访者回答了问卷。

(2)律师和法官的测评(assessment score by lawyers and judges,0.15):与往年一样,法律专业人士,包括律师事务所中负责招聘的合伙人、执业律师和法官,被要求按照从边际(1)到优秀(5)的方式给每个法学院打分。一个法学院的得分,是所有得分的平均值。各法学院向《美国新闻与世界报道》提供了被调查者的姓名。

2. 学生录取选择度(selectivity),加权 0.25

(1)LSAT 和 GRE 成绩(median LSAT and GRE scores,0.125):这些是在 2016 年进入法学院的、所有全日制和非全日制学生考试成绩的综合平均得分。这是《美国新闻与世界报道》第一次用 GRE 成绩的平均得分与法学院入学考试得分综合起来做指标。

(2)本科阶段平均成绩(median undergraduate GPA,0.10):这是所有 2016 年进入法学院的、全日制和非全日制学生的、本科成绩的综合平均得分。

(3)录取率(acceptance rate,0.025):这是 2016 年被接受进入法学院的、所有全日制和非全日制的、申请人的综合比例。

3. 毕业前景(placement success),加权 0.20

(1)就业率(employment rates),含 2015 年毕业时的就业率 0.04 和10

② 美国法学院入学考试:Law School Admission Test,缩写 LSAT。

个月后的就业率0.14;其中含继续攻读其他学位的情况。

(2)律师资格考试通过率(bar passage rate),0.02。这是一个法学院2015年所有毕业生和于2015年冬季及2015年夏季参加第一次考试通过的学生的比例。

4. 教育资源(faculty resources),加权0.15

(1)人均学生的支出(expenditures per student,0.1125):这是每个学生在2015年和2016年财政年度的平均支出。平均课程、图书馆和配套服务,加权0.0975;财政援助,加权0.015。

(2)学生教职比例(student-faculty ratio,0.03):这是2016年生师比,根据ABA的定义建模。

(3)图书馆资源(library resources,0.0075):这是2016年财政年度结束时法学院法律图书的总数量。

以上各项数值标准化以后再加权、总计和排列,得分最高和最低的法学院被按比例从100向0进行排列;其他法学院则按其与最高得分的百分比计算,然后按降序明确位次。

(三)专业排名(specialty rankings)

除法学院排名之外,还有法学各专业的排名。专业排名仅基于法学院教育者的提名:《美国新闻与世界报道》要求法学院在2016年夏季提供目前正在各个领域任教的教职员名录;然后利用这些名字作为创建专业排名的回应者的唯一依据;2016年秋天由前述法律教育者进行投票,每个领域仅提名15所法学院;最后《美国新闻与世界报道》根据他们收到的提名数进行统计,再按数字降序排列。值得注意的是,只要在某一专业领域获得7个或以上的提名就可以列入;也就是说,每一个法律专业序列中,排名垫底的学校至少获得了7项提名。

(四)排名的意义

1. 是申请者的择校指南

作为具备最全LSAT成绩和就业率统计等数据的榜单,《美国新闻与世界报道》这一对顶尖法学院、颇具影响力的排名就成为本科毕业生选择法学院的指南——法律职业往往开始于找到最适合自己的法学院。申请者根据该排名，再结合地点、学费等因素，逐渐缩小搜索范围，最终确定目标院校。这个排行榜，对个人而言，自然是选择院校时最为便捷的、经济的、重要的参考资料；也最终影响法学院申请人数、录取率和入学人数；高排名法学院自然能够挑选到更好的生源。

2. 是校际竞争的重要指标

该排名虽然是由商业企业推出，但因其持续30余年的悠久历史、组织精心且不断改进、数据更新及时等特点，在市场上极具影响力。而该排名的畅销，又影响到法学院招生的质量、后续发展等学校运转的方方面面，所以，法学院不由自主地参与到这个竞赛中去，想方设法调整战略与资源，使自己的指标在《美国新闻与世界报道》的测评要素中能得到高分，以保持或者获得更高的排名。久而久之，排名就成为了校际竞争的“指挥棒”。例如，由于该排名将教师薪酬列入测评指标，所以诸多高校以较低的待遇雇佣更多的全职讲师承担教学任务，以节省资金提高终身教授的薪金。[③] 法学院对排名极度重视的背后，更深层原因是，排名中的高位次，关系着学校的声誉，继而是更多的捐款、更好的生源、更多合作及海外发展的机会，尤其在海外招生时，对于不熟悉学校情况的申请人家庭，大学排名可能是唯一的择校因素。[④]

3. 影响毕业生就业前景

法学院排名高，无疑是毕业生的一大资产，在求职、深造中会起到重要的积极作用。例如，某年排名第一的斯坦福大学，9.7%的录取率使其成为美国筛选度第二高的法学院，入学难度仅次于耶鲁大学；其毕业生就业率高达93.2%；同年排名第十的密歇根大学，录取率24.5%，毕业生就业率就仅为70.7%。可以说，从高排名学校毕业，其文凭的“品牌”价值可以让他们今后获得更好的发展机会、过上更好的生活。

---

③ 参见翁晓平：《大学排名及其对高等教育的影响研究》，载《大学》（研究版）2015年第4期。

④ 参见唐闻佳：《一张排行榜单何以引得高校“削足丰胸”》，载 http://365jia.cn/news/2012-06-14/F7E288C48B6D94E0.html，最后访问日期：2018年2月23日。

4. 影响教师招聘

全球很多流动的学术界人士作为教师候选人在决定接受哪所法学院的职位时也会考虑排名,其中蕴含着未来工作单位的学术声誉、研究环境,其重要性有时甚至超过薪金待遇。高排名顶尖学校不仅能吸引学术界最优秀的人才,还能和其他一流学术机构和商业伙伴进行新的重大合作,因为赞助商喜欢把钱提供给最好的学术机构、最好的教授。

可以说,排名对法学院的教职员工、学生、校友、捐赠者和潜在捐赠者的士气、学院自身、工作人员,以及社会公众如何看待学校的教育质量有着无形但深刻、持久且重大的影响。所有人都想加入排名上升的学校,而不是在排名中下滑的法学院。坦率地说,人们希望与赢家联系在一起,排名就是为数不多的几个客观判断指标之一。⑤ 在某些方面,排名可以说是一个自我实现的预言,目前的向上趋势,有助于未来继续在榜单上攀升,当年的声誉调查也可以反映过去几年的排名优势;排名高不仅反映了一所大学当下的成功,同时还能在更优秀资源的聚合之下推动大学走向更佳。

二、美国新闻法学院排名引发的争议

美国新闻的法学院排名竞赛,是健康的还是破坏性的,这个问题引起了广泛的讨论,迄今也没有定论,但普遍认为这是一个不容忽视的现象。⑥

(一)排名信度始终被质疑

无论对与错,大学都会进入到这个排名系统,申请人的情况也会随着那一年的学校排名显示出来,而法学院排名是最被诟病的。1997 年,ABA 认证的 183 所法学院中的 175 所法学院院长联名给法学院的申请人

---

⑤ See Kevin R. Johnson, "The Importance of Student and Faculty Diversity in Law Schools: One Dean's Perspective", 96 *Iowa Law Review* 1549, July, 2011.

⑥ See Rachel F. Moran, "of Rankings and Regulation: Are The U. S. News & World Report Rankings Really a Subversive force in Legal Education?", 81 *Indiana Law Journal* 383, Winter, 2006.

们写了一封公开信，批判推广排名榜单的商业企业、特别是《美国新闻与世界报道》，认为这个榜单具有"天生缺陷"，标准是不恰当、偏颇、不必要且有所缺失的；其中还引用了《新闻周刊》编辑肯尼斯·奥金克洛斯的话，"排名引发了巨大的炒作，更像是在为出版商的目的服务，而不是为读者服务"。⑦ 甚至一位院长拒绝回应《美国新闻与世界报道》用于排名的信息查询，并选择退出排名。1998 年，美国法学院协会（American Association of Law Schools，AAL）发布了一份关于排名体系有效性的特别报告，该结论与法学院院长们的看法一致，即适用同一个标准去比较所有的法学院，所得出的对学校质量的评估，对社会公众形成正确认识是有误导性的，因为排名所倚重的因素并不必然是每个学生选择学院时考虑的最重要的因素。⑧ 法学院院长们公开提出的这些批评，是在《美国新闻与世界报道》排名现实存在 10 多年之后才开始的，此时他们大多已经习惯于逆来顺受了；也就是说，并不退出这种竞赛，而是采取各种策略去提高排名，遂成为这种排名方法的拥趸者、实施者，例如从排名低的学校"挖角"高分学生，等等。这些策略虽然算不上"阴险"，但法学院如果是不惜以牺牲教育使命为代价、不考虑自身资源转移所带来的副作用等，就可能对学院的运转产生毁灭性影响。⑨

1. 排名机构缺乏权威性

《美国新闻与世界报道》以专题报道国内外问题和美国官方人物访谈为特色，是一个和法律职业没有关联的杂志，是一个企业，而法学院的组建、认证、运转本身是非常复杂精细的、多维度的，《美国新闻与世界报道》仅采用单一标准是否能够准确界定法学院质量，值得商榷。说到底，《美国新闻与世界报道》排名就是一个关于哪个法学院最好的评论而已，其目的就是"卖出更多的杂志"；如果绝对地承认该测评体系的有效性，那就是

⑦ Francine Cullari, "Law School Rankings Fail to Account for all Factors", 81 - *Sep Michigan Bar Journal* 52, September, 2002.

⑧ See Stephanie C. Emens, "The Methology & Manipulation of The U. S. News Law School Rankings", 34 *Journal of the Legal Profession* 197, 2009.

⑨ See Paul L. Carona, Rafael Gelyaa, "Dead Poets and Academic Progenitors: The Next Generation of Law School Rankings", 81 *Indiana Law Journal* 1, Winter, 2006.

想当然地认为所有法学院、所有潜在的学生均具有同质性。该批评比较普遍,至今在某些法学院的招生网页上还可以看到这样的提示,提醒申请人参考而不能完全依赖排名。

每个法学院还有一个和排名相关的得分,被认为是排名最误导公众的一个方面。[⑩] 例如哈佛大学法学院100分,宾州大学法学院90分,并不意味着后者只有前者90%的好,因为即使得分较低、排名靠后,所有的法学院也都是经过ABA认证过的,秉承“提升进入法律职业的竞争力”的教育目标。

2. 排名依据欠缺合理性

(1)该排名考虑了生师比、图书资料、法学院入学考试成绩、学校声誉测评、录取率、就业率等因素,被认为是所有申请人都会关注的问题,但却忽视了学生的个性偏好。其中的学校声誉测评,包括同行评价、法律专业人士评价等均属于纯粹主观判断,在是否客观、公正、准确方面,存在不确定因素。另外,还有一些对学生很重要的因素却没有列入,如学生和教师的多样性、教学质量、研究机会、课程的广度等,其阻碍了课程的多样性和专业化,会扼杀法学院的创造力。所以,《美国新闻与世界报道》的排名方法被认为降低了对提高法律职业多样性的激励。

(2)排名已经包含的因素中,加权系数的确定有武断之嫌。《美国新闻与世界报道》根据其所认为的重要程度确定了加权系数,并不能代表每个申请人(潜在的学生)都认为其重要,例如,学校的录取率为2.5%,但是律师资格考试通过率仅为2%,就被认为不妥当。2000年时,托马斯·M.库勒法学院的创始人布伦南先生撰写了一本关于法学院的书,按50个指标对所有的法学院进行排名,他认为“在美国,有很多ABA认证的法学院,在这样或那样的单个指标上,可以排名前10名。这完全取决于个人认为什么是最重要的”。而在《美国新闻与世界报道》排名盛行的30余年间,虽然也有其他的排行榜出现,但都没有产生广泛的社会影响。

(3)在这个排名体系中,多年以来前14名法学院没有变化,仅仅是这

---

⑩ See Stephanie C. Emens, “The Methology & Manipulation of The U. S. News Law School Rankings”, 34 *Journal of the Legal Profession* 197, 2009.

14个法学院的顺序发生了一些小的变化,[11]这就意味着除非计算方式改变,否则法学院很难通过自身的改变影响既有的排序。

3. 排名倚重LSAT不具科学性

《美国新闻与世界报道》排名中,录取率权重占25%,其中LSAT成绩又占50%,即权重12.5%,所以在评估考生决定录取中,LSAT成绩是关键性因素,其主要原因是:第一,基于LSAT和学生在法学院第一年成绩的关联性。LSAT被认为可以用来衡量学生在法学院能否成功的关键技能,如准确阅读并理解复杂文本的能力、组织有关信息并得出合理结论的能力、批判性思考的能力、对他人的推理进行分析和评价的能力。作为最著名的法学院表现预测指标,学校几乎完全押宝在LSAT这单一的指标上了。第二,法学院招生委员会结合LSAT分数与本科的平均绩点,可以简单方便地创建一个横向比较申请人的标准,当然要比"对申请人全方位考察"的方法经济迅速得多,因为后者在决策过程中要考虑无数的、非数值的因素,费时费力。

批评意见则认为法学院录取或者拒绝申请人,仅是进入法律职业的第一步,对整个潜在学生群体而言,在决定其能否成为一名好律师上,仅依靠LSAT这一个成绩显然不科学。[12] 第一,LSAT不能预测或决定一个成功的法学院学生应该具备的毅力、倾听和口头表达以及写作等能力,谈判、客户咨询、律师伦理、事实发现等实务技能,或者申请人发展这些技能的潜在能力;更何况法学院的学习是一个渐进的、动态的过程,每个学生都还有极大的发展空间。第二,相比较以LSAT确定一个最低录取分数线而言,使用一个分数区间,应更能反映申请人的实际水平,可信度更高。依据目前的判断标准,某校LSAT平均成绩160分,另一学校为159分,并不能体现出什么实质差异。第三,LSAT是限时考试,在135分钟内考察申请人阅读、逻辑和推理分析等能力。而心理学领域的实验表明,测试速度和推理等能力是相互独立的能力,没有或者很少关联。也就是说,限时

---

[11] TOP14,被称为精英法学院集团。

[12] See Pamela Edwards, "The Shell Game: Who is Responsible for the Overuse of the LSAT in Law School Admissions?", 80 *Saint John's Law Review* 153, Winter, 2006.

考试限制了个人能力展示。第四,有研究进一步表明,虽然 LSAT 可以充分预测申请人在法学院第一年的成绩,但在高年级课程中,如讲座和法律诊所实践环节中,LSAT 的预测价值在减少;用 LSAT 成绩预测法学院表现,相关度其实只有 10% ~20% ,它不能预测法律职业的成功率;也就是说,如果法学院过分强调 LSAT 分数,就可能失去潜在的优秀人才。所以,理论和研究普遍认为,LSAT 成绩作为预测指标的功能被过分高估了。但在《美国新闻与世界报道》排名中 LSAT 成为所有法学院追逐的单一标准,无形中就会扼杀大学应有的多样化发展及样态,限制人们对更好法学院的想象。

ABA 法学院入学委员会曾在 2000 年宣布了一个为期 5 年、价值 1000 万美元的、多样性倡议,称为“在 LSAT 上推进教育”,“通过给法学院提供多样的录取模式,在录取的学生中实现更大的多样性,减少在 LSAT 成绩上的倚重。”这些替代的招生模式,支持 ABA 法学院入学委员会关于“LSAT 成绩是评估学生众多标准中的一项”这一政策。

4. 排名策略扭曲教育目标

在法学院被《美国新闻与世界报道》之排名“掌控”之后,其为提升位次所采取的一些“战术”被认为已偏离教育宗旨。

例如,毕业后 10 个月的学生就业率,权重为 18% ,是学校自己提交的数据,而非来源于美国律师协会,《美国新闻与世界报道》没有办法验证这个数据报告,所以法学院有可能虚报数字却没有不利后果。一些学校给他们的毕业生电话留言,如果学生不回复电话,就推定其已就业;法学院还会雇佣自己的毕业生做研究助理等,直到他们找到其他工作,以此提高就业率。某法学院曾被指控向其所有在 6 个月内未找到工作的毕业生提供临时职位,以便能够报告 100% 的就业率。

关于教育支出,法学院往往采用“市场价值”概念来显著提高数据,而不是学校真正付出的金钱数额。例如,某大学在 2005 年时支付 LEXISNEXIS 和 WESTLAW 两个数据库的年使用费是 10 万美元,这是其作为教育机构享受了很大折扣后的价格,但该大学最终按照原始价格 878 万美元计算并报告给《美国新闻与世界报道》,80 多倍于学校的实际支出;另一学校为了在“经费开支”一栏获得高分,曾将毕业生缴付给校友会的年费(50美金/年/人)纳入“校友捐助”,而其本质是会员费,如此做法既违背了校友初衷,显然也扭曲了诚信的价值观。

为降低录取率数值,一些法学院会免除没有录取希望的学生的申请费用,也就是说,鼓励低分学生申请;或者通过提供诸如免费ITUNES的福利来刺激学生申请,因为越多的学生申请,就会有越多的学生被拒绝。同时,法学院还有可能拒绝LSAT成绩特别高的人,因为这些申请者最终可能选择排名更高的其他学校就读。排名初期不计算非全日制学生的成绩时,还有法学院将低分数者分流至非全日制学生、夜校课程,这样就不会拉低全日制学生LSAT平均成绩了。

法学院最注重录取环节,却较少关注课程的优化;课程中又会重点发展涉及律师资格考试的科目。

基于上述种种情形,一所知名法学院的院长认为,排名游戏可以接受,只要不破坏提升法学教育质量的大目标;但法学院围绕排名的这些举措,已经在一定程度上扭曲了招生政策,违背了教育规律,与教育目标背道而驰;学生不仅从教科书中、从教授那里学习,也从他们的教育环境中学习,学校若不择手段达到高排名的目的,那如何向社会输送有责任感的法律工作者。

5. 排名本身打击士气

美国法学院整体而言教育质量较高,一所大学也可以在许多不以排名衡量的领域中设立优秀的新课程或进行改进,从而保持在同一水准上。但既然只有一个评价体系,或者某一种排名在市场上占据了绝对优势地位,所有的法学院就会按照这个模式改造自己,如重新制定发展战略、重新分配资源,以迎合这一评价体系、争取获得更高位次。虽然有其合理性,却并不符合大多数学校或大多数学生的利益。有些法学院在法律诊所教育方面做得好;有些法学院与当地的法官和律协有密切联系,形成了良性互动;有些法学院在社会服务方面成绩突出;有些法学院校园文化极具特点,等等,这些表现优秀的方式都被边缘化了,为此付出的努力也会变得毫无意义,则个性不能建立、优势不能发挥、教育的多样性无从谈起。

事实上,为了提高法律教育的专业性,给学生提供高水平教育,让社会得到合格法律服务,ABA认证已经规范了法律培训体系。鉴于这一综合规则框架,各法学院具有同质性,也难以进行根本性创新,相互竞争的能力有限,法学院要改善自己的地位几乎没有什么办法。因此,随着时间的推移,法学院的排名基本上保持稳定。而排名导致的竞争本身令人不安,有时可能仅是数据收集方式不当,可一旦位次低就会对法学院的各方面发展产生不利的影响。可以说,在排名成为一尺标杆的情况下,法学院院长不得不以提升在美国新闻排名上的位次为目标,以证明自己的管理能力或自己的大学更好。所以,院长们所面临的困境就是,没有人真正喜欢法学院现在被排名的样子,但也没有人能承受抵制这个体系的压力;也就是说,几乎所有的院长更愿意生活在一个"现在的和未来的校友、师资、核心管理层不那么重视《美国新闻与世界报道》排名"的世界里,然而,没有一个院长有能力拒绝与他们不很喜欢的排名制度合作。⑬

美国新闻排名是出版商的赚钱机器,最早也是基于消费者的社会需要产生的,似乎不可能消亡,甚至在2006年时还召集法学、社会学等领域的知名教授以及记者等专题研讨排名的发展方向。喜欢或者不喜欢,法学院都将继续和排名榜单共存,法学院希望申请者不仅仅关注《美国新闻与世界报道》提供的有限的数字以及最终排名,同时还应考虑到其他因素。⑭ 例如,某校的培养特色是小班教学,相对较低的注册人数形成了一个联系紧密的社区,学生的学术及实务训练更有保证;某校的培育特色是具有挑战性的课程、学院融洽的氛围、平易近人的教师,等等。

(二)排名不乏支持者⑮

1.排名具有匹配优质资源的功能

克罗布金教授认为,现在的排名体系,作为不掌握完全信息之下的申

---

⑬ See Sam Kamin, "How the Blogs Saved Law School: Why a Diversity of Voices will Undermine the U. S. News & World Report Rankings", 81 *Indiana Law Journal* 375, Winter, 2006.

⑭ See Francine Cullari, "Law School Rankings Fail to Account for all Factors", 81 – *Sep Michigan Bar Journal* 52, September, 2002.

⑮ Paul L. Carona、Rafael Gelyaa, "Dead Poets and Academic Progenitors: The Next Generation of Law School Rankings", 81 *Indiana Law Journal* 1, Winter, 2006.

请者做出理性的、低成本的决定时的重要依据,是容易理解的。他主张充分利用排名的积极力量,将讨论从过去相对狭窄的范围开拓到新领域,对法学教育起到促进、提升作用,因为排名一直被认为是可以直接或者间接衡量其所涉及的教育机构质量的手段。而且,法律教育的消费者看待排名不仅仅是一个价值的总量评估,而是本身有其价值,例如排名将优质学生和其他优质学生、优质专业人才和优质雇主配对的协调功能。既然排名和位次竞争不可避免要发生,排名就应鼓励法学院多产出其有能力产出的公共利益,如法律学术。

2. 排名具有强使法学院信息公开的功能

斯科特·贝克尔等教授承认排名并不能准确测量法学教育质量,但排名引发的激烈竞争,在某种程度上有强制法学院披露信息的功能。法学院应当公开其师资、奖学金、就业率、律师资格考试通过率、图书馆藏书、毕业生就业率等状况,提高办学透明度,而过去公众是很难获悉这些信息的;反之,排名也给法学院提供了搜集、整理、加工学院数据的理由,并用于宣传。法学院的申请者和未来雇主也可以籍此作为相关决定的初步判断。

3. 排名具有激励法学院奋进的功能

南茜·拉波波特教授认为,法学院像一般高等教育一样,在日益增长的压力下已变得更高效,也会采取诸如战略规划、标杆管理等企业运作方式谋求发展。排名在促进法学院从慵懒应对到积极建设上显示出很强大的激励作用,给法学院带来所必需的责任和纪律。法学院的行政管理人员意识到,排名是学生选择法学院时的关键因素,如果排名下降,申请者的数量和质量都会下降;排名也会影响毕业生的就业前景。正如竞争使美国企业更强,排名也可能使法学院变得更强。

(三)有关排名改进的讨论⑯

1. 排名应多样化

迈克尔·绍德等社会学教授将法学院排名与商学院排名进行了学科

---

⑯ See Paul L. Carona、Rafael Gelyaa,"Dead Poets and Academic Progenitors:The Next Generation of Law School Rankings",81 *Indiana Law Journal* 1,Winter,2006.

间的比较研究后认为，根据和学院管理者、教职员工会谈中收集到的数据，在《美国新闻与世界报道》法学院排名中，各校中某些小的差异却获得了不成比例的重要性，各校对声誉的控制力也比较小，该排名榜单处于独一无二的霸主地位。相比较而言，美国的商学院排名方面有6个很有影响力的榜单，还有其他几十个榜单也比较受关注。因此，这种排名上的多样性，就削弱了各商学院之间某个方面微小的差异所带来的决定性影响，学校对自己声誉的控制力比较大，于是一般在商学院的语境中，就不太强调或者夸大“某个”排名榜单的意义。因此，应以多标准、多维度观察法学院，给社会公众提供他们所需要的、不同方面的数据和信息，例如小班教学、某种专门技能培训、就业时的帮助、某些特色课程、某种社团活动等，使各法学院的鲜明个性、突出优势有机会得以显现。于是，从一个排名系统，到另一个排名系统，用不同尺度、不同标准衡量法学院的话，各法学院都可以在法律教育领域的某个方面独占鳌头，而不必绞尽脑汁地试图成为哈佛第二或耶鲁“翻版”。

2. 改善《美国新闻与世界报道》排名方式

波斯纳法官认为，排名作为质量评价方法，是低成本低收益的，也就是说，廉价但粗糙。因此，法学院的申请者如果完全依赖排名选择学院，是不妥当的；进而探讨是否有其他的、能以申请者利益为重的方式来对法学院作出排名，从而避免《美国新闻与世界报道》排名上的一些明显缺陷。法官除了赞同《美国新闻与世界报道》排名采用的主要因素如LSAT成绩平均分、同行测评、律师和法官测评等，认为还有其他多种测量方法可以采用，如实习比例、学术生产力、奖学金等。

3. 探索全新排名方式

为准确地衡量教育质量，有学者在《美国新闻与世界报道》之外构建了别样的排名体系。如森斯坦教授立足于哈耶克观点，“在无数消费者的判断和偏好之上的市场选择，能反映更多的信息”，并提议“在学生直接选择的偏好基础上给法学院排名”。该方式利用的是数以万计的学生私下拥有的、每年申请学校时的信息；但可能存在的问题是认知偏见和社会影响，例如，在这个学生选择排名系统中，可能受到“启发式的名称识别”的影响,人们仅以名称作为质量的替代物;另外,申请者青睐于某个学校,并不是基于自己的独立判断,而是对其他学生的选择给出的信号的回应。所以,这个现实偏好排名,也不尽完美。

伯纳德教授和卡伦教授则强调教师学术成就在法学院排名中的标杆作用,并且认为,《美国新闻与世界报道》进行的法学院声誉调查,是对现存的、客观的、师资质量最好的衡量方法,如出版物数量和引用数量;辅之以新的社会科学研究网为基础的评价方法,更能体现法学院论文的发表数量和下载数量,弥补其他测量方法中的一些不足,在排名体系上有重要的价值。

特雷西·乔治教授也建议以师资学术成就作为新排名体系的基础,但采用实证法。该方法提供了一个"准前瞻性展望",不同于传统的向后看、总结式的方式;其建议"一个非常强大的实证法律学术的环境",包括师资中的社会科学方面的博士学位数量、社会科学方面的任职,以及被承认的实证研究的出版物等。

三、美国法学院排名对我国的启示

正如有评论所说,"今天在美国社会的一切,都会和它的同类放在一起,被排名、分类、排序、比较、判断"。排名已经成为当代社会生活的一个普遍现象,中国法学院也在层出不穷的各种排行榜中跌宕起伏。以笔者供职的西北政法大学为例,就可以清晰地观察愈演愈烈的排名现象以及由此产生的舆论漩涡:作为新中国建立的法学"五院四系"之一的西法大,在中国法学教育界,尤其是西北地区具有重要地位,⑰但2016年因未出现在教育部发布的"全国高校法学科排行榜"上,不仅公众疑惑,也对吸引优质生源报考产生不利影响;2017年在教育部第四轮学科评估中居B^+档,位列法学专业前20%,有评论认为西法大作为法学教育"豪门"掉队的现

⑰ 尹秀竹:《法学院排行榜,做还是不做》,载《人民法院报》2009年3月23日,第003版。

实让人唏嘘;[18]在中国科学评价研究中心、中国科教评价网和武汉大学中国教育质量评价中心共同发布的“2016中国法学研究生教育排行榜”上名列第30;由移动互联网招聘平台BOSS直聘发布的“2017年高校毕业生就业竞争力100强”榜单中,排名第60;由艾瑞深中国校友会网发布的“2017大学生毕业质量排行榜200强”榜单中,排名第137;在最新校友会“2018中国最好大学排行榜”中,排名第291,陕西省大学综合实力排名第12;中国管理科学研究院《中国大学评价》课题组武连书发布的“2017中国大学综合实力榜单”上,排名第351;2018年2月底,上海交大世界一流大学研究中心最新发布的“中国最好大学排名”榜单中,未进入600强……林林总总的排行榜,不能完全列举,全校教职员工、莘莘学子以及广大校友也随之时忧时喜;社会公众恐怕也难以对西北政法大学作出客观、真实的认知。鉴于此,历史悠久、本土盛行的《美国新闻与世界报道》之法学院排名的实践与探讨,对我们正确认知中国这一现象会有些许启发。

(一)排名原则应坚持公开、公正、公平

大学排名是评估高等教育投入、过程与产出质量的方式之一,排名提供了可以比较的数据信息,使公众增进了对高等教育的了解;排名还可以从大学外部提供这样或者那样的多重视角,对其人才培养模式做出社会评价,它是政府主管部门、认证机构有关评估工作的有益补充,是一种对社会需求的反馈机制。但由于评估结果、排名等具有非常强的导向性,所以要特别注重评估、排名本身的科学性。法学院排名也不可避免地会对法学高等教育之候选人、法学院、用人单位等各方产生着深远影响,还关系到各个院校声誉以及万千校友的情感寄托,有时用“生死存亡”形容也毫不夸张,这就要求排名机构,无论是公益单位(如教育部下设的学位中心)还是营利性组织(如《美国新闻与世界报道》、BOSS直聘),都应遵循公开公正公平的原则、依据客观可信赖的标准进行相关排名活动。联合国教科文组织、欧洲高等教育研究中心和华盛顿高等教育政策研究所于

---

[18] 参见《教育部最新法学学科评估,谁是官方眼里的中国顶级法学院?》,载http://www.sohu.com/a/213585781_659990,最后访问日期:2018年1月25日。

2004年共同发起成立了大学排名国际专家组,讨论通过了"柏林原则",旨在规范大学排名机构的行为;其中包括16项关于高等教育排名的质量标准和操作范例,从排名目的、指标设计与权重、数据收集与处理、结果公布4个方面进行规定,以此作为排名准则。[19] 所以,法学院排名要合理设计指标体系,既要有投入指标客观反映法学院的一般建设情况,还要有产出指标较为公允地衡量学校专业、培养人才质量以及声誉水准,符合事实地评价高等法学教育。要坚决抵制物化的、收取赞助费或捐助款的排名,坚决杜绝既不要求学校提供数据,也没有邀请相关专家作同行评价的排名,这些纯属于商业游戏,没有科学基础,也不实事求是,没有任何参考价值,应通过市场规律将其驱逐。

(二)排名方式应依学科进行,客观、准确、富有建设性

经不完全统计,我国有20多个机构和学者,发表了超过50种不同类型的大学排名,如学科水平排名、毕业生质量排名、毕业生就业竞争力排名,大学综合实力排名等,让社会公众尤其是高考学生及其家长眼花缭乱、无所适从。

对于大学综合实力,目前官方态度是既不赞成也没有进行过排名,[20] 所以,这个方面并不存在国家教育主管部门的权威榜单,原因在于,不同类型的大学,整体实力、办学理念、发展方向都相差太多,有很多因素根本不可比,较难得出恰如其分的结论。学科是大学最基本的单元,能集中体现学校竞争力和特色,如果排名比较看重学校规模,那么一些规模大、学科齐全的大学就会占较大优势,而专业性较强、学科比较单一的大学就会处于劣势;学科专业排名高的,说明该方向上有学科领军人物、专业建设规范、学术积累厚重,故相比较大学综合实力排名等,学科专业排名相对更客观、更公平,更能全面准确地反映某校该学科的实力水平。《美国新闻与世界报道》的法学院排名之所以能够一家独大,也正是这个原因。

---

[19] 参见《大学排名的原则》,载https://zhidao.baidu.com/question/650350988523690285.html,最后访问日期:2018年1月24日。

[20] 张灵:《教育部:未对大学进行排名,教材管理为更好开放》,载http://news.163.com/15/0308/01/AK59V0F900014AED.html,最后访问日期:2018年2月12日。

我国由教育部直属事业单位——学位与研究生教育发展中心——以第三方方式进行的非行政性、服务性的学科评估项目,不同于政府开展的合格性评估,而且规模大、学科范围全、权威性强,因此最受社会重视。其评估体系有“师资队伍与资源”“人才培养质量”“科学研究水平”“社会服务与学科声誉”4个一级指标,又分别包括“师资队伍”与“支撑平台”、“培养过程质量”“在校生质量”“毕业生质量”“科研成果”“科研获奖”“科研项目”“社会服务贡献”“学科声誉”10个二级指标,全面测评专业发展状况。在2017年年底公布第四轮学科评估结果时,也不再像历次评估公布分数,而是改为“分档”形式公布结果,不公布得分、不公布名次、不强调单位间精细分数差异和名次前后,既保证较强的区分度,体现学科建设水平的实际变化,满足社会对教育质量的知情需求,又淡化了分数和名次,有利于引导高校将注意力转移到学科内涵建设的优势和不足中去。

最为重要的是,一般外国法学院排名结束后,社会公众看到的只是一个位次结果,对于大学的后续发展没有建设性。教育部学位中心在学科评估结果公布后,为参评单位提供了数据分析研究报告,提供“学科优秀率”指数(A类学科数占全校博士硕士授权学科数的比例)、学科平均发展指数等一系列关于学科发展态势的信息。这些报告有利于参评学校发现学科布局不足,调整谋划适合本单位发展的优势布局,特别是对于着力建设中国特色、世界一流的大学,不仅要关注某些强势学科的发展,也要关注学校整体学科发展态势,构筑更加有利于高水平大学建设的良好学科生态。[21] 这种评估后的客观分析有助于大学“对症下药”、真正实现“以评促建”。

(三)排名体系应多元化,反映各法学院全貌与特色

一个排名评价指标体系再完善,就如已历经四轮15年实践与修正的教育部学位中心的学科评估、已有30年历史的《美国新闻与世界报道》排名,也仍难完全反映各法学院的价值追求、复杂性和多样性,况且要做到

---

[21] 参见《以评助建,推动高等教育内涵式发展——教育部学位与研究生教育发展中心负责人就第四轮学科评估有关情况答记者问》,载http://www.moe.edu.cn/jyb_xwfb/s271/201712/t20171228_323245.html,最后访问日期:2018年1月12日。

指标体系的精确量化、尽善尽美、周延缜密也是非常困难的,这是在大学的可排名性与复杂性之间存在的不可调和的矛盾,㉒基于此,如果有不同评价标准之下的排名榜单,则能给社会公众全面认识法学院提供参考依据。

多元化的排名可以从不同角度将法学院校的风貌展示给社会公众。虽然教育有其发展的内在客观规律,但外部的社会需要及评价反馈也是大学专业设置调整、培养模式变革、培养目标优化、培养规格提升的重要因素,人才培养才能更好地适应经济与社会发展的需要。例如,在专业设置上,西北政法大学的反恐怖主义法学院就独树一帜:1999 年其整合校内各学科资源,成立了全国首家"反恐怖主义犯罪研究所";2014 年分别组建了实体性的反恐怖主义研究院和民族宗教研究院,建立起一支由 20 多名来自不同民族的专家学者组成的专职研究队伍;完成多项国家、部委反恐及民族问题研究课题;2016 年在对已有的人才培养和研究平台的整合升级基础上成立反恐法学院。这就是对我国面临反恐专业人才缺乏、反恐法治意识缺乏、反恐防范基本知识缺乏、反恐应对处置技能缺乏等诸多现实问题的回应,是对培养一支政治坚定、知识综合、基础扎实、业务精湛、能力突出的反恐专业人才队伍社会需要的满足。这个专业设置上的具体情况仅从学科评估结果的公布上是难以观察到的,需要特色专业类的排名榜单反馈给社会。再如,2018 年 2 月初,全国省级公检法一把手换届中有 44 人履新,其中有 10 人曾就读于西北政法大学,此外在各地的人大、政协选举中、近两年提拔的部级领导里也多见西法大校友,被媒体誉为"西法大在法律实践界的逆袭"!㉓ 人才培养上取得这样的成绩,也很难在学科评估结果中直接反映出来,需要在毕业生长期跟踪调研的研究报告或者排名榜中方能体现。另外,西北政法大学在落实"双千计划"创新法治人才培养机制中积极推进教师实务部门挂职工作的先进经验,以及对教学科研反哺取得的优秀成绩,受到教育部以及社会各界的高度肯

㉒ 韩飞舟:《摆脱大学排行榜的指标陷阱》,载《中国高教研究》2016 年第 3 期。

㉓ 吉璇、王晓辉:《西法大在法律实务界崛起!》,载 http://www.sohu.com/a/221959591_776103,最后访问日期:2018 年 2 月 1 日。

定。这些法学院优势需要更为多元化、多视角的排名榜单作为媒介推送给公众,形成学院与社会的良性、理性互动。

综合对独占市场的《美国新闻与世界报道》排名和其他国家及地区的排名方式考察,应该还可以从诸多方面对一所法学院进行衡量,便于社会认知和选择。[24] 例如,“声誉排名”,基于意见而不是标准化指标,强调的是别人的看法,其由世界杰出的学者对全球教学和研究最佳的大学进行提名,然后根据提名对大学进行排名,但受访者不需透露他们偏好背后的原因。又如,“学生经历排名”,如今学生被视为高等教育的“消费者”,因此,以前毕业生在校经历对录取季的候选人可能有重要的参考、指引作用;该排名以大学生的反馈为基础,使用 20 多项独立问卷来评估大学,包括高水平的教师或高质量的讲座、乐于助人的教师、结构良好的课程、丰富的社交生活、和谐健康的社区氛围、优美的校园环境和完善的设施等。再如,“建校 50 年以下的百强大学排名”,则关注在近 50 年内建立的大学建设情况,是否与老牌大学达到同样的水准。还可以考虑全国学生调查,重在了解学生的满意度,然后根据这些数据给大学进行排名。新型排名还有“大学进步排行榜 TOP 50”,反映大学的进步趋势,以强化绩效杠杆,激发办学动力,促进学校发展;[25]“高校透明度指数排名”,以评估各大高校官方网站信息公开和依申请公开的情况。其他比较有特色的还有“世界大学学术排名”“校友捐赠排行榜”“最好合作办学大学排行榜”“应用研究型大学排行榜”“法学院毕业生质量排行榜”“法学院毕业生就业竞争力排行榜”,等等。

(四)排名结果不应成为法学院发展的唯一导向

法学院排名提供了一种观察和分析高等法学教育事业发展的角度,为广大学生填报高考志愿提供一个指南、为社会各界了解高校提供一个快速通道、为高校的竞争发展提供一个定位信息、为政府部门进行科学决

---

[24] 参见吴海鸥:《各种大学排行榜应该怎么看》,载《中国教育报》2016 年 4 月 1 日,第 005 版。

[25] 参见何伟光、李均:《构建“大学进步排行榜”的定量研究——兼列 2015 ~ 2017 年中国大学进步排行榜前 50 名榜单》,载《江苏高教》2017 年第 8 期。

策提供定量依据。故笔者认为,虽然排名一般都是以自愿参加为原则,但对于社会比较认可的、含金量较高的排名活动,各法学院应本着开放、交流、学习、提高的态度参与其中,既不应盲从也不要过度排斥,并按照诚信原则以及对学校、对学生、对社会负责的态度提供相关数据,在被评价、被比较与被排名的过程中发现自己学校的优势与不足,合理校准学校发展方向,扬长避短,优化人才培养模式、提升人才培养质量,实现排名的激励功能。

但任何一个排名方式都不是评价高等教育应是什么或者应做什么的绝对标准,因为不会有某一种指标体系能全方位地展现教育的方方面面,更何况人才培养是一个动态的、发展的过程,所以,法学院的发展战略绝不能将某一排名指标体系奉为圭臬。对于不科学的排名活动,法学院无须参与也不必在意其结果。所以,教育部陈宝生部长所提倡的"尊敬排名,不为排名,重在走自己的路"是恰当的,提升培养能力、创新人才培养模式、调整优化专业及学科结构、改革体制机制才是高等教育发展的正确打开方式。㉖

在这个过程中,法学院还应辩证看待排名指标。例如,尽管法律职业资格考试是法学院学生必须跨越的行业准入门槛,其通过率也是法学高等教育质量的一种检验手段,㉗但法学教育毕竟不是应试教育,也不仅仅是职业教育,法学有其独立性、科学性,法学教育要求系统性和完整性,还具有一般性的人文科学教育属性。所以,法学院课程也不能完全依"法考"科目来设置,甚至采用统一法学教材等手段,而应该通过在教学中融入法考大纲知识点的讲解、注重司法解释的诠释、加强法学实务训练等,在提高法学理论水平的同时,提高学生的实务操作能力。

(五)排名竞赛推动法学院信息公开

法学院排名之所以产生、有市场、受追捧,和社会对法学院信息需求

㉖ 参见《教育部长陈宝生谈大学排名:尊敬排名,不为排名》,载 http://news.shm.com.cn/2018-03/16/content_4706264.htm,最后访问日期:2018 年 3 月 16 日。

㉗ 参见胡志斌:《法学教育与法律职业资格考试的脱节和衔接》,载《四川警察学院学报》2017 年第 4 期。

得不到充分满足有关系。虽然教育部自2010年起就颁布实施了《高校信息公开办法》,着力推动高校信息公开政策,2014年还下发了《高校信息公开事项清单》,要求高校公布办学信息,包括招生考试信息、财务资产及收费信息、学生管理服务信息等在内的10个大类50条具体项目。但高校信息公开的程度与公众的期望仍然有着很大差距。排名则能使公众迅速地、经济地、但同时也只是粗线条地了解某个法学院的概况;反过来排名竞赛也促使各校积极主动地报送和披露相关数据,在一定程度上保障了公众对学校运营的知情权实现。毕竟,高校要推进依法治校、促进学术自由、提升教学科研水平,就必须转变传统的、封闭式的管理理念与管理方式,公开透明则是高校实现治理体系和治理能力现代化的重要路径。

高校(含法学院)信息公开,就是要将大学各类信息向全社会进行披露,消除"信息保密",有效保障各类利益相关者的知情权,尤其是社会公众对高等教育相关信息的有效获取,这也是大学开放办学、公众参与大学民主建设、行使监督权的前提。为此,大学需要构建系统完整的信息公开体制,包括建立信息公开主管机构、制定明确的信息自由政策、明确信息获取方式与渠道、规定答复信息公开请求的职责与期限、告知收费事由及信息公开例外、建立信息公开申诉与救济制度,通过信息公开,促进大学更好地服务于社会。㉘

高校信息公开,不仅是法治社会中大学作为公共事业单位承担的法定义务,实际上还是提高学校社会形象、提升社会美誉度、吸引社会捐赠资金、多元化筹融资渠道的重要因素。

因此,各法学院尤其是排名上不占优势的法学院,在履行信息公开法定义务的同时,还应利用官方网站、官方微博、微信平台、百度贴吧、校友会资讯、校友会联系等社交网络平台,充分地将排行榜单里看不到的信息向社会公众放送,如特色专业设置、优势培训项目、学生社团、校园文化、课外培训、学术训练、就业指导、艺术鉴赏、实践教学、知名教授、优秀教师、校友成就等多个方面,主动打破"信息壁垒",拉近和社会公众的距离,

---

㉘ 参见马海群:《国外大学信息公开制度建设及对我国的启示》,载《中国高教研究》2009年第9期。

全方位地展示法学院自己独特的风格与魅力、突出特色建设。

从社会公众的角度来看,亦应理性看待法学院排名结果、主动探索所需信息。高校开设法学院、系、专业,都是从国家经济社会发展对人才的实际需求出发,分析毕业生就业状况及发展趋势,根据学校的办学优势,制订专业设置和建设规划,报送教育部审批后设置的,其培养人才的质量是有基本保证的。排名作为高等教育质量评价的一种形式,固然能在一定程度上反映法学院实力,但在报考法学院、招聘法学毕业生时,各利益主体仍应理智对待法学院排名,也要做到既不过分依赖也不盲目排斥。在信息社会,相关方作出决定时,都可以通过多种渠道直接探索并获得各个法学院最近、最新、最需要的资讯。例如,西北政法大学官网上公开资料2016~2017学年本科教学质量报告,其中包含本科教育基本情况、教学条件、教学建设与改革、质量保障体系、学生学习效果、特色发展等信息一应俱全,并附有翔实的支撑数据,对做出符合自己利益、适合自己最优化发展的选择会很有帮助。那么,排名也就是一个参考因素而不再是唯一依据。仅仅依靠在排行榜上看到的一个位次、一个分值就作出事关自己前途命运的决定,这样的时代将不复存在。

(六)排名数据应进一步公开和利用

法学院排名虽然很直观地反映了某标准下的大学位次,但得出这个结论的数据还没有完全披露。例如,通过学科评估,教育部学位中心建立了我国目前最精准、最完备的学科大数据库,体现了我国学科建设的重大进步。学位中心在评估工作启动前通过国家自然科学基金委等有关部门和第三方数据提供商等获取公共数据;再通过参评学科严格按照数据填报标准提供其他评估信息。对这样一个丰富宝藏,学位中心按评估初衷已进行多类型、深层次的数据挖掘,为各级政府、参评单位提供多元化的学科分析研究报告、统计学科核心指数、揭示学科发展规律、展现学科发展成就,为促进学科内涵建设提供服务。其他科研机构、参评单位、社会公众也应有机会获得各项指标的原始数据、统计方法和数据来源,既可以核实验证或作个性化分析,也可以深度探索,达到了解资讯、实现知情权、进行专向调查和科学研究等活动的目的。

Dispute on the Ranking of American Law Schools and Its Inspiration

Xie Xiao

Abstract: The U. S. News has ranked law schools for 30 years. It has its rationality and has become the "baton" of competition among the U. S. law schools. But its evaluation standard is single, and it depends on the LSAT too much. To a certain extent, the diversity of law schools has been limited. This caused great controversy and all walks of life have been seeking a more accurate index system to measure the quality of education in the law schools. The exploration and practice in the U. S. has the enlightenment to our country in which the phenomenon of law schools ranking is becoming more and more intense. First, the ranking of disciplines is more scientific and constructive than that of comprehensive strength. Second, ranking is one of the objective social evaluation in the educational area, law schools should actively take part in it. Third, the multiple ranking system should be established to reflect the overall features of higher law education. Fourth, the school should try to improve the quality of legal training and enhance the information disclosure. Fifth, the public should treat the ranking rationally and use more ways to get information needed.

Key Words: U. S. news, law school rankings, digital measurement, diversity, Chinese phenomenon

管理经纬

高校退学制度的历史演进及价值嬗变*

杨向卫　仵桂荣**

摘　要:新中国成立以来,高校退学制度经历了初创、发展和完善三个阶段,退学事由从繁至简,定型为学业不达标、复学未申请或审查不合格、疾病伤残、缺席教学活动、未按期注册、本人申请等;而退学程序从简至繁,建立了学校退学决定与申诉机构,明确了申诉时效、申诉时限以及校外申诉处理类型等。这些变化反映了退学制度由"国家需要"向"学生权利","政府教育管理权"向"高校办学自主权","重实体、轻程序"向"轻实体、重程序","有法可依"向"科学立法"的价值变迁趋势。为此,未来高校退学制度建设应该着力于健全退学机构、创新退学制度内容以及保障退学权合法行使等,不断提升依法依章程治校水平。

关键词:高校　退学　历史演进　价值取向

---

* 本文是全国教育科学规划教育部重点课题"大学章程实施追踪评估研究"(项目编号 DIA140301)的阶段性成果。

** 杨向卫,西安邮电大学马克思主义学院讲师。研究方向:教育法学;仵桂荣,西安翻译学院英文学院讲师。研究方向:社会主义法治教育。

退学制度是高校学籍管理的重要内容,也是历次高校学生管理规定修订的热点之一。2017年新修订的《高等学校学生管理规定》对“退学”部分进行了重大修订,如将“应予退学”改为“可予退学”,赋予高校退学处理选择权等。然而,对于高校退学的内涵、属性、权责边界等,学界还存在诸多争议,没有形成共识。这直接影响到退学制度的制定和实施,曾经引发热议的华中科技大学“本科降专科”规定[①]便是直接佐证。下文我们将梳理退学制度的演进脉络,考察其价值变迁趋势,以期促进高校退学制度建设。

一、高校退学制度的历史演进

早在延安时期,陕甘宁革命根据地的高校管理实践已经孕育了退学制度的思想。1942年8月,陈毅元帅曾在《对抗大工作的建议》中提道,“学员的名额,现在已经很多,均主张精选一下。其中有个别分子,十分不能造就的,应令其退学”。[②] 然而,退学制度的创立则肇始于新中国成立初期,随着高等教育发展的跌宕起伏而不断修订、发展和完善,迄今为止,已经形成了较为完善的退学制度体系。

(一)高校退学制度的初创期(1950年至1978年)

新中国成立初期,随着人民政权完成了对高校的接管、恢复和调整,我国高等教育迎来了发展的春天。为了规范高校在处理退学问题上的混乱现象,保障人才培养的计划性,高等教育部相继发布了一系列的通知、意见、指示等,形成了高校退学制度的雏形。

1953年5月,华东区教育管理局根据高等教育部三年来有关学籍管理问题的指示,总结自身学籍管理经验,制定了《关于华东区高等学校处

---

① 参见程墨、黄青青:《华中科技大学:本科生学分不够可降读专科》,载 http://news.youth.cn/jy/201708/t20170811_10489574.htm,最后访问日期:2017年8月11日。

② 陈毅:《陈毅军事文选》,解放军出版社1996年版,第215~229页。

理学生学籍问题的若干规定》(以下简称《华东区学籍规定》)。[③] 随后,高等教育部转发了该规定,供全国高校参考试行。其中设置了严格的退学条件,指出"凡合于休学规定的学生,一般不予退学",只有确实存在实际困难,并且两年以上不能参加学习的学生,方可经批准而退学。该规定有利于保障国家干部培养计划的实施,却忽视了学生的合理需求。

为了弥补这种不足,高等教育部逐步放宽了退学范围。1954 年 5 月发布通知,要求对于"患病不能坚持学习"和"基础过差,留级后仍不能跟班学习"的调干学生,经上级教育机关批准退学。[④] 同年 7 月高等教育部发布《高校课程考试和考查规程》,其中第 14 条规定,学生在第二学期考试后,不及格的课程在 4 门以上的,不得补考,视情况决定其留级或退学;在三门以下的,要在下学年第一学期开课后一个月内进行补考,补考后如仍有不及格课程的,应令其留级或退学。1956 年 12 月,高等教育部发布《关于妥善处理学生申请退学问题的通知》,[⑤]废除了《华东区学籍规定》中有关退学的规定,要求照顾学生的合理要求,分别情况,作妥善处理;对于因病、因经济困难无法克服的、因志愿不合等,要求退学的,可以同意。

为了进一步规范学籍管理问题,高等教育部于 1958 年 2 月公布《关于处理高校学生转专业、转学、休学、复学、退学等问题的规定(草案)》(以下简称《草案》),[⑥]1960 年 2 月正式颁布施行。《草案》"转学"部分规定了"可准予退学"的情形:第一,"对于一般因志愿、兴趣、因照顾爱人关系等原因要求转专业或转学的,经说服教育无效,本人愿意退学的"。第二,因转学不成,本人不愿意在原校继续学习的。《草案》"退学"部分规定,"学生患病经医疗单位诊断认为难以坚持长期学习的,因家庭经济困难或因其他原因本人坚持不愿继续学习,经本人申请,学校审查属实,可

③ 参见教育部高校学生司编:《中国高等教育学生管理规章大全(1950~2006)》,首都师范大学出版社 2007 年版,第 19~22 页。

④ 参见教育部高校学生司编:《中国高等教育学生管理规章大全(1950~2006)》,首都师范大学出版社 2007 年版,第 27 页。

⑤ 教育部高校学生司编:《中国高等教育学生管理规章大全(1950~2006)》,首都师范大学出版社 2007 年版,第 52~53 页。

⑥ 教育部高校学生司编:《中国高等教育学生管理规章大全(1950~2006)》,首都师范大学出版社 2007 年版,第 60~63 页。

以准予退学”。第三,《草案》创立了“学校劝退”制度,对学生未提出申请,但是学校认为其不宜继续在校学习的,可以说明理由劝其退学。

1962年11月,教育部发布《教育部直属高校学生成绩考核暂行规程(草案)》,宣布废止《高校课程考试和考查规程》,重新修订了因学业不合格而退学的情形:第一,每学期有4门或4门以上课程不及格,且不得补考的。第二,一学期只学习3门或3门以下的课程而全部不及格,也不得补考的。第三,留降级超过两次或连续留降级两次的。

“文化大革命”期间,“教育法制遭到践踏,法律成为批判的对象,教育管理陷于瘫痪”,[⑦]高校退学制度也随之中断。

这一时期是高校退学制度的探索时期,逐步确立了患病、学业不达标、家庭经济困难、志愿不合、照顾爱人、学校劝退等退学情形,退学程序也比较简单,包括本人申请、学校审批、报请上级机关备案等。

(二)高校退学制度的发展期(1978年至2004年)

党的十一届三中全会之后,随着高考制度的恢复,我国高等教育开始蓬勃发展,高校学生管理制度迅速恢复,退学制度也进一步发展。1978年12月,教育部发布《高等学校学生学籍管理的暂行规定》(以下简称《暂行规定》),其中退学情形散落分布于第四部分“纪律考勤”以及第五部分“休学、复学和退学”之中。1983年1月,教育部发布《全日制普通高校学生学籍管理办法》(以下简称《学籍管理办法》),废止了《暂行规定》,将退学制度单列为一部分。1987年2月,国家教委印发《对全日制普通高校试行学分制学籍管理办法的建议稿》(以下简称《建议稿》),对学分制下“学业成绩不达标”的退学情形做了进一步规定。1990年1月,国家教委颁布的《高等学校学生管理规定》(以下简称“7号令”)几乎完全延续了《学籍管理办法》关于退学的规定,仅取消了因旷课而退学的情形。

这一时期的退学事由类型对初创期的各种退学情形进行了扬弃,摒弃了照顾爱人、志愿不合等事由,确立了学业成绩不达标、旷课、连续留级两次、休学期满、复学审查不合格、疾病、伤残、擅自结婚、本人申请等事

---

⑦ 苏渭昌、雷克箫、章炳良:《中国教育制度通史》(第8卷),山东教育出版社2000年版,第471页。

由,具体规定如下。

1. 因学业成绩不达标而退学的情形。《学籍管理办法》规定了三种"学业成绩不达标"的情形,包括:第一,学期考核成绩不及格课程经补考后,仍有3门主要课程或连同以前各学期累计4门(含4门)以上课程不及格者。第二,实行学分制的学校,在一学年中不及格课程达到和超过所选总学分的1/2者。第三,本科学生在同一个年级里须第二次留、降级者。《建议稿》对学分制下"学业成绩不达标"而退学的情形做了进一步的规定,主要有四种:第一,在一学期内不及格的必修课程和限定性选修课程学分数超过该学期修读的必修课程和限定性选修课程学分总数的2/3者。第二,在一学期内经补考后未获得的必修课程和限定性选修课程的学分数达到或超过该学期所学必修课程和限定性选修课程总学分数的1/2者。第三,在一学年内经补考后未获得必修课程和限定性选修课程的学分数达到或超过该学年所学必修课程和限定性选修课程的学分总数的1/3者。第四,经补考后不及格的必修课程和限定性选修课程学分累计达到或超过学年平均的1/2者。

2. 因旷课而退学的情形。《暂行规定》第四部分"纪律考勤"规定,"对于旷课的学生,给以批评教育。一学年旷课累计超过一个月者,给予纪律处分,情节严重的,应令其退学"。《学籍管理办法》将其简化为"一学期旷课超过50学时的",亦作退学处理。

3. 因连续留级两次而退学的情形。《暂行规定》第五部分规定,"连续留级两年以上的学生,要从政治表现、学习态度等多方面考察。确实不宜继续学习的,劝其退学"。《学籍管理办法》将其修订为,"本科生在同一年级里须第二次留、降级者",应予退学。

4. 因休学期满、复学审查不合格而退学的情形。在《暂行规定》第五部分"休学、复学和退学"中规定,"学生休学,以一年为期。期满仍不能复学坚持正常学习的";《学籍管理办法》将其扩展为四款内容:第一,本科学生不论何种原因(含休学、保留学籍),在校学习时间累计超过其学制两年,专科学生超过其学制一年者。第二,休学期满不办复学手续者。第三,经复学复查不合格不准复学者。第四,经学校动员,因病该休学而不休学,且在一学年内缺课超过总学时 1/3 者。

5. 因疾病、伤残而退学的情形。《暂行规定》第五部分规定,“患有精神病、癫痫、麻风等疾病,经医疗单位诊断,不能坚持学习的”。《学籍管理办法》则修订为“经过指定医院确诊,患有精神病、癫痫、麻风等疾病者”。即,只要确诊得这些病,就必须退学,而无论其能否坚持学习,条件更为严格。《学籍管理办法》还增加了“意外伤残不能坚持学习者”条款,对病、残的情形进行了区分。

6. 因擅自结婚而退学的情形。《暂行规定》第四部分“纪律考勤”规定,“学生在学习期间,要提倡晚婚。二十五岁以下的不准结婚,擅自结婚者,一律退学。二十六岁以上的,经本人申请,学校批准,方能结婚”。1979 年 8 月,教育部《关于试行〈高等学校学生学籍管理的暂行规定〉的补充通知》进一步指出,“为使学生集中精力完成学习任务,有利于学校的管理,在校学生一般不准结婚。擅自结婚者,应予退学。个别因特殊情况而又年龄过大要求结婚的,由学校从严掌握审批”。1981 年 3 月,教育部报经全国人民代表大会常务委员会法制委员会同意,发布了《关于高等学校在校学生结婚规定的通知》。其中规定,“高等学校在校学生,一般应是未婚者,如果有的学生要求在学习期间结婚,则应先办理退学手续。但年龄在三十岁以上结婚的和已结婚的,可继续留校学习”。1983 年的《学籍管理办法》再次重申,“在校学习期间擅自结婚而未办退学手续的学生,亦作退学处理”。

7. 因本人申请而退学的情形。《学籍管理办法》第 30 条规定,“本人申请退学,经说服教育无效者”,应当予以退学。

这一阶段的退学制度,总结了前期学籍管理的经验,结合学校管理实践,既考虑了国家的需要,也适当地考虑了学生的学习生活需求,但存在严重缺陷,即忽略了程序性规定和缺乏退学申诉途径,仅在《学籍管理办法》第 32 条规定,“退学学生,由学校审批”。

(三)高校退学制度的完善期

这一时期的退学制度主要体现在 2005 年《高等学校学生管理规定》(以下简称“21 号令”)和 2017 年《高等学校学生管理规定》(以下简称

“41 号令”)两个教育部规章之中,退学事由更为科学合理,退学处理与申诉程序日臻完善。

在退学事由方面,相比“7 号令”与“21 号令”,“41 号令”的首要变化在于:将“应予退学”改为“可予退学”,增加了“学校规定的不能完成学业、应予退学的其他情形”,授权高校有条件地创设退学事由,扩大了高校处理退学问题的自主权范围。

此外,“41 号令”将退学事由定型为学业成绩不达标、休学期满未申请复学或复学审查不合格、疾病或伤残、连续两周未参加教学活动、未按期注册、本人申请等,具体规定如下。

1. 学业成绩不达标。“21 号令”将“7 号令”规定的 4 款退学情形[⑧]简化为“学业成绩未达到学校要求或者在学校规定年限内(含休学)未完成学业的。”“41 号令”则取消了“含休学”3 字,使学业成绩不达标事由更为合理。

2. 休学期满未申请复学或复学审查不合格。“21 号令”规定“休学期满,在学校规定期限内未提出复学申请或者申请复学经复查不合格的”。“41 号令”则增加了“保留学籍期满”的情形,将其完善为“休学、保留学籍期满,在学校规定期限内未提出复学申请或者申请复学经复查不合格的”。

3. 疾病或伤残。“21 号令”简化了“7 号令”中“疾病”和“伤残”的退学情形,将其整合为“经学校指定医院诊断,患有疾病或者意外伤残无法继续在校学习”。“41 号令”则将前款中的“经”改为“根据”,“无法”改为“不能”,措辞更恰当,法律含义更准确。

4. 连续两周未参加教学活动、未按期注册。对“21 号令”规定的“未请假离校连续 2 周未参加学校规定的教学活动的”,“41 号令”则将“未请假离校”修改为“未经批准”;理顺了“批准”和“连续两周未参加学校规定

---

⑧ 4 款情形具体为:第一,一学期或连同以前各学期考试成绩不合格课程有 3 门主要课程或 4 门(含 4 门)以上课程不及格者。第二,实行学分制的学校,不及格课程学分达到退学规定学分数者。第三,连续留降级或留降级累计超过两次者。第四,无论何种原因,在校学习时间超过其学制两年者。

的教学活动的"之间的关系。

对于未按期注册的情形,"21号令"规定"超过学校规定期限未注册而又无正当事由的","41号令"则修改为"超过学校规定期限未注册而又未履行暂缓注册手续的"。将前者"无正当事由的"修改为"未履行暂缓注册手续的",明确了即使"有正当事由",也要"履行暂缓注册手续"。

5. 本人申请退学。"41号令"完善了"21号令"中"本人申请退学的"情形,增加了"经学校审核同意"的要件。

在退学处理程序方面,"41号令"明确了退学处理决定机构,细化了退学处理程序和申诉程序,具体规定如下。

1. 明确退学处理决定机构。"7号令"第31条规定,"退学学生,由学校审批",没有指出具体的审批机构,"21号令"第28条将其明确为"校长会议研究决定"。这一规定将退学处理决定权赋予了学校最高行政决策机构,显示了立法者对待退学问题的审慎性和严肃性。但是,在一些规模较大的高校中,行政管理事务庞杂,而校长办公会的议程资源有限。于是,"41号令"赋予了高校决定退学问题的有限选择权,"由校长办公会或校长授权的专门会议研究决定",体现了立法的灵活性和适应性。

2. 完善退学处理程序。尽管在实践中,退学处理通常参照第55条、56条、58条的纪律处分程序,但"21号令"并没有对"退学处理"和"纪律处分"进行概念整合。"41号令"弥补了这一立法瑕疵,以第55条的"其他不利决定"涵盖了"退学决定",又在第56条中直接明确了"退学"概念。

此外,在"21号令"听取学生陈述、申辩的基础上,"41号令"进一步增加了学校的"两个告知,一个审查"义务,即在作出退学决定之前,应该告知学生作出退学决定的事实、理由及依据,告知学生享有陈述和申辩的权利,以及学校有义务对退学处理决定进行合法性审查。

3. 健全退学处理申诉程序。"7号令"第64条仅笼统地规定,允许学生申诉、申辩和保留不同意见,学校有责任对申诉进行复查。但是,没有规定申诉受理机构、申诉程序等。"21号令"以5个条款,即第60至64条,规定了学生申诉处理机构及其组成人员,学生申诉时效、学校处理申诉时限、教育行政部门处理申诉时限等,填补了“7 号令”的立法空白。在此基础上,“41 号令”专门设置第六章,细化了“学生申诉”程序,使其更为健全和完善。主要表现在:第一,要求学校制定学生申诉的校内规章制度,明确申诉处理机构的人员组成及工作规则;第二,将学生退学申诉时效从 5 日增加为 10 日;第三,对于情况复杂的退学处理问题,建立了延长学校处理时限制度和暂缓执行制度;第四,明确了教育行政部门申诉处理结果的类型,即维持、撤销、变更或重新作出决定。

二、高校退学制度的价值嬗变

任何一种制度都蕴含着主体对特定问题的价值考量。不同历史时期退学规定的变化,反映出主体一系列的价值选择,揭示了退学制度的价值嬗变历程。

(一)“国家需要”转向“学生权利保障”

退学制度的变化与国家发展、高校管理密切联系,影响着学生的受教育、劳动、财产、婚姻等权益的实现,反映出国家、高校、学生之间的权利博弈状况。在初创期,退学制度以国家需要为本位,退学条件的宽严围绕国家需要而变化。《华东区学籍规定》《关于处理高校学生转专业、转学、休学、复学、退学等问题的规定》等文件,首先考虑的是如何保障国家人才培养计划的完成。1963 年《关于在精简中妥善地处理高校调干(工人)退学学生、工农速成中学退学和毕业的学生问题的通知》中要求“严控退学数量”,也是出于解决“国家安置精减职工的任务”。[⑨] 在发展期,无论是面对“拨乱反正”后高校管理秩序恢复,还是“扩招”后高校规模的膨胀,退学制度重在维护学校的管理权威。《暂行规定》《学籍管理办法》以及“7 号令”中均有“擅自结婚者,一律退学”的规定;《关于试行〈高校学生学籍管理的暂行规定〉的补充通知》曾明确指出,为了便于学校管理,在校学生

---

⑨ 教育部高校学生司编:《中国高等教育学生管理规章大全(1950～2006)》,首都师范大学出版社 2007 年版,第 88 页。

一般不准结婚。这些规定,以维护学校管理需要为出发点,甚至不惜牺牲学生的婚姻自主权。

"教育制度与人的全面而自由的发展具有内在的关联",[10]完善期退学制度的价值取向逐步转向保障学生权利。首先,退学事由范围的逐步扩大,满足学生学习生活中的各种合理需要,增加了疾病、伤残、自愿退学等,废止了因结婚而退学的规定。其次,在退学决定作出之前,赋予了学生知情权、陈述权和申辩权;退学决定作出之后,赋予学生处理决定书的接受权、校内申诉权、行政申诉权、司法救济权等。最后,学生具有参与学校退学处理决策机构的权利。"21号令"第60条与"41号令"第59条均规定,学生申诉处理委员会组成人员应当包括学生代表。一些高校也尝试让学生参与校长办公会,如《贵州大学章程》第24条规定,"可邀请与会议议题有关的学生代表列席校长办公会议"。

(二)"政府教育管理权"转向"高校办学自主权"

新中国成立初期,高等教育确立了高度集权的管理体制,主要由教育部、国务院各部委直接管理。改革开放初期,高等教育管理强调以集权为主,建立了中央统一领导,中央与地方两级管理的体制。[11] 在此背景下,高校退学权由主管教育行政部门垄断,明确规定什么情形下应予以退学、什么情形不能退学等。从高等教育部或教育部的各种规程、指示、函复等之中列举的"令其退学"情形,到《学籍管理办法》、"7号令"和"21号令"的"应予退学"情形,无不是由教育行政部门主导。尽管《教育法》第28条赋予高校以学籍管理权,其中当然包括退学处理权,但高校仅是执行上级规定而已,为此有学者认为"高校对学生做出退学处理决定的权利,不属于办学自主权的范畴"。[12]

---

[10] 劳凯声:《追寻人的制度教育学》,载《河北师范大学学报》(教育科学版)2012年第5期。

[11] 参见李庆刚:《建国以来我国高等教育管理体制改革演变论略》,载《当代中国史研究》2001年第3期。

[12] 游中川、王彪:《高校退学处理司法审查之纬度》,载《人民司法》2013年第18期。

党的十一届三中全会之后，从“给高校一点自主权”的呼吁[13]开始，简政放权成为高等教育领域不可逆转的历史潮流。近40年来，党和政府颁布了《中共中央关于教育体制改革的决定》《中国教育改革和发展纲要》《国家中长期教育改革和发展规划纲要(2010～2020年)》《关于深入推进教育管办评分离促进政府职能转变的若干意见》以及《关于深化高等教育领域简政放权放管结合优化服务改革的若干意见》等系列文件，不断推进高等教育改革，扩大和落实高校办学自主权，激发高校办学活力。就退学制度来说，在《学籍管理办法》、“7号令”、“21号令”中，对于各种退学情形，均明确规定“应予退学”，即只要达到退学处理条件，学校没有自主裁量的空间，必须令学生退学。“41号令”第30条将“应予退学”修改为“可予退学处理”，赋予了高校退学自主选择权。从此以后，对于各种退学情形，高校可以综合考虑学生的各方面表现，自主裁量，决定是否给予其退学处理。“41号令”也赋予了高校对部分退学事由的创设权，使高校可以根据实际需要，填补立法空白，细化笼统的立法规定。

(三)“重实体、轻程序”逐步转向“重程序、轻实体”

在教育集权体制下，高校只是政府的附庸，缺乏办学自主权，教育立法“重实体、轻程序”的色彩鲜明。综观《华东区学籍规定》《关于处理高等学校学生转专业、转学、休学、复学、退学等问题的规定》《学生学籍管理办法》“7号令”等文件中有关退学的规定，程序规定仅有“只言片语”。在初创期，退学程序比较简单，主要有“本人申请，学校审查、批准”“报请上级主管部门批准”“校(院)长命令退学”“报请高等教育部或教育部备案”等。在发展期，退学程序几近于无，仅在《学籍管理办法》中规定“由学校审批”。

随着高校办学自主权的不断扩大，政府与高校的关系开始转变。就退学制度而言，高校逐渐获得了退学处理裁量权和创设权，而政府教育管理的重心则转向设定退学程序和监督退学过程。于是，退学制度的实体性规定逐渐萎缩，而程序性规定则日渐丰富，且从篇幅和条款数量上大大

---

⑬ 参见苏步青等：《上海四位大学负责人呼吁：给高校一点自主权》，载《人民日报》1979年12月6日。

超过了实体性规定。"7号令"中,涉及退学事由的有两条,共11款内容,退学程序仅一条。"21号令"中,涉及退学情形的第27条,共6款内容;而涉及退学程序的,包括第28条、30条、61条、62条、63条和64条等。"41号令"中,"重程序、轻实体"的趋势更为明显。涉及退学情形的仅一条,共7款内容,但是涉及退学程序的,既包括退学处理程序的第54条、55条和56条,也包括第六章"学生申诉"程序部分第59至64条的内容。

(四)"有法可依"转向"科学立法"

新中国成立初期到改革开放之前的很长一段时期内,高校退学管理中面临诸多问题,高等教育部或教育部通过大量的指示、批复、通知、复函以及意见等来应对,难以满足实践需要。党的十一届三中全会确立了"有法可依、有法必依、执法必严、违法必究"的法制建设方针,高校退学制度建设也进入了规范化阶段。《暂行规定》《学生学籍管理办法》"7号令"以及"21号令"等一系列规章制度相继出台,形成了系统的退学制度体系,维护了高校退学管理秩序。

党的"十八大"提出了"科学立法、严格执法、公正司法、全民守法"的法治建设方针,高校依法治校升级为2.0版,从"有法可依"转向"科学立法"阶段。高校法治建设摒弃"关门立法",注重问题导向,回应师生诉求,通过网上公开,召开座谈会、听证会等方式广泛征求意见。2015年10月,教育部办公厅公布了《关于征求对〈普通高等学校学生管理规定〉修改意见的通知》,公布了其修订情况说明、修改对照表,意见反馈联系人的电话、传真、电子邮件地址等。其中包括关于退学的规定:(1)将第28条改为第31条,修改为"对退学的学生,由学校出具退学决定书并送达本人,同时报学校所在地省级教育行政部门备案"。(2)将第60条改为第61条,修改为"学校应当成立学生申诉处理委员会,受理学生对取消入学资格、取消学籍、退学处理或者违规、违纪处分的申诉"。(3)将第30条改为第67条,修改为"学生对取消入学资格、取消学籍、退学处理有异议的,参照第62条、63条、64条、65条、66条办理"。

三、高校退学制度建设的未来展望

“窥一斑而知全豹”，通过分析高校退学制度的历史演进和价值嬗变过程，能够从深层次揭示高校法治建设的发展趋势。随着“一校一章程”局面的形成和“41号令”的颁布，高校应该顺应价值嬗变趋势，以学生权利保障为逻辑起点，坚持科学立法、开门立法，坚持程序公正，合法行使学校退学自主权，完善学校退学制度体系，[14]不断推进现代大学制度建设和提升依法依章程治校水平。

（一）健全退学机构设置

依据“41号令”第55条、56条、59条的规定，与退学相关的校内机构包括校长办公会、专门会议、听证会、申诉委员会等，除校长办公会之外，其他机构或缺失，或不完善，因此高校有必要健全机构设置。第一，建立专职的纪律处分委员会。专门会议是“41号令”的新提法，并且没有规定其组成人员、运行规则，需要高校自主设置。对此可以参考国外大学的一些经验，如新加坡国立大学的纪律处分委员会制度，该委员会以负责学生事务的院长为主席（院长缺席时，由其副手代理），由评议会内部选举最多10位成员，其中教务长指定2位形成，依据章程、规则、政策、方针等行为规范或程序，有权处理要求纪律处分和行使任何纪律权力的所有情况。[15]依据分类管理、分类指导的原则，高校可以根据自身条件和发展需求，减少或取消校长办公会处理退学问题的职责，设置专门会议——“纪律处分委员会”，专职处理退学、开除学籍、取消学籍、取消入学资格等纪律处分事务，其组成人员包括主管学生工作的副校长、教务处、学生工作处、团委、各个基层学术组织负责人、教师代表等。第二，设置固定的听证会机

---

⑭ 我们并非为退学而“另起炉灶”，单独设计一套制度体系；而是以退学为视角，来观察纪律处分、开除学籍、取消学籍、取消入学资格等相关制度，应该是一套机构健全、程序公正、科学有效、运行有序、保障有力的制度体系。

⑮ 参见张国有：《大学章程》（第2卷），北京大学出版社2011年版，第399页。

构。听证会属于“学生要求”或“学校可以进行”的程序性环节,许多高校只是在需要时随机组成,人员临时拼凑。这样会导致听证会成员随意变化,其专业素质参差不齐,在决定学生“前途命运”的退学问题上非常不严谨,难以有效保障学生权利。高校可以尝试设置固定的听证会机构,公布听证会代表人员名单,由学生在名单范围内自主选择一部分听证代表,学校听证会负责人指定一部分听证代表组成听证会。这样可以增强听证会的说服力,保持听证会的公正性。第三,完善学生申诉委员会。学生申诉委员会制度由“21 号令”创立,“41 号令”完善。但是在实践中,一些高校并没有严格按照教育部规章要求设置,或者没有按照“41 号令”的要求“引入校外法律、教育专家”。

(二)创新退学制度内容

面对纷繁复杂的管理实践,高校规章制度建设一要完善,二要创新。当前,按照“41 号令”和学校章程的指引,高校内部制度建设应该围绕以下四种情形开展:第一,“上位法”有规定,学校有现行制度的,进行修订、废止或维持的清理活动;第二,“上位法”有规定,学校“立法”空白的,要制定校内规章制度;第三,“上位法”没有规定,却授权学校制定的,应该充分行使权力,积极创设校内规章;第四,“上位法”无规定无授权的,但学校有需求的,可以在不违反“上位法”的前提下,自主制定校内规章制度。

按照以上逻辑,高校退学制度的内容创新应当包括以下内容:第一,充分行使授权,明确“学业成绩不达标”的内容。“41 号令”第 30 条第 6 款规定“学校规定不能完成学业,应予退学的其他情形”,高校应该积极创设学业成绩不达标的“其他情形”。对于这一点,学校可以参照 1983 年《学籍管理办法》和 1987 年《建议稿》中的相关内容,根据高校自身条件,对学业成绩不合格的标准进行程度上的加减。第二,建立学业预警,防患于未然。对学业成绩不达标的学生,学校不能无所作为,而静等结果出现,然后给予学生退学处理。学校应该本着惩戒和教育相结合的原则,对学习过程中可能发生的状况进行预先提示和告知,防止毕业时才发现未完成学业。第三,建立“最后一个机会”制度。对于面临退学的学生,学校采取退学试读、本科降专科等制度,给予学生最后一次机会,以最大限度地保障学生的权利。2015年《清华大学本科生学籍管理规定》第38条、40条规定,学生因课程学习不合格导致一学期(夏季学期及大一秋季学期除外)所取得学分低于12学分(含)者,转入试读,试读期为一学年,试读机会仅有一次,期间保留学籍。试读期满,未达到解除试读条件的,转入专科学习或者退学;试读解除之后,再次触发试读条件的,亦转入专科学习或者退学。2017年《华中科技大学本科生转专科管理办法(试行)》第3条规定"本科生因学业成绩未达到学校要求而受到学籍警示处理,或因其他原因不能坚持正常学习的,可申请转入专科学习,达到专科毕业要求后,按照专科毕业"。

(三)保障退学权合法行使

高校退学权属于"准行政处罚行为",其行使必须于法有据,遵循"法无规定不行政""法无授权即禁止"的原则,否则"行政行为与法律相抵触者不应发生法律效力"。⑯ 为此,高校退学权的合法化行使应该包括两方面的内容:第一,制度合法化。高校退学制度应当符合法律、法规以及规章的要求,不能与上位法相抵触,否则无效;这反映了其"价值选择的目的性,即符合人们的需要、价值理想和追求"。⑰ 第二,行为合法化。退学处理权具有较强的惩戒性,严重影响学生的受教育权、就业选择权等,必须合法性原则,做到于法有据,罚当其责;应当符合比例原则,不能忽轻忽重,更不能重典治学,顶格处罚,把学生退学了事。

为了保障退学权的合法行使,高校必须建立合法性审查机制。"41号令"第56条规定,对"不利于学生的处分或处理决定"应当进行合法性审查。为此,高校可以建立内部法律实务部门,也可以聘请专职或兼职法律顾问,依据程序,对学校退学制度、退学处理决定、退学申诉决定等进行审查,并且出具法律意见书。

---

⑯ 黄学贤:《行政法中的法律保留原则研究》,载《中国法学》2004年第5期。
⑰ 刘复兴:《教育政策价值分析的三维模式》,载《教育研究》2002年第4期。

The Historical Evolution and Value Transmutation of the Drop-out System in Higher Education Institutions

Yang Xiangwei   Wu Guirong

Abstract: Since the founding of the People's Republic of China, the drop-out system in higher education institutions has gone through three stages: start-up, development and improvement. The standards of college students' drop-outs are from complex to simple, such as academic performance below standards, failure to apply for re-entry when suspension is expired, or unqualified expiration of suspension, students' illness or disability, failure to participate in teaching activities for weeks, failure to register on schedule, students' voluntary drop-out etc. However, the procedures of drop-out system are from simple to complicated, which establishes the system of drop-out decision and appeal, and clarifies the prescription of appeal, the time limit of appeal and the types of extramural appeals. These changes profoundly reflect the value of drop-out system has evolved from the "national needs" to "student rights", from "government education authority" to "university autonomy", from "heavy entity, light procedure" to "light entity, heavy procedure", from "abiding by laws" to "scientific legislation". Therefore, the future college drop-out system should focus on perfecting drop-out mechanism, innovating the content of drop-out system and the legal exercise of the right to drop out from the school to improve the governance in accordance with the relevant statutes.

Key Words: higher education, drop-out system, historical evolution, value orientation

论高校拔尖创新人才培养的制度建设*

王洪才　赵祥辉　肖小聪**

摘　要：在普通本科院校开展拔尖创新人才培养试验，是一项颇具战略意义的教育改革探索，南昌工程学院瑶湖学院在此开创了一个先例。通过对瑶湖学院管理人员、专业导师、任课教师等一线教育改革参与者的实地调查，发现瑶湖学院在教学环境创设、教育举措革新、专业导师制度建设以及课程教学改革方面方面取得了突破性进展。面对改革的新形势与新问题，瑶湖学院需要进一步完善基础设施，提升学院文化氛围；健全制度规范，完善治理方式；完善导师制，促进师生交流；精简课程，广泛开展创新教学实践，以推动改革的纵深发展。

关键词：南昌工程学院　瑶湖学院　拔尖创新人才　改革试验

* 基金项目：国家社会科学基金"十三五规划"2016年度教育学重点课题："国家学历资历框架研究"（课题编号AKA160011）。

** 王洪才厦门大学教育研究院教授，教育学博士。研究方向：高等教育管理；赵祥辉，厦门大学教育研究院高等教育学专业硕士研究生；肖小聪，南昌工程学院副教授。研究方向：高等教育管理。

一、调研背景与设计

南昌工程学院瑶湖学院于 2014 年 10 月 15 日成立,在管理体制架构上借鉴了兰州大学萃英学院,[①]致力于探索培养工程类精英人才、建设本科教育教学改革示范区的可行路径。为促进南昌工程学院瑶湖学院改革进程快速、健康、持续发展,2016 年 3 月 14 日至 18 日厦门大学教育研究院王洪才教授科研团队对瑶湖学院进行了为期 5 天的实地调研,并基于一手的研究资料,针对瑶湖学院的现状与存在问题制定了中长期发展战略规划与教育教学规章制度。2016 年 10 月 20 日,瑶湖学院正式召开院务委员会第八次会议,会上全体委员审议通过了瑶湖学院 2016 年上半年工作总结及下阶段工作重点、中长期发展战略规划、教学规章制度。会后,瑶湖学院按照会议精神,在原有改革的基础上按照新的战略规划进行了系统全面的改革与调整并取得了比较显著的成效,但仍存在一些问题。故而时隔一年多,王洪才教授科研团队再次受邀对瑶湖学院进行调研回访,针对瑶湖学院制度执行效果与存在问题开展追踪研究,并提出了对策与建议。

在本次瑶湖学院调研中,科研团队针对瑶湖学院主要采用了深度访谈的研究方法,访谈了瑶湖学院行政管理人员 4 人、二级学院院长 1 人、瑶湖学院专业导师 6 人、瑶湖学院任课教师 6 人,并通过对瑶湖学院的实地观察与体验,收集了大量一手鲜活的研究资料。

二、瑶湖学院的主要改革举措

基于对南昌工程学院瑶湖学院管理人员、专业导师以及任课导师的

---

① 兰州大学萃英学院,载 http://cycollege.lzu.edu.cn/www/HdClsContentDisp1.asp?ClassId=1,最后访问日期:2017 年 10 月 28 日。

深度访谈,对瑶湖学院的改革发展状况有了较为深入的了解。

(一)瑶湖学院的治理架构

瑶湖学院自成立之初,即由校长亲自兼任院长,教务处处长兼任副院长,这一领导框架既彰显了南昌工程学院对瑶湖学院创办的高度重视和对教育改革的坚强决心,也对改革提供了政策支持和资源保障。此外,瑶湖学院以院长、副院长为领导核心,组建起院务委员会,成员主要由兼具学术声望和管理经验的二级学院院长和专家担任。此外,瑶湖学院制定、出台及完善院务委员会章程,针对教育教学、科学研究、学生管理、党团建设、对外交流等工作进行审议和决策,制定相关专项管理办法与条例,实现决策的民主化、科学化和规范化。同时,由于领导的重视和显著的改革成效,瑶湖学院在基层治理和制度创新上获得了较大的自主权,这为瑶湖学院拔尖创新人才培养的教育改革试验提供了充分的管理支持与政策保障。

(二)瑶湖学院专业导师构成

为加大创新型本科人才的培养,提升学生的科研意识、科研能力与科研素养,瑶湖学院确立了本科生专业导师制。② 经过三年的改革试验,瑶湖学院逐渐形成了一支来源多元、结构合理、水平较高的专业导师队伍。瑶湖学院专业导师主要来自水利与生态工程学院和土木与建筑工程学院,与瑶湖学院的专业设置具有一致性。在专业导师选聘条件方面,专业导师应具有高级职称或博士学位,具备在研课题,同时在指导学生参加科研方面具有丰富经验,经审核合格方可通过师生双向选择方式确定其专业导师资格,聘期为三年,可指导3~5名学生;专业导师主要职责在于指导学生制定个人培养方案,指导学生参加科研项目,使其具备一定的科研意识,为进一步在国内外深造打下良好的基础。

(三)瑶湖学院任课教师选拔

为进一步深化工程类精英人才培养的教育改革,瑶湖学院坚持全面发展与个性发展相结合、通识教育与专业教育相融合的本科人才培养理

---

② 参见靖国安:《本科生导师制:高校教书育人的制度创新》,载《高等教育研究》2005年第5期。

念,建立了一支覆盖专业课程、学科基础课程以及通识课程的任课教师队伍。瑶湖学院在选聘条件上,原则上要求任课教师需具备高级职称或博士学位及拥有相关课程教学经验,并敢于尝试创新性教学方法,如翻转课堂、[③]探究式教学、[④]实践性教学[⑤]等;在对任课教师评价方面采用校院两级教学评估,并结合学生评教、专家评教等多种方式进行。

三、瑶湖学院改革成效与新探索

瑶湖学院自2014年建院以来一直在探索改革的合理路径,并取得了一定成效,这些探索包括以下主要内容。

(一)创造优越教学环境,促进师生深度交流互动

瑶湖学院自建院起便致力于营造现代、温馨而优良的教学环境。目前学院空间布局区隔明确,功能齐全。这主要体现为以下几个方面:其一,瑶湖学院广泛设置小教室,配置可移动、便捷式、实用性的桌椅,提供多功能电子白板,为小班教学和信息化教学的开展提供保障;其二,学院设置休息室、咖啡间等场地,为教师提供了良好的休憩空间;其三,瑶湖学院的行政区域与教学区域、学生活动区域距离较近,方便管理人员与师生方面的深入沟通和教学问题的有效解决;其四,瑶湖学院广泛设置研讨室,为师生沟通交流提供场地支持;其五,瑶湖学院充分利用学校的工程训练中心、水利工程实验教学示范中心、土木工程实验教学示范中心等教学平台,指导学生参加各项科研项目与竞赛。

(二)因地制宜,不断完善教育改革举措

自2016年中长期战略规划制定以来,瑶湖学院按照规划推进管理、

---

③ 参见张金磊、王颖、张宝辉:《翻转课堂教学模式研究》,载《远程教育杂志》2012年第4期。

④ 参见张崇善:《探究式:课堂教学改革之理想选择》,载《教育理论与实践》2001年第11期。

⑤ 参见洪林、王爱军:《应用型本科高校实践教学改革与创新》,载《实验室研究与探索》2004年第9期。

科研与教学工作,并根据实际条件对战略规划方案进行了微调。这主要体现在三个方面:一是将三元三阶课程体系⑥中的专业基础课下放到相关专业学院,由学生采取选修课的方式进行课程安排。这样既解决了瑶湖学院现有师资不足问题,也可使瑶湖学院学生在"插班"学习过程中产生"鲶鱼效应",⑦促进瑶湖学院学生的成长发展;二是加大动态淘汰—优补机制的力度,学院将淘汰比例由5%上升至10%,并在大一第一学期末就开展淘汰与优补工作。这种动态调整机制产生了积极效果,有任课老师表示"淘汰制度保障了学生的学习动力,挂科率明显比普通班学生低一些";三是适性调整导师制,将选择专业导师由大一推迟到大二上学期,从而保证了学生在选择导师时能够具备一些科研兴趣和学科基础。

(三)专业导师制实现常态化,科研指导逐渐加强

为加快创新人才培养,提升学生的科研素质,瑶湖学院创院之初即确立了本科生专业导师制,经过三年的运行已实现常态化,成效已渐渐显示出来。这主要反映在如下几个方面:其一,土木和水利学院的教师对担任瑶湖学院学生导师的积极性较高。有老师表示"做科研的老师比较多,科研项目不少,需要一些学生协助,因此对专业导师制也算是很有热情"。其二,导师们对指导学生大多出于指导学生和协助科研的动机,而非功利性需求。有老师就表示"我不在乎津贴多少,带学生也能帮我们做一些科研工作,并且我也希望瑶湖学院培养出优秀的人才,走出几位大师"。其三,导师与学生已开展了多样化互动。专业导师制运行三年来,导师与学生之间逐渐构筑和形成了如邮件交流、导师组会、项目/课题合作、线下交流、聚餐、座谈会等多样化的交流形式。其四,已经呈现出一定的成果。通过导师指导,学生在科研项目、科研课题、科研竞赛、学术会议等方面都收获了一定的成果。有专业导师指导下的两名大三学生已经"参加了江西省的两个学术会议、申报了瑶湖学院的一个课题、并发表了1~2

---

⑥ 指从横向结构上,遵循专业发展逻辑构建基础课程、通识课程与专业课程的模块化三元课程;从纵向结构上,根据课程的难度系数,将课程区分为初阶课程、中阶课程、高阶课程,以标识课程的挑战度,推进特色人才培养。

⑦ 参见黎会:《"鲶鱼效应"对高校学风建设的启示》,载《湖北经济学院学报》(人文社会科学版)2013年第7期。

篇文章”。

(四)优化课程结构,探索多样化教学方式

瑶湖学院在建院之初确立了“四位一体”(创新性、应用型、国际化、高素质)[⑧]的人才培养定位,逐步丰富了课程结构,并努力探索和实现多样化的教学方式。在课程结构方面,瑶湖学院努力贯彻战略规划中所构筑的“三元三阶”模块课程结构体系,横向上构建了专业课程、学科基础课程以及通识课程的模块,并对理论课程与实践课程、必修课程与选修课程做出了区分,纵向上根据课程难度来区分了初中高的三阶课程。与此同时,为了提升学院的国际化水平,接轨国际教育制度,学院还实施了春、夏、秋三学期制。通过这些方式,瑶湖学院已经初步形成了特色鲜明、系统完整的课程体系。在教学方式方面,瑶湖学院实行小班化教学,[⑨]班级规模控制在20人左右,这为开展创新教学和促进学生的个性发展提供了条件。首先,瑶湖学院在英语课程教学中采取翻转课堂方法,采用英语专业的研究生教材,课前由学生小组一起学习讨论、制作PPT课件、上台展示、老师在台下予以点评,通过翻转课堂的形式,不仅有利于学生及时发现和修正其知识的漏洞,也有利于促进学生英语表达能力和团队写作能力的提升;其次,为提升学院国际化水平和学生英语能力,瑶湖学院在双语/全英教学方面取得了较大进展。通过引进国内外优秀师资,在专业课程中加强了双语教学和全英文教学的探索;再次,在一些专业课和基础课程中,瑶湖学院教师也开始尝试探究式、案例式教学,如高等数学毛素珍老师就表示“课堂采取互动提问的方式,课堂氛围比较好”;最后,瑶湖学院十分重视实践教学对培养创新应用型人才的作用,充分利用各种科研平台,开展课程实习、试验等多样化的教学方式,并设置了“学生创新基金”,资助学生在导师指导下开展科研创新活动。据王红星老师介绍,“瑶湖学院提供了学生创新基金项目,导师可以以学生的名义报课题,指导学

---

⑧ 参见王洪才:《创新创业教育必须树立的四个理念》,载《中国高等教育》2016年第21期。

⑨ 参见李宏敏:《我国高校实施小班化教学的问题及解决策略》,载《大学教育科学》2009年第2期。

生出去的费用也可以报销”。由此可见,瑶湖学院在教学方式创新和改革已取得一定成效。

四、对瑶湖学院进一步改革发展的建议

瑶湖学院自建院以来即受到校内外各方瞩目,被寄予创新人才改革试验的厚望。通过调研,发现瑶湖学院还面临一些突出问题,需采取对策以进一步推进改革发展。

(一)完善基础设施,提升学院文化氛围

瑶湖学院虽然在基础设施建设和学院文化氛围营造方面领先于学校其他学院,但仍然存在一些不足。如有些基础设施需要增设与更新,许多老师反映“瑶湖学院楼层较高,并且电梯损坏时间较长,给上课带来许多不便”,并且“教室里的许多电脑病毒较多,教师每次都要携带自己的电脑来上课”。此外,瑶湖学院硬件的人群覆盖率不高。有老师反映“瑶湖的硬件还很不错的,但是总感觉设备对学生比较支持,但对教师不是很友好”。在学院氛围问题上,学生普遍反映“学院封闭压抑,不愿在学院多待”,有任课教师和专业导师也反映“对瑶湖没有归属感,上完课就走人,内心感觉并不属于这个地方,只是来上课而已”、“当专业导师就是完成学校交给我们的一个教学任务”,这反映出学院只是单方面强调“以学生为中心”,教师的教育主导地位体现不够。

为此,瑶湖学院应当进一步完善基础设施建设,积极回应师生的诉求。如学院应当积极联系校方和后勤中心,及时解决电梯故障,方便教学活动的开展。同时,要加快管理规章修订,开放教师对办公设备的使用权,方便教师教学。此外,瑶湖学院要加快营造自由、开放、温馨、舒适的家文化氛围,使教职工心生归属感。教学上要营造整洁、安静、雅致与勤奋的文化氛围,科研上要营造自由、开放、真诚、互动的文化氛围,办公上要营造出高效、服务、务实、勤政的文化氛围,让师生产生“一入瑶湖门,终身瑶湖人”的归属感。

(二)健全制度规范,完善治理方式

在调研中发现,关于教师工作量计算方法规范不够合理,不能充分调动任课教师教学的改革热情。关于激励学生参加创新创业活动和科研竞赛的学分冲抵制度未能有效落实,有专业导师反映"当前学生参赛还是不能够冲抵课程学分,而繁重的课程导致学生参加科研的时间不足"。在管理方式上,"封闭式"与"保姆式"的管理模式与"三自主"(自主学习、自主管理、自主创新)培养有冲突。学院的管理模式影响到了学生自主能力的培养,阻碍了师生之间的指导与交流工作。此外,学院内部治理也比较封闭,虽然瑶湖学院也采取了一些诸如座谈会、交流会的形式来听取大家对学院发展的意见,但在真正涉及师生重大利益时,师生仍处于"失语"状态。

针对这些问题,瑶湖学院需要不断健全制度规章,同时完善治理方式,为瑶湖学院进一步的教育改革保驾护航。在工作量核算方面,相较于其他学院的大班授课,小班授课的瑶湖学院任课教师的授课工作量计算应按照普通班级的1.6~1.8进行核算,切实保障瑶湖学院教师的荣誉感与获得感;在学分互认方面,要为学生创新创业与科研活动大开绿灯,做好与相关课程的学分冲抵工作,从而保障学生有自由的时间从事创新科研活动,加强师生交流,更好地促进导师制的开展。此外,要通过各种渠道和途径吸纳教师和学生参与学院治理,共同促进瑶湖学院发展。为此,瑶湖学院应当采取开放、自由的管理方式,促进学生"三自主"培养目标真正落地。

(三)完善导师制,促进师生交流

调研发现,虽然瑶湖学院专业导师制度已经走向常态化,但作用发挥得并不充分。究其原因,一是导师的选聘、考核与激励制度还有待完善。如在导师选聘制度方面,现行导师制对教师的选聘主要集中在土木和水利两个学院。这样的选拔虽然保证了专业针对性,但也缩小了导师选聘范围。此外,选聘模式还不完善,因为"导师—学生"关系确定之前常常缺乏了解和沟通,并且存在"一定终生"状况;在导师考核制度方面,虽然瑶湖学院也制定了一些奖惩与督导制度,但实际落实情况不佳。有行政人

员表示，“专业导师都是其他学院教师，管理比较困难”，专业导师也表示，“考核基本没有，瑶湖对我们没有什么约束，制度是制定了，但是执行起来比较困难”。这说明教导师考核基本处于真空状态，导师制的落实情况很难得到有效监控，质量也难以保证；在导师激励制度方面，行政人员表示目前采用了“薪酬+督导”的方式来激励导师，但收效甚微。对此专业导师表示“一年2000元的补贴太少，做导师基本还是靠个人自觉自愿”。这说明当前导师制度的激励还不足以激发导师的动机与活力。二是师生交流亟待加强。导师们普遍反映学生们“课程繁重、考研学业压力大”，平时基本没有什么时间组织交流。同时，导师们也对学生参与科研的时间是否过早、积极性是否足够、科研基础是否牢固存在担忧与质疑。比如，有导师谈及“时间比较紧，师生见面次数不是很多，时间上难以凑在一起”。

针对这些问题，瑶湖学院应当进一步完善导师制，促进师生交流。其一，拓宽导师的选拔范围，把那些热心指导学生、拥有横向课题以及社会服务能力强的教师全部纳入考虑范围之内。完善“双向选择制”，实行“预备期导师制”和“弹性导师制”，避免出现导师与学生之间关系僵化的局面，使导师制朝着灵活、开放、自由的方向发展；其二，加强对专业导师的考核。瑶湖学院需成立专门委员会，定期和不定期对专业导师的指导工作进行考核，从而及时调整学生与导师之间的关系，避免导师制流于形式；其三，加大对专业导师的激励力度。瑶湖学院需要提升对专业导师的补贴力度，设置专项经费，对那些考核中获得优秀以及指导学生获得校/市/省/国级奖励的专业导师进行奖励，同时授予荣誉称号；其四，探索导师组模式，完善导师制。在学生与导师不熟悉之际可以实行导师组/课题组进行集体指导，当师生之间比较熟悉之后进行双向选择实行“一对一”指导；其五，创设座谈会、茶话会、学术沙龙等为导师与学生提供交流的渠道。同时缩小课时量、加大科研学分的改革，将导师与学生的交流与沟通落到实处。

（四）精简课程，广泛开展创新教学实践

调研发现，一是课程量过大、学生压力太大，是影响人才培养质量的主要因素。有的任课教师反映，“他们的课太多，我可以肯定地说他们没几个人学得好,每个人都是抱着及格的心态来的,有的时候他们还不如我教的其他普通班的学生",有专业导师也指出,"一开始学生还能够帮我做一些科研事务,后来发现他们课程比较紧张,指导效果就不大好了"。这说明课程量过大会影响教学质量和科研指导工作。二是一些课程设置时间节点不合理。有老师反映"普通化学课不必设置到大一学期,这个时间点是他们最忙的时候,很难看到化学课与专业课之间的内在逻辑"。三是实践课程与选修课程所占比例较低,学生缺乏课程自主选择空间。在教学方式上,突出问题是仍然偏重传统知识灌输,有任课老师表示"在瑶湖学院采取的教学方式和教学内容与其他学院并无差别",显然,偏向传统的知识灌输方式将与拔尖创新人才培养背道而驰。此外,当前的学业评价方式仍然是偏重于传统的闭卷考试模式,老师们虽然也意识到了"传统考试对学生能力培养没有帮助,如果有可能也想探索新的考察学生能力的考评方式",但实际情况还是更多地采取传统"一卷定成绩"的方式。

故而,瑶湖学院需要精简课程,加大创新教学实践力度。首先,瑶湖学院要真正贯彻落实"精品课程优化行动""立体课堂构筑计划",就必须要对课程体系进行"瘦身"和"优化",理清"基础课程—通识课程—专业课程""初阶课程—中阶课程—高阶课程""理论课程—实践课程""必修课程—选修课程"之间的比例关系,促进课程体系的调整与完善;其次,瑶湖学院需要在教师激励政策构建上下工夫,吸引更多的高水平师资加入瑶湖学院教师团队,同时也要做好对现有教师的扶持和培训,促进其教育理念和教学水平的提升,进而实现教师队伍的专业发展;再次,教师需要加强教学方法的探索,充分利用互联网技术,努力在翻转课堂、探究式教学、小组合作学习方面取得进展;最后,教师需要探索多元的考评方式,尝试把课程论文、小组合作学习、实践效果等方式来综合评价学生的学习效果和能力水平。

On the System Construction of Top-notch Innovative Talent's Cultivation in Colleges and Universities

Wang Hongcai Zhao Xianghui Xiao Xiaocong

Abstract: Launching the top-notch innovative talent training experiments in ordinary undergraduate colleges is a strategic exploration of educational reform. Yaohu School of Nanchang Engineering College has set a precedent here. Through on-the-spot investigations of Yohu School administrators, professional tutors, classroom teachers and other front-line education reform participants, it was found that Yaohu School has made breakthroughs in the creation of teaching environment, innovation in education initiatives, professional tutor system construction, and curriculum teaching reform. Facing the new situation and new problems of reform, Yaohu School needs to take the following measures: further improving the infrastructure and upgrade the cultural atmosphere of the college, upgrading the system and standards, and improving the governance methods, adjusting the tutorial system to promote teacher-student exchanges, optimizing the curriculum and carry out innovative teaching practices. Only by implementing those measure, can the school achieve the promotion of the development of deeper reforms.

Key Words: Nanchang Institute of Technology, Yaohu school, top-notch innovative talents, reform test

我国高等教育评估的哲学反思

刘晓喆*

摘　要：对于高等教育评估的哲学反思，管理哲学中的价值论有独特的针对性和有效性。组织管理中的价值构成，基于价值的视角分析和基于价值观的视角分析，情况差异很大。虽然价值观体系是一般情况下组织管理者需要把握的主要矛盾，但有时候基于价值而不是价值观的价值差异和冲突也会给组织带来不可忽视的影响。基于价值的价值差异与冲突是造成我国高等教育评估出现许多负面现象的原因，协调解决评估中的这种价值差异与冲突，根本的办法是要进一步理顺解决管办评三方关系问题，关键是要澄清和限定政府作为管方在评估中的职能和权力范围。

关键词：高等教育评估　哲学反思　管理哲学　价值论　价值差异与冲突

管理哲学是当代管理思想发展的前沿话题，是人类对于近代科学革命和产业革命背景下形成的现代管理学理论的思想反思。虽然管理哲学的理论建

---

* 刘晓喆，西安工程大学管理学院副教授，教育学博士。研究方向：管理哲学、高等教育管理。

构在学界尚无完全的定论,但管理哲学对于现代管理学的反思态度与方法则得到了一般的认可,特别是在方法论和价值论方面,管理哲学的研究兼具理论意义和现实意义。

在确立以哲学视角反思我国高等教育评估的前提下,一般会顺理成章地选择高等教育哲学的方法。本文则试图在遵循高等教育哲学的基本理念的同时,以管理哲学的视角和方法反思问题。这种立意,建立在以下三点合理性基础之上:一是作为哲学之分支或者部门哲学,管理哲学必然遵循哲学的基本原则与规律;二是高等教育评估无论怎样都是一项管理活动,这为管理哲学提供了用武之地;三是学科交叉研究的意义。

一、管理哲学对于高等教育评估的主要反思领域

评估,是改革开放以来我国高等教育发展的重要历史性事件,也是有关我国高等教育研究的持续性热点和难点话题。高等教育评估的历史性或者时代性,体现的是管理向治理转变背景下我国政府对于高等教育管理的新思维新举措。高等教育评估的重要性,不仅由于教育评价在教育发展当中的固有地位与作用,而且体现在评估对于我国高等教育尤其是高等学校发展的实质性影响上。对于评估的研究与反思,因此成为社会各界关注的方向。从有关评估的研究来看,学界较为聚焦的重点问题,突出表现在两个方面:一个是有关评估指标;另一个是有关评估活动。第一个问题相当于讨论我国的高等教育评估的核心是要“评什么”,第二个问题则相当于讨论我们“怎么评”。对于评估指标的讨论,主要是高等教育学的研究范畴,遵循的是教育规律和办学规律,大家在此方面的研究著述较多。对于评估指标的讨论,也可以是哲学层面的批判与反思,管理哲学当中的方法论和价值论都可以对此问题进行研究,特别是在方法论方面的研究富有现实意义,比如指标的标准化与学校的个性化(之间的关系)问题,比如指标体系当中有关“软指标”(如办学定位与目标)与“硬指标”(如师生比)的结构与关系问题,比如指标标准的数量化问题等。以本科

教学审核评估范围(实际上相当于过去的指标体系)为例,其中有两个审核项目(相当于一级指标)非常特别和重要,一是范围当中的第一个项目即办学"定位与目标",二是第五个项目即"学生发展"尤其是其中涉及"学风"的审核要素,因为前者反映一个学校本科教育的思想境界的高度,学风则反映一个学校办学底蕴与实力的厚度。当一所学校有关这两个"软指标"的实际表现较为到位的话,说明这所学校的本科教育至少从基本底蕴与路子上讲是可靠的。但在评估实践当中,有关这两个项目的总结陈述,许多学校的自评报告内容或者空洞无味或者千篇一律,总之是乏善可陈。这种情况的出现,可能反映了许多方面的问题,也可以从许多方面进行反思,但评估指标的设计本身也是值得反思的。

相对于评估指标的讨论,对于评估活动的讨论更为重要。因为从本质上讲,评估首先是一种管理活动,而且是一项涉及管办评等各方关系的系统性活动。按照这样的思路来看,评估指标只是整个评估工作当中的一个中介和载体,而评估活动反映的是整个评估工作,特别是评估活动当中涉及的管办评各方之间的关系问题更是评估工作的决定性因素。就评估活动的讨论而言,管理学(高等教育管理)应是主要的研究途径,而管理哲学则有利于从哲学层面对评估活动的管理学研究和评估活动本身进行反思。从管理哲学的角度来说,对于评估活动的哲学反思,可以涉及方法论和价值论的讨论,但主要应是价值论的讨论,因为管办评各方之间的关系问题是影响评估活动目标与方法路径的决定性因素,而围绕这一问题的哲学反思,管理价值论有更为独特的针对性和有效性。

二、组织管理中的价值与价值观

对于管理实践当中,人类主观价值因素的存在,研究者们应该已无分歧。最为著名的管理哲学研究者,加拿大人克里斯托弗·霍金森在他的三大代表作之一《领导哲学》里说"决策不可缺少的三要素是事实、可行性与价值。价值要素在作为行动哲学的活动中应当起着相当显著的作用”。[1] 事实上,他的《领导哲学》全书依据的就是逻辑与价值的所谓“二元哲学论”,他认为,逻辑和价值的“两个知识领域合二为一就囊括了全部的组织行为”。[2] “二战”以后,在动机研究的新理论当中,维克托·H. 弗鲁姆的期望理论颇负盛名,弗鲁姆的理论认为动机是人们行为选择的一个过程,而选择的最终结果是价值和期望的产物。

在管理哲学的价值论里,最基础的概念是价值和价值观。价值管理的基础性工作主要就是管理系统与过程中有关价值和价值观的分析。从一般概念上来说,价值指的是物品或对象(客体)对人们(主体)的有用性或意义,反映的是主客体之间的一种意义关系,这种关系必然有特定的主体与特定的客体。而价值观指的是人们关于价值的基本信念、信仰、理想等思想观念的总和,价值观由持久的基本的信念组成,而不是一般日常表达的某些价值的看法,因此并不需要与客体对象直接关联。对管理组织来讲,价值和价值观都是客观的存在与现象,都有关注和研究的意义,但二者的内涵不同、外延不同,在价值管理过程中的具体表现不同,发挥的作用不同。总的来讲,价值观在组织管理中具有更为根本的地位与作用,但具体到某一管理事件的价值论视角的分析,情况则远非一般想象的简单。比如,主体对于某一客体的价值评判一般会体现主体的稳定价值观,但拥有同样价值观的人们常常对于同一特定客体的价值体验和评判会产生完全不一致的情况,这就是价值的具体性、特定(指)性、动态性。这种情况在实践中,并不是极其少数的特例和个案,而是相当普遍,这就带来了组织管理过程中复杂的价值构成和价值分析情况。

从价值观的角度讲,组织管理中的价值构成体系相对简单、清晰。一般而言,价值观有三个层次的主体载体,即个人价值观、组织群体价值观、人类社会价值观,具体到一个管理组织中,从主体的角度看,最主要的表现是个人价值观和组织价值观(这里暂且忽略如非正式群体那样的价值

---

① 参见克里斯托弗·霍金森:《领导哲学》,刘林平、万向东、张龙跃译,王守昌校,云南人民出版社 1987 年版,第 27 页。

② 参见克里斯托弗·霍金森:《领导哲学》,刘林平、万向东、张龙跃译,王守昌校,云南人民出版社 1987 年版,第 6 页。

观,它也可以归到个人价值观,因为他最终还是表现为不同的个人价值观);抛开主体的视角,组织中的价值观还常常表现为主导(主流)价值观、非主导(非主流)价值观。但从价值的角度讲,组织中的价值构成则极其复杂,这种情况可以简化如表1所示。

表1　一般组织中的价值构成(基于价值角度的分析)

价值客体 / 价值主体	组织所有者	管理主体	管理客体(人)	组织	顾客	合作方(商)	社会	管理活动(行为)
组织所有者	╳							
管理主体		╳						
管理客体			╳					
顾客					╳			
合作方(商)						╳		
社会							╳	

注:表中的"管理主体"指组织系统中的管理者,当然这一概念是相对的;同样,"管理客体"的概念所指也是相对的,指组织系统中的被管理阶层。

三、我国高等教育评估当中的价值差异与冲突

虽然一般而言,在组织的管理实践中,价值观体系是组织管理者需要把握的主要矛盾,但有时候基于价值而不是价值观的价值差异和冲突也会给组织带来不可忽视的负面影响。我国的各类教育评估就存在这样的情况。下面,把我国的高等教育体系看成一个基本的组织系统,对有关评估工作过程中的价值构成做一简单的分析。在这里,价值主体的组成比较清晰简单,主要包括管、办、评等各方(这里的管、办、评,先按照一般的理解分别指政府主管、被评高校、评估组织。为了论述方便,其中的评方即"评估组织"先简化为评估专家组织);价值客体肯定包括本科审核评

估、学科评估等各类评估本身,但问题的关键是价值客体并非“评估”这一个对象,具体来说,由于评估工作带来的组织内基本价值构成情况至少如表2所示。

表2　我国高等教育评估工作中的基本价值构成(基于价值角度的分析)

价值主体＼价值客体	管方	办方	评方	评估
管方		×		
办方			×	
评方				×

表2所反映的内容,主要是评估工作中基于价值视角的价值构成而不是基于价值观,从价值观视角来说,评估工作的价值构成情形应不复杂。以本科教学工作审核评估为例,可以说,国家有关“以评促改,以评促建,以评促管,评建结合,重在建设”等评估工作的基本指导方针,就是评估各方共同认可的主导价值观,在此方面,各方的差异不会太大。但是从价值视角来说,情形则完全不同,仅就各方对于“评估”这一个价值客体的价值分析来看,也是“五味杂陈”般的复杂:对于管方讲,管方视评估的主要价值就是上述20字方针。对于办方讲,办方即学校分析评估的价值则一般比较实际,特别是自身条件相对评估标准较弱的二三流学校,首先学校领导班子(这里暂且以学校领导班子与学校的价值一致为前提)想到的是评估不要出事,先要保证评估工作顺利过关;其次,还是希望通过评估尽量争取获得较好评语和声誉;最后,他们想到的才会是上述20字方针的贯彻落实。对于办方的上述价值分析立场和态度并不能“一棍子打死”,因为对于评估的分析,他们不能简单地就评估而分析评估,而必须把评估放到学校(包括领导班子自身)发展的更大的历史环境和现实坐标系中来,所以他们的上述分析从学校看来不仅是现实的,而且是理性的。对于评方(这里暂且简化为评估专家组)来讲,他们分析评估的价值,也绝不仅仅是上述20字分针,按照政府主管部门要求顺利完成进校考察任务是他们需要把握住的价值底线,在此基础上,评估在他们心目中的价值绝对

不是完成任务那么简单。专家一般还会想到在评估对方学校的同时他们会有什么价值收获,这是他们决策自己是否参加评估专家组的现实考量,比如进入评估专家组是否会扩大自己在高等教育界的影响?是否会通过评估特别是与被评学校有关各方的交流产生其他学术(包括有关高等教育管理问题的)交流的收获?是否还会扩大自己在相关领域的朋友圈等,甚至还有基本的物质报酬考量。即使就评估过程而言,专家进校考察也离不开基本的价值判断分析,这里的价值评判因素一般肯定是以教育部的相关文件政策标准和被评学校的自我定位为"尺子",但所有专家进校考察考量的实际尺子绝不是这一把尺子,他们自然而然会带有自己心目中的已有尺子作为参照,比如他们认可以为的办学模式与思路等。

通过上述分析,可以清楚地看到评估工作中价值问题的复杂性。以这种价值关系为背景,再分析对照我国教育评估工作中出现的问题,可以找到这种价值背景对于评估的不可忽视的深刻影响。就被评学校而言,有些学校为了迎评过关作假数据作假案例,而且这种问题也不是偶尔一见的现象,客观地讲,大量的学校都程度不同地或多或少存在类似这样的问题,因为对许多学校来说,他们的上述行为似乎是不得已而为之的无奈之举。对于评方来说,问题也不少,根据现行评估制度,参加评估的专家组成员一般由政府主管部门或者政府指导的评估中心这样的组织随机抽调产生,这使不同的被评学校面对不同的评估专家组(不同的专家成员组成),由此产生的问题就很多。因为对于同样的学校,不同的专家都会有不同的评判;而对于不同的学校来说,不一样的专家不一样的评估,对这些学校所产生的不平与差异自然会更大,这一点就连经常参加评估的专家成员本身也深有感受。

四、结语

总之,从价值论视角分析我国高等教育评估,首先要通过价值分析清醒认识到评估过程中存在的价值差异是客观的,而且是普遍的。其次,从各类教育评估的实践来看,这种价值差异引起的冲突对于评估的影响不可忽视。最后,从价值管理的规律而言,不可忽视的价值差异必须得到足够的价值协调。一般而言,在一个组织内部,在组织主导价值观不可更改的前提下,通过对于组织主导价值文化的建设强化,通过对于价值差异成员的教育与培训,或者简单通过对于价值差异成员的人事调整等,这些办法就会帮助管理者解决组织内部由于价值差异与冲突引起的相关问题。但是在我国现有评估制度设计背景下,上述价值差异所引起的矛盾似乎在现行体系内不可协调,因为引起上述价值差异的根源,不在产生问题的学校或者专家这一价值主体个人,以学校为例,学校距离政府有关评估工作的价值差异,在学校领导班子看来一般并不是或者至少不全是他们个人的价值引起的问题,而是我国高等教育评估现行体制机制下,学校作为被动组织的客观价值反映。因此,追根溯源地分析教育评估当中的价值冲突,应该说,我国高等教育管理尤其是教育评估体制机制设计的问题才是评估中引起价值冲突的根源。因为在我国,各级政府教育主管部门对于所属高校在人财物等方面有着实质性的决定性影响,而评估的结论与这些方面息息相关,这使高校在价值决策的过程当中,特别是在自身条件达不到评估要求的背景下,会依据"两害相权取其轻"的原则进行风险决策。站在这种风险决策的价值判断立场来看,宁可迎评作假也可能比评估出事的风险小,否则学校的利益、荣誉乃至校长的职位、荣誉等都会受到一时难以弥补的影响(当然,在这里,校领导的迎评决策,他们的价值考量,既有基于学校的,也无可讳言的有他们自己的)。

"行动哲学就意味着把价值转变成为一个价值与事实相结合的世界。"③"最终,针对一个既定教育体系所能提出的所有问题,都可以归结为这样两个:一是什么样的目的是有价值的;二是什么样的方式能有效地实现这些目的。"④协调解决我国教育评估中的价值差异与冲突,克服教

③ 克里斯托弗·霍金森:《领导哲学》,刘林平、万向东、张龙跃译,王守昌校,云南人民出版社1987年版,第6页。

④ 〔英〕丹尼尔·约翰·奥康纳:《教育哲学导论》,宇文利译,中国人民大学出版社2015年版,第6页。

育评估当中的各种不良现象,根本的办法是要科学合理地进一步理顺并解决教育评估当中一直没有完全解决的管办评三方关系的相关问题,关键是要进一步澄清和限定政府作为管方在评估中的职能和权力范围,要求政府教育主管部门只能负责评估政策的制订和制度的规范,而不能进入政策落实的具体实践环节(当然,跟踪评估并分析评价政策落实情况借以修订完善制度文件那是另外一回事);同时,要进一步廓清评估专家组织作为评方的定性、定位与职能权力,要使评方接受政府指导而脱离政府管辖,使评方管理权归属真正的社会第三方(包括学生家长和社会用人单位在内),使评方真正在权力上与办方即校方平等;最后,学校在作为个体接受评估之外,可以以高校协会或者联盟的形式成立相应合法组织,维护高校作为整个办方群体在评估当中的公平与权益。

A Philosophical Reflection on the Evaluation for Higher Education in China

Liu Xiaozhe

Abstract: For the philosophical reflection on evaluations of higher education in our country, the "value theory" in administration philosophy has its unique pertinence and effectiveness. The value composition in organizational management varies considerably from the perspective analysis on value and the values. Although the value system is the main contradiction that the organizational administrators need to grasp under the general circumstances, sometimes the value differences and conflicts on value rather than the values can also bring about the inevitable influences to organizations. Moreover, value differences and conflicts based on value are the reasons causing existing problems of evaluations for higher education in China. The fundamental solution is to further straighten out and solve the tripartite relationship of administration, operation and evaluation to coordinate and solve such value differences and conflicts in the evaluation, the key is to clarify and restrict the government's functions and authority as the administrative party in the evaluation.

Key Words: evaluations for higher education, philosophical reflection, management philosophy, value theory, value differences and conflicts

论专业学位研究生教育与职业资格证书制度衔接的必要性*

郜　岭　陆晓洁　郭月娟　潘武玲**

摘　要：专业学位研究生教育和职业资格证书制度分别属于两个系统，但两者也存在一定的共性，即“职业性”“专业性”等，两者具有衔接的基础。从专业学位研究生教育的角度宏观分析，两者的衔接是当前我国在新的历史时期社会发展的客观要求，也是专业学位研究生教育自身发展的内在诉求，还是学生个体发展的根本吁求。在我国社会进步与发展中切实实现专业学位与职业资格证书制度的有机衔接，有利于促进教育资源的合理配置，满足社会对专业人才的需求，从而进一步深入推进结构改革和创新发展，加快我国研究生教育由教育大国向教育强国迈进的步伐。

关键词：专业学位　职业资格证书　制度衔接　必要性

---

* 基金项目：教育部人文社会科学研究项目“专业学位研究生教育与职业资格证书制度协同发展与衔接研究”，项目编号15YJA880019。

** 郜岭，北京理工大学教育研究院副教授，教育学博士；陆晓洁，北京理工大学教育研究院硕士生；郭月娟，北京理工大学教育研究院硕士研究生；潘武玲，空军预警学院副教授，教育学博士。

"职业与专业似乎存在着特殊的内在联系，"①约翰·布鲁贝克（John Brubacher）在其著作《高等教育哲学》一书中提到这一观点。事实上任何事物都具有各自独特的属性，如果此一事物具有某一属性，同时彼一事物亦具有这一属性，我们就说这两个事物具有某种"同质性"。专业学位研究生教育与职业资格证书制度在职业性、实践性和专业性三方面存在一定的本质相通性，具有共同的内在逻辑，两者的有机衔接必将成为我国人才培养模式改革与发展的必然选择。

专业学位（professional degree）和学术型学位（academic degree）两种类型的研究生教育模式，两者培养规格有所不同，各有侧重。相比而言，专业学位研究生教育比较注重培养学生的学术性、职业性和实践性的相结合，更加注重理论的实践和应用统一，"专业学位是针对社会特定职业领域的需要，培养具有较强的专业能力和职业素养、能够创造性地从事实际工作的高层次应用型专门人才而设置的一种学位类型"；②而职业资格证书制度是人力资源和社会保障部门针对劳动就业制定的，"职业资格是对从事某一职业所必备的学识、技术和能力的基本要求，职业资格包括从业资格和执业资格"，"经职业资格考试合格的人员，由国家授予相应的职业资格证书"。③ 职业资格证书在社会发展中已经引起越来越多的重视，在很多社会招聘中，职业资格证书已经成为必备证书，用人单位招聘录用员工时也很看重拟录用人员是否执有相关的职业资格证书。专业学位研究生教育与职业资格证书在管理上归属不同的社会部门，但两者在某些方面存在共性，是能够有机衔接的，两者从根本上有很多相同或相似性，都具有"鲜明的职业性、相同的历史背景、相似的培养机制"，④具有衔接的良好基础。可以实现专业学位研究生在毕业的时候除了可以获得学历学位证书，还能获得与所学专业相关的职业资格证

---

① ［美］布鲁贝克：《高等教育哲学》，王承绪等译，浙江教育出版社2001年版。

② 2010年9月18日国务院学位委员会《硕士、博士专业学位研究生教育发展总体方案》（国务院学位委员会第二十七次会议审议通过）。

③ 1995年11月17日中华人民共和国人事部《职业资格证书制度暂行办法》。

④ 参见郭蕾、贾爱英、生玉海：《对专业学位研究生教育与职业任职资格教育结合的思考》，载《学位与研究生教育》2010年第12期。

书,而不需要在学习之余再参加相关部门组织的考试从而获得相关专业的职业资格证书。

一、两者衔接是时代发展的客观需求

(一)社会和经济的发展要求两者衔接

我国经济社会发展迅猛,以高新技术产业为导向的内生创新驱动促进社会发展转型升级。产业结构调整和经济增长方式的转变,导致了各行各业对高层次应用型人才的需求持续增长。同时许多与社会发展关系密切的高新技术、"互联网 +"、产业结构转换等相关的职业岗位也应运而生,比如心理咨询师、证券咨询师、数据分析处理人员等。这些岗位都对职业的技术含量和专业化程度要求越来越高,并越来越呈现高层次、多样化的特点,这不仅要求培养的高层次专业学位人才要具有扎实的理论基础,而且要求他们具有较强的实践应用能力。因此为解决社会发展和人才市场对高层次应用型人才需求的问题,专业学位研究生教育应运而生并随着社会发展对人才需求的增长而不断扩大规模,与此同时在高层次应用型人才培养的要求上还要不断提升质量标准,下大气力培养他们相关的"职业"能力,以满足市场经济体制下用人单位的需求。社会经济、科技发展日益迅猛,社会进步速度日益加快,对高水平的职业教育和高层次技能人才的需求越来越旺盛,由于我国实行就业准入制度,对从业人员进入就业市场从事相关职业提出要求必须要具备特定行业的职业资格证书,这就对专业学位研究生教育与职业资格证书制度进行有效衔接提出了新的要求。

(二)政府相关政策导向要求两者衔接

简单梳理近 30 年我国政府出台的相关政策和文件可以发现,我国政府在相关的政策中,多次提出专业学位等学历教育与职业资格证书制度衔接的要求。如 1994 年在中共中央《关于建立社会主义市场经济体制若干问题的决定》中提出了两种制度应该并重,该文件指出:"要制定各种职业的资格标准和录用标准,实行学历文凭和职业资格两种证书制度”,[⑤]这是迄今为止我国最早提出两者并重发展的文件。1996 年国务院学位委员会办公室制定并颁发了《专业学位设置审批暂行办法》中第 10 条中规定,“各专业学位所涉及的有关行业部门应逐步把专业学位作为相应职业岗位(职位)任职资格优先考虑的条件之一”,[⑥]《专业学位设置审批暂行办法》从社会需求出发,从法规层次上提出了专业学位研究生教育要与相关的岗位任职资格衔接。1999 年中共中央、国务院联合下发了《关于深化教育改革全面推进素质教育的决定》,该决定提出了要在全社会范围内实行专业学位教育和职业资格证书并重,并要求“教育部门要与人事、劳动和社会保障部门共同协调,在全社会实行学业证书、职业资格证书并重的制度”。2008 年,国务院学位委员会等三部委联合印发了《关于翻译硕士专业学位教育与翻译专业资格(水平)证书衔接有关事项的通知》,该通知提出翻译专业硕士研究生的培养要与职业资格证书衔接,并对衔接的有关事项作了规定和说明。两者成功衔接的实践表明:专业学位研究生教育与职业资格证书制度的衔接是可能的也是可行的。2010 年 1 月国务院学位委员会审议通过《硕士、博士专业学位研究生教育发展总体方案》,该方案在对专业学位教育的发展中提出“要大力推进专业学位教育与职业资格考试的衔接”,[⑦]又一次要求两者衔接,并指明了几种可能的衔接方式。2013 年 5 月国务院学位委员会、教育部、国家卫生和计划生育委员会、人力资源社会保障部、国家中医药管理局《关于做好临床医学(全科)硕士专业学位授予和人才培养工作的意见(试行)》中,也明确提出了改革专业学位授予办法,推进临床医学(全科)硕士专业学位授予与住院医师规范化培训合格证书颁发的有机衔接。近年来,国家相关管理部门也已经十分重视专业学位研究生教育与职业资格证书制度的衔接问题,出台了一些相关的政策法规引导专业研究生的培养要与职业资格证书之

---

⑤ 中国共产党第十四届中央委员会第三次全体会议 1996 年 11 月 14 日通过《中共中央关于建立社会主义市场经济体制若干问题的决定》。

⑥ 1996 年 7 月 23 日国务院学位委员会《专业学位设置审批暂行办法》。

⑦ 2010 年 9 月 18 日国务院学位委员会《硕士、博士专业学位研究生教育发展总体方案》。

间建立有机联系,并为两者的衔接提供了法律依据和制度保障。

二、两者衔接是专业学位研究生教育发展的内在诉求

(一)专业学位研究生教育发展的内在本质要求

我国自1991年起开始培养专业学位研究生,这是对学位研究生教育体系的有益补充和完善,同时也较好地满足了国家经济建设和社会发展对新型高层次应用人才的需要。那么什么是专业学位呢?在2002年,国务院学位委员会和教育部联合下发了《关于加强和改进专业学位教育工作的若干意见》,该意见指出"专业学位,或称职业学位,是相对于学术学位而言的学位类型,培养适应社会特定职业或岗位的实际工作需要的应用型高层次专门人才。专业学位与相应的学术性学位处于同一层次,培养规格各有侧重"。中国学位与研究生教育信息网认为:"专业学位是针对社会特定职业领域的需要,培养具有较强的专业能力和职业素养、能够创造性地从事实际工作的高层次应用型专门人才而设置的一种学位类型。专业学位与相应的学术学位处于同一层次,培养规格各有侧重。"这两个定义从法律和制度层面上确定了专业学位的内在本质特征,专业学位研究生教育的人才培养目标就是现代社会亟须的高等技术应用人才。从概念的基本内涵看,专业学位研究生教育与职业资格之间存在有某种程度上的共性。

学者们的研究对专业学位研究生教育和高层次职业教育的本质属性认识也基本达成了一致,即专业学位研究生教育具有高等教育的属性,同时也具有职业教育的属性,是较高层次的职业教育,与中等职业教育相比有显著的特殊性。从学者们的研究观点看,他们几乎一致把"职业性"认定为专业学位研究生教育的本质属性之一。通过研究,学者们也认为,在专业学位研究生教育与职业任职资格之间建立链接是必要的,将有利于专业学位研究生教育更好地发展,将之与特定岗位职业的就业任职资格有效结合起来,将能够很好地增强人才培养的应用性和职业针对性,这是

专业学位研究生教育自身改革和发展的要求。

（二）专业学位研究生教育发展趋势的需要

目前我国专业学位研究生的培养单位大部分都是以培养学术型研究生为主，在长期的学术型研究生人才培养中积累了十分丰富的高层次学术人才培养经验。在研究生教育快速发展的新阶段，专业学位研究生的招生规模也在政策的调整中得以迅速扩大，但人才培养单位可能还没有做好充足的准备，只能依托高校现有的师资队伍、课程内容资源、培养方式等来培养专业学位研究生。其考核方式也大多借鉴学术型研究生教育的模式，导师队伍也多由学术型导师来担任，专业学位硕士生论文选题与学术型硕士生区分度不明显，专业学位研究生教育的职业性指向不够明朗。与学术型研究生教育相比，专业学位研究生教育在一定程度上还存在"同化、矮化、弱化"的弊端。[⑧] 然而，虽然专业学位研究生教育是研究生教育的层次，但与学术型研究生培养相比，专业学位研究生教育培养的是高层次应用型专门人才，为实现这样的人才培养目标，在专业学位研究生的人才培养过程中需要强调"应用型"的导向，做到理论与实践相结合，专业与职业相统一，知识与技能相协调，这是专业学位研究生教育人才培养的目标，其人才培养规格与学术型学位有显著的独特特征。要实现这样的人才培养目标，必须解决现有的矛盾和问题，凝练专业学位研究生教育的特色，突出特征，强化其应用型的职业属性，促进专业学位研究生教育发展得更好。

在提升专业学位研究生教育的水平和人才培养质量的探索上，理论研究与发展实践都做出一些设想和尝试。从目前我国设置的 40 种专业硕士学位来看，已经有 29 种提出了专业学位研究生的人才培养与职业资格证书要进行衔接，占到总比例的 72.5%。其他的 11 种在工作实践中已经不同程度地实现了专业学位与职业资格证书的衔接，比如翻译专业开设有翻译资格考试，会计专业开设有会计从业资格考试、注册会计师考试等。所以两者的衔接已经成为专业学位研究生教育发展的必然趋势。此

⑧ 参见李娟、孙雪、王守清：《专业学位研究生教育的外部质量评价体系的构建——以职业资格认证为导向》，载《黑龙江高教研究》2010 年第 11 期。

外,也有学者认为,为了进一步提升人才培养质量,在专业学位研究生教育质量评价体系中应增加与职业资格证书衔接的指标,并将其作为重要的参考之一。⑨

(三)专业学位研究生职业市场准入的需求

现阶段我国就业市场实行的是就业准入制度,专业学位研究生教育培养的是未来要从事某一专业领域工作的高层次应用型人才,比如心理咨询师、证券咨询师、教师、律师、会计师等,毕业生要从事相关专业工作除了学历学位证书以外,还必须具有国家认可的相关权威机构颁发的职业资格证书。专业学位研究生经过几年的辛苦求学,终于如愿以偿顺利毕业,而且获得了梦寐以求的学历和学位的证书,经过几年的专业训练和培养也已经具备了从事与专业相关的职业知识和技能,但却可能会因为没有获得职业资格证书,而受到人才市场准入制度的限制而难以从事该职业。如果想要进一步获得职业资格证书必须在相关培训机构报名参加培训和考试,还要投入一定的培训和考务费用,无形中增加了学生的经济负担,同时也加重了学习压力。事实上,职业资格证书考试的相关科目内容与专业学位研究生教育开设的课程内容有较大的相同或相似性,两者具有较高的同质性,仅仅是考核的方式和考核的机构不同而已。就业市场对职业资格证书与学历学位证书同时具有需求,因此对两者的衔接也存在着迫切的要求。

(四)人才培养质量保障的呼吁

质量是教育的生命线,专业学位研究生教育在发展的进程中必须严格把控质量,人才培养要在理论性与实践性等方面提出多元质量标准要求。在学校里学习的知识与形成的职业能力是否能够满足社会用人单位的需要是重要的参考之一,以职业资格标准来衡量是较为科学和实用的,如果职业资格的任职资格标准与专业学位研究生教育的人才培养标准能够相互统一,将会有效地提升专业学位研究生培养的质量。在专业学位发展比较早和比较成熟的国家和地区,如澳大利亚、美国等一些发达国家

---

⑨ 参见李军、王耀荣、林梦泉等:《专业学位研究生教育外部质量保障体系探究》,载《中国高教研究》2014年第5期。

和地区，在制定专业学位人才培养的标准时已经基本实现了与社会相应职业的用人标准的统一。由于两者标准基本能实现对接，因此也较好地形成了专业学位教育和职业资格相互衔接的运行机制。此外还创新性地开展了国际职业资格认证，如英国皇家物流职业认证(ILT)、国际项目管理专业资质认证(IPMP)、注册金融分析师(CFA)、国际注册信息系统安全认证专家(CISSP)等。[10] 标准的统一将会有效促进专业学位研究生教育与职业资格证书制度的有机衔接，同时也较高程度地保障了专业学位研究生的培养质量。

三、两者衔接是学生个体发展的根本吁求

（一）专业学位研究生个人综合素质和就业竞争力提高的要求

21 世纪之初，我国经济社会取得快速发展，经济结构转变、科学技术进步等都对劳动者素质提出了更高的要求，同时我国进入高等教育大众化阶段以来，大学毕业生就业竞争也愈来愈激烈，从就业市场看，专业学位研究生在竞争中并不占高层次应用型人才特色优势。为全面提升专业学位研究生的综合素质与职业发展能力，必须有效实现专业学位研究生教育与职业资格证书制度的有机衔接，两者在多方面相互沟通、结合与连接，促进毕业生在毕业时就能够获得或毕业后短时间内能尽快获得所学专业领域的职业资格证书。要实现这样的目标，就需要依据职业资格证书的考核内容、考核方式、实践教育环节等对专业学位研究生教育的课程内容、培养过程、考核方式等进行深化改革，以进一步培养学生较高的综合素质和精湛的专业技术能力，大幅度提升他们的就业竞争力，确立他们在激烈的职场竞争中的优势地位，为他们在未来成为优秀的从业者奠定基础。

---

[10] 参见张建功：《中美专业学位研究生培养模式比较研究》，载华南理工大学出版社 2014 年版。

(二)专业学位研究生职业生涯发展与规划的要求

“凡事预则立,不预则废”。专业学位研究生毕业后将从事某一专业领域工作,还要做好职业生涯发展的规划,从而获得个人职业生涯的可持续发展,其前提必然要求学与用有机结合。建立学与用有机结合的通道,就需要建立学历教育与职业资格证书间的衔接,让毕业生能够顺利进入与所学专业对应的职业领域,专业学位研究生就可以尽早完成职前职后一体化的职业生涯规划。

总而言之,专业学位研究生教育与职业资格证书制度衔接具有一定的必要性、紧迫性,同时从本质来讲,专业学位研究生教育与职业资格证书制度之间也具有衔接的共性基础,即实践性和职业性。两者的有机衔接,既是我国职业教育改革发展的一种趋势,又是我国专业学位研究生教育模式的一种创新,也是社会各部门用人单位、专业学位研究生培养单位和学生个体实现和谐发展的必然选择。

The Need for Analysis of Cohesion between the Graduate Education of Professional Degree and Vocational Qualification

Gao Ling   Lu Xiaojie   Guo Yuejuan   Pan Wuling

Abstract: Although professional degree education system and vocational qualification certificate system respectively belong to two different systems, they do have something in common, like "professionalism" and so on. They have the base of convergence. From the perspective of macro analysis of professional degree graduate education, the convergence of these two systems is not only the objective needs of the development of the times, but also the inherent demands of professional degree postgraduate education and students' fundamental demand for individual development. With the practical realization of the organic convergence between professional degree and vocational qualification certificate system in social progress and development, the education resources can be rationally allocated to meet the social demand for talents, which further promote structural reform and innovational development. In doing so, the progress of our nation from "the best country for education" to "the most powerful country for education" could be highly accelerated.

Key Words: professional degree, vocational qualification certificate system, cohesion, necessity

新修订的《民办教育促进法》视角下的陕西民办高校分类管理研究*

李维民　银冰冰**

摘　要：民办教育实行分类管理是新修订的《民办教育促进法》及其配套政策的重大政策突破，是新时期我国民办高校发展的必然选择。本文从政策层面和运作层面对陕西民办高校实行营利性和非营利性分类管理的必要性与可行性进行了系统分析，并从立法角度就如何推进民办高校分类管理提出了若干政策建议。

关键词：营利性　非营利性　陕西民办高校　分类管理

一、问题的提出

2016 年 11 月，新修订的《民办教育促进法》（以下简称《民促法》）顺利通过，它为民办教育领域进行分类管理提供了明确的法律依据，将民办教育的发展

---

* 本文是陕西省社会科学基金项目“陕西高水平民办高等教育发展研究（编号：13N146）”的阶段性成果。

** 李维民，西安思源学院校长，教授。研究方向：民办高等教育管理；银冰冰，西安思源学院助教。研究方向：高等教育管理。

推进到一个崭新的阶段。国务院、教育部等部门出台的相关配套政策及实施细则，为民办教育改革与发展进行了全方位的部署，促使民办学校分类管理的体制逐步健全。2017 年 9 月 1 日，新修《民促法》的正式生效，标志着民办学校分类登记分类管理机制的正式确立。

经过 30 余年的发展，民办高教事业发展日新月异，民办高校在各方面也取得了明显成效。但随着国内外教育新态势的出现，对民办教育也提出了更高的新要求，需要打破原有管理体制的束缚，为其拓展新的发展机遇与空间。《教育规划纲要》提出的“积极探索营利性和非营利性民办学校分类管理，开展对两类学校的分类管理试点工作”，这一要求有其深刻的国际国内背景和实践价值，这是一个有利于民办教育健康发展的、伟大且具有时代特征的政策突破。我们期望通过政府财政资助形式，借助资本市场融资形式，解决民办高校发展的资金问题，这样既符合我国国情，又与民办高教和民办高校发展实情相契合。积极探索两类民办高校在办学体制、运行机制、人事管理、经费筹措、产权结构、资产管理、财务管理、税费管理、投资回报、社会公示、股民监督等各方面的问题，才能为民办高等教育创造一个基础雄厚、根基稳固且具发展潜力的发展环境。在贯彻落实新法新政的背景下，民办教育只有坚持改革创新和与时俱进，才能适应国际潮流和国内教育实际，才能抓住新的发展机遇。

二、实行分类管理是民办教育改革的立法基础

民办学校分类管理是国家贯彻落实新修《民促法》的关键举措，是党中央、国务院进行民办教育改革所做出的重要决策。《民办学校分类登记实施细则》明确将民办学校分为非营利性和营利性两类。从目前来看，非营利性的民办学校主要有两种：一种是捐资举办的学校，另一种是有出资不要回报的学校。捐资举办的学校即举办者在其身后，学校的所有财产全部留给社会，在社会的监督下，由已经完善了法人治理结构的理事会选举产生一届届的校长，按照非营利性办学思想持续办学；有出资不要回报

的学校,举办者投入学校的资产和办学积累的资产在办学期间全部属学校所有,收支结余不向举办者分配,学校停办进行清算时,大部分剩余财产归社会所有,继续用于社会公益事业,举办者投入的资产和滚动积累形成的资产,前者全部归举办者所有,后者一部分归举办者所有。校产的增值部分按各投资主体进行分配,举办者可取得一定比例的资产。

营利性民办学校包括社会组织或个人举办的学校、民办非学历教育机构、高中阶段教育学校和幼儿园等,这类学校办学过程中照章纳税,结余部分归举办者所有,投资者拥有学校的产权,政府资助的财产归国家所有,举办者投入的资产归举办者所有。

分类管理有利于保护出资人合法权益,更好地维护教育的公益属性,促进民办学校各自定位,办出水平和特色。《若干意见》的整体原则是放权,新的管理体制赋予营利性民办学校(机构)更多自主权和灵活性,尤其在上市、并购、PPP模式等方面。规范管理,强化自律意识是今后民办教育领域改革的必然趋势,如加强事中事后监管,实缴注册资金,落实法人财产权,风险保证金,财务专户管理,建立信息强制公开制度,有利于民办教育行业发展,增强社会公信力。

总体来看,通过政策引导,对民办学校实行分类管理,建立分类管理制度,是当前和今后一个阶段民办教育宏观治理的一项重要的基础性制度安排,其目的是为更好落实民办教育法治打下坚实基础,现实意义重大。

三、陕西民办高校分类管理的必要性与可行性分析

(一)选择非营利性高校的必要性分析

一是陕西长期坚持按非营利性办学的理念进行宣传。在国家原有民办教育法律法规和相关政策的影响下,陕西民办高校一直坚持不以营利为目的的办学方向,30多年的宣传一直坚持这一提法。新的宣传与提法也不可能在一时之间便改为营利性。

二是滚动发展模式形成的资产积累成为总资产的主体。以陕西省为例，陕西民办高校均成立于1998年以前，前期均无大的投资，主要依靠逐年积累形成今天的办学规模。举办者一般没有一次性巨额投资的压力。如果要选择营利性办学之路，对现有积累资产的分割难度太大，对取得可观回报难持乐观态度。与其背负少量回报之名，不如完全放弃，果断选择非营利性学校。

三是政府近年投资力度不断加大，并逐渐超越举办者的出资额度。以陕西省为例，从2012年起，陕西省财政每年投入3亿元积极支持民办高校努力提高办学条件，增强综合实力。目前18所学校分别累计获得专项资金数百万元至1.8亿元不等。其中许多学校的省财政投入资金，已超过其原始出资额与累计出资额之和。在此前提下，陕西民办高校选择非营利性办学性质的倾向性远远大于营利性学校的可能性。

（二）选择非营利性高校的可行性分析

古今中外，教育公益性的观念早已深入人心，将非营利作为办学宗旨是教育的首要选择。一方面，基于社会经济水平和人们的教育理念的现实状况，办学者不能不首选非营利性办学，其中一些学校主观上有走营利性办学之路的想法，但客观上迫于现实压力仍只能选择非营利性办学；另一方面，社会上不乏视公益性办学为宗旨，热心教育，并坚持公益办学道路的举办者，他们大多数都白手起家，对教育有着无限的热忱与崇高的追求，将毕生精力奉献在公益教育和非营利办学。陕西也概莫能外。

（三）选择营利性高校的必要性分析

一是举办者希望办学要有回报的高校占绝大多数。特别是年龄偏小的办学者几乎没有非营利的概念，这与20世纪八九十年代的举办者的选择泾渭分明。很多民办高校的举办者后期对学校都有不同程度的投入，其对要求回报的力度会随投资年限和投资额度的增大而加大。

二是专职从事民教事业者的心理需要。一大批长期投身民办高等教育事业的举办者、办学者和管理者，从心理上需要通过营利来支撑和强化学校的发展以及体现个人的价值和作用。

三是子女继承的需要。民办高校多规模大、资产多，一般在3亿～10

亿元,上一辈打拼下来的江山,很想留给子女继承。作为子女,也有部分人想在前辈已开创事业的基础上,搭建自身发展的平台,以继承"家业",发扬光大。

四是社会经济状况和人民群众对个性化、多元化教育的客观需求。因受教育者的层次、类别、需求在不断变化,人们对个性化、定制化的高等教育需求越来越迫切,这也为民办高校的转型与发展提供了机遇与可能。选择营利性办学能够为学校今后的长远发展提供充足的资金保障和生源基础。

五是取得治权的需要。一般来讲,产权与治权是分离的,产权会影响治权。举办者为了获得治权,继而需要有产权的支撑。

(四)选择营利性高校的可行性分析

一是政策层面:新修订的《民促法》提供了法律保障。新法颁布以前,真正从法律层面而言,我国不应存在营利性高校,而客观事实上却存在。如今,营利性办学已得到国家法律的保护与确认,新修订的《民促法》及配套法规既是对我国有史以来教育只能是非营利性的传统观念的突破和挑战,也是我国民办教育接轨国际、与时俱进的有力体现,其意义影响深远。

二是社会层面:已经正视了营利性学校的实际存在。随着中国社会的阶层多元化,中产阶级越来越重教育,不断加大家庭收入中用于教育投资的分配比重,其向教育不断追加投入成为必然选择。从学前教育、中小学教育,一直到高等教育,都有较雄厚的社会经济基础,赞同举办高水平的营利性优质教育已成为社会的新选择。受教育者的层次、类别、需求也不断变化,其中对接受高投入的优质教育愈发强烈,这就为营利性高校的发展提供了机遇和可能。

三是学校层面:主观上和客观上都有选择营利性的倾向。社会资本进入民办教育领域,除选择非营利性办学外,不少学校把教育作为营利性产业来做,使教育的产业属性发生了变化,因此营利性高校已成为举办者的又一选择。

四、民办高校分类管理的若干政策建议

开展民办学校分类管理试点，是构建学校分类体系的必然选择，首先需要政府明确态度，坚定立场，加大对相关措施的执行力度。为推动分类管理试点工作的有序进行，地方需出台有效的政策作为行动依据。

（一）完善民办高校分类登记制度

建议进一步通过政策完善民办高校分类登记制度，非营利性民办高校登记坚持核准原则，由民政部门或劳动保障部门进行登记，营利性民办高校则视为公司法人，其设立须经教育行政部门审批同意，由工商行政部门进行登记。[①] 具体而言，捐资举办的民办高校、出资举办不要求取得合理回报的且从事学历教育的民办高校，建议登记为自收自支民办事业单位法人。建议营利性高校以企业法人身份进行登记。各地要在国家总体政策的基础上，明确分类登记的具体流程和操作细则，明确新设学校的办理机关与设立流程等。

（二）完善公共财政对民办高校的扶持

省级财政应按教育经费的一定比例划拨给民办高校，并将该项经费列入同级财政预算，用于安排教师培养培训，家庭困难学生补助及贷款贴息，用于补充民办高校教师社会保险、补贴民办高校教师收益，补充生均培养成本，为民办高校提供一定比例的经费作为补助。

（三）拓宽高校办学筹资途径

合理引导民间资金投资民办高校建设，支持民办教育事业的发展。努力创新教育投融资机制，增强金融机构对民办高校的信贷服务能力。逐步健全融资担保体系，允许民办高校用非教学资产、知识产权、学费收费权等作质押向银行申请贷款。对社会美誉度好的非营利性民办高校，允许其申请信用贷款和长期低息担保贷款。积极探索建立民办教育基金

---

① 参见张利国、刘裕斌：《解构与重构：民办高校分类管理制度探析》，载《现代教育管理》2015 年第 5 期。

会,借助公益信托为民办高校筹集资金。个人、企业、社会组织积极对非营利性民办高校进行捐赠。

(四)落实税费优惠和差别化用地政策

建议捐资举办和出资却不求回报的民办高校,与公办高校享有同样的税费优惠和建设用地优惠政策。出资者要求取得回报的学校,从事学历教育活动收取的学费、住宿费免征营业税,其他收入按照国家有关税收政策执行。建议明确非营利性民办学校免税资格认定问题,落实其法人财产权的税收优惠。明确营利性民办学校增值税政策、企业所得税优惠政策,以及现有民办学校转设为营利性民办学校税收政策。以协议出让方式获得教育用地的民办高校,其缴纳的土地出让金,经学校申请,由财政部门在结算年度内全部返还,用于学校基础设施建设。对于出资人要求取得合理回报的民办高校和营利性民办高校,按国家有关政策规定安排其建设用地。

(五)健全民办高校退出机制②

民办高校终止办学时,学校董事会(理事会)应在全面保障学生和教职工权益优先的基础上,提出财务清算和师生安置方案,确保学校有序退出。捐资举办的民办高校终止时,清偿后剩余资产全部用于教育等社会事业。出资人不要求合理回报的高校办学终止时,出资人按投入额度取得相应补偿后,剩余资产用于教育事业。出资人要求合理回报的高校终止办学,剩余资产按一定比例分配。若发生举办者、出资者变更的情况,原始出资额须按原值计算。

(六)允许并鼓励有条件的学校上市

目前国内已有多个教育集团在美国、香港证交所上市,效果不错,有利于改变目前民办高校融资形式过于单一的现状。举办高水平民办高校需要充足的经费做支撑,为此,民办高校应广泛吸收国外资金、港澳台资金,各大企业以及个人资金可以通过参股形式筹措办学经费。各地对有开展营利性试点意愿的民办高校进行资源评估值重组,支持成立教育投

---

② 参见李维民等:《陕西高水平民办高等教育发展研究》,陕西人民出版社2017年版,第185页。

资集团,以鼓励推动有条件的学校积极上市。

(七)允许高校自主确定收费标准

新修订的《民促法》规定,收费项目和标准应由学校自己制定,同时报物价部门批准。应允许营利性民办高校其根据办学成本、市场需求、未来发展和社会承受能力自主决定收费项目、收费办法和收费标准。

(八)允许高校自主确定招生规模和招生区域

生源是民办高校的发展命脉,民办高校在为地方承担一部分招生任务的同时,其他生源则可由学校面向全国自主投放招生计划。按照《教育规划纲要》精神,建议本科层次的招生仍列入国家统招体系,同时在新增招生指标下达时向民办高校倾斜。高职高专层次的招生可以实行注册制入学,根据办学条件由民办高校自主确定录取分数线和录取人数。从近几年全国的招生形势看,这已成为未来高等教育招生制度改革的主旋律,是高等教育发展到现阶段的必然选择。

(九)允许高校自主调整专业

民办高校的专业设置是学校教学建设的核心。学校只有培育出好的专业才能赢得市场,增强竞争力。政府的监管应控制在对其举办某专业的师资队伍建设和实验实习条件的审核上,调整增减专业等自主权则应由民办高校灵活掌握。

民办高等教育正处于改革的关键时期,面临如何建立类型多样、机制灵活、特色显著、质量上乘的民办高等教育体系的重大问题,而探索和构建分类管理体系,是实现这些目标的有效途径。可以看出,陕西民办高校探索分类管理的改革任重道远,陕西民办高教未来的发展需要教育主管部门和社会各界的大力支持,以及民办高校自身的协同努力。然而,我们仍有理由相信,陕西民办高教在分类管理的探索过程中,一定会呈现出蓬勃发展的新局面!

On the Categorized Management towards Private Colleges and Universities in Shaanxi Province from the Perspective of the Revised Non-State Education Promotion Law

Li Weimin   Yin Bingbing

Abstract: The implementation of categorized management of private education is a major policy breakthrough in the newly revised "*Private Education Promotion Law*" and its relevant supporting policies. It is an inevitable choice for the development of private colleges and universities in the new era. This paper systematically analyzes the necessity and feasibility of implementing profit-making and non-profit classification management in private colleges and universities in Shaanxi from the policy level and operation level and puts forward some policy suggestions on how to promote categorized management of private colleges and universities from the perspective of national legislation.

Key Words: profit-making, non-profit, private colleges and universities in Shaanxi province, categorized management

法务反哺

法官视角下的法学实训教育反思

——以西安中院法科生实训为例

李　娟*

摘　要：法律实训制度是法学教学的组成部分，是培养法学专业学生技能的重要途径，具有综合性、技能性、实践性等特征。法律实训本应以法科生熟练掌握法律事务的处理技能为培养目标，以实训内容的完成效果为考核指标，以培养高素质技能型法律人才为最终目的。通过对西安中院法科学生实训情况的实证分析发现，我国的法学实训没有发挥其应有的作用，主要表现为机制运转不良、实施方案缺失、实训效果测量与反馈机制缺失。我国法学院校应调整人才培养目标，明确实训制度的技能训练内容，优化实训机制的治理结构。

关键词：法官视角　法学实训教育　实证分析

我国传统的法学教育体系以知识灌输为主，轻视对学生实践能力和操作能力的培养。① 随着法学教育理念从通识教育向精英教育的方向发展，法学

---

* 李娟，西北政法大学2015级博士研究生，陕西省西安市中级人民法院行政审判庭副庭长，研究方向：国际法学。

① 参见马婷婷：《法学实训教学概述》，载《成人教育》2011年第12期。

教育的实践性日益受到法学院的重视。[2] 法学院在自身探索创新和借鉴国外有益经验的基础上,除了在课程设置方面增加了不同的实务型课程外,法学院与法律职业共同体单位(公安、检察、法院、律师事务所、企业等)还建立了长期的实训合作关系,并将此作为促进法科学生培养的重要途径。但是,尽管法学院为法学教育的实践化投入了巨大的资源,但实训效果并不乐观,学生在进入实务部门后仍不能迅速满足法律实践的技能需求。反思目前法学实训教育的现状与问题,对我国法学教育质量的提高具有重要意义。

一、法科生实训状态的实证分析

知识与技能的专业性是法律职业赖以存续与发展的核心方面,法学知识与法律实践总是在互相激发与砥砺,理想的法学教育应同时观照法学知识的讲授与法律技能的训练。[3] 法科生实训制度能够在法律实践场景下为法科生提供理论知识的实践应用、形塑法律事务处理逻辑、培养法律事务处理能力的机会,因此其成为法学教育体系的重要内容之一。对于法科生实训机制的科学性评估,至少可从实训人数、实训庭室分布、实训层次三个维度进行分析。我们以西安市中级人民法院在2008~2017年这10年间的法科实训生为研究样本对此进行分析。

首先,西安中院接受的实训法科生人数自2013年以来人数迅速增加,这一方面反映了法科生的招生数量迅速增加,另一方面还反映了学校对实训制度作为法学教育体系重要组成的认可。2008~2017年的实训学生人数见表1。

---

② 参见胡平仁:《我国法学教育的目标定位与人才培养模式改》,载王瀚主编:《法学教育研究》(第3卷),法律出版社2010年版,第111~114页。

③ 参见房文翠:《法学教育中的法学实践教学原则》,载《中国大学教学》2010年第6期。

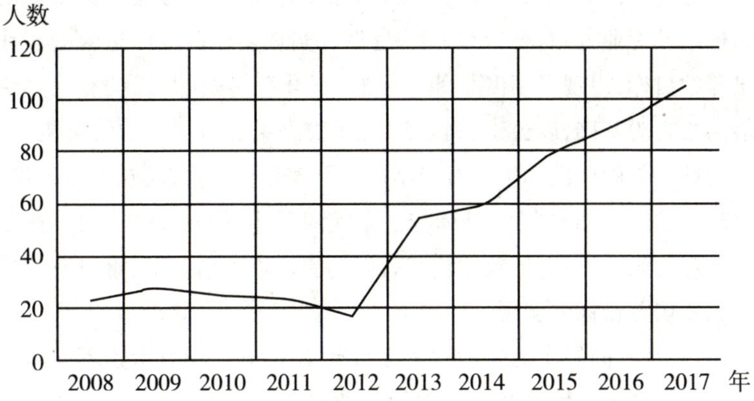

表1　2008～2017年的实训学生人数

其次，从科室分布看，民事审判庭接收的学生数量最多，刑庭次之。产生该种比例的分配机制一般是按照实训单位空岗情况，根据实训部门的申请进行随机分配。事实上，该种分配机制是以"法院的工作"为标准进行的分配，与法院工作的特征具有相关性。一般而言，民事案件占据法院案件数量的较大比例，办案人员数量严重不足，刑事案件次之，行政案件数量较少，执行与立案工作的复杂程度较小。这在客观上决定了民事审判庭需要更多的学生来补充法官助理资源的不足。实训学生的庭室比例分布见图1。

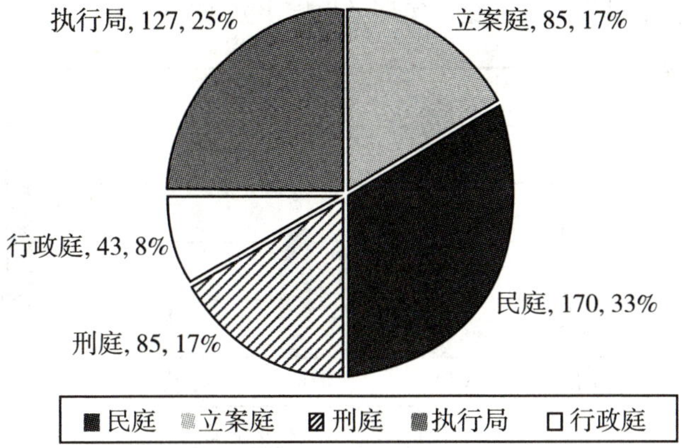

图1　实训学生的庭室比例分布

但是,这种以"法院工作为中心"的分配机制并未考虑学生未来的发展目标以及专业分布(研究生)情况,没有实现实训制度所追求的实践能力培养的目标,出现了制度服务对象的"异化"。法院是以拥有成熟法律技能的法官为基础,以公正、高效地处理法律纠纷为中心的国家机关,而学校则针对不同层次的学生有着不同的培养目标。因此,在实训语境下,法院对案件进行"处理"的目标与法学院对学生进行"训练"的目标之间存在一定的张力关系,导致法院在有限的实训资源情况下,难以有效兼顾学校人才培养目标的实现。

最后,从不同层次的实训学生分布看,实训制度没有考虑不同层次学生培养目标的差异性以及各层次学生的专业方向。事实上,实训制度对不同层次的学生有着不同的要求:低年级的本科生主要是见习案件处理流程;高年级本科生则是通过法律实践来深化法律思维的重塑;研究生则是对本专业的知识的实践应用技巧进行训练。但在实践中,法院一般是根据岗位工作的人力缺口来安排法科生的工作内容,在客观上使得实训制度成为法院额外的人力资源补充与调配制度,并未考虑本科生的年级情况与研究生的专业方向。例如,一方面,国际法专业的硕士研究生学生被分配到行政审判庭实习,不仅需要补充行政法的知识,同时丧失了对其国际法知识进行实践运用能力培养的机会;另一方面,该种机制忽视了本科生和研究生之间的差异,没有根据培训需求进行层次区分,导致研究生的本科化,本科生的拔高化。实训学生层次分布见图2。

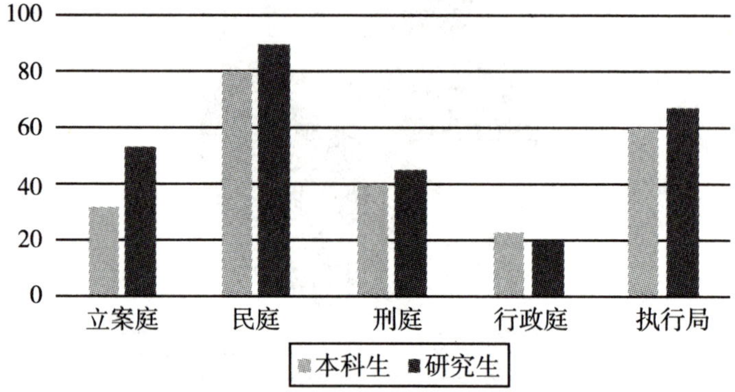

图2 实训学生层次分布

二、实训现实反映的法学教育之不足

(一)法学教学体系过于学理

我们理想的教育目的,应该既是培养一个基本功扎实、善于应试、实践能力突出、能出色就业的学生,也是一名拥有自由灵魂、社会责任感和远大人生志向的法律人。④ 但是,目前我国的法学教学体系是一种"观察者"的视角而非"实践者"的视角,一般以总论为始,强调理论学说的教授、概念的静态描述,案例教学的功能沦为以例代证的工具,没有根据法律实践的典型模式(诉讼)为基础对相关学理体系进行实践化的重塑。但事实上,抽象的法学知识总是要在具象的现实生活中运转的。通过对现实的法律运作的体验而修正、再造、补充由理论法学所构筑的法学图景。将抽象的法学知识通过实践而"个体化",这对法科生的法律执业具有重要意义。过度学理化的教学体系一方面导致学生无法将程序法与实体法进行有机的结合,另一方面使学生产生重理论而轻实证的思维习惯。

毋庸讳言,教学体系决定着教学效果的评估标准,教学效果的评估标准决定学生的学习重点。学校目前对于法科学生的考试基本以笔试和考试型论文为主,这种方式固然在考核学生记忆能力方面有一定的成效,但是却无法满足我国目前就业的实际需求。从理想效果来看,应当以社会需求型知识的研究作为评价尺度予以衡量,而不能将背诵型考试和考试型论文文章作为单一的考核方法。因此,符合法律职业特点、反映法律实务需求、适合法律实训的框架、提纲和法律教学内容的教学体系建设已迫在眉睫。此外,高校教师对学生的培养具有关键的作用,其在教学方面的教学内容、方法的实践性也应作为教学考核的指标之一,应形成以教促学、双向互动的良好教学循环。

(二)法学教育目标忽视能力训练

法律专业能力的主要面向是实践性而非理论性,其要求法律执业者

---

④ 参见黄新:《论法学应试教学与实效教学的平衡》,载《学习月刊》2017年第12期。

作为法律世界的内部行动者而非外部观察者存在。[⑤] 法学教学的重点应该是问题解决思维方式与法律事务处理能力的培养。各校尽管都认识到法律的实践教学,但是模拟法庭与法律诊所缺乏诉讼对抗,忽视了程序法与实体法之间的关联;缺乏事实与法律的涵摄过程讲授,忽视了如何将事实抽象、识别成法律概念的能力。

根据我们对若干实训法科生的访谈与行为分析发现,其在法学院接受的实然教学目标是对知识的掌握与背诵,缺乏对法律争点的归纳能力以及对法律争点如何进行分析的能力,典型表现是缺乏学习迁移能力以及信息检索能力。

1. 缺乏学习迁移能力

任何法律案件均存在于社会交往的语境之中,因此对抽象法律条文的应用应符合特定纠纷的事实特点与行业交往惯例。例如,尽管民法一般规则同样适用于商业交易(如金融交易纠纷以及特种设备交易),但相关规则的解释应符合该种行业的交往惯例与一般预期,因此就需要裁判者对相关行业的基本情况有一定程度的了解。然而,由于传统的学习方式,实训的法学生明显缺乏对既有知识改造、迁移适用的能力,以及缺乏主动查阅、归纳其他学科知识的意识。

2. 缺乏信息检索能力

尽管我国是成文法系国家,但我国的相关司法解释、部门规章以及"指导案例"等非正式法律渊源的更新速度极快,远非学理通说观点所能涵盖。因此,这在客观上需要裁判者具有高效、专业与全面的信息检索能力以便裁判结果符合最新的法律要求。[⑥] 但在实践中,由于法学教育几乎没有系统开设有效的法律检索课程,法科实训学生甚至对实务中常使用的中国裁判文书网、最高法院公报、案例指导、外文法律数据库等检索途径的掌握能力较差,这在很大程度上限制了实训学生进一步深入学习的能力。

---

⑤ 参见何美欢:《理想的专业法学教育》,载《清华法学》2006年第3期。

⑥ See Gerard Carney, "Comparative Approaches to Statutory Interpretation in Civil Law and Common Law Jurisdictions", *Statute Law Review*, Vol. 36, 2015.

三、法学实训机制运转的不足

法律实训课程具有综合性、技能性、实践性等特征,实训计划的设计因训练内容的特点而各有不同。⑦ 一方面,法学实训制度的确对我国的法学教育质量的提高起到了一定的促进作用。但另一方面,法学实训制度的应然功能远未发挥,其运行效果尚有极大的提升空间。⑧ 尽管各法学院均在积极探索法科生的实训制度,⑨但由于目前缺乏成熟与科学的标准体系,实践效果参差不齐。在实务部门看来,成为“拿来即可使用”的“制成品”是合格法科毕业生的基本要求,合格的法科毕业生应当同时具备系统、精深的法学理论功底和较强的实务操作技能。根据我们的访谈与调研发现,法学实训制度未能达到预期效果的原因主要有以下几点。

(一)实训机制效能低下

一方面,由于指导教师同时为法官等法律职业者,其本职工作压力就已相当繁重,而实训指导并不能折抵相应的工作量,因此其缺乏足够的时间与精力对实训学生进行详细指导;另一方面,就实训学生而言,出于学分获得、学业深造、就业机会选择以及毕业论文等多种因素的考虑,其在客观上难以将全部精力投入到实训之中。

在实训过程中,普遍存在的现象是学生利用假期或者学期内 1 ~ 3 个月时间开设实训课程,实训周期普遍较短。实训周期过短使得实训期间法科学生没有办法深入案件的整个周期,一般仅从事了简单的助理工作,如从事日常来访接待、接听电话、法律咨询、收发文件、装订案卷、校对文书、打印复印文件等。实训机制虽然要求实训学生在实习单位一切行为

---

⑦ 参见冯军:《试论法律实训课程及其结构与体例》,载《教育与职业》2012 年第 12 期。

⑧ 参见王荣华:《模拟公司教学法在法学实训中的应用》,载《黑龙江教育》(高教研究与评估)2016 年第 7 期。

⑨ 参见房文翠:《法学教育中的法学实践教学原则》,载《中国大学教学》2010 年第 6 期。

规范都要符合单位的要求,但是学生在实训单位的工作又不同于实训单位的工作人员。在课程教学过程中,出于学时的考虑,教师更多地强调法律概念与规则本身的原理讲授,但对于将事实(特别是复杂事实)识别、归类到抽象法律范畴的训练则较为不足。因此,实训教学中更应该重视如何将鲜活的事实材料进行法律化识别的能力训练。

(二)实训执行方案缺失

目前,实训机制最为明显的效果是减轻了审判人员的工作负荷而非锻炼了实训学生的技能训练。由于对实训学生缺乏统一的规范化管理,没有制定针对实习生的学习计划,实训效果不佳。在实训之前,实训部门没有制订科学合理的实训计划,实训学生实训期间的不同、不同专业学生随意分配到各个缺岗部门,没有进行合理的规划和匹配。在实训期间,实训部门安排实习生的岗位随意性大。有的业务庭因人员紧张,对于实训学生的工作性质、训练内容、训练体系、可参与的审判内容没有可操作性的规定。对于参与实训的学生,由于分配随机、缺乏实训计划、实践时间短等原因,只是在某一个部门接触了一个案件的某一阶段,并没有深入了解案件的全部过程,没有形成对法律事件的全方位认识。此外,由于每一批来法院实习的实训学生大多数是利用假期,实习时间也是不尽相同,甚至出现有少数实习生被安排实训任务后基本没有参与实训岗位工作,后因学校需要书面实训鉴定材料而要求法院出具虚假的材料的现象。

(三)实训效果测量与反馈机制缺失

1. 未能建立实训效果测量机制

现阶段的实训机制缺乏有效、客观的效果测量与考核机制。对于实训效果的测量目前主要依据实训单位的盖章及实训老师的主观评价(评语)。但是,碍于各种原因,实训老师一般都是给予好评并不断鼓励。实训结束以后,多数学生主要采取签字盖章书写实训日志的方式结束了实训期间的考核,并未对学生就不同案件证据的搜集能力、文书的撰写能力、当庭的应变能力做出量化评价。

2. 未能建立实训反馈机制

良好的实训反馈机制是实训效果的重要保障。对目前的法学院校而言,课堂教学质量评估体系的建设也正在处于逐步探索阶段,遑论实践教学效果的评估机制建设。由于实训制度缺乏完整的训练计划与过程控制机制,使得学校对实训制度的权重占比的设计有较大随意性,这在客观上不利于实训时间与质量的保证。在实训中,虽然法学院也要求实训学生在实训期间必须撰写周记或日记,并由实习导师在考核结束后撰写实训意见,但该种机制由于缺乏有效的考核机制而流于形式,基本无太大参考价值。

四、法学教育实训机制的完善建议

(一)调整法学院的人才培养目标

法学教育的职业化是法学理论界与法律实务界的基本共识。⑩ 在法学职业化过程中,法学教育的服务目标决定了法学教育的培养内容。无论是大陆法系还是英美法系等主要法系国家,尽管在培养的视角选择上有法官、律师之差异,法学教育的主要目标就是服务于本国的法治实践,应用性是法学教育展开的起点。⑪ 关于我国的法学教育培养目标,主要有精英说(专业说)、职业教育说与通识说(素质教育说)三种观点,其中精英说(专业说)已成为法学教育界的共识。⑫

目前,我国法学教育更偏好于课堂知识讲授,这种"重课堂、轻实践"的观念决定了我们培养的法律人才不能成为社会需要的真正人才,无法独当一面,反而面临着"毕业即失业"的窘境。⑬ 因此,我国的法学教育应在精英教育的立场上,重视法律的实然运作状态,开设与法律实务更为密

---

⑩ 参见徐显明:《中国法学教育的发展趋势与改革任务》,载《中国大学教育》2009 年第 12 期。

⑪ 参见陈少锋:《法学实训教学模式与应用型法律人才的培育》,载《教育与教学》2008 年第 9 期。

⑫ 参见胡平仁:《我国法学教育的目标定位与人才培养模式改革》,载王瀚主编:《法学教育研究》(第 3 卷),法律出版社 2010 年版,第 111 ~ 114 页。

⑬ 参见田圣斌、杨伦:《完善法律实践教学的对策研究》,载《中国大学教学》2008 年第 1 期。

切的选修课程。[14] 对于选修课程的设计,不应强调该课程在学科中的属性与位置,可以产业、行业为中心,着重建构将基础学科应用于实践领域的课程,诸如工程合同法律实务、公司法律治理实务等课程。

(二)明确实训制度的重点技能训练内容

1.事实的法律化重构技能

实训制度与法学课程教育最大的区别是实训制度的操作逻辑与思维逻辑。案件处理的第一步应当是将自然事实通过法律的语法规则进行重构,形成可供法律适用的“小前提”。我们在培养法科学生的法律思维时,可以采用历史方法(顺推)和请求权的方法(倒推)。具体而言,历史方法,即以时间发展为轴心,分析法律关系的形成、变化与中断,最后推得主张是否持续地存在。这种思维方式更加接近于警察的侦查方式;请求权的方法则是以当下事实为基础,寻求规范上的权利基础,即从事实出发,依据什么法律规范,可以有何主张。

2.法律争议焦点归纳与分析技能

争点归纳是指案件裁判者与利益相关方对本案所有事实进行综合权衡后,据以判定主要权利义务是否承担以及如何承担的关键问题。争点归纳是案件审理的核心方面之一,也是判决等法律文书撰写、论证的围绕中心。对律师而言,其能主动引导案件争点的发展方向;就法官而言,高水平的争点归纳不但能强化其对庭审节奏的控制而且能引导当事人对案件审理作出积极的预判,实现各方对诉讼结果的可预见性。

法学职业者的基本素质包括独立思考能力、文献查阅与组织以及快速反应及良好的表达能力,但是更重要的应该是对具体案件的整体把控能力。任何一个案件都包括事实和法律两个层面。值得强调的是,无论多么复杂的案件,其核心争点多数为一到两点,其他争点是往往是建立在核心争点之上的法律命题。因此,争点的归纳与分析就成为实训制度的重要内容之一。

---

[14] 参见何志鹏:《我国法学实践教育之反思》,载《当代法学》(双月刊)2010年第4期。

3. 法律检索技能

我国法学院校的课程训练更多强调抽象法学原理的讲授,此种讲授是建立在较为封闭、自含、稳定的理论体系之上。但是,理论体系是对过往实践的抽象总结,而法律所调整的社会关系则始终处于动态变化与更新之中,理论的稳定性与实践的变动性有着强烈的张力关系。⑮ 即使是相同的案件事实,在不同的时空条件下也可能会发生相异的裁判结果。因此,这就客观上需要法律人对所需解决的问题所有(正式与非正式)法律渊源进行全面检索,并根据法学原理对相关法律渊源的适用进行有效的排列、剔除与整合,并通过权威案例(典型案例、指导性案例、参考案例等)对规则机制及在本案的适用进行论证。因此,法学教育应当重视对中、外文法律数据库的检索技能的训练,以培养学生主动检索、持续学习的能力。

(三)优化实训机制的治理结构

1. 建立合理的实训机制的实施体系

虽然高校法律院系成立了名目各异的法律实训基地,对法学教学效果的提高起到了一定的促进作用,但就我们的实证调研看,实训机制远未发挥其应有的教育功能,仍有较大的提升空间。目前的实训机制缺乏科学的实训课程设计、阶段训练计划、实践活动的衔接、考核方式及其量化标准等核心内容,使实训机制的实施缺乏可操作性与可衡量性。教学设计应充分考量学习者体验,精心设计教学内容、安排教学环节,充分保证与学生的互动与答疑,使学习者能获得传统教学所不具备的更充分的学习体验。因此,法学院校可向相关单位发送问卷调查,根据需求调查调整实训机制的训练内容与实施体系。

2. 建立实践教学与课程教学的互动机制

岗位有什么样的职责,就需要储备、训练什么样的素养,法治人才就

---

⑮ 参见谢晓:《论“裁判文书研读”实训方式在高等法学教育中的应用》,载《黑龙江教育》(高教研究与评估)2015 年第 6 期。

应有针对性地进行培养。[16] 这是需求导向型法学教育模式的基本逻辑。法科生的课程学习一般是以经裁剪过的给定事实对某一具体的法律规则的适用进行分析,但这在事实上难以有效训练学生对证据的整体把握。法律实训教学则是在复杂的真实案件中进行探索发现,其目的是让学生把在校所学理论知识与法律实践有机结合,让学校和实务部门实现资源共享,以切实提高育人的针对性和实优势互补,提高学生分析问题、解决问题的能力。了解、熟悉审判思维,法科学生未来无论是从事律师工作,还是从事法官工作,对法官的审案思路和方法的有效预判与其未来法律职业的发展均具有重要影响。[17] 事实上,没有法学实践教育的成功改革,法学理论课程的教育改革及其成果也最终将难以付诸实践。因此,法学教育的改革应对课程教学改革与实践教学改革并重,建立实践教学与课程教学的良性互动机制。这种互动机制的建设首先是教学人员的互动,即法学院校的课程教师应带队进入实践教学现场,承担引导、督促与启发任务,而实训教师可根据自身经验选择典型、复杂的完整案件供学生实训。在对案件进行实训教学中,课程教师、实训教师与实训学生通过圆桌会议、模拟审判等方式完整、深入剖析复杂案件的所有方面,最终由课程教师与实训教师共同完成实训教学报告并逐步形成实训教学典型案例库建设。

3. 建立有效的实训质量评估与动态监控机制

目前,实训机制也主要是采取实训教师打分制度,但打分评价制度并不适合于实训教学效果的测量。因此,法学院校必须制定相应的实践规范,加强与实践单位的联系,逐步推广采用实践科研产品成果来进行实训效果的质量评估,通过案件模拟、法律文书撰写审查等方式对实训效果进行评估。此外,法学院校应在学生实训期间不定期派人到实践单位检查学生的实践学习情况。开展质量评估、实施动态监控,进一步促进实习基地建设,拓展学生的就业领域,增强就业的灵活性和针对性。

---

[16] 参见夏锦文、徐英荣:《法官助理制度改革需求与法治人才培养创新》,载《法学》2017年第12期。

[17] 参见曹强:《“要件审判九步法”在模拟法庭实训教学中的应用》,载《课程教育研究》2016年第10期。

五、结论

法律的生命在于经验,而法学教育的生命也在于实践。[18] 引导学生形成宽泛的法学知识结构,训练学生把法律问题放到开阔的社会环境和多元知识背景中去思考才是法学教育的正途。[19] 然而,培养不是一蹴而就的,是需要一个不断积淀、深化的过程。法学院校实训教学设计应该树立长期意识,在整体教学完善实训教学方式的同时,也要加强对学生法律知识实践运用能力的培养。这一方面需要在更多的实务部门建立法律实践教学基地,让实训的学生有充分的机会接触鲜活的法律实践;另一方面在短暂的实训教学基地也需要深入开展科学合理的偏重于技能方法的培训教育。如果我们能够让实训学生在法学实训中完整经历案件的调查取证、提起诉讼、法庭审判、判决执行等整套的法律程序流程,我们就能够让学生基本认识法律运作的整体框架与具体案件细节,能够让学生了解到我国法律制度运作中多方面的实际情况与问题,从而尽可能地弥补课堂学习与未来实践操作之间的落差。

---

⑱ 参见武树臣、武建敏:《中国传统法学实践风格的理论诠释——兼及中国法治实践学派的孕育》,载《浙江大学学报》(人文社会科学版)2013 年第 5 期。

⑲ 参见方流芳:《中国法学教育观察》,载《比较法研究》1996 年第 2 期。

The Insufficiency and Optimization of the Legal Practical Training from the Perspective of a Judge
—the Survey from the Xi'an Intermediate People's Court

Li Juan

Abstract: The legal practical training system is an integral part of legal education, and it is an important way to cultivate the skills of law major students. The training programs should be comprehensive, skillful, and practical. The program should also aim at cultivating legal practice and practicing skills, complete the tasks of practical training tasks as assessment indicators, and train high-quality skilled legal talent as the ultimate goal. Through empirical analysis of the practical training of law major students in the Xi'an Intermediate People's Court, the author finds that the legal training has not fully played its due role yet. The general phenomena include: the poor operation of the training mechanism, the lack of implementation of the training mechanism, and the evaluation and feedback of practical training. The mechanism is to be optimized in various aspects. The author proposes that law schools of Chinese universities should adjust the training objectives, emphasize the skills training function of the practical training system, and optimize the governance structure of the training mechanism.

Key Words: perspective of judge, legal practical training, empirical analysis

试论最高人民法院法律实习生制度*

李　勇**

摘　要:新时代背景下,为完善法律院校和人民法院对高素质法治人才的合作培养机制,最高人民法院建立了法律实习生制度。一方面,法律实习生制度以其科学化、规范化及长效化的制度设计,为法律院校与人民法院间的长期交流合作奠定了坚实的基础;另一方面,法律实习生制度对实习生的管理模式、实习内容、实习期限等的明确规定,为法律实习生的接收和管理提供了较为完善的制度支持。法律实习生制度的贯彻落实,对法律实习生的培养、人民法院乃至法治中国的构建均具有重要意义。然而,法律实习生制度在取得突出成效的同时,亦有其缺陷和不足。为此,最高人民法院和法律院校双方均应积极应对,通力合作,以求培养时代所需之高素质法治人才。

---

* 本文以笔者作为最高人民法院第四批法律实习生的实习经历为基础,写作过程中对法律实习生制度的思考深受最高人民法院刑事审判第五庭副庭长汪斌、法官刘红章、王秋玲的启发。本文的写作受益于导师邱昭继教授的指导,所需诸多资料由最高人民法院政治部郭巍、美国康奈尔大学王氏中国法讲席教授於兴中、德国汉堡大学法学教授莱茵哈德·伯克尔(Reinhard Bork)提供,在此表示感谢,但文责自负。

** 李勇,西北政法大学刑事法学院2016级硕士研究生,研究方向为法理学、西方法哲学。

关键词:最高人民法院　法律实习生制度　高素质法治人才　培养

美国当代著名法学家罗纳德·德沃金有言,“法院是法律帝国的首都,法官是帝国的王侯”。[①] 法院和法官乃法律帝国构建的关键,但其在法治人才培养中的重要作用却未能充分发挥。人民法院等法治实践部门在法学实践教学中作用发挥的不充分,导致法科学生实践技能训练不足,忽略技能训练不仅不利于法科学生的长远发展,更会对法治中国构建造成不良影响。法学归根结底是一门实践性科学,法治人才理应是具备司法实践技能的专业人才。故此,实践教学必定是法学教育依托的重要环节。法学实践教学作为一种独具教学目的与手段并依托法律实践活动的教学模式,科学化、规范化、长效化是应坚持的重要原则。然而目前法律院校实践教学的现状并不乐观,法学实践教学在一定程度上存在随意性和盲目性,由此输出的法治人才及后备力量远不能满足司法实践的现实需求。若要克服此随意性和盲目性,法律院校断不能故步自封,人民法院亦不能推脱责任。2015 年 7 月 29 日,最高人民法院积极回应时代需要,建立了法律实习生制度。法律实习生制度的创立,对大力加强人民法院和法律院校之间的交流合作,创新法治人才培养机制,弘扬法治精神,传播法治文化,都具有十分重要的意义。[②]

一、最高人民法院法律实习生制度的内容及实施情况

(一)法律实习生制度的内容

法律实习生制度内容简明扼要,分为8 条,共600 余字。第1 条,人民法院根据工作实际,定期接收法律院校学生实习。实习人员由法律院校

---

① [美]罗纳德·德沃金:《法律帝国》,李常青译,中国大百科全书出版社 1996 年版,第 361 页。

② 参见李华斌:《最高人民法院颁布两项规定 建立法律研修学者和法律实习生制度》,载《中国审判》2015 年第 17 期。

统一组织和推荐，实习安排应向社会公布。第2条，实习人员应具备良好的法律素养和专业知识，并具备一定的社会实践能力。实习期限为3～6个月。第3条，实习内容包括人民司法传统教育、社会主义法治教育，刑事、民事、行政诉讼及国家赔偿等审判业务实践。第4条，实习活动实行导师制。人民法院应指定经验丰富的法官或其他工作人员担任指导老师，实习人员在实习期间担任实习法官助理或者实习书记员，在指导老师帮助下参与案件审理、案件记录、法律文书起草以及专题调研等辅助工作。第5条，实习人员管理由人民法院组织人事部门、用人部门与法律院校共同负责，实习人员的思想教育和学习交流等活动由人民法院共青团组织具体负责。第6条，人民法院应加强与法律院校沟通协调，及时听取意见和建议，不断完善工作机制，尽量为实习人员提供工作及生活便利。第7条，实习人员在实习期间，应严格遵守人民法院审判、廉政、保密等各项规章制度和工作纪律。对违反纪律要求的，视情况批评教育，情节严重的取消实习资格，根据有关规定追究责任。第8条，实习活动结束时，人民法院应会同法律院校对实习活动进行总结，根据实习人员的表现情况出具实习表现材料。对实习期间表现优秀的人员应予表扬。③

（二）法律实习生制度的实施情况

1. 管理模式

最高人民法院对法律实习生的管理从四方面协作进行：其一，政治部、机关党委的统筹管理。具体包括，与法律院校沟通协调、组织入院培训、定期考核等。其二，用人部门的具体管理，包括实习生导师的直接指导和部门分管领导的具体监管。最高人民法院对法律实习生的培养严格实行导师制，此种管理是较为精确化的一对一管理模式。此外，用人部门专门安排一名领导负责管理法律实习生的生活事务及对法律实习生进行廉政监督。其三，法律实习生内部的民主管理。政治部按照所属办公区

---

③ 参见《最高人民法院关于建立法律实习生制度的规定》，载《人民法院报》2015年8月26日，第2版。

域[4]和工作部门将法律实习生划分为多个小组,各小组设组长和副组长,由组长和副组长在政治部的直接领导下在小组内部开展各项活动。其四,法律实习生所属法律院校的协作管理。法律院校的协作管理,包括高校培养单位的具体管理和法律实习生在校导师的联合指导。最高人民法院法律实习生接收公告发出后,由法律实习生在校导师签署意见并由高校培养单位通过书面审查、笔试、面试等方式确定推荐人选。实习过程中,法律实习生定期撰写实习报告并反馈其在校导师。最高人民法院最终形成的书面材料,以函件形式寄送相关法律院校。法律实习生返校后的跟踪联络由高校培养单位主导进行,并由其将结果反馈最高人民法院。

2. 实习内容

最高人民法院法律实习生的接收部门包括两类,一是刑事、民事、行政审判庭等业务部门;二是研究室、审管办、司改办等综合部门。刑事审判庭法律实习生的实习内容为:协助草拟审查报告、舆情报告、讯问提纲;旁听提讯、合议庭评议案件、审委会讨论案件;协助草拟判决、裁定书等。行政审判庭法律实习生的实习内容为:协助撰写审查报告;旁听合议庭评议案件、案件庭审;协助开展调研活动、草拟调研报告等。执行局法律实习生的实习内容为:搜集制定司法解释所需资料及查询相关国外立法;协助撰写各类函文等。立案庭法律实习生的实习内容为:帮助立案、接访;协助引渡、内审、指定管辖案件的审理等。赔偿办法律实习生的实习内容为:协助草拟审查报告;随同走访调查;协助整理典型案例、统计汇报、对外征求意见、编写业务图书;帮助组织审判培训等。审判监督庭法律实习生的实习内容为:协助主审法官完成重大冤错案件的再审以及对减刑、假释、暂予监外执行的监督和死缓期间故意犯罪执行死刑案件的裁判等工作。环境资源审判庭法律实习生的实习内容为:协助草拟审查报告;协助环境资源审判白皮书的起草;收集全国环境资源审判成果等。司改办法律实习生的实习内容为:参与基层法院司改调研;参与研究审计制度、法

④ 最高人民法院共有三个办公区,办公一区(本部),位于东交民巷27号;办公二区(刑事区),位于北花市大街9号;办公三区(立案信访区),位于朝阳郊区,三个办公区均安排有法律实习生。

官员额制、跨行政区域划法院等司改项目;中外文献收集、文献翻译;协助组织司法改革领导小组会议;参编内部刊物等。

3. 实习期限

最高人民法院法律实习生制度的创新之一在于实习期为六个月,六个月实习期的优势体现为两方面:其一,与高校学期设置基本吻合。最高人民法院每年招收两批法律实习生,实习活动从三月初开始,八月末结束;八月末开始,次年二月初结束。其二,对法律实习生司法实践能力的提高多有助益。囿于案件审理周期,一个案件从开始审理到判决或裁定的作出跨越较长时间段,调研及后期报告的撰写并非短期即可完成,随同出差办案亦需较多时间。具体而言,每一起案件的审理、每一个司法解释以及司法改革方案的出台均需花费少则数月,多则数年的时间,时间太短便不能对相关流程有全面的了解。因此,法科学生在零散的实习活动中,基本无法参与甚或旁观一个案件的审理全过程,而半年实习生活,给法律实习生提供了较为充分的缓冲适应期,使其至少能在实习期内完整走完一个案件在该级法院的审理流程。六个月的实习期,使法律实习生能够在熟悉并适应最高人民法院环境的基础上充分提升业务本领,指导老师亦能有一个观察并制订培养计划的过程。同时,司法实践经验的取得并非一蹴而就,法律实习生只有通过较长时间的参与、总结、反思,才能领悟司法裁判的真谛。

4. 总结和表彰

最高人民法院在法律实习生实习活动结束时有"评优"环节,所评"优秀法律实习生"占实习生总人数的1/2左右。最高人民法院对法律实习生实习表现的评价不仅是对结果的评价,更是对过程的考量,考核由中期考核和最终考核两部分组成。最高人民法院"优秀法律实习生"的评价标准是一种综合标准,更是一种客观标准。其中,业务能力是最重要的评价标准,业务能力表现为"质"和"量"两方面。一是"质",即业务水平。表现为法律实习生在司法实践中发现、分析和解决问题的能力。例如,法律实习生能否将所学理论知识灵活运用于司法实践,能否在司法实践中发现新问题,并在对该问题不断思考后得出解决方案。二是"量",即工作业绩。法律实习生个人工作日志详细记录了法律实习生实习期间的工作量,如,协助草拟审查报告、判决、裁定等文书的份数,翻译文献的字数,旁听提讯、评议、接访的次数,参与记录、调研的多寡等。最高人民法院各法律实习生的接收部门,结合法律实习生的业务能力及综合表现,按照不超过本部门实习生1/2的比例向政治部推荐"优秀法律实习生"人选,由政治部及机关党委经统筹、全面考量并报院领导审批同意后确定。

5. 后续工作

法律实习生实习结束后并非就此与最高人民法院中断联系,而是由最高人民法院委托实习生所属院校对其进行跟踪联络,并定期反馈实习生的后续学习、工作情况。最高人民法院根据有关法律院校和法律实习生的反馈得知第一、第二、第三批法律实习生⑤的就业情况,具体如下:前三批共160名法律实习生中,已就业的有63人,其中到人民法院、人民检察院、律师事务所等司法机关和法律实务部门工作的有40人,还有多名法律实习生到北京大学、清华大学、剑桥大学、华盛顿大学等国内外著名高校深造。⑥ 此外,法律实习生结业后大多还需继续从事理论研究,最高人民法院和法律实习生的长期联系还表现在,当法律实习生提出申请时为其提供宝贵的数据资源。(见表1)

表1 最高人民法院法律实习生制度的实施与既往法科学生普通法院实习的比较

	最高人民法院法律实习生制度的实施	普通法院实习
接收	定期接收	随时接收
期限	6个月	不限
学历	法学硕士为主	法学本科生为主
职务及内容	法官助理、辅助审判	书记员、事务性工作

⑤ 最高人民法院第四批法律实习生于2018年2月1日结业,现正处高校学习阶段,第五批法律实习生于2018年3月1日入院,故反馈只限第一、第二、第三批法律实习生。

⑥ 参见罗书臻:《皂角树下再出发——最高人民法院法律实习生工作座谈会侧记》,载《人民法院报》2017年8月25日,第1版。

续表

	最高人民法院法律实习生制度的实施	普通法院实习
部门安排	最高人民法院和法律实习生的双向选择	法院单方需要
指导制度	导师制	不限
管理制度	法院人事部门、用人部门、法律院校的协作管理及法律实习生内部的自主管理相结合	无专门管理模式
服务保障	免费提供餐饮、信息图书馆、法信网账号、健身房、瑜伽班、电影放映等	较少提供
评价体制	“跟踪”评价模式，重业绩，由最高人民法院为主，法律实习生所属法律院校为辅共同评价	法律院校内部评价为主

二、最高人民法院法律实习生制度的意义

(一)对法律实习生的意义

首先，有助于法律实习生确定正确的职业发展方向。从法律院校的“象牙塔”迈进真实的法律世界，法科学生难免会感到无所适从。当今时代，法科学生就业难问题固然深受大学扩招的影响，但法学教育本身的缺陷也不容忽视。⑦ 法学教育中法治人才培养目标定位模糊，使大量法科毕业生在专门从事法律职业中缺乏较强的应用能力和实践能力，在其他边缘工作中，又缺少相应的知识广度。⑧ 人民法院专业实习的有效性，不仅使法科学生的应用能力得到提升也使其见识不断增长。法律实习生制度的贯彻落实为法科学生规范的进入人民法院实习提供了制度支持，法律

⑦ 参见湛中乐、苏宇：《中国大陆研究型大学法科教育的隐忧与出路——结合北京大学法学院分析》，载王瀚主编：《法学教育研究》(第4卷)，法律出版社2010年版，第5页。

⑧ 参见胡肖华、谢忠华：《应用型法学人才的培养与参与型教学模式的探索与实践——以湘潭大学法学院为样本》，载王瀚主编：《法学教育研究》(第5卷)，法律出版社2011年版，第125页。

实习生通过对司法实践活动较长时间跨度内的广泛参与切实提高了实践能力,为其步入法律职业生涯奠定了坚实的基础。同法官为期半年的朝夕相处,也使法律实习生对法官职业现状有了更为深入和直观的了解,作为实习法官助理的经历也使其明知是否适合法官职业。此外,实习过程中法律实习生逐渐发现自身偏好,加之实习导师所提中肯建议,亦能为其就业指明大致方向。

其次,有助于法律实习生法律思维的养成。法律思维是法律人根据现行有效法规进行思考、判断和解决法律问题的一种思维定式,有别于道德思维和行政思维。正如郑成良教授所言,"法治实质上是一种思维方式",⑨法律人法治思维的养成对法治本身具有重要意义。法律思维是在对法律职业的亲历中习得,⑩其独特性取决于法律职业,而非法学教育。⑪法官思维作为法律人思维的重要组成部分,⑫表现为法官在个案裁判中对案件事实和可能适用法律之间的理性思考。实习过程中,法律实习生以实习法官助理的身份参与案件的审理和裁判,使其能够从法官的审判视角经历并见证个案裁判中对事实、证据、法律等各类因素的综合考量以及对裁判之社会效果的不容忽视。法律实习生在人民法院实习过程中角色定位的转变,使其开始运用一种有别于法学理论研习的思维方式去分析证据、认定事实和适用法律以解决现实纠纷,促使其法律思维的养成。

再次,有助于法律实习生掌握基本的法律技能。法律技能作为法律

⑨ 参见郑成良:《法治理念与法律思维》,载《吉林大学社会科学学报》2000年第4期。

⑩ 参见胡肖华、谢忠华:《应用型法学人才的培养与参与型教学模式的探索与实践——以湘潭大学法学院为样本》,载王瀚主编:《法学教育研究》(第5卷),法律出版社2011年版,第126页。

⑪ 参见刘治斌:《法律思维:一种职业主义的视角》,载《法律科学》(西北政法学院学报)2007年第5期。有学者认为,通过法学教育,法律思维在不同程度上得以在学生心中植根。参见湛中乐、苏宇:《中国大陆研究型大学法科教育的隐忧与出路——结合北京大学法学院分析》,载王瀚主编:《法学教育研究》(第4卷),法律出版社2010年版,第4页。

⑫ 很多美国学者认为,法律思维就是像法官或律师那样思考问题。参见[美]波西格诺:《法律之门》,邓子滨译,华夏出版社2002年版,第212~215页。

人从事某项具体法律事务时所必需的技术性能力,其培养多以类似师徒制[13]的形式进行。[14] 这种培养模式在师资投入和时间跨度上均具有较高要求,法律院校目前并没有足够的财力和人力来全面推进法律技能教育,法律技能教育实际上转移到了人民法院等司法实务部门。[15] 法律实习生制度对导师制的明确规定,实现了法官对法律实习生一对一的培养。实习生导师对法律实习生法律技能培养的途径具有多样性,其中最重要的是“言传身教”。“言传”即是法官在工作中向法律实习生讲授法律的具体适用,帮助其增强对社会主义法治内涵、体系及运行机制的认识;“身教”则是通过会见当事人、调查核实证据、起草裁判文书、撰写案件审查报告等方式进行。实习生导师的言传身教加之法律实习生对司法实践活动的实际参与,对实习生法律技能的培养具有现实推动力。

最后,促使法律实习生树立正确的法律职业伦理观。法律职业伦理是法律职业者在其工作和生活中应当遵守的道德行为规范,表现为对法治信仰的坚守和对法律职业规则的尊崇。在信访难题突出、司法腐败层出不穷及公众对司法公信力颇有质疑的今天,时代对法律人职业伦理提出了新要求。[16] 法律专业实习中实习导师的言传身教、杰出法官的榜样垂范、“优秀法律实习生”评选机制的激励等,均是培养法律实习生职业伦理的重要途径。最高人民法院在向法律实习生传授基本法律技能的同时,也注重培养法律实习生的法律职业伦理且极为重视对法律实习生的廉政教育,并在反复的培训和指导中提高了法律实习生法律职业伦理养成的自觉性。同时,实习生导师及其他法官在个案裁判中对公正、客观、中立

---

⑬ 此处的师徒制和作为英美法律职业教育传统的学徒制在概念上难做区分,但在授业模式和后期发展上仍有差异。作为我国典型的技艺传承形式,师徒制由来已久,其强调“父子相传,师徒相授”,师徒间往往会形成“一日为师,终身为父”的“拟亲缘”关系。我国古代法学教育即是通过师徒相授,并建立了“以法为教”“以吏为师”的法学教育模式。参见魏敏:《关于中日法律教育制度之我见》,载王瀚主编:《法学教育研究》(第2卷),法律出版社2010年版,第292~298页。

⑭ 参见苏力:《中国法律技能教育的制度分析》,载《法学家》2008年第2期。

⑮ 同上。

⑯ 参见余涛:《我们需要何种法律教育——从法律职业伦理困境谈起》,载王瀚主编:《法学教育研究》(第4卷),法律出版社2010年版,第55页。

姿态的持守以及法律实习生对公正裁判的所见所闻、亲身经历,不仅坚固了法律实习生的法治信仰,也在潜移默化中促使其对法律职业规则的遵守。

(二)对人民法院的意义

首先,有利于减轻人民法院"案多人少"的现实压力。"案多人少"是人民法院普遍面临的突出矛盾,[17]法律职业者和法学理论研究者等多方均积极献言献策,以求早日解决该现实难题。法律实习生制度落实后,法律院校将定期、批量向人民法院输送法律实习生,给人民法院提供必要的人员支持。法律实习生制度对实习人员能力要求的规定,也在很大程度上保证了法律实习生的"质量"。对法律实习生"质"和"量"的双重保障,减轻了人民法院"案多人少"的现实压力。其次,推动实现法治人才培养与人民法院法治工作队伍建设的现实需求对接。新时代背景下,人民法院亟须应用型和复合型法治人才,而应用型、复合型法治人才的培养需要进一步强化法学实践教学,重点突出法律院校与人民法院联合培养法治人才的规范化和常态化。[18] 法律实习生制度的实施,满足了人民法院和法律院校合作培养法治人才的现实要求,使进入人民法院的法科毕业生能够较快进入职业状态,有助于实现法治人才培养与人民法院法治工作队伍建设的需求对接。最后,人民法院可以借助法律实习生"外脑",[19]推动其审判体系和审判能力现代化。在科技迅速发展,互联网、大数据、云计算等现代信息技术层出不穷的时代,人民法院面临新的挑战。[20] 为应对现实挑战,人民法院需要懂法治、懂现代技术和信息化管理的人员。法律实习生作为历经层层选拔的优秀青年,其虽谈不上精通但也基本掌握上述信息技术,同时,法律实习生中拥有计算机等专业背景的也不乏有人。法律

---

⑰ 参见李少平:《深化"繁简分流"改革 破解"案多人少"矛盾》,载《人民法院报》2016年6月8日,第5版。

⑱ 参见黄进:《创新法治人才培养机制 全面推进依法治国》,载《中国高校社会科学》2014年第6期。

⑲ 参见周昂:《和衷共济 同向而行 共同推进高素质应用型法治人才培养》,载《人民法院报》2015年11月21日,第1版。

⑳ 同上。

实习生在实习活动中充分使用自身技能以求帮助解决人民法院面临的信息化难题,对推动人民法院审判体系和审判能力现代化有所助益。

(三)对法治中国的意义

首先,全面依法治国是一项系统工程,法治人才培养是重要的组成部分。[21] 习近平总书记指出,建设法治国家、法治政府、法治社会,实现科学立法、严格执法、公正司法、全民守法,均离不开一支高素质的法治工作队伍。[22] 党的十八届四中全会将全面依法治国提到了历史的新高度,对高素质法治人才的迫切需求也前所未有。高素质法治人才队伍建设作为全面依法治国的前提和基础,法治人才的培养具有重要意义。作为新时代创新法治人才培养机制的重要成果,最高人民法院法律实习生制度的颁布将总书记的嘱托落到实处。人民法院对法律实习生制度的积极落实,为法治中国建设培养了一批兼具法学理论知识和司法实践本领且胸怀法治信仰的高素质法治人才。

其次,明确将人民法院作为高素质法治人才培养的责任主体是加速法律职业共同体形成的有效途径。在"法律职业共同体"仅为概念术语,法律职业者之间缺乏共鸣的情形下,[23]法律职业共同体的形成不仅对法律业务活动的开展多有助益也是法治国家形成的重要标志。法律实习生制度的贯彻落实,实现了法律院校和人民法院对高素质法治人才的合作培养,通过人民法院和法律院校间的沟通和协作、法学教育部门和司法实践机构的角色互换、职业规划各异的法律实习生之间的共事合作,促进法律职业共同体之间的彼此尊重,提升对法律职业的尊崇感和认同感,有助于加快法律职业共同体的形成。[24]

最后,有利于打破人民法院和法律院校间的壁垒,推动法治中国建

---

[21] 参见黄进:《坚持立德树人、德法兼修 培养高素质法治人才》,载《中国高等教育》2017 年第 10 期。

[22] 参见周昂:《和衷共济 同向而行 共同推进高素质应用型法治人才培养》,载《人民法院报》2015 年 11 月 21 日,第 1 版。

[23] 参见余涛:《我们需要何种法律教育——从法律职业伦理困境谈起》,载王瀚主编:《法学教育研究》(第 4 卷),法律出版社 2010 年版,第 55 页。

[24] 参见廖永安、段明:《法治实践部门应成为法治人才培养的责任主体》,载《光明日报》2015 年 9 月 16 日,第 13 版。

设。一直以来,法学教育与司法实践脱节的问题严重,㉕人民法院和法律院校之间的隔阂长期存在。最高人民法院法律实习生制度是继"双千计划"㉖以来,力图打破上述壁垒之又一重要的制度化解决模式。法律实习生制度的运行,体现了人民法院和法律院校对法治人才的合作培养,一定程度上推动了法治实践、法学教育和法学理论研究的共同发展,实现了多方合作共赢,有利于推动法治中国建设。同为法治中国宏伟蓝图的组成部分,法律实习生、法律院校和人民法院多方利益的总和,摒弃各自为政的分离状态,最终聚为合力,共筑法治中国。

三、最高人民法院法律实习生制度存在的不足

(一)资源分配不均

其一,京内外法律院校占比不均。第一批法律实习生中,京内法律院校占69%,京外占31%;第二批法律实习生中,京内法律院校占60%,京外占40%;第三批法律实习生中,京内法律院校占50%,京外占50%;第四批法律实习生中,京内法律院校占56%,京外占44%;第五批法律实习生中,京内法律院校占44%,京外占56%。京内法律院校占比普遍较高,地区优势明显。

其二,京内外法律实习生占比不均。第一批法律实习生中,京内占76%,京外占24%;第二批法律实习生中,京内占64%,京外占36%;第三批法律实习生中,京内占58%,京外占42%;第四批法律实习生中,京内占60%,京外占40%;第五批法律实习生中,京内占44%,京外占56%。

㉕ 参见廖永安、陈海涛:《回顾与展望:"双千计划"实施现状考——以中部某省为分析个案》,载《湖南社会科学》2018年第1期。

㉖ 《关于实施高等学校与法律实务部门人员互聘"双千计划"的通知》由教育部、中央政法委、最高法、最高检、公安部、司法部联合发布。"双千计划"主要任务是:2013年至2017年,选聘1000名左右有较高理论水平和丰富实践经验的法律实务部门专家到高校法学院系兼职或挂职任教;选聘1000名左右高校法学专业骨干教师到法律实务部门兼职或挂职。参见张景义:《六部门联合启动实施"双千计划" 千名法律实务专家与千名高校教师将参与互聘》,载《人民法院报》2013年8月17日,第1版。

不可否认,京内法律院校学生“近水楼台先得月”。

其三,西部法律实习生推荐院校较少。第一批法律实习生推荐院校,只有西南政法大学;第二批法律实习生推荐院校,新增西北政法大学、陕西师范大学;第三批法律实习生推荐院校,新增云南大学;第四批法律实习生推荐院校,新增云南财经大学;第五批法律实习生推荐院校,新增兰州大学。

其四,接收范围较窄。第一批 50 名法律实习生来自 32 所高校,第二批 55 名法律实习生来自 42 所高校,第三批 55 名法律实习生来自 40 所高校,第四批 50 名法律实习生来自 34 所高校,第五批 50 名法律实习生来自 36 所高校。其中法律实习生推荐院校重复较多,尚有大量法律院校学生未曾列入最高人民法院法律实习生接收名单。

(二)培养模式不尽完善

最高人民法院法律实习生制度实施的目的,是为了培养满足时代需求的高素质法治人才。如何确保法律实习生制度在实际运行过程中能够达到预期效果,是最高人民法院面临的现实难题。与高校自身法学实践教学计划的落实不同,最高人民法院法律实习生制度的特殊之一在于法律实习生的多样性,此多样性表现为学历结构的多元化和专业背景的复杂性。法律实习生的多样性,对最高人民法院工作的开展和法律实习生群体的共同成长能够发挥积极作用,但在实际操作中效果却不显著。引起上述问题的原因主要有两方面,其一是对本科生、硕士生、博士生培养模式的区分度较低。最高人民法院法律实习生的主体是硕士生,但也包含少量的本科生和博士生,[27]三者在知识结构、理论视野及实践经历等方面多有差异。最高人民法院对法律实习生的培养模式主要针对为数较多的硕士生,对本科生和博士生的培养策略不尽明晰。本科生和博士生针对性培养策略的不完善,既不利于其目标设定和自我定位,也对高素质法

---

[27] 第一批法律实习生包括:本科生 6 人、硕士生 39 人、博士生 5 人;第二批法律实习生包括:本科生 4 人、硕士生 47 人、博士生 4 人;第三批法律实习生包括:本科生 4 人、硕士生 48 人、博士生 3 人;第四批法律实习生包括:本科生 2 人、硕士生 45 人、博士生 3 人。

治人才培养预期效果的实现造成不良影响;㉘其二是未充分发挥拥有不同专业背景的法律实习生的优势,培养的针对性有所欠缺。法律实习生中的硕士生,包括法学硕士和法律硕士,其中法律硕士多具有计算机、经济学、哲学等不同专业背景。然而,最高人民法院在培养过程中对法学硕士的学术性培养和对法律硕士的职业性培养区分不明显,㉙也未充分发挥法律实习生的专业优势以求培养适应当代法治建设和市场发展需求的复合应用型法治人才。㉚

(三)宣传工作不尽到位

其一,最高人民法院内部宣传工作尚有不足。最高人民法院机关设置庞大,除一般业务庭、研究室外还有行政、后勤等部门,法律实习生制度的宣传大多未能有效深入这些部门。最高人民法高层高度重视法律实习生工作,然而机关下设一些机构的人员对法律实习生的态度却不尽相同,他们对最高人民法院法律实习生制度所知甚少,从而对在院实习的法律实习生缺少包容和理解。其二,在地方各级法院的宣传力度有待加强。法律实习生制度颁布后向各省、自治区、直辖市高级法院,解放军军事法院,新疆维吾尔自治区高级法院建设兵团分院印发,倡导下级法院积极贯彻落实。然而,因地方各级法院面临的现实情况各异,也因其对最高人民法院法律实习生制度了解的不充分、合作培养高素质法治人才的参与不够,法律实习生制度在地方落实的效果并不明显。其三,在法律院校的宣传工作有所欠缺。法律实习生制度是一项新兴制度,从颁布至今不过短短两年时间。因受既往法科学生在人民法院之实习现状的影响,也因法律院校相关部门对最高人民法院法律实习生制度的重视不够而较少对该制度加以宣传和介绍,法律院校师生对此往往是一知半解甚至存有误解。

㉘ 参见湛中乐、苏宇:《中国大陆研究型大学法科教育的隐忧与出路——结合北京大学法学院分析》,载王瀚主编:《法学教育研究》(第4卷),法律出版社2010年版,第9页。

㉙ 参见闫亚林:《法科研究生实务训练模式研究报告》,载王瀚主编:《法学教育研究》(第5卷),法律出版社2011年版,第99页。

㉚ 参见胡肖华、谢忠华:《应用型法学人才的培养与参与型教学模式的探索与实践——以湘潭大学法学院为样本》,载王瀚主编:《法学教育研究》(第5卷),法律出版社2011年版,第125页。

四、结语

当今世界,法学教育发展潮流正从以理论传授为中心的赫尔巴特主义转向以实践和经验为中心的杜威主义,其不再满足于填鸭式的教学模式,而更加注重对法科学生实践经验的培养。[31] 通说认为,我国传统法学教育是一种"知识性传授"甚至是理论的"灌输",[32]而美国的法学教育模式是"实践性法律教育模式",它包括"诊所式法律教育"和"模拟法庭训练"等课程。[33] 不可否认,美国的法学教育模式曾经真实地影响了我国法学教育改革,但法律实习生制度作为新时代创新法治人才培养机制的重要成果,已成为我国高素质法治人才培养的制度优势。从2015年颁布至今,最高人民法院法律实习生制度已历两度春秋。在最高人民法院、法律院校和法律实习生的共同努力之下,法律实习生制度已日趋成熟。法律实习生在最高人民法院的实习活动不仅切实提高其司法实践能力,也坚固了法治信仰。法律实习生制度运行过程中所凸显之不足,最高人民法院和法律院校双方均应积极应对,力求通过调整法律实习生的接收结构、增强法律实习生培养的区分度、加强法律实习生制度的宣传工作等以弥补之。先秦《荀子·劝学》有云:"积土成山,风雨兴焉;积水成渊,蛟龙生焉;积善成德,而神明自得,圣心备焉。"[34]高素质法治人才的培养是一项长期的事业,需要人民法院和法律院校双方通力合作,以求完成高素质法治人才培养的时代重任。

---

[31] 参见廖永安、陈海涛:《回顾与展望:"双千计划"实施现状考——以中部某省为分析个案》,载《湖南社会科学》2018年第1期。

[32] 参见王晨光:《回顾与展望:诊所式法学教育在中国》,载王瀚主编:《法学教育研究》(第5卷),法律出版社2011年版,第4页。

[33] 参见王晨光、陈建民:《实践性法律教育与法学教育改革》,载《法学》2001年第7期。

[34] 《荀子》,安小兰译注,中华书局2007年版,第1页。

On the Legal Internship of the Supreme People's Court

Li Yong

Abstract: Under the background of the new age, the Supreme People's Court has established a legal internship to improve the cooperative training program for high-quality legal talents in law schools and people's courts. On the one hand, the legal internship lays down a solid foundation for long-term exchanges and cooperation between law schools and the people's courts through the systematic, scientific, standardized, and effective provisions. On the other hand, the legal internship system clearly stipulates the way of management, internship details, internship period, etc., and provides relatively sound institutional support for the acceptance and management of legal interns. The implementation of the legal internship system is of great significance to legal interns, law schools, people's courts and the construction of the rule of law in China. However, the legal internship system also has flaws and deficiencies in the case of outstanding achievements. To this end, both the Supreme People's Court and the law colleges and universities should actively respond and cooperate with each other in order to cultivate the high-quality legal talent required by our country.

Key Words: Supreme People's Court, legal Internship, high-quality legal talent, cultivation

《法学教育研究》稿约

《法学教育研究》创办于2009年,是国内较早系统关注法学教育研究的专门性学术出版物,由西北政法大学主办、法律出版社定期出版。2017年起本书每年出版4卷,现已入选CSSCI收录集刊(2017～2018)目录。

宗旨:本书恪守科学性、实践性、创新性、开放性原则,集中出版法学教育教学研究成果,探索法学教育教学规律,促进法学教育事业的发展。

主要栏目有:理论探讨、教学研究、比较研究、教材体系、管理经纬、学问人生、教育法制、法务反哺、法学资讯等栏目。

《法学教育研究》致力于搭建高水平的学术探讨平台,所有来稿均以学术价值为遴选标准。敬请作者来稿时提供:(1)中英文题目及作者姓名,标题尽量确切、简洁;(2)中英文摘要(不超过200字);(3)中英文关键词(3～5个);(4)作者简介(含姓名、性别、工作单位、职称、学历学位、研究方向、通信地址、邮政编码、联系电话、电子邮箱),如果来稿系作者承担的省级以上科研基金项目,请注明项目名称和编号;(5)正文;(6)注释。

注释:是对文内某一特定内容的进一步解释或补充说明。用1、2、3……数字标注序号,采用当页脚注整篇连续编号形式。著作类包括序号,著者:《书名》,出版社出版年,起止页码。论文类包括序号,作者:《题目》,《报刊名》出版日期或期号。

《法学教育研究》已许可中国学术期刊(光盘版)电子杂志社在中国知网及其系列数据库产品中以数字化方式复制、汇编、发行、信息网络传播《法学教育研究》全文;《法学教育研究》已许可北大法宝法学期刊数据库以电子形式对本书进行制作、以不脱离于数据库的形式进行传播和销售。如无特别说明,作者提交文章发表的行为即视为同意上述声明。

本书的微信公众号为 fxjyyj-xfd,定期发布相关信息,敬请关注。本书的网络采编系统现已开通,网址为:http://fxjy.cbpt.cnki.net,请您通过网络采编系统投稿。

联系方式:

E-mail:fxjyyj@126.com

电话:029-88182796,029-88182794

地址:西安市长安区西长安街558号

西北政法大学长安校区80号信箱

邮编:710122

图书在版编目(CIP)数据

法学教育研究. 第二十一卷 / 王瀚主编. -- 北京 :
法律出版社, 2018
ISBN 978 -7 -5197 -2316 -3

Ⅰ. ①法… Ⅱ. ①王… Ⅲ. ①法学教育-研究-中国
Ⅳ. ①D92 -4

中国版本图书馆 CIP 数据核字(2018)第 119664 号

法学教育研究(第 21 卷)
FAXUE JIAOYU YANJIU(DI-21 JUAN)
王 瀚 主编
责任编辑 黄琳佳
装帧设计 李 瞻

出版 法律出版社
总发行 中国法律图书有限公司
经销 新华书店
印刷 固安华明印业有限公司
责任校对 马 丽
责任印制 陶 松
编辑统筹 学术 · 对外出版分社
开本 720 毫米 ×960 毫米 1/16
印张 27
字数 367 千
版本 2018 年 4 月第 1 版
印次 2018 年 4 月第 1 次印刷

法律出版社/北京市丰台区莲花池西里 7 号(100073)
网址/www. lawpress. com. cn
投稿邮箱/info@ lawpress. com. cn
举报维权邮箱/jbwq@ lawpress. com. cn
销售热线/010 -63939792
咨询电话/010 -63939796

中国法律图书有限公司/北京市丰台区莲花池西里 7 号(100073)
全国各地中法图分、子公司销售电话:
统一销售客服/400 -660 -6393
第一法律书店/010 -63939781/9782　西安分公司/029 -85330678　重庆分公司/023 -67453036
上海分公司/021 -62071639/1636　深圳分公司/0755 -83072995

书号:ISBN 978 -7 -5197 -2316 -3　**定价**:78. 00 元
(如有缺页或倒装,中国法律图书有限公司负责退换)